U0128485

话说 内蒙古

乌兰察布市

凉城县

曹 利 ◎ 主编

内蒙古人民出版社

图书在版编目 (CIP) 数据

话说内蒙古. 凉城县 / 曹利主编. -- 呼和浩特 :
内蒙古人民出版社，2017.9
ISBN 978-7-204-15027-4

Ⅰ. ①话… Ⅱ. ①曹… Ⅲ. ①凉城县－概况 Ⅳ.
① K922.6

中国版本图书馆 CIP 数据核字 (2017) 第 254566 号

话 说 内 蒙 古 · 凉 城 县
HUASHUO NEIMENGGU LIANGCHENGXIAN

主　　编	曹　利	
丛书策划	吉日木图　郭　刚	
责任编辑	张　钧　蔺小英	
责任监印	王丽燕	
封面设计	南　丁	
版式设计	安立新	
出版发行	内蒙古人民出版社	
地　　址	呼和浩特市新城区中山东路 8 号波士名人国际 B 座 5 楼	
印　　刷	内蒙古恩科赛美好印刷有限公司	
开　　本	710mm×1000mm　1/16	
印　　张	24.5	
字　　数	370 千字	
版　　次	2018 年 10 月第 1 版	
印　　次	2018 年 10 月第 1 次印刷	
印　　数	1—2000 册	
书　　号	ISBN 978-7-204-15027-4	
定　　价	82.00 元	

如出现印装质量问题，请与我社联系。
联系电话：(0471) 3946120　3946173

《话说内蒙古·凉城县》
编撰委员会

主　任：王　文（中共凉城县委书记）

　　　　尉代青（中共凉城县委副书记、政府县长）

副主任：王大河（中共凉城县委副书记）

　　　　曹　利（县委常委、宣传部长）

　　　　闫建伟（县委常委、县委办公室主任）

　　　　赵　瑞（凉城县政府副县长）

主　编：曹利

副主编：樊锡昀

编　辑：贾宇翔　陈俊芳　郭利军

主　审：曹利

编　务：李耀辉　李飞燕　刘　敏　王　星　霍华清

摄　影：贾宇翔　郭利军　许补权　许俊奇　张松云

总　序

　　内蒙古自治区是我国第一个省级少数民族自治地区。全区辖9个地级市、3个盟、2个计划单列市，下辖52个旗（其中包括鄂伦春、鄂温克、莫力达瓦达斡尔3个少数民族自治旗）、17个县、11个盟（市）辖县级市、23个市辖区，共103个旗、县、市辖区。首府呼和浩特市。

　　内蒙古东西直线距离2400千米，南北跨度1700千米，土地总面积118.3万平方千米。广袤的土地蕴含着丰富的自然资源：从东到西的森林、草原、沙漠等地形地貌是天然独特的旅游资源；丰富的煤、铅、锌、稀土等矿产资源和风力、太阳能等清洁能源，为煤化工产业、有色金属产业、清洁能源产业的发展提供了支撑；地跨"三北"（东北、华北、西北），毗邻八个省区，与俄罗斯、蒙古国接壤，国境线长达4200千米，具有我国向北开放的重要桥头堡和充满活力的沿边经济带的天然区位优势；气候适宜、土壤优质、草类茂盛、水源充足等优势，使农牧业的现代化建设不断走向深入。

　　这是一方丰饶的沃土，是我国北方少数民族世代生息繁衍的福地。它孕育了游牧文明，也是农耕文明与游牧文明的碰撞融合地带，在这里，不同文化相互碰撞、熠熠生辉，共同谱写了中华文明的恢宏乐章。这片土地上孕育出的仰韶文化、红山文化是中华史前文化的一部分，战国时期赵武灵王着胡服、学骑射，两汉与匈奴交往、和亲，两晋南北朝的鲜卑建立了雄踞北方的北魏王朝，隋唐与突厥建立了宗藩关系，契丹民族建立了辽代政权，蒙古民族创立了疆域广阔的大元王朝，明清与鞑靼、瓦剌等民族建立了藩属关系——历史上，北方少数民族或雄踞一方与中原交好，或入主中原，在不断风起云涌中铸就了内蒙古丰富、厚重的历史文化魂魄。进入近现代以后，内蒙古也走在抗敌御侮的前沿，为中华人民共和国的成立做出了巨大贡献。

　　这份丰厚的历史积淀当中，涌现了诸多杰出人物：他们或是一方霸主，统领一域；或是一代天骄，建万世之基；或是贤良能臣，辅助建国大业；或是时势英雄，救人民于水火；或是在各自领域堪称巨擘的名人雅士。这些人有耶律阿保机、成吉思汗、忽必烈、哲别、术赤、耶律楚材、乌兰夫、李裕智、尹湛纳希、玛拉沁夫、纳·赛音朝克图等等。

物华天宝，人杰地灵。广袤的土地除了养育了一代代的草原人，也成就了她丰富的地域文化：马头琴音乐、呼麦、长调等民族音乐，好来宝、二人台、达斡尔族乌钦等曲艺，安代舞、顶碗舞等民族舞蹈，刺绣、剪纸、民族乐器制作、生活用具制作等传统工艺，蒙医药、正骨术等传统医药医术，婚丧嫁娶等独特的礼仪习俗。内蒙古在音乐舞蹈、民间艺术、文学史诗、传统医药、手工技艺、民俗风情等方面都创造了独有的成就。

悠久历史文化滋养下的内蒙古，在党的领导下，迈向新的历史征程。内蒙古自治区成立以来，党和国家一直重视内蒙古的发展，也给予各类政策和经济支持。内蒙古也不负众望，各项事业均取得了令人瞩目的成就：经济保持平稳增长，人民的生活水平不断提高；民主法治得到有效推动；建立了独具特色的民族教育体系，民族教育水平不断提高；民生改善工作成绩斐然；生态文明建设取得较大成就；四通八达的立体交通网，把内蒙古与世界各地拉得更近……

纵观几千年历史，内蒙古在历史的长河中扮演了重要的角色，这不仅源于自然条件的得天独厚，也源于草原儿女的自立自强。虽然这片沃土上的民族大多以口耳相传的方式传承着自己的文化，但是仍有不少历史的碎片撒落在当地的史籍当中，这些史料汇集成册，将成为向世人介绍内蒙古的名片。为此，我们组织全区103个旗、县（市、区）的有关部门和专家学者，借助各地的丰富史料，把散见于各种资料中的人文历史、民俗文化、民间艺术、壮丽风光、当代风采、支柱产业等等汇编在一起，编纂出一套能够代表内蒙古总体面貌、能够反映时代特色和文化大区风范的大型读物——《话说内蒙古》，以展示我区经济发展、文化繁荣、民族团结、边疆安宁、生态文明、各族人民幸福生活的六大风景线。

一本书浓缩的仅仅是精华中的精华，万不足以穷尽所有旗、县（市、区）的方方面面。若本书为你敞开一扇了解内蒙古之窗，那么，读万卷书不如行万里路，内蒙古将以最大的热情迎接你：

赛拜侬——

欢迎你到草原来！

序

凉城地处大青山南麓、长城之北，北亘蛮汉山，南卧马头山，中怀岱海滩，真可谓"翠涌群峰塞外两山秀，帆扬岱海边陲一湖清"。凉城，北魏置凉城郡，始有凉城名，几朝更替，历经沧桑，凉城之名传于今天。是名之由来，源于岱海也。今天的凉城土地总面积3458平方公里，养育着24万人口，有汉、蒙古、满、回等15个民族的人民在这里和谐共处，演绎着民族团结发展的交响曲。

凉城是一个历史悠久的地方。翻开厚重的历史画卷，早在6700多年前，就有古人类在此繁衍生息，老虎山、王墓山、园子沟等环岱海遗址群被列为国家文物保护单位，被考古学家誉为"太阳升起的地方"。赵武灵王胡服骑射，曾击败楼烦、林胡，设置云中、雁门、代三郡，凉城属雁门郡；秦、汉以来，凉城先后属雁门、沃阳、桐过、宣德等县；北魏开国皇帝拓跋珪诞生于此，与后燕大战于参合陂，奠定了北魏统一中国北方的基础，在此设凉城郡，辖参合、旋鸿二县；唐朝时，凉城归河东郡云州管辖；辽、宋时属于德州宣德县；明代改为宣德卫；雍正时改置宁朔卫，乾隆时改设宁远厅；民国元年撤厅建县。抗日战争和解放战争时期，绥蒙革命的烽火在这里熊熊燃烧；贺龙、李井泉、郑天翔等老一辈革命家在这里进行艰苦卓绝的战斗……在这里，游牧文化与农耕文化交融共生，东巴文化、鲜卑文化、蒙元文化与汉文化融合互鉴，宗教文化、走西口文化、红色文化多元发展，形成厚重灿烂的历史文化积淀。

凉城是一个美丽迷人的地方，旅游资源富集，两山雄峙，一湖清幽，环境优美，气候宜人。境内有内蒙古第三大内陆湖岱海，其水明如镜，烟波浩渺，鱼鲜蟹美，苇盛鸟翔，素有"塞外天池""草原仙湖"的美誉；有富含17种微量元素，疗效显著的中水塘温泉，可体验"躺在室外泡池，头顶雪花曼舞，俯瞰岱海风光，欣赏天然卧佛，身心悠然惬意"的美妙意境；自治区地质公园蛮汉山、国家森林公园二龙什台，奇峰神洞，峭壁连天，景色多变，空气清新，是集"神、奇、怪、幽"于一体的"天然氧吧"；洞金山天然卧佛，鬼斧神工，体态安详，造化天成，暮鼓晨钟，带给人和谐于自然的虔诚与美好。

凉城是一个蓬勃发展的地方。改革开放以后，勤劳勇敢的凉城人民，励精图治，艰苦创业，经济社会发展突飞猛进，呈现出经济繁荣、社会和谐、人民幸福的大好局面。伴随着中华民族伟大复兴的嘹亮号角，奋进中的凉城正承载着期盼与向往，围绕"建设享誉全国的文化旅游强县"奋斗目标，实施"旅游+"战略，深入挖掘历史、宗教、红色、民俗四种文化，做活"一湖一泉一绿一文"四篇文章，建设岱海观光区、温泉冰雪区、蛮汉山生态区、红色旅游区四大景区，构建"四出三环一飞"旅游交通格局，实施岱海湖保护"两节两补两恢复"六大措施，增强信心，汇聚力量，不忘初心，继续前进，努力建设文化旅游、创业宜业、魅力宜居、绿色生态、幸福和谐、文明法治新凉城，不断开创凉城更加光辉灿烂的明天。

碧海风涛，青山叠翠，人文厚重，环境优美，宜居宜旅，绿色和谐。来吧！四面宾客，八方商贾，欢迎您到凉城来。

中共凉城县委员会
凉城县人民政府
2017年6月

目录 Contents

舌尖美味品凉城

群英荟萃颂凉城

诗情画意赞凉城

文明之花映凉城

文明之花映凉城

WENMINGZHIHUAYINGLIANGCHENG

凉城，历史悠久，文化灿烂。6000年文明的传承，农耕文化与草原文化相互碰撞、交融，留下了一串串耀古铄今的历史印迹，书写了一曲华夏民族融合团结的史诗，也创造了生生不息的岱海文化。

新石器时期·三足罐

凉城历史文化源远流长，早在新石器时期，先进的农耕文化就在这里传播，当时的生产力发展水平远远领先于中原其他各地。凉城不仅是鼎文化的发端地，同时也是我国农耕文化区和游牧文化区的交界线，其中农耕文化和游牧文化的撞击延续了上千年，推动了社会发展的进程。虽然许多文明已经被历史的尘埃湮没，但遗留下来的文明碎片必将随着科学的发展逐渐展示在世人面前。

著名考古学家苏秉琦把以王墓山、老虎山、园子沟遗址为代表的环岱海遗址群誉为"人类太阳升起的地方"。他感慨地说："如果说现在历史教科书上的半坡文化是土房矮屋，而凉城的老虎山、园子沟就是高楼大厦，它们是中华民族五千年文明的曙光。"

话说凉城县

了解凉城的历史，该从了解凉城的地理特点入手。要了解凉城的地理特点，首先要知道岱海湖泊在凉城的特殊作用。凉城之所以有六七千年的历史，绵延不断以至于今，就要归功于它境内的岱海。关于古代的岱海暂不表述，先说现在的岱海及岱海滩，进而了解凉城的建制和沿革。

岱海与岱海滩

岱海是一个淡水湖，是华北地区三大湖泊之一，也是其中规模最大的一个。她东西长25公里，南北宽20公里，现湖泊面积160平方公里，蕴水量约12亿立方米。湖内水产丰富，许多贵重鱼类已经培育成功，闻名遐迩，为美食家们所称道。早在6世纪初，著名地理学家郦道元来此，对岱海也多有赞美，在其所著《水经注》中曾写道：

"池水澄渟，渊而不流，东西三十里，南北二十里……水亦受目焉。"

这23个字若用现代语言表述就是：岱海清澈而平静，水很深，也不向外流，它那辽阔的水面，令人赏心悦目，看了还想再看啊！今天的岱海与郦道元见到的岱海，大体上没有多大变化。可时过境迁，老的岱海周边有了新的城市，把岱海与周边城市人的需求联系起来考察，岱海不仅仅有自然的美，同时增加了新的属性，其内涵比之前更加丰富多彩。所以，现代岱海给新凉城的贡献，其丰厚程度一时难以估计！

凉城县南倚明代长城，北接内蒙古自治区首府呼和浩特，南邻我国著名煤都——大同，东北与集二

岱海

铁路之起点集宁相接，是这三个城市等距离之中心点，相距都在百公里以内。新建成的"大准铁路"（即京包铁路线上的大同市至鄂尔多斯之准格尔）又横贯县境。铁路与公路网交织，使县内外交通便利。

凉城又在华北地台的北缘，北靠阴山山脉。这条大山脉，自古以来是我国农业区与牧业区的天然界限。凉城处于阴山之南，所以这里的自然条件适宜农业生产。与农耕文明肇始的年代同步，凉城县环岱海地区就有农耕文化的部族在这里生产和生活。这个历史事实是经考古专家发掘、研究所证实了的，是中国考古界近年来的重大发现和科研成果之一。

凉城境内的地形地貌多姿多彩，周边群山环抱，东南方是吕梁山之尾系，西北方是阴山山脉之余绪。山势总体平缓，山间也多有凹地，适于植树与农业种植。境内有一片难以望到尽头的平原，岱海周边有大片的草原和湿地。

县境西北，蛮汉山异峰突起，与其相连的平缓诸山形成了极大的反差，海拔2300多米，奇岩峭壁，怪石嶙峋，蔚为壮观。临此山巅，极目远眺，气象万千，周边群山也一览无余。唐代诗人杜甫在泰山顶上曾赋《望岳》一诗，抒发当时的心境："会当凌绝顶，一览众山小。"如果登临蛮汉山之巅，也会与这位伟大的诗人之词句产生共鸣！蛮汉山山峰之侧又有奇险深峻之大峡谷，流水激荡，夏季更盛。周围有约40万亩天然次生林和人工林，莽莽苍苍，一望无涯。在此游览，仰望湛蓝天空，有自由翱翔的雄鹰，森林之树隙，有山鹿、狗獾、松鼠等动物不时出没，山野情趣，令人陶醉。近年来，此地已经辟为森林公园，接待各方游客。

岱海盆地是凉城县境之主体，东西长有百多华里，南北也有六七十里宽。盆地东南隅有岱海，游人来此，常有海风拂面，可以嗅到近似海水的气息。

凉城是纯农业区，境内没有现代工业之喧嚣，也没有废气、废水之污染，天空湛蓝，环境幽静。岱海之滨的广袤湿地为南来北往的候鸟提供了适宜的栖息之地，所以，这里经常可以欣赏到或漫步觅食或相互嬉戏的各种飞鸟，宛如一幅绝妙的天然画卷。

早在5世纪初，北魏定都平城（现山西大同），朝廷就把凉城郡划为京畿所属。皇家在岱海操练水军，并在海滨平原检阅骑兵，也在此地建设居室。据史书记载，当时来往于平城与凉城之间的行人络绎不绝，而岱海之滨则是王孙公子的乐园，他们草原纵骑，海上泛舟，温泉入浴，暖阁歌舞，在此享乐，流连忘返。

凉城人称岱海为"母亲海"或"母亲湖"，是因为她孕育了凉城，也造福于凉城人民。每一个凉城人都应该细心呵护这位胸怀宽广的母亲。

这位母亲到现在年龄几何？前十来年，科学家回答了这个问题，我现在引用他们的一段话：

"早更新世至中更新世期，岱海盆地气候环境潮湿，水系发育成熟，远超出现在岱海湖面的高度。盆地西部有高出现在湖面180米（海拔1400米）的古湖岸遗迹，当时的岱海经浑河入黄河，曾为外流湖。至晚更新世，气候转干冷，盆地处边缘气候环境，部分河流缩短或干枯，入湖水量锐减，当湖面下降到1250—1300米时，退缩成内流水系。全新世早、中期气候转暖，湖面回升，但始终未达到早、中更新世的高湖面。从老虎山遗址附近自然剖面和园子沟文化层的分析可以大致推测当时的环境情况。"

以上这段话是引自1992年地质出版社出版的《中国北方农牧交错带（岱海—黄旗海）地区全新世环境演变》和《中国北方农牧交错带全新世环境演变及预测》。

这是研究岱海地区气候变化的最新著作。

科学家把距今250万年前到现在称为"第四纪"。它的主要特征基本有二：一是用两腿直立行走的人类元祖出现；二是那期间的动物种类与现在的这些生物大体上一致。那个时代所形成的地层又被称为"第四纪"或"全新世"。"第四纪"开始以来这250万年又分成两个大的历史时期。第一个历史时期叫"更新世"。这个更新世的年代很长，为248.5万年，这248.5万年又分为早、中、晚三个历史阶段。到了距今1.5万年开始，称为"全新世"。研究证明，在五六十万年以前（中更新世），岱海地区气候暖和，水量充沛，湖面高度最高时为海拔1400米，这是从研究老虎山的自然剖面得知的。以后，气候转寒，地区水量减少，湖水由外流变成内流，湖水的补给全靠周边的山沟和小河，再没有多余的水向外流向黄河了。湖水下降到了海拔1250—1300米，这个数字是从研究园子沟地区的不同层面得出的结论。到了"全新世"的早、中期，气候转暖，就是说从15000年前开始，全世界气候转暖了。当时，岱海地区也变暖了，岱海的水位增高了，但也没有达到历史的最高点，即海拔1400米。

科学家也描述了15000年以来

岱海的变化。他们在岱海南岸（大体在王墓山一带）发现三层湖岸台地。这三个台地有高出现在水面10—15米的，有25—35米的，有40—50米的。这三个不同高度的台地都是由不同高度的湖水冲积而成的，由此可以判断湖水高度的变化。具体地说是11000年前到1000年前这10000年的范围内湖水变化有个关键点，即距今8000年前。在8000年前，湖水海拔高度由1245米缓缓上升到1253米，以后又下降到1230米以下。距今8000年前时出现了重大转折，岱海地区进入了温暖期，也叫暖湿期，气候温暖，雨水充沛，树木繁茂，各种动物也多，甚至水牛也在岱海周边生存。这个时期，也是中原华夏族先民们开始在黄河流域开拓农田，初步进入农耕文明社会的时期，而环岱海台地也有了勇敢的华夏族的拓荒者出现。岱海周边的农业定居者，他们不会打井，只能傍水而栖，王墓山下三级台地上也就有了不同时期的农耕文明社会居住的遗址。

值得注意的是，科学家在研究岱海的变化中，发现了一个奇特的现象：就是距今6500年前的那个历史年代，水牛在岱海周边相当多。据统计，其数量占到当时野生动物的12.6％。根据学者们掌握的知识，

现在的野生水牛分布在印度北部阿萨姆、东孟加拉和尼泊尔，这无疑都是在热带和亚热带地方。至于家养的水牛分布，比之野水牛的分布地域要辽阔，但也有气候条件的要求。"水牛分布区年平均气温为16℃—22℃，年降雨量约在1000毫米以上，无霜期为年200天以上。"（《中国家畜生态》112页）那时岱海地区的年平均气温比现在高出3℃，年降雨量在600毫米左右，比现在多50％。可是，从现在的观点来看，无论是野水牛还是家水牛都难以在凉城生存，然而水牛确实在那个时代生存过，数量还不少。科学家注意到了这个奇特的现象，但没有进一步解释。我们是否可以设想，因为岱海水面宽阔，冬季又不结冰，周围森林茂盛，营造了一个小的特殊的环境，为一些本不该在此出现的生物提供了生存环境。如果这个观点有一定价值，那现代凉城人更该珍爱自己家乡的自然环境，呵护岱海，使岱海地区的自然环境适宜于更多的动物和植物生活，给我们带来难以预计的福祉。

历史之沿革

相传远在唐虞时代，凉城境内就为北方少数民族所占据。部落首领尧统一中原后，在山西临汾一带建立政权，凉城属冀州管辖。尧让

双古城古城位于六苏木镇双古城村，呈正方形，长宽均为80米，面积6400平方米。城墙保存较好，城内仅一南门，宽10米。为汉代文化遗存。

位于舜，舜分天下为十二州，在北方设置并州，凉城属并州。禹继舜位，凉城属翼州管辖。

春秋战国时期，活动在这里的北方游牧民族统称为"胡"，其中主要为林胡和楼烦。战国时，凉城属赵国的代郡。秦始皇十三年，赵被秦合并，凉城属雁门郡。西汉始置县，名为沃阳。

《汉书·地理志》载："盐泽在东北者也。今盐池西南去沃阳县故城六十五里。池水澄渟，渊而不流。东西三十里，南北二十里。池北七里，即凉城郡治。池西有旧城，俗谓之'凉城'也，郡取名焉。"

从东汉末年到魏晋南北朝时期，居住在这里的主要民族，除了汉族之外，还有乌桓、鲜卑、柔然、丁零等族。其中，东汉末年鲜卑民族从大兴安岭向西南迁徙，两晋时拓跋鲜卑民族在岱海北岸和蛮汉山区逐水草而牧，拔弓箭而猎，待其势力稍强后才移盛乐定居。北魏的第一个皇帝拓跋珪就出生在参合陂（今岱海北岸一带）。公元386年4月，拓跋珪在盛乐称帝，是为太祖道武皇帝，国号曰"魏"，同年7月迁都平城。从此，凉城为北魏畿内地，凉城郡辖参合、旋鸿二县，始有凉城之名。辽置天成、宣德二县。金、元改称宣宁县。明废县置宣德卫，为大同边外地。清设宁远厅，属朔平府通判管辖。民国元年（1912年）设宁远县。民国三年（1914年），因"宁远"与别省县重名，遂沿用北魏旧名，复称凉城县，属察哈尔特别区管辖，治所设在今永兴镇，1929年划归绥远省，1948年凉城县解放，迁治所

王墓山遗址

于新堂（今岱海镇），先后属和林、集宁专员公署，平地泉行政区管辖，1958年到2004年8月属乌兰察布盟，2004年9月至今属乌兰察布市。

环岱海遗址群

凉城县是北方文明发祥地，迄今为止已经发现各个时期的文化遗址578处，形成了以王墓山、老虎山、园子沟遗址为代表的环岱海遗址群。

20世纪80年代以来，中外考古专家开始对环岱海遗址群进行考古发掘。他们称在岱海滩畔挖出了一个琳琅满目的历史文化宝库。到目前为止，在同一历史时期，如此集中的遗址群，在全国尚未发现第二处。2001年，"环岱海遗址群"被国务院确定为第五批全国重点文物保护单位。

追溯生命之源——禽龙化石

20世纪80年代，在凉城县曹碾满族乡，出土了我国第一块禽龙化石（现存于内蒙古博物馆）。禽龙生活在中生代侏罗纪晚期至白垩纪早期（距今一亿四千万年至一亿年前），体长10米左右，其构造颇像现代鸟禽，它是恐龙家族中的重要

禽龙化石

一员。禽龙化石的发现，证明在一亿四千万年前，岱海周边就有了生命活动。

旧石器晚期与人类共生的见证
——鸵鸟蛋化石

鸵鸟蛋化石

鸵鸟蛋化石出土于凉城县永兴镇永兴水库的黄土坡上，是20世纪60年代修建水库时发现的，遗址距县城约15公里。

鸵鸟生活在第四纪更新世晚期，距今两万余年。鸵鸟蛋化石的发现，为研究凉城县生物史、地理史、古气候演化提供了重要的科学依据。

仰韶文化的杰出代表
——王墓山遗址

王墓山遗址位于岱海南岸3公里处。经考古专家的鉴定和证实，王墓山遗址属于仰韶文化中晚期，距今已经有6000多年的历史。

1986年，凉城文物考察队对王墓山遗址进行了细致的调查，1987年内蒙古文物考古研究所对其进行

王墓山遗址出土的典型器物

了清理和试掘。王墓山遗址共分为3处，分布在不同高度的台地之上，从中发现房屋遗址20座，其中"两面坡"房屋遗址代表了同时期全国最高建筑水平；发现可鉴定的动物骨骼标本108件，还有部分陶制器皿和各类同时期先进生产工具。

著名考古学家苏秉琦认为：史前时期，岱海地区的农业生产水平以及家畜饲养水平，同国内其他地区相比较，处于领先行列，并赞誉王墓山遗址为"人文始祖"。

龙山早期城市之起源
——老虎山遗址

老虎山遗址位于凉城县永兴镇5公里处的老虎山南坡上。整个遗址呈簸箕状，外围是石头垒的城墙，北高南低，平均海拔1300米以上，总面积约13万平方米。

老虎山遗址距今已经有5000多年的历史。1982年，内蒙古著名考古学家田广金开始组织发掘，先后共发掘清理房子57座、灰坑17个、墓葬3座，并解剖了石围墙3处，

老虎山遗址

老虎山遗址石城墙

出土了200多件石、骨、陶制生产工具和生活用品。此外，还发现了全国唯一完整的鬲鼎体系文物，从尖底瓶至圆底鬲以及鬲式鼎无一缺少，从而为探讨鬲的起源提供了极为珍贵的标本。

著名考古学家苏秉琦认为：遗址中石头垒的城墙、祭祀台、烧制的白灰敷壁、规范的火塘，种种迹象表明，当时的凉城已经迈入"古国文明"阶段，与其他地区相比，处于领先水平。

龙山早期的"高楼大厦"
——园子沟遗址

园子沟遗址位于岱海北岸，北依阴山支脉蛮汉山，南临岱海。园子沟遗址于1987年被列为全国考古新发现，是内蒙古中南部现存的一处最大的新石器晚期遗址。

园子沟遗址距今已有5000多年

园子沟窑洞内白灰地面

园子沟遗址

的历史，1986年文物普查后，引起了史学界的高度重视。1987、1988两年，内蒙古文物考古研究所郭素新开始组织发掘，发掘面积2000平方米，共挖掘窑洞式房屋28座，半地穴式房屋43座，出土了数百件珍贵的石制及陶制生产生活用具及至今清晰可见的石灰墙壁。北京大学考古系主任严文明考察后认为：如此数量多、布局清晰的新石器时期人类居住窑洞遗址的发现，确属罕见，这对于研究我国北方地区文明和国家的起源问题，提供了珍贵的实物史料。

古城堡遗址

浩浩岱海，莽莽蛮汉，广袤富饶的凉城地区有其得天独厚的自然条件。千百年来，无数先民在这里生息繁衍，用他们的聪明才智创造了灿烂的古代文化，在环岱海周边发现了许多古城遗址。它们虽然有的只剩下残垣断壁，有的只剩下荒草一片，有的只剩下瓦砾一堆，但是这些遗址足以佐证当时凉城地区的先民谱写出了光辉的生产和斗争史。

双古城古城遗址

双古城古城遗址位于六苏木镇双古城村，呈正方形，长宽均为80米，面积6400平方米。南以明长城为界与山西相毗，北与沃阳故城隔弓坝河相望。城墙保存较好，残高2—5米，厚3.5米，城内仅一南门，宽10米。周边为双古城水库冲积平原。城内陶片较少，采集标本有绳纹罐、弦纹折沿盆等残片。根据采集标本分析，为汉代古城文化遗存。据历史考证，此古城在当时称为"沃阳城"。

双古城古城遗址

天成古城遗址

遗址位于天成乡大古城村，地处浅丘陵山区，四周种植有杨树，一条东西走向的通村土路从遗址中

古城北城墙（西—东）

天成古城遗址

通过，遗址区较为平坦，大体呈正方形分布，面积100万平方米。地表采集标本有粗绳纹陶釜、直口鼓腹绳纹罐、敞口高领罐、折沿绳纹盆、陶豆、卷沿陶罐、折沿陶盆、黑釉瓷罐、白釉碗等残片。遗址以汉代为主，有少量辽金元时期的文化遗存，2014年6月公布为市级重点文物保护单位。

小围子古城遗址

小围子古城遗址位于麦胡图镇

小围子古城遗址

小围子村，地处岱海北岸冲刷平原，面积110400平方米。根据二普资料记载，城址南北460米，东西240米，呈长方形。城址四墙各开一门，外加筑瓮城。经本次调查，城门、瓮城现已不存在，城墙大部分为十几年前建房取土破坏，现仅存北面残墙两段尚依稀可辨。

板城古城遗址

板城古城遗址位于永兴镇板城村，地势北高南低，南北宽，东西窄，呈长方形分布，面积54000平方米。古城西侧是一条季节性河流，南部是一条乡村小路，四周杨树将城址

板城城墙遗址

围住。二普时有残存东墙，长360米，北墙长150米，夯筑土墙，残高0.4—1.9米，夯层厚15厘米，城墙现已不存在。采集标本有绳纹罐、折沿盆等，均为残片。根据采集标本分析，为汉代古城文化遗存，亦称"庆阳城"，传说为汉李广成边之城。

左卫夭古城遗址

左卫夭古城遗址

左卫夭古城遗址属于汉代古城址，位于蛮汉镇左卫夭村东，呼凉公路南800米处。城址平面呈长方形，城门设在北墙正中，南北长500米，东西宽300米，东、南、西三面城墙保存基本完好，系夯土城墙。城内出土文物均为汉代文物，有卷云瓦当、方形回纹砖、绳纹筒瓦、直口陶瓮、敛口陶瓮等。该古城为研究我国汉朝边疆地区的政治、军事、交通、文化等情况提供了重要的资料，为自治区级重点文物保护单位。相传，双古城古城、板城古城、左卫夭古城为汉代抗击北方少数民族袭击的三道防线中的三座城堡。

宣德、宣宁县城遗址

据《辽史》《金史》《元史》记载，

淤泥滩遗址

宣德、宣宁县城遗址为辽代宣德县、金和元代之宣宁县故城，位于今麦胡图镇淤泥滩村南，又称淤泥滩古城，地邻岱海，城垣平面为长方形，东西宽504米，南北长323米，城墙为夯土筑，残高2—3米，四墙正中开设城门，并加筑有瓮城，四角有角台址。城内地表遗物散布不多，主要有沟纹砖、布纹瓦等建筑构件，出土有铁锈花白瓷盘、酱釉牛腿瓶、三彩碟、铁铧残片及"大定通宝""皇宋通宝"等铜钱。

古壁画、岩画

岱海壁画以元朝墓葬壁画和清朝的庙宇壁画为代表，尽管不同时期壁画的题材和风格各不相同，却真实展现了古代岱海周边人类的生活情景。

后德胜古墓壁画

后德胜墓群位于蛮汉镇后德胜村，共有墓葬6座，东西排列，分布范围约85平方米，现存砖室墓一座，其他墓葬遗迹不太明显。1991年，内蒙古考古研究所对其进行清理，其中一座有墓主人家居图、二十四孝行图、神怪图、牡丹图等壁画，现存内蒙古博物院，出土有灰陶罐、盆、盘、四系瓶、铜镜、铜钱、铁犁铧等，顶宽0.7米，残高1.1米，残宽1.9米，残长74.4米，土墙夯筑，夯层厚0.10—0.15米。城内曾出土

后德胜古墓壁画

有瓷器、钱币、铁农具，还有金代"大金丰州"碑和元代"劝农事"碑等，为金元时期城址。

古代人类生活的场景
——天成壁画

天成壁画

天成古庙位于天成乡政府所在地天成粮库院内，又称老爷庙，占地1000平方米，正厅两侧有耳房。前厅东西两边各有柱子四根，柱子外侧有青褐石料围筑。左侧围栏饰鸟落梅枝、狮子绣球等图案，右侧围栏的图案为奔鹿回首、莲花牡丹。前厅及正厅近墙的12根柱子的顶部均饰龙头。正厅屋顶椽檩断面彩绘龙、虎头饰，檩上的彩绘图案为云纹、回字形纹和莲蓬出水。正厅及耳房的三面墙上有以古代神话传说故事及文学名著中的英雄人物为内容的彩绘壁画；屋脊两边饰4个龙头、正厅饰二龙戏珠，其两边为葵花、牡丹花纹图案。屋顶铺筒瓦，瓦当饰狮头，滴水饰草叶纹。庙内现存石碑，碑上铭文有"大清乾隆甲午年建"字样，从而证明公元1774年是该庙的始建年代。

2014年6月，该庙被公布为自治区重点文物保护单位。

清朝晚期佛爷栈石刻

民族交融地

凉城地区自古以来就是一个多民族聚居的地区，汉族和匈奴、鲜卑、乌桓、突厥、回纥、契丹、女真、蒙古、回族等众多民族在这一地区创造了非常丰富的物质文明和精神文明成果，上演了一曲曲各民族融

岱海滩古战场

合团结的故事。要说凉城的文化，与这些民族的文化是分不开的。

先秦至两汉时期
凉城地区的民族构成

凉城县境内发现有旧石器时代的打制石器，可推断在旧石器时代已有人类在凉城县境内迁徙活动；进入新石器时代后，环岱海周围都留下了人类生存的遗迹，有王墓山、老虎山、园子沟等古人类遗址。整个环岱海新石器时代古人类文化遗址群被列为第五批国家文物保护单位。这些遗址的发现，说明岱海周围是远古人类劳动和生息的地方，是我国远古文明的摇篮，是华夏多元文化的重要组成部分。

据考古证实，在距今 6000 年左右，今凉城地区便有人类活动，相当于中原后岗一期文化、仰韶文化时代的原始文化，反映了这一地区与中原地区和燕山以北等地文化的密切联系。距今 4500 年的老虎山文化，出现了石城聚落群和三孔袋足器，特别是凉城县永兴镇的老虎山遗址，面积最大，且具有代表性，因此被命名为老虎山文化。而其他环岱海原始群落文化遗址，则反映出当时的经济、社会、文化的繁荣。

据考古发掘的情况看，凉城境内在距今 6530—6440 年，有太行山东侧以鼎和小口双耳鼓腹罐为代表

的后岗一期文化人群经张家口地区西进，在凉城岱海地区安家落户，形成聚落，其物质文化称为石虎山后岗一期文化。石虎山早期发掘遗迹主要有房址和灰坑，另外有残墓一座。灰坑有方形、长方形、椭圆形和不规则形 4 种。当时村落较小，有二十几户人家，百口人左右。房址不够规整。陶器以夹砂陶占多数。陶器的类型有圆底釜、鼎、红顶钵和钵、小口双耳壶、盆、碗、罐和勺等。陶器在夹砂陶中，以红陶为主，绳纹夹砂釜占多数，其次是钵、盆、釜形鼎、小口瓶、碗、器盖和勺等。出土的大量动物骨骼中，有较多大型动物。如野牛、马鹿、狍等，也有鱼、蚌和鸟类，说明渔猎经济仍占相当大的比重。其中猪、狗骨骼的发现，说明当时已有了家畜饲养业。从石虎山早期遗址的情况来看，文化内涵单一，晚期的特征显示了后岗一期文化与半坡类型文化相融合的特征。

具有典型代表的仰韶文化王墓山类型遗址，是起源于华山脚下的半坡—庙底沟类型文化人群来到内蒙古中南部留下的遗址，其代表性器物是重唇口尖底瓶和变形鱼纹盆。经大面积发掘，凉城王墓山坡下遗址代表了这一时期文化类型的社会水平，故称之为仰韶文化王墓山类

型。发现的遗址包括：沙石滩、兰麻窑、狐子山、王墓山坡下、王墓山坡中、王墓山坡上、大坡、东滩、红台坡（上、下）、黄土坡、平顶山、砚王沟、五龙山、东七号等十六处，分布于岱海西、岱海南岸及岱海东部。发掘和清理的其中5个遗址，面积近3000平方米。发掘和清理房址41座，灰坑43个，灰沟4条，环壕1处。探查出房址14座，墓葬1处，出土陶器508件，石器160件，骨角器8件，玉器和玉料5件。王墓山坡下遗址为仰韶文化庙底沟类型遗存的典型代表。出土的陶器以泥质陶占多数，此外是夹砂陶和少量砂质陶。陶色以红陶和红褐陶为主，并发现有灰陶。陶器种类有重唇口尖底瓶、宽带黑彩大圆底钵、直口和敛口彩陶钵、卷沿曲腹盆、弦纹加绳纹铁轨式口沿夹砂罐、绳纹敛口大瓮、器盖和火种炉等。

王墓山坡中、坡上遗址，为海生不浪文化遗存，分为早晚两期。早期遗存以坡中遗址为代表，遗址的面积较小，文化层堆积较薄，遗址外围有椭圆形壕沟环绕。陶器以夹砂陶为主，陶器的器形以筒形罐最多，其次是浅纹和近似浅纹和细绳纹筒式罐碎片，彩陶的数量不多。陶器的器物组合以小口双耳鼓腹钵、敛口钵、直口折腹钵为一个组合，

反映了红山文化系统和大司空类型文化系统的融合情况。

晚期遗存以王墓山坡上遗址为代表，距今5500—5000年，文化层堆积较厚，属小型村落遗址。陶器有泥质陶、夹砂陶和砂质陶三种，以前两种为主。陶器的颜色，灰陶占绝大多数，褐陶次之，其他橙黄陶、橙红陶、黑陶和红陶很少。陶器的纹饰除素面外，绳纹成了主要的纹饰，并有少量的蓝纹和方格纹，彩陶已接近于消失。小口双耳鼓腹罐和钵仍是流行的器物，还有敛口瓮，各种小罐、盆、壶等。此外还发现1件残磨盘和1件残磨棒，证明已用白杵加工谷物，效率提高，也反映了当时农业生产水平的提高。在生产工具中，有一些用燧石制作的细石器，有镞、矛形器、刮削器等，其中石镞的形制规整，主体部分为或长或短的等腰三角形，多为凹底，少数有铤。

凉城境内的老虎山文化遗址包括西白玉遗址、面坡遗址、老虎山遗址、板城遗址、园子沟遗址、大庙坡遗址，年代约距今4500—4300年，以老虎山和园子沟遗址为典型代表。这一时期，已经掌握了石砌围墙技术的红山文化的居民群西进，与仰韶文化系统末期的小口尖底瓶人群融合，创造了新的人类文明。

凉城县的老虎山遗址面积最大，石围墙保存较好，且具有代表性。6个遗址正式发掘4395.25平方米，加上清理，近万平方米，发现房址299座（正式发掘84座，清理159座，探查56座）。这一文化的标志是石城聚落群和三孔袋足器的出现，被命名为老虎山文化。

老虎山文化遗存出土陶器1100件，其中可以复原的陶器261件。园子沟的各段房址内的出土品统计表明，夹砂陶占绝大多数。陶器的颜色有灰陶、褐陶和黑陶，以灰陶最多，并从早至晚数量递增，显示出烧制火候逐渐提高。陶器的纹饰有蓝纹、绳纹、方格纹和附加堆纹等。素面陶从早至晚逐渐减少，磨光陶则呈渐增趋势。蓝纹和绳纹从早至晚亦呈逐渐增加的趋势。陶器的器形有斝和斝式鬲、素面夹砂罐、绳纹夹砂罐、直壁缸、敛口瓮、高领蓝纹罐、尊、钵、斜腹盆和豆等。此外，发掘墓葬11座，出土石器17件，骨器29件。

老虎山文化中，三袋足斝式鬲的出现，改变了前一个时期完全以平底器作为炊具的局面，显示了划时代的变革，鬲文化成为中华文明的象征之一。石城聚落群为城市的起源提供了实物资料。其中老虎山遗址被列为内蒙古重点文物保护单位。老虎山文化石城聚落群和斝式鬲诞生后，向南沿汾河谷地南下占有晋中盆地以北地区，再向南直接影响了"陶寺古国"文化的出现，向东经张家口地区影响到了夏家店下层文化的发展。老虎山、板城石城址内，有高台形祭坛建筑，有的方形，中间"十"字形通道铺有大石板，被火烧成紫红色；西白玉山遗址，北墙内侧有整齐的石台阶蜿蜒通向山顶，除了军事功能外，也可能有宗教等方面的特殊功能。

约前21—前16世纪的夏朝时期，凉城地区由于气候寒冷，原中原北上的农耕人群向南迁徙。此时，在今凉城地区是游牧民族荤粥活动的地方。距今3800年左右，即夏朝的后期，在今凉城地区又有农耕人群在此活动，但时间不久，因气候寒冷，不适宜农耕，很快被迫南下。

约前16—前11世纪的商朝时期，在今凉城地区生活着鬼方、獯鬻（荤粥、薰粥）等一些游牧部落。他们与商朝时战时和，促进了各族间的政治、经济、文化的联系。到商末周初时期，全国气候整体进入小冰期，气候变冷。在今凉城地区，由于商朝末年战乱频繁，无力北顾，处于凉城地区的人口为躲避恶劣的环境而南下，寻找适宜农牧业发展的有利环境。此间，无论农业文化，还是畜牧业文化的遗存都很少发现，出现了空白，说明人类绝大多数已迁出今凉城地区。

约前 11 世纪—前 771 年进入西周时期，在西周中期，今凉城地区活动的游牧民族主要有鬼方、猃狁和楼烦，而猃狁也就是原鬼方或其中的一部分。西周与鬼方、猃狁经常发生战争。公元前 8 世纪，由于战争，猃狁受到了巨大的打击，但西周也因四处出击，损失惨重，其统治也面临全面崩溃的危险。

前 700—前 476 年春秋时期，生活在北方的各游牧民族被华夏族泛称为狄或北狄。北狄也就是夏商西周时期的荤粥、鬼方、猃狁等族融合而成，是以一个新的族名取代旧的族名而已。北狄是指生活在包括今凉城地区在内的北方诸部落，曾对中原各诸侯国造成威胁。北狄曾于晋献公十五年（前 662 年）伐邢，十七年（前 660 年）伐卫，一度占据了太行山地区，势力很大。在秦穆公称霸西戎时，北狄中的白狄和赤狄也被晋国降服，戎狄或降或灭，或杂居于春秋北方各国之内，或被北逐。

前 475—前 221 年战国时期，林胡、楼烦、东胡逐渐成为北方几个主要游牧部族，并称"三胡"。其中林胡、楼烦生活于凉城地区。

他们与秦、赵、燕频繁接触，互相交往，由于各自的利益，不时发生战争。在长期的活动中，或发展壮大，或融合在一起。又因气候整体向暖湿方向发展，今凉城地区又有农耕民族再度北上，促进了农牧业的融合。到战国中晚期，一部分北方民族逐渐融合于农耕民族之中，为赵武灵王向西扩土开疆创造了条件。前 325—前 298 年赵武灵王时期，赵国强大起来后，占据了今乌兰察布南部丘陵区和呼和浩特平原地区，开始向北攻击林胡、楼烦，使其归属赵国。而在阴山北麓与大漠之间的蒙古高原带生活着匈奴人，他们以阴山为根据地，发展匈奴联盟，占据了今内蒙古中西部地区。前 310 年，匈奴地域南境与燕、赵、秦相邻，使大部分林胡、楼烦归附了匈奴。赵武灵王十九年（前 307 年），赵武灵王在原阳（今呼和浩特市八拜古城）开始学习北方游牧民族的长处，实行"胡服骑射"。第二年，他率众打败林胡、楼烦，开始"自并代阴山下，至高阙为塞"，治阴山筑长城，并设置云中、雁门、代郡三郡，开始对北方实行政治统治。赵武灵王死后，国势日衰，控地缩小，赵国北边良将李牧率兵常驻雁门、代郡防备匈奴。秦始皇十八年（前 229 年），秦灭赵国。战国时期，今凉城地区既有从内地北上的华夏族，也有原来当地的北方民族，是华夏族与北方诸族杂居的地区。随着迁徙人口的增多，凉城地区出现了一些城镇，这对于中原农耕文化向北扩散与北方游牧文化的交流及发展，促进华夏族与北方游牧民族的融合，具有非常重要的意义。

东汉末，今凉城地区由小种鲜卑大人轲比能占据，成为其牧地。同时，随着东汉北方边郡行政建置的撤废、缩编和移民侨置内地，生活在今凉城地区以汉族为主体的各族编户一度南下，被迫离开了赵武灵王拓边置郡以来的今凉城地区，但后来内地经过黄巾军大起义的打击后，社会混乱不堪，再加上天灾的袭击，内地很多汉民又自发地移民于凉城地区。其时，生活在今凉城地区的主要居民是鲜卑人，其次为匈奴人和乌桓人。乌桓人也称乌丸人，其时乌桓人已与西汉时期的乌桓人不同，诸方杂人来归者，总谓之乌丸，乌桓已代指塞外杂胡。而迁入中原的乌桓人与汉、鲜卑、匈奴等逐渐融合，这些新迁入的移民为鲜卑轲比能的称雄注入新的力量。

魏晋南北朝至辽金时期
凉城地区的民族构成

三国曹魏黄初五年（224年）时，轲比能击败步度根、泄归泥等后，"将其部落3万余家诣太原、雁门郡附塞自保"。今凉城地区纳入了轲比能的势力范围，并向西扩展到云中郡一线。这一时期，内地汉族以各种方式迁徙流动到包括今凉城地区在内的鲜卑统辖范围内，形成了鲜卑、乌丸（即乌桓）、汉族杂居错处的局面。曹魏黄初六年（225年），雁门太守牵招在云中大破轲比能。曹魏青龙三年（235年），轲比能被魏国派人刺杀，鲜卑部落离散。

在檀石槐建立的鲜卑汗国瓦解之际，正值鲜卑拓跋部诘汾之子力微南移五原驻牧，因遭西部鲜卑的侵犯，力微不得不依附于已经活动于五原的没鹿回部。力微元年（220年），力微率部移居长川（今乌兰察布市兴和县境内）。力微二十九年、曹魏正始九年（248年），力微吞并了没鹿回部，开始强大起来。力微三十九年（258年），力微将牙帐从长川迁到阴山以南的"定襄之盛乐"（今呼和浩特市和林格尔县土城子古城）。从力微传至禄官，仿匈奴旧制，将国分为中、东、西三部。其中拓跋猗㐌居代郡参合陂（今凉城县岱海）北，为中部。禄官和猗伲死后，由猗卢"总摄三部，以为一统"。到拓跋什翼犍时期（338—376年），以盛乐为北都，平城（今山西省大同市东）为南都，自称代王，建立代国。晋太元元年（376年），前秦符坚率兵20万，大举攻代国。代王拓跋什翼犍大败，逃往阴山以北，后被其子寔君杀害，代国被前秦灭亡。晋太元八年（383年），前秦对东晋发动淝水之战失败，前秦对北方的统治随即瓦解，原被统治的各少数民族纷纷独立建国，什翼犍之孙拓跋珪也乘此机会，于386年重建鲜卑拓跋部政权，定国号为魏，史称北魏。从北魏建立到六镇起义前，拓跋鲜卑在今凉城地区占统治地位。5世纪20年代，北魏太武帝拓跋焘时，将30万降北魏的敕勒人（也称为高车人）及牲畜百余万迁到东起今乌兰察布市兴和县，西至今巴彦淖尔市五原县的阴山一带，凉城地区又分布有敕勒人。另外，还有汉族及滞留于当地的柔然、乌桓等游牧民族。正光五年（524年），六镇起义爆发。在镇压这次起义过程中，今凉城地区被柔然控制。北魏亦在孝武帝永熙三年（534年）分裂为东魏和西魏，其后东魏为北齐所代，西魏为北周所代。

5世纪中期，突厥进入凉城地区。突厥是铁勒族的一支，起源于准噶尔盆地以北。西魏废帝元年（552年）正月，突厥首领土门出兵攻击柔然，大破柔然于怀荒镇北。柔然可汗阿那瓌兵败自杀，柔然国名存实亡。是年，突厥族建立突厥汗国，其疆域东至辽海，西至西海，南至阴山，北至北海，突厥已进入今凉城地区北部。隋朝开皇三年（583年），突厥分裂为东西两部，其中东突厥在开皇五年（585年）后，南渡漠南，其统治中心南迁至紫河镇（今呼和浩特市和林格尔县境内）。至此，阴山南北，明长城以北生活着突厥人，与原有的已经汉化的鲜卑人和汉族等民族杂居。开皇十九年（599年），隋文帝册封东突厥染干（号称突利可汗）为启民可汗，使其变成隋朝直辖的一个自治政府。隋朝仁寿元年（601年），隋文帝与启民可汗展开北征，致使漠北九万突厥人南下降隋，都转归于启民可汗帐下。其时，包括今凉城地区在内的内蒙古中西部地区成了突厥和汉族人民并存、交往和民族融合的重要地区。大业五年（609年），东突厥启民可汗死后，其子咄吉成为可汗，即始毕可汗。他即位时突厥实力日盛。大业十一年（615年），隋炀帝率大军巡塞，被东突厥围困在雁门。这一时期，隋朝人民为躲避战乱和赋役，大量北上，流亡突厥。

唐朝武德元年(618年),唐灭隋。唐朝建立之初,东突厥仍然控制着大漠南北,左右着中原政局,并有薛延陀(铁勒的一支)据阴山之北。贞观四年（630年）后,经唐朝大举北伐,东突厥汗国灭亡,并将突厥地区分左右两部来管理。贞观二十年（646年）,唐灭薛延陀国。永徽元年（650年）,唐又灭漠北突厥车鼻政权,使大漠南北全部并入唐朝的版图。永淳元年（682年）,突厥贵族阿史那骨咄禄纠众反唐,占据黑沙城(今呼和浩特市市区北),建立起后突厥汗国,自立为颉跌利施可汗,建立牙帐于乌德犍山(即于都斤山,今蒙古国鄂尔浑河上游杭爱山之北),并以黑沙城为南牙,派遣其弟阿史那默啜驻守其地,使管辖今凉城地区的唐朝单于都护府基本上名存实亡。开元六年（718年）后,今凉城地区又重新归属唐朝管辖。天宝四年（745年）,后突厥汗国被回纥所灭,"其地尽入回纥"。会昌三年（843年）,回纥的乌介可汗侵逼唐朝振武军(今呼和浩特市和林格尔县西北),被唐朝打败,唐朝将其降附的2万余人分隶诸道。不久,乌介可汗被部下所杀,这支南迁的回纥人终于破散。

唐朝被唐末农民大起义瓦解后,中国进入纷乱的五代十国时期。这时居住在潢河(今赤峰市西拉木伦河)、土河(今赤峰市老哈河)流域的契丹族,在其首领耶律阿保机的统领下,发动一系列征服战争:天复三年（903年）秋,征服了东阻卜(即元朝时期的汪古);天祐元年（904年）,侵入河东代北(含今乌兰察布市东南部),掳获了95000多汉族人口,将其安置于今赤峰、通辽市一带,壮大了契丹族的实力。公元907年,阿保机建立契丹政权。神册五年（920年）,他率大军大举西征,攻取了阴山南北,通过西征"自代北至河曲逾阴山,尽有其地",说明今凉城地区的主人换成了契丹。但其统治并不稳固,大同元年（947年）,契丹灭后晋,燕云地区被纳入辽朝的版图。乾亨四年（982年）,辽圣宗即皇帝位时,今凉城地区为契丹乙室部驻牧地,后相继有大量汉民涌入,使该地区成为粮食主产区。治所在今凉城县境内之德州,在开泰八年（1019年）设置时,即是为安置汉族人口立的州。汉族人口的迁入,对辽朝政治、经济和文化的发展产生了重要影响,是辽朝立国达200年之久的根本所在。

辽天祚帝天庆五年（1115年）,契丹统治下的女真人,在完颜阿骨打(即完颜旻)的统率下,打败了辽军的进攻,建立金朝,建元收国。

其后，今凉城地区的主人变成女真人，境内生活的主要为汉族、女真、契丹等民族。

元、明、北元时期的民族构成

12世纪到13世纪初，中国北方兴起强大的蒙古族，蒙古族即蒙古高原东部土著东胡人的后裔。其时，所有生活在蒙古高原的游牧民族共同被称作蒙古。元太祖六年、金大安三年（1211年），蒙古族首领成吉思汗兵分三路大举伐金，以汪古部首领阿剌兀思剔吉忽里为向导，顺利越过阴山，哲别率先锋军破抚州以北边堡，夺取昌州、桓州、抚州（辖今乌兰察布市南部地区）；成吉思汗儿子术赤等率军攻占净州、丰州、云内州、东胜州、武州、朔州等地。接着，在元太祖七年（1212年），成吉思汗继续攻取山后诸州县，威宁县（今乌兰察布市兴和县境内）千户刘柏林投降。1215年，蒙古军攻占金国的中京和北京，1227年灭西夏。到成吉思汗病故时，蒙古汗国在凉城地区行使行政职权，生活在该地的主要为汉人，也有少数女真人和蒙古人。元朝时期生活在该地区的主要有汉人、蒙古人、回回人和阿剌浑人。在宣宁县（治今乌兰察布市凉城县淤泥滩古城）还设有下水镇，蒙古西征时掳掠来的回回人、阿剌浑人生活于该镇。在宣宁县设达鲁花赤来管理县境内的行政事务。

明朝时期，在洪武七年、北元宣光四年（1374年），决定将丰州、东胜州、云内州等州县人民"徙民于中立府"，明朝的防线也由大青山南麓移至东胜卫城和今凉城县蛮汉山一线。洪武二十五年（1392年）和洪武二十八年（1395年），明朝曾从山西移民于今凉城地区，但到明成祖永乐年间，随着防线收缩于明长城一线，这批北上的汉民和原有的汉民大部分又被内迁。经过洪武、永乐年间对北元的打击，蒙古陷入空前混乱的状态。经过长期混战，形成鞑靼、兀良哈三卫、瓦剌三大政治实体。其中瓦剌集团在明正统四年（1439年）也先继位时，凉城地区为瓦剌也先所控制，并成为其牧地。明正统十四年（1449年）七月"土木之变"后，瓦剌的势力进一步扩大。明朝景泰四年（1453年），也先自立为汗，称大元田盛大可汗，年号添元。后也先被部下所杀，瓦剌势力衰退，撤出漠南。

明成化十五年（1479年），达延汗开始长期驻牧于乌兰察布市和锡林郭勒盟等地的内蒙古中南部。成化十六年（1480年），发生了明将王越袭击威宁海子（今乌兰察布市察右前旗黄旗海）事件。其后，达延汗于明弘治元年（1488年）五月，驻牧于大同近边（今丰镇市南境），连营30里，遣人"奉番书求贡"。明朝只好允许其求贡的请求。到16世纪初，达延汗统一了蒙古，并进行了分封，对蒙古诸部实行"画地而牧"。今凉城地区的察哈尔万户为大汗直属牧地。继达延汗之后崛起的是达延汗之孙阿勒坦汗（即俺答汗）。他以丰州为根据地建立霸业，并分封了土默特万户，将北至今察右后旗北部，南到凉城岱海与丰镇境之间，西南至凉城县中部地区分封给打喇特部，由阿勒坦汗第六子哥力各台吉及其子打喇阿拜台吉先后领有并驻牧；而非阿勒坦汗后裔的兀慎部（乌审部），驻牧于北起今察右前旗，南至丰镇东南境接于长城，东南至今兴和县南部，西至凉城县岱海一带，由拉布克台吉及其孙兀慎阿害兔台吉、兀慎歹成打儿汗儿麻台吉先后统领。可知其时今凉城地区有蒙古打喇特和兀慎两部生活于境内。阿勒坦汗于明隆庆五年（1571年）与明朝进行了隆庆和议，明朝封他为顺义王，使明蒙之间的战争暂告结束，而代之以封贡互市形式下的友好往来，边境出现了安定的局面。明朝万历三十一年（1603年），林丹汗继承蒙古汗位后，力图建立一个统一的

蒙古帝国，曾3次攻入明朝。但这时蒙古的形势发生了变化：在内部，诸部离心；在外部，1616年努尔哈赤统一女真各部，建立了后金政权，对蒙古构成威胁，使林丹汗不得不走上抗击后金的道路。崇祯七年、天聪八年（1634年）夏秋间，林丹汗病逝于大草滩（今甘肃省天祝藏族自治县境内），年仅43岁，抗金终归失败。第二年，后金皇太极之弟多尔衮率大军征服察哈尔部众。皇太极封林丹汗儿子额哲为亲王，地位在内蒙古其他49旗之上，安置于义州（今辽宁省义县）边外驻牧，察哈尔部的消失标志着北元历史的结束。

清朝时期凉城地区的民族构成

察哈尔部的改革及迁入

1636年，漠南蒙古16部49旗正式归附后金，并敦请皇太极继承蒙古大统，共上"博格达彻辰汗"（宽温仁圣皇帝）尊号。皇太极受尊号，即皇帝位，建国号大清，改元崇德。皇太极将漠南蒙古林丹汗的儿子额哲封为和硕亲王，"其部编旗，驻义州"。1641年，察哈尔部降清的额哲病亡。其后，在顺治五年（1648年）由其子阿布奈袭和硕亲王爵。阿布奈作为成吉思汗黄金家族的嫡系后裔，始终对清朝抱有轻视态度，他8年不曾一次进宫朝请，甚至不

参加顺治皇帝的丧礼。清廷降罪阿布奈，将他拘禁在盛京。同年九月，由阿布奈长子布尔尼袭封和硕亲王。而布尔尼由于其父的下狱，对清廷更加仇视。康熙十四年（1675年）三月，布尔尼、罗卜藏兄弟二人乘南方"三藩之乱"（即吴三桂、尚可喜、耿精忠之乱），联合奈曼旗王札木山、喀尔喀右翼旗公垂扎布举兵反清。康熙帝调动科尔沁等部蒙古军队讨伐察哈尔部，布尔尼战死，罗卜藏率16840名兵丁第二次降清。康熙皇帝对察哈尔部甚为担心，进行了改革。

一是将原察哈尔部驻牧地义州收回。"犁其牧地为牧场，归内务府太仆寺管辖，移其余众到宣化、大同边外驻牧"，并将归降的喀尔喀、厄鲁特编成佐领，归其管辖，废止察哈尔部的王公札萨克旗制，改为总管旗制，规定"其官不得世袭，事不得自专，与各札萨克君国子民不同"，并将察哈尔编为左、右各四旗，分布于今凉城境内的有镶红、镶蓝二旗的部分苏木及正红旗的一小部分。1761年（乾隆二十六年），设都统驻张家口，管辖察哈尔八旗。二是采取"掺沙子"的办法对察哈尔部进行分化。清政府将归附的蒙古部众安插于察哈尔各管辖旗内。如将新疆、青海、呼伦贝尔等地归

附的蒙古人充实到察哈尔内；将新疆伊犁来的"额拉得"姓氏的蒙古人安排在镶蓝旗六苏木；呼伦贝尔盟新巴尔虎旗来的"巴尔虎"分散安排在察哈尔八个旗，每个旗有两个苏木安排巴尔虎人，镶蓝旗的七、十两个苏木是巴尔虎苏木，镶红旗的二、十苏木是巴尔虎苏木；从兴安盟科尔沁旗来的"科尔吞得"姓氏蒙古人被安排在镶蓝旗十二苏木；从青海来的"和和塔娜"姓氏蒙古人被安排在镶蓝旗的八苏木；从兴安盟来的"韩锦"姓氏蒙古人被安排在镶蓝旗的四苏木和头苏木；等等。从此，察哈尔成了多姓的组织。三是清政府对察哈尔蒙古实行愚民政策，大力提倡和引入佛教（喇嘛教派），致使大批察哈尔八旗蒙古人信奉喇嘛教。为了推行这一政策，清政府从国库拨了大批银两建寺庙。如在凉城地区建有满题庙（七济庙）、格格庙（小召）、甲仁巴庙（汇祥寺）等。从喇嘛人数看，大庙的喇嘛多达四五百人，小庙也至少有三四十人。清政府强行规定每户必须有一至二名男性当喇嘛。清朝在喇嘛教兴盛时期，喇嘛人数几乎占蒙古族人口的三分之一，并规定喇嘛不能娶妻，不参加劳动。这样就有将近半数的蒙古族人口不生育后代，往往一户人家传不到三四代就绝了户。

再加上牧区生活条件差，疾病蔓延（尤其是梅毒），致使包括察哈尔蒙古在内的蒙古人口急剧下降。四是把察哈尔八部改为察哈尔八旗后，同时把札萨克旗制改为总管旗制。察哈尔旗的总管（旗的最高长官）不得世袭，由清朝政府直接委任，八旗的编制、组织形式均仿照满洲八旗制军队的组织形式。每旗有一面军旗，旗名以军旗颜色命名。除全色黄、白、红、蓝四旗外，另四旗在原色上镶边，黄、白、蓝色旗镶以红边，红色旗镶以白边，称镶蓝、镶红、镶白、镶黄四旗。察哈尔八旗在张家口设立察哈尔都统，由满洲人充任，管理八旗。除左、右翼各四旗外，后又增设四牧群。

察哈尔八旗为军政合一的组织，其兵丁平时生产，战时出征。八旗男性均为兵丁，18岁以上的成人为一等兵，也叫护军，蒙古语叫"白日"。每个白日每年的军饷为24两银。18岁以下（包括男性婴儿）为二等兵，也叫马甲，蒙古语叫"胡雅格"。每个胡雅格每年的军饷为20两银。因此，八旗男性兵丁基本上是坐等召唤，很少参加劳动，而生产与家务杂活绝大部分由妇女承担。

察哈尔八旗除有安本（总管）负责处理全旗重大事务外，还有伊赫甲愣（正参领）、伊勒格甲愣（副参领）协助安本处理政务。每个苏木也有三长：章盖（佐领）、孔督（骁骑校）、转达（护军校）。章盖负责苏木的全面管理和指挥工作。此外，每旗还有三名笔帖式，相当于现在的文书。

对这些人，清政府授予很高的品级，给以优厚的待遇。如总管由清朝政府直接任命，为三品官（个别还有一品的），每年俸禄200两白银。伊赫甲愣（正参领）的品位与总管相同，为三品，年俸为180两白银。伊赫甲愣是旗内军队的总指挥官，一旦遇有战争，就带兵出征。章盖（佐领）为四品（也有五品的），每年俸禄为白银100两。孔督（骁骑校）和转达（护军校）为六品，每年俸禄为72两白银。察哈尔八旗的官职品位本与内地的县相同，但康熙帝为了防止八旗官兵再次起兵反叛，采取了笼络的办法，给旗的总管以很高的荣誉与优厚的待遇。内地知县一般为七品官，而八旗的总管为三品，就连佐领和护军校的品位都比县官高。但清朝不给这些人实权，并对察哈尔八旗的总管实行分隔、控制政策。其时，镶蓝旗有6个苏木（佐领），900人；镶红旗有9个苏木，1350人；另有正红旗西南的一小部分。1762年（乾隆二十七年），为了进一步加强对察哈尔部的控制，清朝在张家口设都统一人，副都统二人驻左、右翼边界。其时，镶红、镶蓝旗隶属察哈尔都统。1766年（乾隆三十一年），裁副都统一人，余一人驻张家口，协助都统办事。

汉族的迁入

清朝时期，汉族迁入今凉城地区，经历了一个漫长而复杂的过程，大致经历了四个时期。清初到雍正元年（1723年）为移民准备时期。清初由于执行严格的封禁政策，内地农民出边外垦种的形式是"春令出口种地，冬则遣回"，谓之"雁行"，只能算做季节性的劳务输出，不是真正意义上的移民。但这些农民春种、夏耕、秋获三季都生活在这一地区，只有到冬季才返回家乡。有些农民感到每年往返麻烦，设法私自取得蒙古王公贵族的谅解，部分农民逐渐在此地定居下来，为这一地区步入农耕文化阶段，奠定了基础。第二个时期是从雍正元年（1723年）至乾隆四年（1739年），凉城地区已形成半农半牧区。由于汉族农民、商贩的不断移入和蒙古族人民的大量定居，为防止蒙汉人民结合，清朝实行蒙汉分治，在农业区设立厅制，由新设的地方官与旗札萨克分别管理蒙汉人民。乾隆五年（1740年）至光绪二十三年（1897

年）为禁垦时期，但禁垦令未能阻止迫于生活的农民移民，使汉民涌入凉城地区的人数越来越多，使这一地区的草场垦殖殆尽。除岱海东部、南部部分地区外，昔日的草原已几乎全部变成农田。汉民已成为该地人口最多的民族，凉城大部分村落形成于这一时期。光绪二十四年（1898年）至宣统三年（1911年）为励垦时期。这一时期历时13年，放垦速度快，涉及地域广，规模最大，但其时凉城地区已无多少地可放垦了，只是以清理旧垦为主要任务。上述情况是汉族涌入凉城地区的全过程。据光绪三十二年（1906年）统计，宁远厅（今凉城县、卓资县）已有475个村庄，汉族已达152416人。

满族人口迁入凉城地区

清朝入关以后，为了满足满族贵族的贪欲，于顺治元年（1644年）下令开始圈地，大规模的跑马圈地有三次，先后在北京近郊、奉天、热河等地圈占建立的皇庄多达1600多处。这些名义上归皇帝的庄园，统称为皇粮庄田，简称为皇庄。皇庄由皇宫内务府衙门委派官员统一管理。除皇庄外，在今河北一带，还有被满族八旗王公贵族圈占的庄田，即王庄，拥有土地达13300多顷，致使河北一带许多农民的土地被满族皇家、贵族圈占，从而激化了民族矛盾，汉族人民的反抗斗争日趋激烈。在这种情况下，康熙八年（1669年），清政府决定停止圈地，并宣称满汉军民一律对待，凡以前所圈旗地，立即退还汉民，另由山海关、张家口等处旷土换补。换补土地的事宜，一直持续了50余年。

康熙五十八年（1719年），为了换补土地，清宫内务府将保安州（今河北涿鹿县）一些族大支繁的满族大户举家迁到助马口一带，即今凉城曹碾到丰镇滩一带，耕种皇庄。这些满族贵族是因为当年换补土地而迁入凉城曹碾地区的。分布于曹碾的皇庄有15处。每个皇庄设有一个庄头，他们分片管理着各自的庄头地，每一庄头拥有18顷耕地，按户分给自家的亲丁耕种，并签订租地契约。种植的农作物主要是黍子，由庄头收租后，运销京城。庄头与庄丁是家族制的租佃关系，关系比较松散。庄头是世袭制，庄丁既可子承父约，认领庄田，缴租应差，也可招人代种。在庄丁人家缺少劳力，无力认领庄地时，也可以由庄头出面转让给外姓满族或汉族人租种。

雍正三年（1725年），清政府将右卫升为朔平府，其时曹碾满族的皇庄移交朔平府管辖。当时朔平府分为一府和二府，一府衙门管理汉族人的事宜，二府衙门管理满族人的事宜。因此，曹碾满族人的户籍、纳税等均由二府衙门管理。曹碾的大庄头由朔平府委任，后来改为由几家庄头共同推选担任。在大庄头的家门悬挂有虎头牌匾，牌匾上标有"把什库"等字样。把什库即满语领催的意思。朔平府会交给大庄头黑牛皮鞭子一条，鞭杆长六尺，鞭鞘长约一丈。鞭子是领催权力的象征，也是清朝特有的刑具。《大清律》中记载："太祖、太宗创业东方，民淳法简，大辟（杀头）之外，惟有鞭笞。"由此可见大庄头的权力所在，对违法乱纪者或扰乱社会者，随时可处以鞭刑。但如遇重大案情，大庄头必须上报朔平府处理。有民谚这样描写大庄头上报时的情景："安巴把什库（大领催），手提毕言都（黑牛皮鞭），骑上布鲁娄（红沙马），上报朔平府。"

乾隆以后，随着垦荒的实施，曹碾的满族大庄头的权力范围也有所扩大，还兼管着丰镇滩的圈地和右卫的白旗马场地（位于今山西省右玉县与内蒙古和林格尔县交界处）。

每年由大庄头（领催）在春耕时登记青苗田数，秋后按亩收租。这时流传的民谚又改为："曹碾把什库，手拿毕言都，骑着布鲁娄，马场收地租。"在乾隆后期，由于周圈周家、十二滩王家、邓圈邓家三家庄头抗租，朔平府右卫将军将其所属皇庄的人全部革退旗籍，收回皇庄，新任命丰镇滩三家汉人为庄头，接管皇庄。其时，满汉不通婚，不杂居，后来这些满族农民随着清朝的衰落，逐步摆脱了满族庄头的束缚，变为自耕农。庄头地也逐渐变得有名无实了，但至今曹碾一带的地名中还保留了如大圈、徐圈、火圈、周圈、邓圈等地名，见证了满族人民对凉城县曹碾地区的开发，并与汉族人民一道促进凉城地区的社会经济和文化发展。

民国时期凉城地区的民族构成

民国时期，凉城县西部、南部地区居住的汉族人口开始流向麦胡图、三苏木、厢黄地等县境中部地区，亦有从山西省流入的农民、商贩、手工业者进入凉城县的集镇和乡村，使汉族人口再次增加。民国十八年（1929年），全县（包括今卓资县）有29117户，总人口为203336人；民国三十六年（1947年），有32425户，总人口132308人。民国三十七年（1948年），凉城县划出龙胜县（今卓资县）大部分地区，麦胡图地区被划入丰镇县。其时有30912户，138900人。生活在县境内的人口为

汉族、蒙古族、满族和回族。其中有汉族137154人，蒙古族407人，满族1190人，回族149人。因此，在凉城这片土地上形成了特有的蒙汉满回文化，并具有地域特点。

中华人民共和国成立以来的民族构成

据人口普查统计，1953年前，凉城县有汉族、蒙古族、回族、满族；1953年时，新增了苗族、达斡尔族；1963年时，又增加了鄂伦春族；1974年时，又增加了壮族。截至2012年，凉城县有汉、蒙古、满、回、达斡尔、彝、苗、壮、藏、瑶、水、侗、畲、土、傣15个民族。其中，汉族238459人，蒙古族2438人，满族5709人，回族353人。汉族占总人口的96%，少数民族占4%。这15个民族，共同促进了凉城县的政治、经济、社会、文化的发展。

从凉城走出的古老民族——云南纳西族

从历史渊源上讲，纳西族源于东方古夷。距今五千多年前，居住在考古学家苏秉琦先生所称的中原与北方古文化接触的"三岔口"地带，即今凉城地区的老虎山、岱海地区。纳西先民从老虎山、岱海地区，经黄土高原，黄、湟流域，青海果洛草原，川西平原，迁徙到川、滇、藏的金沙江流域。历经千百年

的时间，纳西族横跨晋、陕、甘、青、川、滇诸省，行程数万里，与各氏族、部落和民族交往，对外来文化的吸收如海纳百川，使自己的文化包罗万象。

"由于其独特的历史文化特点，对纳西族社会历史的研究，在我国学术界有其特殊的地位，在西南各少数民族文化中，成了研究的亮点之一"。

为什么认定纳西古籍的神山神海即内蒙古凉城县境内的老虎山和岱海呢？我们是可以从地名学、考古学、历史学、文化学等方面来加以证明的。

一、名称完全一致。纳西古籍中的神山叫老虎山（居那若罗山），内蒙古凉城县西南的山也叫老虎山；纳西古籍中的神海叫达海（达恨），该县县城东北角的海也叫岱海。总之，山名一致，海名也一致。凉城县的这山名和海名五千多年来都没有改变，这也是一个历史的奇迹。在考证神山神海过程中，这是首次做到名称一致的。以往有人说神山即老君山，或玉龙山，或锦屏山，或贡岭大雪山，或贡嘎大雪山，可以说没有一个山的山名与神山的山名一致。以往连居那若罗山的含义都没有弄明白，更不用说与一座山进行对照研究了，对神海的研究

也是这样。

另外，不仅是山、海的名称一致，连附近的几个地名也完全一致。这些地名与反映在纳西古籍中的传统文化相符。如岱海下面有个地名叫跋虎堡，凉城老虎山南面不远处有个地方叫杀虎口。这与纳西族英雄时代的美利董主杀虎、穿虎皮，另一位英雄崇忍利恩杀虎，用虎皮做褂子、褥子、垫子、箭囊是一致的。从杀虎口下来，就到了如人的肘关节般弯曲的一个黄河弯口，那儿就是山西省的河曲县。黄河河曲既是大范围内的一种称呼，也是小范围内的一种称呼。我们猜想纳西话中的"依古"（河曲）一词可能源于小范围内的这种称呼。因为大范围的河曲，不坐在飞机上从高空观察，是难以有此体会的，而黄河在河曲县内形成的"河曲"现象则在岸边一看就可以观察到了。

凉城县一带从五千多年来到今天，仍然保留着老虎山、跋虎堡、杀虎口等地名，说明纳西族的先民们并没有在迁徙过程中走完走尽，迁徙的只是一部分人，另一部分人却留下来了，是留下来的这部分人保留了远古时代的传统文化。

二、凉城老虎山适合住人。凉城老虎山位于凉城县西南，地理位置在北纬41°，比北京还偏北一度。

凉城老虎山不是一座雪山，但由于它地处长城以北的塞外高原地区，山上冬春是积雪的。但这是该地区普遍的自然现象，古人并不把它当成神山的一个特征，经书中从来没有说过神山上积雪，更没有说神山是一座享有盛名的大雪山。

凉城老虎山海拔 1100 米至 1240 米。凉城地区海拔 1000 米左右，故老虎山只是高出地面 100 米至 240 米的一座地势相当平缓的山。山体完全不像经书中形容的那样高大雄伟，更不是山高顶着天，天大不动摇；山脚压大地，大地不晃动。我们可以这样认为，居那若罗山在神化的过程中人为地被拔高了。

其实，山体不高、坡度不陡才适合人们活动和居住。像海拔 6032 米的贡岭大雪山和康定的海拔 7556 米的贡嘎大雪山适合人类活动吗？在白雪皑皑的雪峰上能住人吗？若不能，那么又哪里来的人和神共建神山等活动呢？

三、老虎山上有不少人类活动的遗址。根据苏秉琦的《凉城老虎山遗址遗迹分布图》，老虎山上修有两条石筑围墙，一条从西北角的山顶向东南方向延伸，约长 240 米；一条向西南方向延伸，约长 100 米。在古代，当石墙尚完整时，估计比这个长度还要长。在经书《人类迁徙记》中说，在人类居住的辽阔大地上，能者和会者商量，计量师和丈量师商量，头目和官长商量，要造一座大山——居那若罗山。在经书《日仲格孟上迪空》中也说，男人带石头，女人带泥土，去建造居那若罗山。古人去建造居那若罗山，就是去砌石筑围墙，建造做防御用的土长城。

在石筑围墙以内，中间有一个大山箐。在经书《迎请卢神，求神威灵》中说，在酋长还未就位时，山箐里不设防。在人类居住的辽阔大地上，经常会有矛盾和战争发生。当酋长就位之后，酋长派人到山箐中设防。山箐指的就是石筑围墙以内，中间的那条大山沟。

在山沟两侧各分布着一批房址，约 57 处。另有一种房址被称为石筑房址，占地面积较大，很像纳西话说的"吉美"，即可住二三十人，甚至四五十人的氏族大屋基。这样的大屋基约有 11 处。这种大屋基到中华人民共和国成立初期时，在丽江坝个别村子还有遗存。在金沙江东部纳西族地区则至今还有这样的大屋基和这样的大家庭。这种大家庭人数较少的有二三十个，人数多的则有四五十个。

这些遗址和遗迹是谁留下的呢？考古学家已无法说出。他们哪里料

31

想得到居住在祖国西南边陲金沙江岸的纳西族会报上名来，说是他们的祖先留下的呢？他们可以用东巴经书和世代相传的口碑为证，他们的祖先从美利董主到崇忍利恩一代，都住在老虎山和岱海地区。他们在那儿创造了灿烂的古代文化。

的确，令我们惊叹不已的是，不仅老虎山、杀虎口、河曲等地区的地名可以在纳西古籍东巴经中查找到，连老虎山中间有条山箐也记载在《迎请卢神，求神威灵》这本经书中。东巴神话，名曰神话，说的却都是实实在在的话。

一、神山和神海在一起。在纳西古籍中，凡提到神山必提神海，凡提到神海必提神山，说明神山和神海在地理位置上是处在同一地区的。

处在山上的山族和住在海边的海族互通婚姻，两个氏族是两合氏族。从这一点看，神山和神海处在同一地区，两者离得不远。

凉城的老虎山和岱海也的确同在一个地区。岱海在县城北不远处，老虎山在县城南不远处。这样的地理位置犹如丽江县城西南的文笔山和城北的清溪水库。站在老虎山上朝北望，刚好可以望见岱海。这才使有些经书编写者误以为岱海在老虎山顶。这是人们的视觉误差所造成的。

另外，需说明的是，在纳西族东巴神话中，神山和神海神话是同期形成的，没有先后之分。没有一本东巴经中说纳西族的祖先是先生活在神海周围，后来才搬到神山上居住。但假设像有些学者所说的那样，神海是青海湖，神山是康定的贡嘎山，或是稻城的贡岭大雪山，就应该是这样了。因为，按方国瑜先生考证，纳西族的祖先在春秋以前生活在青海省境内的黄、湟两河流域。到先秦时，"畏秦之威，附落而南，出赐支河曲西数千里"，到了大渡河、雅砻江流域一带。这是不可能的，神山和神海不可能分开，也不可能离得很远。

事实上，等纳西族先民生活在属于金沙江流域的稻城县贡岭大雪山一带时，已是唐、宋时期，从空间跨度讲，离青海湖已有几千里路；从时间跨度讲，已逝去了1000多年。若如此，东巴经中的神山神海又会变成另一个模样了。

二、古代老虎山和岱海地区，人们居住的地理方位与经书中所说的一致。经书中说，董部族住在神山右边，术部族住在神山左边，北方住署龙，南方住人类。根据古人面朝南方而分前后左右的习惯，可以说术住东方，董住西方，署龙住北方，人类住南方。东巴经中说的署是具有蛙头、螺蛳壳身子和蛇尾的一种精灵，主管雨、水、山林、湖泽。署相当于汉族的龙，故以署龙相称。署有三大署，其中一大署是管海的署，叫署美纳布，常潜在美利达吉海底。东巴经中所说的署龙住北方，指的就是这条管海的署美纳布。因为美利达吉海位于神山的北面，所以经书中说署居北方。

如果说署居北方属于神话，人类居南方则是有根据的话。老虎山以南是古长城以内的晋北地区，东巴经书说的人类就住在这些地方。

三、经书中谈到恒神、禅神、盘神、窝神、吾神，还有精人、崇人，以及其他人类活动于神山和神海周围。由此可以认为，老虎山和岱海周围应该留下了不少古人文化遗址。情况的确如此。从苏秉琦先生的图中可以看出，在岱海东边靠古长城一线有四个仰韶文化遗址。这里的仰韶文化是距今六千年前后仰韶文化庙底沟类型的北支。在岱海的西面，沿今凉城公路至老虎山一线有六处龙山文化遗址。这里的龙山文化是距今五千年至四千年继仰韶文化之后的河南龙山文化类型。这些古文化不全与纳西先民有关，但有些则有关，这是可以肯定的。

纳西先民中有"主""吾""毕""称""楞""斯""固"等称呼。纳西族的"主"，即彝族的"兹"，意为首领。"吾"，有专家解释为参谋、军师。其实"吾"，即彝族的"莫"，是古代氏族中的调解人，其任务是协助首领，维持氏族内部的一种有序的生活。在彝文文献中，常把"兹""莫"连在一起称呼。另外，"称"是营造师，"楞"是丈量师，"斯"为知者，"固"为会者。

这些知者、会者、营造师、丈量师的高超技艺也留在了岱海边，建在岱海边的窑洞式房址群便是他们的杰作。苏秉琦先生描写道："这里发现的属仰韶文化北支的窑洞式房址群，成排分布，形状、规格整齐划一，用白灰抹的居住地面和墙壁，极为平整而坚实，有如现代的水泥地面，加工技术要求高，没有长期训练是做不出来的，造房子成了专门知识和技术。房屋建筑专门化了。从农业中分化出一批建筑师，这是北方区系由社会分工导致社会分化的又一个例证。"

苏秉琦先生说的"极为平整而坚实，有如现代的水泥地面"的东西，纳西话叫"艺古章"，由石灰、碎石、沙子加水混合碾平夯实而成，是纳西族极为古老的一种传统建筑工艺，在没有水泥以前，房内地皮皆由此法来做。

我们在前面章节中说过，老虎山上有不少窑址和炭坑。窑址估计是石灰窑，烧出来的石灰，其用途就是建造房屋。东巴经中说到的知者、会者、丈量师、营造师原来是从农业中最先分化出来的一批建筑师。

纳西族的东巴文化丰富多彩。从天文学角度讲，既有十月太阳历，又有八月大火历；既有夏历，又有商历。从色彩崇拜角度讲，既有黑色崇拜，又有白色崇拜。说到树崇拜，有夏后氏的松，殷人的柏，周人的栗。此外，纳西族还有多姿多彩的图腾文化、占卜文化、署龙文化、祖先崇拜文化、游牧文化、农耕文化等，可以说几乎囊括了上古时代夏、商、周的诸多文化。这是什么原因呢？唯一正确的解释是，在上古时代，纳西族祖先的家园位于中原文化与北方文化交汇的"三岔口"地带。纳西族本身也是由属于夏方国的术部族和属于商方国的董部族，通过"黑白战争"（"董埃术埃"），在血与火中融合而成的。

宗教与凉城

凉城县的宗教主要有基督教、佛教、伊斯兰教三大教。基督教又分天主教和耶稣教，分别于1862年和1917年传入；佛教于明代万历年间传入，清初，藏川佛教传入；伊斯兰教也称回教，在清乾隆年间传入。全县现有佛教寺院7座，伊斯兰清真寺1座，天主教堂2座，弥撒堂7座，基督教礼拜堂4座，信教群众一万多人。

云游岱海的藏传佛教领袖
——三世达赖喇嘛

三世达赖喇嘛（1543—1588年），本名索南嘉措，是西藏喇嘛教格鲁派首领，一生最大的贡献就是在内蒙古地区传播了黄教。

1587年，三世达赖喇嘛云游土默川、察哈尔（在凉城境内有察哈尔镶红、镶蓝二旗）诸部。他在镶红旗期间，曾游历了岱海，观赏了岱海风光。三世达赖喇嘛所从事的

三世达赖喇嘛

宗教文化活动，给当地的政治、经济、文化思想、社会生活涂上了浓郁的黄教色彩，从此黄教在大漠南北广泛传播。

受清王朝册封的藏传佛教领袖
——五世达赖

五世达赖（1617—1682年），本名阿旺罗桑嘉措，为藏传佛教的政治化作出了极大的贡献。在清朝五次邀请之下，他于1652年正月，从西藏拉萨出发，途经青海、宁夏，向内蒙古进发。清朝派遣和硕承泽亲王在代噶（今岱海）迎接五世达赖进京。1653年，五世达赖抵达北京。在离开北京返回西藏时，五世达赖在岱海停留了两个多月，一边

五世达赖受封图

传扬佛法，一边观光。在此期间，顺治皇帝在岱海册封五世达赖为"西天大善自在佛所领天下释教普通瓦赤喇但喇达赖喇嘛"，并授予刻有满、汉、蒙古、藏四种文字的金印、金册。金册共15页，全文218个字。从此，五世达赖喇嘛在藏传佛教中的政治地位和领袖地位正式确定下来。

拥护清王朝中央政权的
藏传佛教领袖——六世班禅

六世班禅（1738—1780年），本名巴丹益喜。他非常拥护清朝中央政权，认为西藏自古就是中国的领土。1779年，六世班禅自愿朝见乾隆皇帝。同年6月，他到了归化城（今呼和浩特市），乾隆皇帝派大臣隆重迎接。1780年，乾隆皇帝

五世达赖受封金印、金册图

六世班禅

派太子和章嘉国师为代表，来代噶（今岱海）第三次迎接六世班禅。时值阳历6月中旬，岱海清凉气爽，欢迎的队伍浩浩荡荡。六世班禅大为感动，眺望岱海，连谢圣恩关照，祈求神灵保护，一路平安。不久，六世班禅抵达承德，在澹泊敬诚殿受到了乾隆皇帝的接见。六世班禅在岱海游历期间，弘扬佛法，促进了凉城地区蒙古、汉、满各民族的团结。

绥东大刹——汇祥寺

在碧波荡漾的岱海湖北岸，苍松拥翠的洞金山南麓，曾经雄峙着一座内蒙古地区规模宏大、气势恢弘的清代寺庙——汇祥寺。

汇祥寺又称"大庙""大庙坡"，蒙古语叫"浩特勒毕力格图素木"，藏语名为"郝特老毕力格"，始建于清康熙年间，占地面积26亩多。其遗址位于现凉城县三苏木元山村。其规模与样式均仿造皇宫，庙貌巍然，佛像庄严，法物齐备，曾为内蒙古规模宏大的喇嘛教召庙之一。

大庙的大殿为砖瓦木结构，工艺精湛，分三进两殿。大殿系方形两层楼模式，每层91个房间，上下两层共182间，殿顶嵌有镀金铜兽。大殿前（南）门楣悬挂康熙帝亲笔御赐"汇祥寺"匾额，字体苍劲有力，格外引人注目。门前铺设石板台阶，平整规范，自然坚固，体现了清康熙年间的装饰风格。

殿内佛像数以万计，且皆为铜铸，描龙绘凤，金碧辉煌。殿内陈放经典万余卷（册），每幅各有锦笺，大多为汉文、满文并书，也有只用汉文书写的，如《大般若经》《秘密经》《大圣法王经》《圣婆加梵广智经》《华严经》《入不恩议侮菩萨请问经》《大游经》《大圣广闻真义经》《律师戒行经》《五千四百五十三佛经》《百拜忏悔经》《圣胜法念住经》《因果经》《文殊菩萨经》《佛出世经》《大梵天王所问经》等数十种。

该庙香火曾经甚为隆盛。20世纪30年代前，庙内资产丰裕，牛羊

汇祥寺旧址上新建的龙华三会寺

成群，地千余顷，粮食满仓，曾有喇嘛数百名，由梁氏活佛主持。寺院后面有茶房120多间，在西南角安有3口大铁锅。每口锅可同时注入1石米，1头牛，煮牛肉粥供食用，可见其规模之大、香火之盛。寺院南、东、西的岱海滩土地均为该庙所有。

每逢该庙举办大型法事活动，如"查玛节"（俗称"跳鬼"），寺内喇嘛都带上各种面具，在大锣鼓、牛角号等乐器的伴奏下跳舞，名曰"查玛"，意即驱除邪气。每逢此节，各地蒙古族人及当地百姓都前来观看。观看者在中午能吃一顿"官饭"，因此汇祥寺一年一度的"查玛节"是相当隆重的。

清朝末年，因战乱频繁，经济萧条，山西督军奏称："长城北察

哈尔，土默特之地肥沃千里，如开垦对国家经济有益……"清政府遂派人督办垦务，推行"移民实边"新政。这一政策的推行激化了蒙汉民族的矛盾。大庙在开垦放地时，喇嘛与汉族农民矛盾日益激化，终于发生一起流血事件。事件平息后，住持活佛以护院为由，购置枪支，收买兵痞，因而又与地方武装及正规部队发生了冲突。1939年11月份，国民党六路军路经大庙，该庙喇嘛俘虏了散兵。这一行动激怒了六路军官兵。11月20日晚，六路军某团在冯富团长的带领下，偷袭大庙，杀活佛于正殿前，抢劫庙内珍贵文物，运走部分铜佛像，而后放火烧庙。当时，火光冲天，六七十里外可见。殿内千姿百态、大小不等的剩余佛

像和珍贵经典也毁于一炬，不少喇嘛死于非命。所剩几间残破的茶房，在"文革"中也被当作"四旧"拆除了。驰名塞外的大庙从此消亡，剩下的喇嘛迁徙至三介庙、大召等其他召庙。如今，该庙只留了一堆残砖破瓦，尽管面目全非，但还有许多慕名而来的游人到此处参观，探究古庙的兴衰始末。

1991年10月，经凉城县人民政府批准，汇祥寺被列为全县第一批重点文物保护单位。1995年，在被毁坏的汇祥寺遗址西北处，建起龙华三会寺五佛殿。三会寺台阶上左瞻洞金山卧佛，北冠九龙口苍松，右倚汇祥寺遗址，南眺岱海波涛，可谓一方风水宝刹，重现了昔日晨钟暮鼓、香火鼎盛的繁华景象。

辽金元寺庙遗址——三济庙

三济庙遗址位于麦胡图镇三济庙村，紧邻岱海，地势平坦。遗址大体为方形分布，面积49753平方米。遗址南部为三济庙庙址遗迹。庙址东西长90米，南北长90米，呈正方形分布。庙址西北有一塔基，塔基有两层台，分别为15米和8米宽，残高1.5米，呈正方形。庙址周边地表采集标本有建筑构件、砖、瓦等残片。遗址内采集标本有灰陶片、粗瓷罐、白釉碗等残片。根据采集物特征分析，为辽金元遗存。该遗

三济庙塔

址以往未见著录或公布。

据该村80多岁的武姓老人说，他的祖辈跟他讲，该庙曾经迎接过两位藏传佛教领袖五世达赖和六世班禅。他还说，对于该庙的规模和气势，至今仍记得十分清楚，但在"文革"期间被毁于一旦。他记得有一天，一群人将该庙宇毁坏。最后在炸塔时，他祈求有相机的年轻人给塔照了一张照片。但由于种种原因，一直没有找到照片。两年后，武姓的老汉几经周折，找到了当年那位照相者，几番祈求，终于要了一张照片，留下了庙宇中三层塔的原型。作为历史之照，这张照片是十分珍贵的。它足以佐证当年三济庙规模是如此之宏伟。

清代文化遗存——七甲庙

七甲庙遗址位于岱海镇小召行

七甲庙遗址

政村七甲庙村，地处丘陵山区，北依蛮汉山余脉，东侧为凹地，西侧为冲刷河沟。遗址地势北高南低，地表散落大量砖瓦，面积5000平方米。地表采集标本有敞口罐、白釉碗、花卉形建筑构件、鱼形建筑构件等残片。根据采集标本分析，为清代文化遗存。

小召住持——王庆

王庆，号子余，蒙古族，察哈尔镶蓝旗香火地小召人（今凉城县岱海镇小召），生于1903年，于1930年主持呼和浩特小召事宜。他收集了涉及哲学、医学、天文、地理、语言、文学、传记等各种问题的详细文化资料，翻译补抄过《水浒传》《金史》《辽史》《世界名人传记》等，

小召住持——王庆

藏有藏文本《甘珠尔经》《丹珠尔经》《西藏与印度神话》及满、汉、蒙古三种文字的古著木刻版二十余箱，共收集藏文经卷1000余部，蒙古文图书资料5000余册，满文图书资料3000余册，汉文图书资料1000余册。

长城走凉城

明长城东起鸭绿江畔，西起祁连山下，全长7300多公里。明朝是大规模修筑长城的最后一个朝代，其筑城技术已日臻完善。现今所见到的长城大多数是明万里长城的遗迹。明"九边十一镇"分区防守的完整防务体系，是万里长城防御的最高峰。

凉城南部东段属马头山区，西段为蛮汉山南麓的丘陵山区。明外长城从丰镇县西缘进入凉城后营乡十九沟村南，向西经过一处平坦的地段，直奔马头山山下，顺山势攀山而上，至大韭菜沟，向南急折，沿马头山东坡，折曹碾乡，西去，经北水泉南，突又向西北，蜿蜒于山脊之上，又越山峦、跨沟壑，曲旋于高山峻岭之中，再沿厂汉营、双古城南，经大圐圙、五墩窑，向西抵杀虎口后，进入和林格尔县。全长75公里。从远望去，长城似蛟龙盘旋于山巅，峰峦起伏，似天然屏障，将南部的千里平川纳入怀抱之中。长城所经之处无不是重关险

隘。其防务之严谨，设计之周密，工艺之高超，实叫人叹为观止，不愧为古代建筑的奇迹。

民族融合的历史见证——长城

凉城县南部山区有许多古长城遗迹，主要是汉长城和明长城。汉长城俗称"头道边"，在凉城境内有数处残垣断壁，从中还发现了许多汉代遗物。明朝是大规模修筑长城的最后一个朝代。凉城境内明长城分"外边"和"次边"（俗称"二道边"、边墙）。"外边"在马头山南麓一带，东起凉城县后营乡十九沟，西抵凉城及与和林格尔交界的浑河杀虎口，全长约75公里。长城多为就地取材，75%以上系夯土筑墙，一些重要关隘，如杀虎口、马市口用砖砌成。在"外边"的背面还有一道"次边"。"次边"在凉城境内也有80多公里，多为土筑城墙，并设有众多烽火台（也叫台墩），用作传递军事情报。

马头山长城

长城作为中华民族的象征，自古以来便将长城内外的各族人民紧紧地联系在一起。凉城地段的长城，是各族融合的历史见证，也是各民族团结和友谊的纽带。

蒙晋三县之关——杀虎口

杀虎口位于内蒙古凉城县、和林格尔县与山西省右玉县两省三县

杀虎口长城古道

交界处，那里远山近岭重重叠叠，杀虎口就矗立在蜿蜒的明长城上。威武雄壮的杀虎口自古以来就是我国北方著名的关隘。

杀虎口历史悠久，春秋时期，被称作"参合口"，唐朝叫"白狼关"，宋朝又改名为"牙狼关"。明朝，北方游牧民族南下，明王朝的抵御和征战多从关口出进，便将其贬名为"杀胡口"。后清王朝为缓和阶级矛盾，又将"胡"易为"虎"，一直沿用至今，民间俗称为"西口"。流传在晋蒙地区的二人台剧目《走西口》，正是反映清朝年间晋北农民生活凄苦，过杀虎口出塞外谋生

杀虎口

的情景。

　　日军侵华时期，杀虎口被日军占领，成为我军北上的障碍。1939年，日军在杀虎口修炮楼，设关卡驻兵。1941年10月，八路军游击队和民兵在杀虎口的塘子山与日军交战，全歼日军，夺回了杀虎口，打通了我军北上的通道。如今，杀虎口已重修，成为著名的旅游景点。

马市口

　　马市口，是长城在凉城中端的一个重要关口。这段长城远远望去，似蛟龙盘旋于崇山峻岭之间，雄姿神韵分外引人。有些地段还筑有关隘，以马市口最为出名，向为天险

凉城长城中端马市口

之地。在凉城县原北水泉乡马市楼村还残存城楼一座，由石条奠基，青砖砌顶，石灰灌浆，内设梯形通道，直达顶部，四周设置瞭望、射击孔若干个，门口沙石质雕花图形里镶嵌"镇宁"二字。楼北筑有夯土库伦一座，呈正方形，占地625平方米，亦筑有高大的砖石夯门，位于浑河边的高山顶上，为屯兵要塞。

墩台

　　"墩台"，也称烽火台、烟墩等，

墩台

其作用是在发现敌情之后，昼则举烟、夜则放火或放炮，以传递军情、信号，是长城防御体系中重要的设施。

　　凉城的"墩台"主要建于"主边"和"次边"之间，在两道长城的沿侧也设有众多的墩台。这些墩台与长城有机地组合起来，气势磅礴，蔚为壮观。

　　"主边"沿侧的"墩台"，名"外墩"和"内墩"。"外墩"在"主边"外侧的内蒙古凉城境内。墩台一般

为上小下大的方体，剖面呈梯形，目前残存最高者达 10 米以上，一般底边长 14—16 米，黄土夯筑，夯层 15 厘米左右。"墩台"直上直下，易守难攻，是协助长城御敌的有效设施，它可使攻城之军腹背受敌。

次边南侧的墩台，紧靠墙体或建于不远的山顶之上。以干草胡洞墩台为例：台基呈方形，每边长约 35 米，高 1.8 米；墩台为上小下大的方体，剖面呈梯形；底边长 8 米，残高约 8 米；褐色夹砂土夯筑，夯层 18 厘米左右。

明长城北部的墩台，以三座坟墩台群为例：此为三座形制相仿的圆丘形墩台，呈一排竖于一平顶山端，相距很近。其中一圆丘高 8 米，底径 7 米，黄土夯筑，质坚硬，夯层 20 厘米。从三座坟墩台向西北山顶还有娘娘坟墩台，向东还有人大坟墩台，这些墩台呈遥相呼应之势。从附近发现的汉代陶片推测，可能是早于明代的烽燧设施。

历史的足迹

凉城县地域文化底蕴丰富，特色鲜明。在数千年的历史长河中，历朝历代风云人物在这片古老的土地上，叱咤风云，奋斗不已，他们的光辉形象和不朽精神彰显着熠熠风采，闪耀着璀璨光芒，鞭策后人，垂鉴百世。

倡导"胡服骑射"的君主 ——赵武灵王

赵武灵王（约前 340 年—前 295 年），名雍，战国时期赵国国君，杰出的政治家、军事家、改革家。他所推行的"胡服骑射"政策，对于当时赵国乃至以后中国社会的发展都产生了积极的影响。

赵武灵王

赵武灵王实行"胡服骑射"，不但适应了同周边国家的军事竞争，最重要的是解决了以代郡和邯郸为代表的两种文化、两种政治势力造成的南北分裂局面。

战国时，凉城属赵国，位于代郡西北边境，是赵武灵王向西拓疆的军事根据地和"胡服骑射"政策的实践区域。

拒敌阴山的飞将军——李广

李广（？—前 119 年），陇西成纪（今甘肃省天水市秦安县）人，西汉著名军事家，曾做过骑郎将、骁骑都尉、未央卫尉、郡太守，镇守边郡（雁门郡一带），人称"飞将军"。汉代雁门郡领十四县，其

李广

中善无、沃阳（凉城古城）、中陵三县都是当时雁门郡的军事重镇，对稳定边关、保卫中原，发挥了积极作用。

戍边良将——李牧

李牧

李牧（？—前229年）。赵国为扼守边境，在"苍鹤陉"之南修筑城堡，取名为"参合城"（即现在凉城县永兴镇板城村），并派李牧驻守。据史料记载，"苍鹤陉"即现在凉城境内的"石匣子沟"，是当时北方少数民族进入中原的必经之路。

力微和沙漠汗

鲜卑拓跋部的原住地在内蒙古呼伦贝尔市鄂伦春自治旗境内的大兴安岭一带的嘎仙洞，后来在力微父亲诘汾的带领之下，向西南迁徙，在匈奴故地居住下来。

力微，后人尊其为拓跋始祖。他之前的拓跋历史，皆系传说，其信史从他开始才有了记载。史传说他"有雄杰之度，时人莫测"，足见他是一个富有智慧，善于审时度势的人。他的部族，起初势力很小，因西部内侵，部众离散，他依附于没鹿回部大人窦宾名下，以积蓄力量。

一次，力微与窦宾一起出征，攻击西部的部落。战斗中，窦宾战败失马，陷入危难之境。力微闻讯后毫不犹豫，让人把自乘的骏马献给窦宾，救其逃离死地。窦宾后来要寻找搭救他的恩人，想有所报答，力微却隐而不言。当窦宾终于知道恩人就是力微时，大受感动，决定把自己部族的一半人马分给他，可他坚决辞谢，不予接受。最后，窦宾就把爱女送给他做妻子。即使如此，窦宾还是觉得没有报答力微的恩情。一天，窦宾把力微叫到自己跟前，问他有何愿望。力微说：他希望带着他的部众住到北面的长川（今内蒙古兴和县）一带。窦宾听完，痛快地答应了。

力微获得了独立自强的机会，就对各部落大施恩德。在之后短短十几年的时间里，他的部众竟迅速地强大起来。窦宾见势，预感到力微今后一定会成为自己部落的主人，便在临终前告诫他的两个儿子要小心侍奉力微，这才是安身立命之道。然而，后来他两个儿子完全不听父亲的遗命，还在暗中图谋逆乱。事发以后，力微将他们兄弟俩处死，全部吞并了他们的人马。其他各部落大人看到力微的威势，便纷纷效诚归附。力微的部落军力大增，骑兵达到二十多万。又过了十年，力微带领部众继续向西迁徙，来到盛乐（今内蒙古和林格尔境内）一带驻扎下来。他们在这里举行了隆重的祭天大典，各部落大人纷纷前来助祭，只有白部大人观望游移，不肯前来。于是，力微就大举挞伐，最后把白部大人抓回来杀掉。此举大大震慑了远近各部落，他们都表示要效忠于力微。

在力微之前，鲜卑拓跋部尚处在原始社会的部落联盟阶段。从力微开始，则迅速进入了原始社会解体，阶级产生和国家形成的过渡阶段。力微的奋斗结果及其所选择的发展道路，对后来拓跋部的历史命运产生了深刻的影响。

抢掠，是蛮族的一种生产方式。不过，拓跋部首领力微却对此颇感厌恶。他总结了匈奴等族的兴衰历史，认识到：只贪财货，抄掠边民，到头来得到的将是两族间更深的仇恨，所以这并不是"长计"。于是，在力微主导下，拓跋部与中原的曹魏政权建立了"和亲"关系。魏元帝景元二年（261年），力微又派长子沙漠汗前往曹魏的首都洛阳做质子。

这位来自塞外的英俊魁梧、身高八尺的拓跋太子，在魏国受到魏朝皇帝与大臣热情的礼遇。从此，拓跋部与魏国的关系进一步趋向密切，双方互市兴盛，聘问频繁，"魏人遗金帛缯絮，岁以万计"。虽然后来司马氏建立的晋朝取曹魏而代之，不过这一改朝换代的重大变故并未对沙漠汗有所影响，晋武帝对沙漠汗的礼遇仍旧一如既往。在洛阳居住了六年之后，由于父亲力微年事已高，沙漠汗向晋武帝请求离开洛阳，回归故乡，晋武帝同意了。临别时，晋武帝还"具礼护送"。

回到塞北住了两年，沙漠汗于晋武帝咸宁元年（275年）六月再一次来到洛阳。住到冬天，他决定回到塞北。临行时，皇帝又向他赠送了"锦、罽、缯、彩、绵、绢诸物，咸出丰厚，车牛百乘"。这些丝、毛织品，称得上是当时世界上最珍贵的物品了。皇帝慷慨相赠，充分表达了晋室对拓跋部与沙漠汗的友好情意。

不过，沙漠汗的归乡之路并不顺利。当他与随从一行人走到并州（今山西境）时，晋征北将军卫瓘感到他为人雄强，恐怕日后会成为晋朝的对手，所以密奏皇帝，请求把他扣留下来。皇帝觉得这种做法有伤两邦的信誉，没有答应。见此计没有得逞，卫瓘又建议以金锦之物，贿赂拓跋部以外的各部大人，造成这些大人与沙漠汗之间的矛盾，以收离间之效。皇帝同意实施这一计策。卫瓘得旨，便赶紧行动，通过种种手腕使拓跋部的实权派和外部大人都接受了他的贿赂。

沙漠汗被扣留了，直到两年以后，才被允准回乡。听到太子将要归来的消息，年老的力微非常高兴，命令各部大人都要前来迎接，并置酒为太子接风洗尘。然而，令沙漠汗没有料到的是，酒席上发生的一件小事却成为他日后遇害的祸机。原来，在为他接风的酒宴上，正当酒酣之际，沙漠汗看见天上有一只飞鸟在盘旋，便一时兴起，拿出从晋朝带回的一个新奇的装置，安上弹丸，"嗖"的一声向飞鸟射去，那只飞鸟就应声掉落下来。这个新奇的玩意儿，在座的部落大人都没有见识过。当时，沙漠汗射鸟的神技把他们惊得目瞪口呆。不过，在他们看来，这种装置与射技就是一种与邪术没有区别的"奇术"，而沙漠汗当时的穿着打扮，举止做派，全同"南夏（晋朝）"，也同样令他们反感。他们甚至认为，以后一旦由这位几乎汉化的太子继位，必然会改变鲜卑旧俗，那样，他们的利益必定会受到损害。于是，他们就暗中开始活动，必欲除掉沙漠汗而后快。在后来的日子里，这些人就利用各种机会在力微跟前大讲太子的坏话。当时的力微已经年老糊涂，最终被谗言所惑，开始怀疑太子的品行。到了这一步，他们见时机已经成熟，就伪造力微的命令，将太子害死了。

这位曾经肩负力微重托，倾心于华夏文明的拓跋太子，未及施展才华，实现抱负，就在英华之年惨死了。他的死，与卫瓘所实施的离间计谋有关，当然最根本的原因，还在于拓跋部内部新文明与旧习俗，革新力量与保守力量之间激烈的矛盾斗争。他死后，引发了拓跋部秩序的混乱，造成了部落大联盟的离散。经历了这场盛衰之变，力微对太子之死大有悔恨之意。不过，越是这样，他越觉得痛苦。不久，这个戎马一生、率领拓跋部走到文明入口的老人，带着难言的悔意和痛楚离开了人世。

沙漠汗后来被追谥为文帝。他是拓跋部第一个与华夏文明亲密接触的人，也是拓跋部第一个敢于挑战旧俗，接受华夏文明的人。作为先行者，他为后来北魏孝文帝彻底的汉化改革开辟了先路。力微死后，其少子悉鹿继位，沙漠汗被追尊为思帝。思帝的儿子猗㐌（桓帝）、猗卢（穆帝）分别以参合陂（今内蒙古凉城岱海一带）、盛乐为根据地进行征伐，重新恢复了拓跋部的声威，并开始蚕食晋朝的疆域，兵锋直指幽州与并州地区，为后来拓跋部统一中原奠定了基础。

杰出的拓跋鲜卑首领——猗㐌

猗㐌（？—305年），拓跋鲜卑首领之一。其祖父力微曾占据整个大漠地区。

西晋元康五年（295年），拓跋鲜卑建都于盛乐（今和林格尔县以北），接管代国东部地区，包括今凉城县及北部一带。

西晋永兴元年（304年），匈奴贵族刘渊派兵攻打晋朝。晋并州刺史司马腾向猗㐌求援。猗㐌率10万骑兵打败刘渊。晋惠帝为感谢猗㐌出兵援助之功，授予猗㐌金、银印各一枚。1962年，在凉城县小坝滩，发现了一批西晋时期的鲜卑文物，其中包括这两枚印章，同时还发现了一件金饰牌件，其背面刻有"猗㐌金"三字。这批文物的发现，对研究西晋时鲜卑人的历史文化有重要意义。

猗㐌为人英武，身材伟岸，马匹竟难以承载其硕大的躯体，所以，平时出行，他只乘坐以牛来驾辕的"安车"。据说为他驾车的牛体格甚大，两只牛角竟可容下一石粮食。猗㐌的根据地是水草丰美的参合陂。依托此地，他首先主动出击，率军度过阴山（内蒙古大青山）北面的大漠，翦除了漠北一些部族对拓跋部所构成的威胁，随后又兵锋西指，向西方的一些部族发起攻击。这两次出征历时五年，前后降服的邦国达二十多个。

猗㐌远征东还之后，正赶上中原发生重大变故。由于"八王之乱"，晋惠帝被其兄弟司马颖监禁在邺城（河北临漳县境）。紧接着，匈奴

凉城县小坝滩出土的猗㐌金银印

人刘渊（汉代南匈奴后裔，实已汉化）在左国城（山西离石境）举兵反晋，自号汉王（晋惠帝永兴元年，公元304年）。晋朝的并州刺史（东汉称为"州牧"）司马腾向猗㐌"乞师"，请求他出兵救晋。猗㐌接受了谋士卫操的建议，慨然应允，亲率十万骑兵，南下救难。拓跋禄官闻讯后，也派出骑兵前往助战。拓跋大军在西河、上党（皆在山西境内）一带，大破刘渊的汉军。因晋惠帝此时已从邺城回到首都洛阳，司马腾见形势好转，在汾东与猗㐌举行了结盟仪式。之后，猗㐌率领队伍回到参合陂。助晋出兵，让昔日汉人眼中的夷狄——拓跋部倍感荣耀。猗㐌命令谋士卫雄（卫操的侄儿）、段繁二人负责在参合陂西面垒石筑亭，勒碑记功。

晋惠帝永兴二年（305年）夏天，刘渊卷土重来，向并州发动猛烈的进攻。司马腾无力抵抗，再次向猗㐌"乞师"。猗㐌率轻骑数千相救，斩杀了刘渊的将领綦毋豚，刘渊只好狼狈逃走。为了报答猗㐌的恩德，晋惠帝赐给猗㐌大单于称号，并赐给金印紫绶。就在这一年，猗㐌去世了，其子普根继位。

在拓跋部发展的关键时期，猗㐌以其杰出的政治智慧，积极吸收汉人谋士，听从他们的谋划，选择了助晋反汉（刘渊）的策略，从而获得有利的政治资源。同时，两次出兵助晋，也让猗㐌看到了晋朝衰落空虚的实情，从而助长他对塞内土地的觊觎之心。后来在其兄弟猗卢手上，拓跋部终于跨过长城，获得了晋室的土地。

猗卢，是拓跋部首领中第一个真正从内蒙古凉城大地崛起的英雄。史传还记载了与他有关的参合陂榆树来源的传说。据说参合陂地区原来并不生长榆树，猗卢有一年"中蛊（吃了毒虫）"，结果在他呕吐过的地上就长起了榆树。从此以后，参合陂地区就长起了很多榆树。猗卢死后，谋士卫操曾撰写过一篇颂辞来歌颂他的功业。

北魏开国皇帝——拓跋珪

拓跋珪（371—409年），又名什翼珪，北魏开国皇帝，386—409年在位，拓跋鲜卑族人。拓跋珪出生于凉城郡参合陂北部（今凉城岱海北岸）。相传其母贺兰氏梦见一轮红日从东方升起，醒来后，只见满屋红光，之后受孕生下了拓跋珪。他是代王什翼犍的孙子，献明帝拓跋寔的儿子（一说为什翼犍的儿子），太武帝拓跋焘的爷爷。376年，前秦灭代国，拓跋珪与其母亲贺兰氏出逃。10年后（即386年），15岁的拓跋珪趁前秦灭亡、北方混乱的机会重兴代国，在盛乐（今和林格尔）即位为王。同年四月，改国号为"魏"，是为"北魏"。398年，他将国都从盛乐迁到平城（大同），并自称皇帝。拓跋珪即位初年，积极扩张疆土，

励精图治，加速了鲜卑民族的封建化进程。

拓跋珪的祖父是什翼犍，父亲是拓跋寔，母亲是贺兰氏。他是遗腹子，在父亲去世的那年诞生于参合陂北。他出生后，赶上拓跋代国遭遇种种危难，是依靠了母亲的英勇机智，才化险为夷。公元385年，拓跋诸部大人联合贺兰部推举他担任首领。第二年正月，他在牛川（内蒙古呼和浩特市附近的大黑河一带）召集大会，即代王位，改元为登国，并且建立了国家组织。不久（四月），正式改代国为魏国，始称魏王。

当时，魏国周围强邻环伺，东南的后燕、西南的苻秦与姚秦、西边的高车、北边的柔然等，都构成很大的威胁，而拓跋诸部也是人心不安，一些反叛力量蠢蠢欲动。特别是拓跋珪的叔父窟咄，与刘显勾结，图谋篡位。为了防止内战发生，拓跋珪翻过阴山，投靠其舅贺兰部，同时派人到后燕，请求燕主慕容垂派兵援救。之后，慕容垂派赵王慕容麟相救。慕容垂想把拓跋部牢牢控制在自己手上，就任命拓跋珪为西单于，并封为上谷王，但他不肯接受。不久，刘显得罪了慕容垂，燕军大兴讨伐之师。拓跋珪与燕军联合行动，把刘显打得大败，刘显夺路逃往西燕。公元388年四月，

凉城拓跋珪雕像

魏军向东方的库莫奚（原处东北松漠一带的少数民族，后向西南地区迁徙，分布在今北京北部、河北东北部地区）发动进攻，斩获甚丰。十二月，魏兵又向北边的解如部（活动于今内蒙古武川县一带）出击，虏获男女及畜产十数万。后来，拓跋珪挥师远征，又向西边的高车与漠北的柔然进军，也都大获全胜。

力量强盛起来的拓跋珪不再听命于后燕的控制，开始侵逼后燕近塞诸部，惹得燕王慕容垂勃然大怒。公元395年，慕容垂派太子慕容宝带领大兵进至五原，攻降魏国别部三万余家，获取粮食百余万斛，置于黑城，同时把大兵压向黄河北岸。拓跋珪便在黄河南岸布兵防守，同时派右司马许谦到姚秦乞师。不仅如此，拓跋珪还派人截断了敌军的

信息通道，致使燕国信使皆被魏军俘获，燕军长时间得不到本国的消息。到了八月的一天，正当慕容宝指挥部队渡过黄河之时，突然暴风骤起，将他的数十条船只漂向南岸，船上的三百多名甲士成为魏军的俘虏。不过，为了动摇燕军的军心，这些俘虏毫发无损，又都被魏军释放了。在两军夹河相持的日子里，魏军有一天让俘获的燕国信使站在河上向慕容宝喊话："你父亲已经死了，你们还不早点回去！"这一番宣传使慕容宝忧恐，使将士们惊惧。

拖到十月份，慕容宝感到实在是获胜无望，便在一天夜里烧毁战船，带着军队向东方逃去。当时，黄河尚未结冰，慕容宝以为魏兵无船，不可能渡过黄河，所以撤退时，

精神松懈，一路上竟没有安排负责侦察事务的候望之兵去侦察敌情。

真是天有不测风云。就在燕兵撤走的第八天头上，气温突降，寒风大作，黄河河面结起厚厚的冰层。魏军抓住时机，迅速过河，然后扔下辎重，选择精骑二万，循着燕军的踪迹直追过去。燕军从五原撤师后，马不停蹄逃向东方。当逃到参合陂（内蒙古凉城县岱海周围）一带时，人困马乏的燕军以为摆脱了魏军的追击，彻底松弛下来，就在参合陂东边的漫滩上垒灶安锅，歇息休整。

魏军的精骑一路猛进，星夜兼程，仅用了六天时间就赶到了参合陂西面。天险苍鹤陉（今内蒙古呼凉公路所经的石匣沟）本是扼守参合陂的门户，如果燕军守住这个隘口，魏军插翅也飞不过来。然而，大意的慕容宝竟不去设防，拱手留给魏军。那天傍晚，魏军首先占领了蟠羊山，在近水处扎下营寨，并守住苍鹤陉。拓跋珪连夜赴各部慰问诸将，要求先发制人，打燕军一个措手不及。为此，他命令参战士马一律衔枚潜行。第二天拂晓，登上山头的魏军，突然擂响战鼓，向山下的燕军发起猛烈的进攻。从睡梦中惊醒的燕军，顷刻之间乱作一团。拓跋珪纵兵搏杀，燕兵慌不择路，纷纷逃向水中。结果，人马践踏，相互挤压，有一万多人溺死于水中。还有四五万人，见势不妙，放下武器，束手就擒。主帅慕容宝在卫士保护下策马逃走，幸免身亡。这场战争，就是历史上著名的参合陂之战，也是古代以少胜多的一个著名战例。

对于投降的好几万燕军将士，拓跋珪选择其中有才干的一些人委以职任，打算将其余的军士一律发给衣粮，遣送还乡。他想以这种仁厚的政策来感化燕国的人民。然而，中部大人王建却向他建议，应该把俘虏全部杀掉，以绝后患。拓跋珪最后采纳了他的建议，将全部战俘残忍地坑杀了。后来，他对这个错误的决策非常后悔。在攻打燕国首都中山时，城池久攻不下，得知其原因是燕兵担心做了俘虏后会像在参合陂那样被处死。这让拓跋珪又是悔恨又是气恼，见了王建，就把一口浓浓的唾沫啐在他脸上。

参合陂之战的惨烈，也可以通过这样一个事实看得出来：第二年，燕主慕容垂带兵征伐魏国，以报仇雪恨。当大军来到参合陂，看到如山的尸骸。他们一边祭奠，一边痛哭，呜咽之声，闻于远近。年迈的慕容垂睹此情状，惭愤交加，突发疾病，不久，就死在了返回中山的路上。

慕容垂死后，太子慕容宝即位。

魏燕两国进行了长期的战争。公元397年，拓跋珪攻取了晋阳、真定、信都等城；这年十月，又攻下了后燕都城中山，后来又取得邺城，占领了今天晋冀两省地面，隔河与东晋相峙。

自力微开始，鲜卑拓跋部启动了由原始社会末期的部落联盟制向封建制国家跨越的进程。然而，忽兴忽衰，艰难异常，直到拓跋珪兴起后，才实现了根本的转变。他不仅统一了塞外各部，把疆域扩展到黄河以北的广大地区，而且把国家制度的建设推向一个新的境界。他把都城从盛乐（内蒙古和林格尔县）迁到平城（今山西省大同市），开始了鲜卑族汉化的过程。他设立五经博士，把儒学确立为国家占统治地位的思想学说；采取有力措施，离散拓跋部旧的部落制，按照新的户口制度计口授田，为后来北魏、隋、唐所实行的均田制度提供了范本。可以说，他为之后北魏孝文帝的汉化改革开辟了道路，奠定了基础。

不幸的是，这样一个建立了丰功伟业的贤君，其结局却不能逾越其拓跋先祖的宿命。正当统一北方大业即将完成的时候，他患上了精神疾病（可能是被害妄想症之类）。他老是觉得身边的人要谋害他，以至于意念一发就要杀人。一时间，朝野之上人人自危。这时，他尚未立定太子。他本来钟爱刘贵人所生的儿子拓跋嗣，但拓跋嗣不忍心自己做太子而母亲被处死（拓跋部旧制：太子之母皆要被处死，以绝母氏干政之局），日夜哭泣，惹得他非常生气。贺夫人所生的儿子名叫拓跋绍，喜游花街里巷，性情凶暴，常常打劫、虐待行人以取乐，他自然也看不上这个儿子。一天，拓跋珪责怪贺夫人，还将她关了起来，声言要将她杀掉。贺夫人非常害怕，就让人给他儿子捎话，要他速来救她。忤逆成性的拓跋绍得信后，翻墙进入宫中的天安殿，勾结宦官等人，残忍地杀害了自己的父亲。拓跋珪，这位年仅三十九岁的北魏王朝的开国之君，如同他的祖父什翼犍一样，死于自己儿子的刀下。

关山万里代父从军——花木兰

北魏太武帝年间，突厥犯边，花木兰女扮男装，代父从军，征战疆场，屡建功勋。花木兰多次参与了北魏兵伐柔然的战争。据史料记载，花木兰曾在岱海滩一带驻军征战，威名远扬。为纪念这位巾帼英雄，2005年，凉城在县城东出口修建了花木兰雕塑。

花木兰作为中国古代的巾帼英雄，她忠孝节义，代父从军，击败异族入侵的故事，早在唐代就已经

凉城花木兰雕塑

流传甚广，唐代皇帝还追封她为"孝烈将军"。她的事迹在凉城县也是脍炙人口。凉城县人民为了纪念她，在党和政府的领导下，给她修了广场和铜像。今天从东门进入凉城县城，首先映入眼帘的就是飒爽英姿的花木兰将军铜像，身穿盔甲，手按佩剑，眉宇之间透出一股凛然不可侵犯的威严。凉城人民纪念她，就是为了学习她为家分忧、为国出力的积极向上的正能量，现已列入凉城县非物质文化遗产名录。

非遗传承醉凉城

非遗传承醉凉城

FEIYICHUANCHENGZUILIANGCHENG

散落在岱海滩畔的非物质文化遗产灿若星河，美丽的传说、撩人心脾的地方小戏、令人叹为观止的传统手工艺、醉人的传统文化，邀您走进凉城——一个醉人的世界。

张瑞云剪纸作品

凉城，两山凝翠，一湖清幽。独特的地域环境造就了灿烂的文化。漫漫6000年间，凉城先民在与自然和社会的变革撞击中，创造了灿若星河的非物质文化。按照国家和自治区的有关政策，政府办公厅转发文化厅、财政厅《关于民族民间文化保护工程实施方案》的通知精神，凉城县于2006年成立了凉城县非物质文化遗产保护领导小组和凉城县非物质文化遗产普查领导小组，对全县非物质文化遗产进行摸底调查和申报工作。鸿茅药酒制作工艺、双山道情、剪纸、唐卡被列入第一

55

批县级非物质文化遗产名录和自治区级非物质文化遗产名录。此外，完成了全县6大类11项非物质文化遗产项目的资料收集、整理及建档工作，并将其列入第二批县级非物质文化遗产名录。

传说绎凉城

神话传说是古代人民智慧的结晶，表现了古人的宇宙观和人生观，是古人对自然现象的一种解释与疑问。在凉城这片钟灵毓秀的土地上，凉城的先民在与大自然的斗争中和对自然现象的认识中，留下了许多精彩的传说。这些故事世代相传，演绎、丰富着凉城人民的精神生活。

岱海传说

（一）

岱海，蒙古语为岱嘎淖尔（岱嘎指二岁的神马驹，淖尔是湖泊、海子之意）。相传在古代，岱海四周为水草丰美的游牧地，每到春夏之际，绿草如茵，牛羊遍地，湖面上，天鹅戏水，鸿雁成群。一天，有一位牧民赶着羊群来湖边放牧，碰巧遇见一匹高大雪白的骏马来湖边饮水。骏马喝足水后，仰天长嘶，牧人正好看到它的牙齿，断定为二岁马驹。正当牧人细细观察之时，忽狂风大作，马驹消失得无影无踪，牧人断定其为神马驹。传说难以考证，但是后人在沿袭称呼岱嘎淖尔

时逐渐消去了一个"嘎"字。清朝初期沿用至今的"岱海"名称，就是从岱淖尔演变而来的。

（二）

在很早以前，岱海就已成为一个风光秀丽的风景区。天上的飞禽喜欢在这里栖集，地上的走兽也乐于在此处安居，珍禽怪兽不计其数。各种水生动物在水中自由自在，竞相游泳。诸多水生动物中有一匹"海马"，它昼伏夜出，性格暴烈，勇猛异常，一时兴起会搅弄湖水，让人不得安宁。

南方一位高僧得知此事后，决定亲往岱海擒拿这匹"宝马"。一日，他云游到岱海岸边的一个村庄，住了下来，悉心观察数日后，于一个傍晚对店主人说："夜间，我带你到水中取宝。"

夜半时分，俩人装束停当，便悄悄来到岸边。此时的景色多么美呀，月亮高挂中天，月光显得那么温静柔和，湖边夜间的空气是那么凉爽宜人。这位高僧静观了一阵水面，转身将特制的缰绳交给同伴，再三嘱咐道："看到我的手势后，速将此物递给我。"说罢，悄无声息地潜入水中不见了。

过了一会儿，店主人只闻风声呼呼，不绝于耳，但见波涛滚滚，令人震惊，似有天翻地覆之势。其

岱海

势持续足有一个时辰之多，突然水面一切重归寂静，紧接着平静的水面上伸出一只笸箩般的蓝色巨手。店主人见状惊惧万分，盯着水面只顾发呆，竟忘了当时高僧对他的嘱咐。瞬间，只见水面重又呈现出先前的情势。初时，湖水来回动荡，紧接着水势汹涌，波涛澎湃。波涛挟风带水直扑岸边，轰轰隆隆的怒涛声直扑入耳。其势迅猛发展，较前更烈，如千军万马在混战，似千钧雷霆在猛轰。久之，全部湖水皆成红色。正当店主人惊骇之时，只见水面渐趋平静，刚才令人惊惧之势尽皆消失。突然，水面上重又浮出一只笸箩般的巨手。不过，此时的巨手不同前次，已成红色，且频向岸边招示。然而此时的店主人完全被眼前的情景吓坏了，惊慌之余撒腿便跑。少顷，水面重又动荡不安起来……

再说水中的高僧首次将"海马"擒住，由于同伴未及时配合，"海马"从他手中挣脱。高僧赫然而怒，再次与"海马"搏斗，作起法来，使出绝招，终将"海马"擒住，但双手也被"海马"所伤，鲜血直淌。可他做梦也没有想到，当他一手紧扭"海马"，一手伸出水面向同伴要缰绳时，同伴早已逃之夭夭。由于支持太久，高僧气力不支，加之失去了能够制服"海马"的特制缰绳，作法不灵，终于战败。

"海马"重又获得自由，与众

水生动物自由自在地生活在水中。

（三）

相传早在清康熙年间，康熙帝的一位皇子一度看准岱海风光，曾借考察民情的机会，亲临岱海，遣工匠、兴土木、督工程，在岱海北岸私下营造了规模宏大，气势恢宏的大殿，俗称东大庙，之后又在岱海的西边建造了西大庙，意欲日后得天下后，将岱海定为中京，这雄伟的东大庙正殿就是他将来主持朝政的地方（东大庙遗址为现在的"龙华三会寺"之处）。

浩大的建筑工程竣工后，皇子在东大庙内如意、舒心地小住了一些时日，看看父皇要其回宫复命的日期临近，便恋恋不舍地率随从离开岱海，乘马前往云冈，然后取道大同，径往都城北京而去。一路峰回路转，跌宕起伏，留下了广为传播的"皇子云冈拜佛""佛字湾凿壁刻字""皇子清晨遇孕妇"等曲折生动的传说故事（因这些内容与本文无关，这里也就不去赘叙了）。

暂不说皇子那边的行程，回头说东大庙这边的庙中之事。那皇子虽然离开了东大庙，可这虔诚的庙中小僧仍像主人在时那样虔敬地打扫着皇子的卧室，"逢旦整床位，向晚铺被褥，洒水一院清，敬食满屋香"，日日如一，毕恭毕敬。一

日早晨，因其一时疏忽，进屋早了一个时辰，发现皇子那被窝里竟然伏卧着一条蟒蛇。小僧吓坏了，再也不敢打扫那无人的房间了。

再说皇子一行不日赶回京城，随即受到康熙帝的召见。皇子向父皇详细地禀报了此行考察的所见所闻。在说到岱海时，为掩其不良居心及其所为，他有意篡改真情，甚至歪曲事实，编造了一些子虚乌有的内容，说了一些有悖于内心的谎话。消息传到岱海后，久居岱海的盐牛爷不禁大怒，即刻收拾咸盐，决意驮载而去，另择新址。不想它的举动被岸边一个牧羊人察觉，牧羊人大喝一声，盐牛爷大吃一惊，便于慌乱中丢下些许咸盐，仓皇离去。自此，人们再也不能从海里取用成品盐了，只能在岸边从盐牛丢弃的那些剩盐中设池淋盐，以供食用（此法一直沿用到中华人民共和国成立初期）。

（四）

岱海自古闻名遐迩，商旅游客接踵而来。活跃在南方的一个戏班子也慕名前来，他们日夜兼程，紧走快赶，于一个雨后的傍晚来到岱海湖畔，但见湖面烟云缭绕，雾气腾腾，云雾流动之处一座巍峨壮观的门楼赫然显现。门楼灯火辉煌，照明如昼，其飞檐斗拱，雕梁画栋

耀眼夺目，就连那门楼中雕琢彩绘的细微图案也清晰可辨。城门内的人熙来攘往，络绎不绝。戏班子的演员们如梦如幻，欣喜若狂。班主一声令下，大家便争先恐后地涌进城内。

说来也巧，戏班内的一名伙夫恰在此时腹痛欲泻，只好到城门外一侧的僻静处出恭。可当伙夫出恭完毕，欲要进城时，奇迹出现了，那笼罩湖面的云雾瞬间消失，这通关敞开的门楼悄然消逝，同来的伙伴也去向不明，杳无音讯。呈现在他面前的只是一片静静的湖水和那周围影影绰绰的山峰、树林……人们说这伙夫是神仙有意留存的一个向人们传递信息的活口。

传说自此以后，每到夜深人静之时，岸边的人们便会听到缥缈而至的击乐歌唱之声，其声细微，似如游丝，若隐若现，飘忽不定。人们断定这是那个戏班子在湖底深处搭台唱戏呢！

岱海的传说故事虽然很多，但不同版本的传说几乎都具有一定的神话因素，赋予传说故事以传奇色彩，使传说故事既富于生活气息，又离奇动人，在一定程度上增强了传说故事的生动性和趣味性，同时也反映了当时人们的思想局限性。

纵览岱海传说这种具有地区性的民间传说，它集中反映了劳动人民对岱海的赞美，对家乡的热爱以及对自由、美好生活的向往和追求，同时也表达了劳动人民对封建统治者肆意践踏人民情感和意愿的憎恨之情。

康熙帝修建中京传说

传说清康熙年间，康熙帝有一次出巡北方，视察防务，盛夏时节途经岱海，被美丽的岱海风光吸引住了：在碧海蓝天的映衬下，四周群山巍峨起伏，古树苍翠参天，岱海湖畔鲜花盛开，芦苇丛生，飞鸟云集，牛羊遍野。康熙帝不禁赞道："好美的地方啊！"于是有了在岱海边上修建中京的构想，回去后便命一位皇子率大臣前往岱海修建中京。

皇子接到命令来到岱海后，选中了洞金山下西营子一带作为修建中京的地方。几个月后，宫殿建设初见规模。因西营子上游是九条沟汇集的地方，名曰"九龙口"，是九龙聚首腾飞之处，有帝王登基之兆。皇子心中暗喜：如自己在这里独居建宫，该有多好啊！

皇子看到中京的修建已经基本竣工，便启程返京，准备复命。在回京途中，路经山西大同南山湾时，心中突感恍惚不安，便问随行的风水先生是何原因？风水先生一致认

岱海

为，这里有贵人出生，不必担心。皇子半信半疑，又唤来当地风水先生询问。当地风水先生却说，这是当地一妇人怀孕，有碍皇子运气。皇子心想，风水先生上通天上事，下晓地下情，为什么说法不一样呢？情况是好是坏，是凶是吉？他越想越觉得不妙，于是心生歹念，在当地风水先生的谋划下，在南山湾的石壁上刻下了一个大大的"佛"字，以镇妖邪。"佛"字刻成后，孕妇小肚绷破。顷刻间，母死子亡。如今大同一带的佛字湾，便由此而得名。

皇子回到京城，向康熙帝谎报说，岱海风水不好，是死水一坑，并一五一十将破妖之事报于康熙帝。康熙大怒，下诏将皇子处死，而修建中京之事也由此作罢。修建中的中京因此改为敬佛殿，康熙亲题"汇祥寺"三字。

情人峰的传说

相传很久以前，蛮汉山有一侠士，名叫猛娃，英俊年少，武艺超群，弯弓射雕，技法精湛。有一天，他听说蛮汉山有老虎为患，就漫山遍野寻找老虎，想把老虎灭掉，为民除害。就在这一天，玉帝的八女儿偷偷下凡来到蛮汉山。根据明代吴承恩先生写的神话小说《西游记》的记述，玉皇大帝一共有七位女儿，她们分别是：红衣仙女、青衣仙女、素衣仙女、皂衣仙女、紫衣仙女、黄衣仙女、绿衣仙女。其实他还有第八个女儿，那就是白衣仙女。关于七仙女和董永的故事，可谓世人皆知。三国魏曹植《灵芝篇》写道："董永遭家贫，父老财无遗。举假以供养，佣作致甘肥。责家填门户，不知何用归。天人秉至德，神女为秉机。"这是董永与七仙女故事最早的文献记录。大意是说董永家贫，卖身葬父，七仙女爱而怜之，私下凡间，于槐树下与董永结为夫妇，同至傅员外家织锦偿债。百日期满，方拟还家共建未来美好生活，玉帝忽遣天神往敕七仙女返回天庭。七仙女恐董永受害，只得与董永别于缔婚之槐树下，洒泪归天而去。

七姐下凡的经历深深影响了八仙女。八仙女就是在七姐的影响下来到蛮汉山的。当她正在欣赏蛮汉山壮丽的风光时，突然一对东北虎四目如电，吼声如雷，张牙舞爪向她扑来。就在八仙女猝不及防之时，两只老虎双双中箭，哀叫倒地，死于非命。原来正是猛娃在关键时刻弯弓搭箭，英雄救美。八仙女被猛娃的侠肝义胆感动，决定以身相许，以报救命之恩。但是天庭天条森严，玉帝听说八仙女私自下凡，大为震怒，立即派遣天兵天将前来捉拿。然而八仙女金口既出，驷马难追，绝然违抗天命，只身跑到猛娃面前，求他娶她为妻，为他生儿育女，愿意世世代代居住在蛮汉山上。猛娃见八仙女意志坚决，情深意浓，就把她紧紧抱在怀里，不让天兵天将近身。二人恋恋不舍，泪如泉涌，誓死不愿分开。玉帝震怒，却也无

蛮汉山情人峰

法，只好命天将把二人点化成石，立于蛮汉山上。直到今天，这一对生死不渝的恋人还在亲密地拥抱在一起，面向芸芸众生，宣示他们忠贞的爱情。

金鸡峰的传说

这是一个凄美的爱情故事。传说很久很久以前，蛮汉山里居住着一对以游牧为生的恋人，青年叫白桦，姑娘叫灵芝。二人情投意合，相约白头到老。没想有一天祸从天降，附近一个恶霸地主垂涎灵芝姑娘的美貌，趁着白桦不在家，就把如花似玉的灵芝姑娘抢走了。白桦回家后看不到灵芝，于是漫山遍野去找，边找边喊："灵芝，灵芝，你在哪里？"撕心裂肺的呼叫声回荡在群山之中。由于长时间找不到灵芝姑娘，白桦悲愤交加，不久消失在茫茫深山之中，人们再也没有见过他。不久整个蛮汉山到处长满了白桦树，人们说，那就是白桦的化身。过了好长时间，灵芝姑娘终于从恶霸手中逃出，来到蛮汉山中，

金鸡峰

到处寻找白桦，可是却只看到漫山遍野的白桦树。于是，她长年累月地站在山峰上一声声"白桦哥，白桦哥"的呼唤，希望白桦能够突然出现在她的面前。她盼啊，望啊，风吹日晒，化成了一座状若金鸡的石峰。今天的蛮汉山上，灵芝姑娘依然伫立在山顶上，痴痴守望着她的心上人。

佛爷洞的传说

《绥远通志稿》记载："蛮汉山高百余丈，有神洞。"蛮汉山北峰有座石条砌成的石屋，相传呼和浩特市小召内一位大佛爷曾在此修行七年。洞内供有西天佛祖牌位24座，有大清道光十七年（1837年）所刻"南无佛"石匾，笔法遒劲。

蛮汉山主峰佛爷洞

佛爷洞由于这些神灵的加持，灵韵十足，至今仍有无数善男信女前来拜佛许愿。

万年冰窖的传说

万年冰窖，在蛮汉山佛爷洞下五百米处。洞内冰块常年不化，此

蛮汉山万年冰窖

冰含锌、硒、锶、锂等多种对人体有益的矿物质和微量元素，由天然的偏硅酸锶型矿泉水凝结而成。相传当年王母娘娘在夏季路过蛮汉山时，取冰解渴，顿觉清冽入肺，酷热立解，遂在瑶池大摆冰山会，专门从这里取冰。现在，这里仍是常年结冰不融，即使在炎热的夏季，游人到此，也能敲下晶莹的冰块。

骆驼峰的传说

相传昭君出塞时路过凉城县蛮汉山，由于离呼和浩特已经近在咫尺，拉车的骆驼经过长途跋涉，累了，流连于蛮汉山的美妙风光，久久徘徊，不肯离去，遂对昭君说："咱们到家了。"说完便化作石峰，给后人留下了永久的纪念。在骆驼峰

蛮汉山骆驼峰

不远处的翠绿森林中，还耸立着一片石林。石林中有座三丈多高的石椅，相传王昭君从驼车上下来后疲惫不堪，蛮汉山山神看到此情此景，顿生怜悯之心，便点化这座石椅让她歇息。

"马刨神泉"的传说

据史料记载，康熙三十五年（1696年），康熙出巡北方视察边务。一日途经岱海北岸的中水塘村，当时人困马乏，御马奋蹄刨土，刨

岱海马刨泉

出一眼清泉，后人皆称为"马刨泉"。如今，"马刨泉"已发展成为温泉浴疗中心，每年来此沐浴的游客络绎不绝。

梨园唱凉城

凉城县戏曲文化丰富多彩。20世纪50—70年代，有贾耀的歌剧剧本《妈妈想不通》；20世纪80—90年代，有侯计编写的二人台《称心的礼物》；2000年，凉城县麦胡图镇籍郭仁昭出版戏剧集《梨花苑》，同年由武利平创作表演的《光棍汉

与外来妹》获第二届中国曹禺戏剧文学剧本奖提名奖；凉城县六苏木镇籍青年词作家、媒体策划人高峰，曾为百集电视连续剧《大盛魁》创作插曲《亲蛋蛋儿亲》；凉城县籍国家一级演员武利平、王俊英，凉城县永兴镇籍国家二级演员张玲玲都是活跃在文化战线上的佼佼者，为凉城县的戏曲文化发展作出了特殊的贡献。特别是近年来，地方小剧及全县流传的道情、耍孩儿等曲艺深受广大群众的喜爱，也极大地丰富了当地群众的精神文化生活。

双山道情——唱念做打劝世人

"道情"又名"黄冠体"。黄冠为道士所戴束发之冠，用金属或木类制成，其色尚黄，故曰黄冠，因此也作为道士的别称。"道情"就是道家所唱道家情事，神游广漠、寄情太虚，有风餐饮露之思。

内蒙古道情发源于内蒙古凉城县双山村，也称双山道情，最初出现在清朝末年，至今已有一百多年历史。说起内蒙古道情，晋蒙边界的老百姓几乎家喻户晓，在当地及周边省、区人民群众的精神文化生活中占有重要地位，深受老百姓欢迎。双山道情属于戏曲道情，其音律丰富，有十三种套曲和七十二种曲调，其唱腔为联曲体。它是将诸宫调的曲子互相连缀起来，组成有层次的大型唱段。每种套曲又有"正、反、平、苦、抢、紧"六种不同的曲子。唱腔根据需要临时组合，有"正耍孩儿""反耍孩儿""平耍孩儿""苦耍孩儿""抢耍孩儿""紧耍孩儿"六个曲子。还有以唱词字数命名的七字韵、十字韵、抢尾巴、抢十字、平十字以及苦路调、活路调、高调、滚壁、界板、反界板、大起板、小起板等等。音乐伴奏分为"文场"和"武场"。文场的主要乐器有笛子、二胡、板胡、扬琴等，武场的主要乐器有渔鼓、板、马锣、大锣、小锣、大钗、小钗、梆子等。演员根据演出节目不同，需30—50人不等。

这些"正、反、平、苦、抢、紧"各有不同内容："正"表示用正调演唱，一般用正调演唱的曲调为"商"字调；"反"表示用反调演唱，一般用反调演唱的曲调为"徵"字调；"平"表示一般正常的情绪，"苦"表示愁苦、凄凉的情绪，二者皆用正调演唱；"抢"表示唱腔结构喜悦、轻快，类似"抢"一般的速度；"紧"表示唱腔结构紧凑。

双山道情表演的大都是一些神话剧，主要有：传统戏《化金钗》《打经堂》《刘全进瓜》《五龙台》《小桃研磨》《摸牌》《李逵搬母》《李大开店》《劈棺》《八卦》《杀狗》《芦花》《拉老汉儿》《二女游花园》

双山道情乌兰恰特会演合影（1968 年）

《薛刚反唐》《大破曹家庄》《卖油郎独占花魁》《吴燕能打道》和《二小打瓦罐》，新编的现代戏有《马头山》等。大部分剧目内容以惩恶扬善、教育世人为主。戏内角色主要由人、鬼、神组成，充满神奇色彩，让人回味无穷。

《刘全进瓜》的故事来源于四大名著之吴承恩所作《西游记》之"唐太宗梦游冥府"一节。说的是唐太宗李世民在冥府见到了十殿阎君，许下诺言，还阳后将以南瓜进贡。太宗还阳后为了实现诺言，在国内征询愿赴阴曹地府的人选，时均州富商刘全妻子新丧，自己无意苟活人间，揭了皇榜，头顶南瓜服砒霜自尽，去阴曹地府呈送了南瓜。因进瓜有功，阎君获准其见到了先死的妻子，两人抱头痛哭。阎君产生了怜悯之心，遂遣刘全夫妇还阳。

又因刘全妻子尸体已经腐烂，就借尸还魂依附在新丧的唐太宗妹妹李翠莲身上。刘全又与李翠莲结为夫妻，成就了一对恩爱男女的好事。这个故事宣传了忠孝节义思想，体现了世人向善去恶的普遍心理，奉劝世人要积德行善，好人必有好报。

《薛刚反唐》的故事讲的是唐时薛仁贵之子薛丁山为奸臣张台（张士贵之子）所害，全家抄斩。薛丁山长子薛勇、次子薛猛囿于封建道德，并斩于市。而薛丁山三子薛刚，为人性格坚强，不肯屈服，三祭铁丘坟，保驾庐陵王，终于起兵反唐，报了血海深仇，使正义得以伸张。其实薛刚反唐反的并不是唐，而是保唐反周。薛刚反唐成功地把报仇雪恨的世俗伦理融入忠君爱国的大义当中，听来让人血脉偾张，拍手称快。

65

《卖油郎独占花魁》是个爱情故事。莘瑶琴出身于汴梁城郊一个开六陈铺的小康家庭，自小聪明灵秀，十岁便能吟诗作赋，琴棋书画、女红刺绣无所不通。然而靖康之难时，汴梁城破，瑶琴在逃难时与家人失散，被人卖到临安，做了妓女，改名王美，唤作美娘。王美娘凭着自己的才艺和容貌，成了临安名妓，得到"花魁娘子"称号，仰慕者甚众。王美娘也想从良嫁人，奈何"易求无价宝，难得有情郎"，一直没有合适人选。临安城外开油店的朱老板过继了一个小厮，名叫朱重。一天，朱重为昭庆寺送油，碰巧看见住在附近的王美娘，被她的美貌吸引，于是对美娘展开热烈追求。美娘觉得朱重"难得这好人，又忠厚，又老实，又且知情识趣"，于是动用多年积蓄为自己赎身，嫁给了朱重，又认出了店里的亲生父母。朱重最后也与父亲相认，改回原姓，皆大欢喜。这个故事在描绘主角朱重时，仍然向程朱理学下的道德标准靠拢，尽量强调朱重的忠厚孝顺、勤俭守礼。朱重对于美娘的爱恋是仰视式的，有如宗教一般的虔诚。

双山道情在一百多年的发展历程中，演员已经相传了六七代。最早的师傅是李举（又名李肉举），他和山西右玉道情的师傅孟占明是师兄弟。他俩的师傅是山阴的何全茂。当年李举来到凉城县双山村，教的最早的徒弟大部分已经去世，演员最多时达到90多人。当时成立的"凉城双山道情剧团"从1952年开始，每到每年的正月和农闲时间，在乌兰察布市、包头市周边旗县市进行演出。

双山道情戏最后一次在凉城县天成乡双山村演出，是在2010年的正月，距上一次演出已有十多年了。如果不是入选第四批自治区级非物质文化遗产，双山道情早已被遗忘，随着艺人们的老去，渐渐消失，那些口口相传的剧本，再无资料可查。作为自治区级非物质文化遗产双山道情的传承人，年轻的赵志刚不会表演道情戏，他所能留存的，仅是几年前为数不多的舞台照和视频资料。古老的地方戏曲，面临着失传之危。双山村村委会库房里还留存着年代久远的12箱戏服。这些戏服是村里有关道情戏最后的见证。12个开始朽烂的木箱，依稀可见写着"凉城双山大队""山西晋剧团"等字眼。这些戏服有的是农业合作社时期做的，有的是山西晋剧团淘汰的戏服。其中最早的是中华人民共和国成立前村民们自己依葫芦画瓢缝制的，已经有100多年的历史。

对于这项即将申报国家级非物

质文化遗产的濒临灭绝的艺术曲目，凉城县委、县政府给予高度关注。双山道情具有多样性、地区性、流传广等特点，有人类学、民族学、民俗价值，有不可替代的艺术价值与民间教育形式和文化认同，是土生土长的文化艺术表演形式，任何剧种都无可代替，是传统文化和各种民族传统交融的表现，在教育人民尊老爱幼、互相帮助，维护各族人民团结友好方面，具有不可代替的作用，是民间文化的百科全书，也是凉城文化的百科全书。因此，凉城县文化局已成立保护双山道情领导小组，正在成立政策专家咨询小组，与人大制定保护条例，确立立法地位。小组对双山道情进行了普查、录音、录像、照相等工作；抢救整理唱腔、剧本，制作老艺人影像资料、文字材料；恢复双山道情剧团，培养传承人，征集道情相关文物，在博物馆设民俗专题展览。

后营"耍孩儿"
——戏剧史上的活化石

"耍孩儿"是祖国戏曲百花园中的一枝奇葩，被专家誉为"戏剧史上的活化石"。关于"耍孩儿"剧种的起源，相传唐明皇时，皇子生下啼哭不休，唐明皇集梨园子弟唱曲取乐，以逗皇子止泣，所唱各曲均不奏效，唯唱此曲后，皇子转悲为喜，破涕一笑，唐明皇随即命名此曲为"耍孩儿"。另一传说是汉代王昭君出塞，目睹沿途凄凉景色，日夜思念家乡，途经山西大同夜宿小店，弹琴而歌，哭哑喉咙。当地群众为纪念昭君，遂模仿其唱，辗转流传，便形成了现在这种曲调。

"耍孩儿"又名"咳咳腔"，曲调古朴苍劲，源于民间，演绎民间，充满了乡土气息。据记载，该剧的形成至少在清道光年间，最初流行于大同地区，逐步扩大到北至河套，南至忻州，最后扎根于应县。人们统称为"应县耍孩儿"。二十世纪三四十年代，该剧发展到鼎盛时期。民间艺人邢自极和他的大徒弟高国治，人称大小"飞罗面"。师徒二人大胆创新，吸取了京剧、晋剧表演精华，又将民间二人台、踩高跷、舞狮子、扭秧歌等舞步融入"耍孩儿"，使其唱腔、功步更加委婉优美，一咏三叹，荡气回肠。2004年，该剧被文化部列入"中国民间文化保护工程"；2006年，又被国家列入首批"非物质文化遗产保护项目"。

凉城县地处晋蒙交界，长期受雁北地区文化影响。特别是天成乡冀家圐圙村与山西省一墙（长城，俗称边墙）之隔，所以"耍孩儿"最早流入该村。据该村老艺人邢成奎（现年92岁）回忆：民国十八年

后营耍孩儿剧照

（1929年），山西遭特大自然灾害，寸草不生，颗粒无收，大批晋人"走西口"谋生。应县"耍孩儿"老艺人，大小"飞罗面"，逃荒至冀家圐圙村。村民们凑了点粮食，特将二人留下来，学唱"耍孩儿"。二人感激不尽，全力教唱，不久该村"耍孩儿"登台亮相，成为凉城县第一班"耍孩儿"。邢、高师徒二人扎根于该村，娶妻生子。现在该村邢、高两大姓氏，就是他俩的后裔。

　　冀家圐圙"耍孩儿"最红的时

期是 20 世纪 80 年代。第三代"耍孩儿"传人高平平，工须生，艺名"刀子红"；邢润兰，工小旦，艺名"花椒旦"。二人合作演绎，在凉城及周围地区走红。特别是《狮子洞》《千里送京娘》，观众看了无不拍手称快。1982 年，他们代表凉城县参加了乌兰察布盟（今乌兰察布市）第二届地方戏曲调演，二人双双荣获优秀表演二等奖。2016 年，他俩又合作演出《猪八戒背媳妇》，登上凉城县春晚，节目还被上传至"土豆网"。

为了弘扬和传承"耍孩儿"这一濒临灭绝的剧种，2014 年 4 月，高平平、邢润兰等老艺人，在几位热爱文艺事业的退休老干部的协助下，组建了凉城县"耍孩儿"艺术协会，并成立了"耍孩儿"艺术团，研究、传承、巩固、发展了"耍孩儿"艺术。他俩既当导演，又当主演。经过一年的努力，这支"独一无二"的"耍孩儿"团体，又一次唱响凉城大地。三年时间，该团体共排练出经典剧目十多个，演出一百多场（次），收入二十多万元，逐步走向"以团养团"。这一"非遗"剧目代代相传，发扬光大，为建成享誉全国的文化旅游强县，传播正能量，唱响主旋律。

武利平与二人台

提起演员武利平，在内蒙古中西部地区家喻户晓。他的二人台表演不仅给观众带来喜庆和欢乐，也给人留下难以忘怀的印象。

武利平，1961 年出生在凉城县一个梨园世家。母亲是山西梆子演员，父亲是音响师。他自小随父母去各地演出，在排练场和舞台上玩耍，经常模仿演员的"手眼身法步"，学谁像谁，逗得大家哈哈大笑，9 岁便开始登台。父母觉得他是块学文艺的料子，在他 11 岁时，送他进凉城县乌兰牧骑，成为剧团最小的演员。在凉城县乌兰牧骑，武利平开始接触二人台，便一下子爱上了这一剧种。扇子、手绢、红绸、霸王鞭等技法令他着迷。每天天没亮，他便起床练功，晚上同事俱已休息，他还在苦练不止。声乐、器乐、舞蹈他样样喜欢，就连同事演的各种节目他都能一一模仿。最初，剧团安排他演小生，如《走西口》中的太春等角色。1977 年，一次偶然的机会，剧团为县妇代会编排的节目正要上演，《闹元宵》里扮演苏母的演员突然生病，这可把导演急坏了，情急之下想起了武利平经常模仿同事演出的情景，于是就强推他"救场"。就这样，武利平颤着软腰、摆着鸭手上场，把一位极力阻止女

武利平

儿约会，不想让她嫁入穷人家受苦的老旦角色演得活灵活现，妙趣横生，台下掌声和笑声爆棚。二人台小戏《闹元宵》成了此次演出最大的亮点。这次成功演出让武利平对自己反串旦角的信心大增，在后来的二人台演艺生涯中，反串各种喜剧旦角成了他的绝活。无论是《卖油》中想快速致富的女青年，《摘花椒》里想成人之美的中年妇女，还是《喜上喜》中厚道善良的老大娘，这些不同年龄、不同时代的女性形象被他演得有骨有肉、个性鲜明，那惟妙惟肖的形体动作，从生活中信手拈来的带着"莜面味儿"的朴素方言常常令观众捧腹大笑。漫长的演艺生涯，加之对二人台艺术的不懈追求，不仅成就了他传承二人台民族艺术的梦想，而且使他在小品表演、影视创作等方面成绩斐然。他因此被观众誉为"内蒙古第一笑星"。这些精彩表演，都是他夏练三伏、冬练三九，经历了常人难以想象的辛苦换来的。

从事表演艺术工作30多年来，武利平在表演艺术方面取得了可喜的成绩。他先后任凉城县乌兰牧骑队长，乌兰察布盟（今乌兰察布市）

二人台实验歌剧团副团长，内蒙古二人台艺术团副团长、团长。1989年，他被自治区人民政府授予劳动模范称号，1993年被国务院批准享受特殊津贴，1995年被评为国家一级演员，1997年当选为自治区政协委员、内蒙古自治区戏剧家协会理事、中国戏剧家协会理事，2007年被聘为凉城县文化形象大使，2015年12月当选为内蒙古自治区文联第八届主席团副主席。

自20世纪80年代末，武利平多次参加省市及全国性的戏剧大赛，凭借超凡的艺术才华与幽默、风趣、诙谐的艺术风格及高超的表演技巧，连连获奖。他表演的二人台《摘花椒》，在1989年华北三省二人台大奖赛中获特等奖；1992年参加全国首届戏剧小品大赛，获戏曲组第一名和优秀表演奖；他表演的小品《喜上喜》，1993年参加全国地方戏比赛，1995年参加全国"95重光杯"百优小品电视大赛，均获优秀表演奖；1994年9月，武利平与独生女儿武燕妮在中央电视台《综艺大观》现场直播中演出的小品《一笑抵千斤》，受到了广大观众的高度称赞。1996年5月，武利平在长沙举办的第三届全国戏剧小品比赛中，演出二人台小品《卖油》，荣获戏曲演员唯一的优秀表演奖。1997年12月，

武利平荣获"97文联文艺家协会中青年委员德艺双馨"荣誉称号。

与此同时，武利平还在影视界崭露头角。他因把《武则天》里的大太监王公公、《德龄公主》中的李莲英、《杨贵妃秘史》中的高力士演得极富个性，被国人誉为"太监专业户"。他在《情断上海滩》《新燕子李三》中饰演的沈滔、李德等鲜活的荧屏形象，都曾给观众留下深刻印象。

无论有多么成功，也无论受到多少诱惑，武利平心中始终有一把铁秤砣，那就是把演艺重心放在成就他的二人台艺术上。他在剧目挖掘上苦心孤诣，大胆创新；在角色塑造上潜心研磨，不断突破。2002年，他主演乌兰察布市大型东路二人台现代戏《光棍汉与外来妹》，因成功塑造光棍"黑狗"一角，荣获中国戏剧表演艺术最高奖——"梅花奖"。1990年7月，武利平应邀出访蒙古，参加了"世界民间艺术节"，他主演的《挂红灯》，赢得了世界各国友人的高度赞赏。1994年10月，在国庆45周年"戏曲专题会"上，《挂红灯》被列为开场演出，得到了广大观众的一致好评。

为打造二人台精品剧目，他带头学习话剧、京剧、晋剧、芭蕾甚至街舞，兼收并蓄各种戏剧舞蹈艺

术精华，提高二人台的艺术水准，使呈现给观众的每一出小戏都精彩纷呈；他搜集研究蒙汉文化发展、各地民风和方言以及漫瀚调、爬山调等二人台姐妹艺术，寻找结合点，丰富二人台的内涵，做到了场场演出都有独特魅力。他近年执导的大型综艺晚会《魂牵梦绕二人台》《二人台现代交响音乐会》《天地人和漫瀚调》等都曾极大地震撼了观众的心灵，看过的人都有一个共同的感受：原来二人台也可以这么美！

《北梁》是武利平新近倾心打造的二人台精品力作。该剧展示了包头市棚户区改造过程中居民的困境、向往、彷徨、喜悦等真实情感历程。为此，武利平四次去北梁采风，还带着剧团全体演员去北梁体验生活。在不到3个月的时间里，他编排出大型二人台现代戏《北梁》，在包头、呼和浩特、集宁演出，场场观众爆满。

随着影视剧中频频上镜露脸和报刊的不断跟踪报道，武利平——这位幽默、风趣、自然的优秀演员已引起越来越多人的关注，得到了越来越多人的喜爱。武利平是在地方剧种二人台这块艺术沃土上养育出来的演员。从最早的凉城县乌兰牧骑演艺开始，后到乌兰察布盟（今乌兰察布市）实验歌剧团，直至被选调到内蒙古二人台艺术团，一路走来，有鲜花掌声，也有风雨。

二人台是我国北方较有影响的地方剧种，是汉、蒙古各民族长期交融的艺术结晶，经过多年的艺术实践，在"唱、念、做、舞"等方面已形成自己浓郁的地方特色与独特的艺术风格，成为祖国北方一个较有影响的地方剧种。武利平作为在二人台艺术中成长起来的优秀喜剧演员，在继承传统的基础上，勇于突破，大胆创新，博采众长，为我所用，给二人台艺术注入了时代意识和新的活力，受到了广大观众的欢迎。

武利平表演的二人台形象逼真，妙趣横生，赏心悦目，深受当地百姓的喜爱。他经常下乡演出，村里村外挤满了人过来看，有的农民听着听着还跟着武利平一起上台演起来。

武利平作为一个文艺工作者，一个艺术家，不光要养家糊口，还肩负起了道德教化的社会责任，因此他主张"唱戏要唱真善美，做人要有精气神"。换句话说，就是文艺工作者不该为迎合少数观众而低俗、媚俗，而是要秉承德艺双馨的艺术追求，通过打造精品艺术弘扬主旋律，传播正能量，在思想上引导观众认识和践行真善美，摒弃假

武利平

恶丑，从而营造更加和谐美好的社会氛围。所以，他创作的节目高端大气，积极向上，紧跟时代步伐，具有超前意识。

　　然而面对"二人台"发展现状不容乐观的局面，武利平操碎了心。"如果二人台在我们这一代人手里消亡了，那实在是我们的罪责。"武利平意味深长地说。由于受历史、地域、文化、语言、艺术表现形式以及地方经济发展滞后的局限，人们在思想观念上对二人台有所偏见，自愿从事这门艺术的人才日渐减少，二人台几乎成了"濒危"的剧种，不仅后继乏人，就是现有演员也寥寥无几，有些过去学过二人台表演艺术的艺人由于受市场冲击而改行，二人台的发展前途十分暗淡。作为国家级文化遗产传承人，视二人台为"命根子"的武利平，艰难地为发展二人台这一地方剧种而努力着。

　　怎么办？武利平首先想到了办学。2004 年，他开始筹建创办武利平二人台艺术明星班。他说："我从事二人台半辈子了，是二人台造就了我，二人台是我生命的一部分，开班办学，我不是作秀，这是对二人台的感激，是对家乡人民的感激之情。"然而，基于二人台的草根性，经济条件好一些的家庭决不愿让自己的孩子学这种"下里巴人"且没有什么市场的东西，唯有那些没有求学机会的孩子才会选择这个行当。基于这一考虑，武利平打起了筹资扶贫办学的主意。

　　他从 2002 年起，就受聘担任乌兰察布市民族艺校名誉校长、客座教授，为该校开设了全区唯一一个二人台专修班，亲自授课，指导教学。他深知，要想在艺术上真正有所造诣，必须要有艰苦的生活经历、广博的人生阅历和持久的学习耐力。于是从2004年开始，他深入各地村镇寻找"二人台苗苗"，筹资办学。2005年9月，朝霞工程——内蒙古"武利平二人台明星班"在乌兰察布市民族艺校开班，49个十几岁的孩子免费入学。武利平的开学讲话也颇让孩子们振奋："给大家提供这样的学习机会，不是让你们来玩来混明星班的毕业证，是要你们挑起一副担子，一副传承和弘扬二人台艺术的担子！"

在此后的4年时间里，武利平手把手地教他们练功学艺，带他们去各地采风和演出，教他们如何做事做人。良师、慈父般的教诲，为二人台培养出令人振奋的优秀人才。"武老师就像爸爸一样亲。"来自山西的张娇说。宿舍的小姐妹说起武老师来，似乎有讲不完的故事。这群孩子刚到班上的时候，武利平专程把他们接到呼和浩特，让他们到内蒙古二人台艺术团感受艺术氛围。当时的呼和浩特特别冷，细心的武利平担心孩子们着凉，特意跑到军用品店给每个孩子挑选了小号的军用大衣。孩子们一下车就穿上大棉袄，心里热乎乎的。孩子们回忆说，中秋节，武老师给他们买来月饼、水果和巧克力。这群第一次在外面过中秋节的孩子竟然忘记了想家。

2010年1月25日19时30分，"中华情——西北二人台专场晚会"在国家民族文化宫大剧院开演，孩子们的表演在当晚观看演出的文艺界及首都观众中引起强烈反响。演出结束时，已故原全国人大常委会副委员长布赫登台握着武利平的手说："孩子们演得太好了，二人台前进了一大步。"

在乌兰察布市民族艺校这块二人台培训基地，2009年秋，张家口委培的第二届"武利平二人台明星班"开班，招生46人；2014年10月，第三届"武利平二人台明星班"开班，招生24人。这两期"明星班"学生都得到武利平的教学指导。2014年3月，武利平兼任内蒙古大学艺术学院影视戏剧系主任、教授。在各种学术交流活动中，他总是抓住每一个机会，为振兴二人台而呐喊和呼号。此外，各地排演大型晚会、大型剧目，只要涉及二人台、涉及小品的，总要请武利平临场指导。无法统计有多少人得到过武利平的艺术点拨，只是武利平所到之处，很少有人叫他"团长""主席""主任"等等官衔，而是称他为"老师"。

担任内蒙古二人台艺术团团长后，武利平坚持"三个一批"创作思路，即每年都要挖掘整理一批传统二人台优秀剧目，创作一批反映现代人情感的剧目，平行移植一批其他剧种的优秀剧目。《黄土谣》《北梁》等作品就是"三个一批"的优秀成果。他所带的团有二人台大小戏剧目50多个，可以连演9场不重复。

武利平把和观众同笑同哭当成"最美好的一件事"。2015年1月13日晚，在二八零剧场观看《北梁》时，千余观众被武利平感动了。他扮演的主角"大能人"安文魁在两个多小时的演出过程中几乎没有离开过舞台。安文魁撅腚装腰疼，情人秀清为他按摩后，他偷偷转着眼珠，嘴角向上一牵，露出暖暖的坏笑；撩起衣襟蘸吐沫为秀清擦酒碗……观众在为这些细节忍俊不禁的同时，更为他时而腾挪跳跃、时而扯嗓高歌、时而扭臀舞蹈的精彩表演点赞。观众说："演得真好，也真辛苦。五十大几了还在舞台上挑大梁摸爬滚打，实在太不容易了！"对此，武利平解释说："因为我太舍不下舞台、舍不下观众了，看到观众能因为我的表演一会儿哭，一会儿笑，这是多么美好的一件事啊！"

继获得各种赛事和工作业绩的奖励之后，2014年12月2日，自治区党委、政府又把2013年度"内蒙古自治区杰出人才奖"颁给了他。他欣慰地说："这些奖励虽然颁给了我个人，但我觉得这是党和政府对二人台艺术的肯定，对我们振兴二人台文艺工作的鼓励。不过，我最愿意得到的奖励是观众的掌声和笑声，观众笑了哭了鼓掌了，证明被我的表演感染了，受到艺术熏陶了。"

武利平说自己"是从乌兰察布唱着二人台成名的"，因此，他对乌兰察布有着特别的情感。他为家乡的文艺发展出力献策，对家乡观众更是充满深情。惠民演出开场讲话中，他真诚地向观众承诺："只要你们紧的看，我们就紧的个回来演！"因为武利平的努力，东路二人台这朵艺术奇葩在内蒙古以及晋、冀、陕等中国北方地区绽放出越来越瑰丽的色彩。在山西、河北、陕西、宁夏纷纷与内蒙古争二人台的"鼻祖"地位时，二人台的文化中心已经悄然稳固在内蒙古呼包二市及乌兰察布。

一项事业，没有艰辛的努力，就不能成功；一门艺术，没有万千人的汗水浇灌，就不能兴盛。武利平在二人台"濒危"时期，竭力拯救并发展这门艺术，这一善举必然会得到社会众多有识之士的感念与支持，这是二人台来日得到大发展的希望所在。行者无疆。武利平是从乌兰察布走出去的艺术家，他在文艺界的广阔天地间行走，领军二人台，让一个地方剧种因他而兴盛；他驰骋电视荧屏，给千千万万国人带来美的艺术享受，值得所有乌兰察布人为之骄傲，更值得凉城人为之自豪。

巧手扮凉城

凉城县的文化底蕴深厚，非物质文化遗产丰富，除了大家熟悉的戏曲等，还有久负盛名的鸿茅药酒，以及剪纸、炕围、柳编等等。凉城人民用自己的勤劳和智慧把凉城装扮成一道亮丽的风景线。

平物精工莘生辉
——炕围壁画

2016年正月初二，位于晋蒙边界的凉城大地午暖还寒，新春的气息尚在繁密的空气中弥漫，新年的喜悦还在人们的笑脸上荡漾，爆竹的硝烟犹未散尽，一幅幅大红对联和一对对大红灯笼彰显着节日的喜庆，笔者满怀喜悦和崇敬之情，专程拜访了从事炕围画创作长达三十余年的民间老艺术家刘师傅。刘师傅为人和善，小个，宽额，稀疏的头发披散在脑门上，两眼不时闪现出灵巧的光。点燃一支香烟后，在缕缕缭绕的烟雾中，刘师傅娓娓道来他的创作生涯。

"炕围画现在已经成为记忆了"，他笑着说："我在年轻时候，跟着师傅学徒，整年都在地主老财家干活，给人家油墙围，一油就是半月二十天。那时候人们家里都是土炕土墙。油墙围的第一步是打底。用白面糨子加上大白粉和起，均匀涂抹在土墙上，晾干，然后打砂纸，将墙面打磨得平滑光溜，接着浇矾。浇矾就是用白矾和上水胶刷到墙面上。再次晾干以后就能绘图了。"

刘师傅这段朴素的话体现了孔子说的创作三要素。第一，"绘事后素"。就是先打好素色底子，然后再绘画。如果没有一个好的根底，那么任何创作都是废墟上的大厦。第二，"粪土之墙不可圬"。就是说，想要在土墙上打底子，土墙必须要干净结实。而有这种土墙的人家一般都是"地主老财"。当然刘师傅这里说的地主老财并不是真正的地主老财，因为在他从师的二十世纪七八十年代，早就没有所谓地主老财了。这里的地主老财只是对那时候经济状况相对殷实的人家的一种通俗称呼。第三，"如切如磋，如琢如磨"。想要在墙面上有一个整洁良好的创作环境，必须进行细砂纸打磨工序。打磨之后，粉白墙面光滑水溜，光鉴照人。

"绘图之后，再浇矾，上高油

炕围壁画

清漆"。刘师傅抽了一支烟，接着说，那时候绘图内容一般都是些山水风景，花鸟鱼虫，或者故事人物画。比如孙猴子三打白骨精，刘玄德三顾茅庐，刘姥姥误闯大观园，崔莺莺月下会张生之类。因为一般地主老财家都有文化人，所以绘画的图案也是各式各样。我十四岁学徒，师傅对我很好。我们在东家（雇主）家里吃饭，住也在东家家。那时候，师傅是不教的，学徒全靠自学。他们总是自己做，让你看，让你观摩领悟。不像现在的学校，都有教材和教程，老师手把手教学。我们常说师傅领进门，修行在个人，指的就是这个。那时候，我油一盘炕挣12块钱，算起来也是高收入，一般人家是油不起的。除非遇到婚嫁之事或者盖了新房装修，不油一下不行。

炕围画的出现与人民的生活习惯和生活环境息息相关。由于晋蒙地区冬天比较寒冷，农村大都以火炕取暖，为防止炕周围墙面脱落损坏，蹭脏衣服被褥，同时为美化居住环境，人们便开始油墙围，并在上面作画。炕围画具有明显的实用功能和审美功能，因其经济、简便、实用、美观，满足了普通老百姓的居室装饰需求。

炕围画色彩明快艳丽，大雅大俗，题材广泛，情节动人，生活气息浓郁，内容一般为农村群众喜闻乐见的传统戏曲、历史人物、山川河泽、花鸟鱼虫、蔬菜水果等等。创作炕围画的画匠们凭借丰富的想象力和高超的创作技巧，描绘着一幅幅形神风貌、性情特征各不相同的画面。

炕围画一般高50厘米到80厘

米，分"边"和"空"。边道的种类极为繁多，相当一部分是具有吉祥寓意的图案纹样反复连续而成，常用的有退色边、玉带边、竹节边、边棠边、冰竹梅边、卷书边、万字边、狮子滚绣球边、富贵不断头边、夔在套蝠边（蝙蝠寓福）、暗八仙边（八仙手持的道具）、鹤寿边（白鹤与各种寿字）、福寿边（佛手与桃或蝙蝠与寿字）、金玉满堂边（金鱼加水草水纹）等，或古朴、或新颖、或简洁、或精细、或平面展开、或立体凸现、或强烈明快、或平和迷离，可谓百色百样，美不胜收。每套炕围画边道的繁简多寡不尽相同，但都是有机组合，相映成趣。若再仔细体味其吉祥含意的构成匠心，更是如嚼橄榄，余味无穷。

同边道相配的还有几种适合形图案纹样，画在画空两旁的为"卡头"，设在第二组边道下面角隅处的称作"角云子"。这些图案都是"细炕围"的附加装饰，具有锦上添花之美。

上下边之中，有"长方口空""圆形空""扇子空"等形式。"空"中画戏曲人物、传说故事、山水风景、花鸟鱼虫等风格各异的内容。其内容与色调根据房主人的喜爱来"点定"。其形式有一套固定程式，即以上下两组边道，按照一定的规

格布置而形成其主体框架，既具完整对称的装饰形式美感，又具简繁对比、主从相映的丰富表现内涵。边道图案是炕围画的精华所在，对炕围画的形式和风格的形成有着极为重要的作用。所以，评定一套炕围画的精劣高下亦多以此为标准。

当然"重头戏"还属看墙画。看墙画由于面积大，位置显，因此匠人们总是把最拿手的本事用在此处显露。内容多吉祥喜庆，如娃娃坐莲花为"连生贵子"，锦鸡与花是"锦上添花"，猫与牡丹蝴蝶组合为"耄耋富贵"，鹿鹤相聚则是"六合同春"，松竹梅一处为"岁寒三友"，花瓶中插月季花则是"四季平安"。

在长期的民俗传承中，炕围画形成了独特的美学风格，具有鲜明的民族特色和地方特色。但随着炕的消失，炕围画也逐渐消逝，传承炕围画的大多是民间艺人。他们的手艺全靠师承，代代沿袭相传，尤其是能画一手"大开染""小开染"（工笔重彩）的画匠们倍受尊重。20世纪80年代后，农村的生活习俗发生了很大的变化，土炕、窑洞逐步淡出人们的视线，炕围画赖以生存的土壤逐渐消失了，炕围画手艺传承也陷入了窘境。盛行几千年，艺术与实用并行的炕围画渐渐淡出人们的视野，曾经的炕围画很快成为时

间老人的殉葬者。

刘师傅说,现在他早已不做这一行了。因为现在且不说没人油墙围炕围了,即使有,也有专门的印模,不用画,只要拓上去就行。省心省事,美观好看,而且效率很高。"我现在画一盘炕,大概需要半个月时间,可是人家小后生们(指运用新技术的后起油匠)只要一两天就能搞定。"刘师傅言罢意犹未尽,颇有不胜唏嘘之感。

在凉城县三苏木乡的民俗文化园内,凉城县文化部门努力抢救了一栋保留有上佳炕围画的院子。这座院子清净素雅,屋里的炕围画极尽巧思,沉淀出岁月的平和味道。当你盘腿坐在土炕上,仔细观察着这些民间绘画艺术的瑰宝时,窗棂外万道金光齐射进来,蓦然回首,你仿佛置身于一条时光隧道之中,不知今夕何夕。

繁针密线见亲恩——鞋垫

记得小时候,每年秋末冬初,辛苦劳作一年的农民伯伯们刚刚将田地里的一片金黄收入粮仓,洋溢在脸上的丰收喜悦还未退去,家家户户的主妇们就纷纷操起锥子剪刀、碎布棉绳,纳上了鞋垫。整整一个冬天,直到过年前夕,只要略有闲暇,她们布满老茧的双手

永远在勤纳不辍。那时候,村里的人们还流行串门,不管到了谁家,都会看到火炉旁、炕头上整整齐齐地摆放着一双双色彩鲜艳,已经完工或者尚未完工的鞋垫。

鞋垫在中国大约有三千多年的悠久历史。从它问世的第一天起,就与广大劳动人民的生产生活息息相关,充分展示出劳动人民无穷的智慧和艺术创新力。

凉城县的鞋垫绣法出自晋北。从明朝中期至民国初叶四百余年的时间里,成千上万的山西人西出杀虎口,经过凉城县,走向全国各地。每个人远行时,家人都会给他带上几双刺绣着吉祥如意图案的鞋垫,保佑他平安归来。其针法主要有两种:一是挑花绣法,一是平针绣法。挑花绣法是利用鞋垫上的小方格画布或利用画布经纬线抽成经纬方格,

鞋垫

依格下针,组成简练夸张变形的几何图案。绣制图样多为传统纹样或由古老图形演化而来的抽象符号。

平针绣法是将选好的图案草稿勾画在鞋垫上，然后用平针直接绣制。绣制之前，需要先准备好绣花线，绣花线多为普通羊毛毛线。先从正面入针，少留一块线头，用接下来的针将线头压住，绣制时从一侧向另外一侧一次绣完。一部分绣制完成后，在鞋垫背面挑一针，将线固定、剪断。通常一双鞋垫需要上万针才能绣制完成，整个过程如同绘制一幅美妙绝伦的工艺品。

刺绣完成，就要熨烫。笔者年幼时，家慈每到年底熨鞋垫，用的不是现在通用的电熨斗，而是一种称为"烙铁"的铁制加热器具。其形状跟现在的鼠标相似，后面带一长柄，先把烙铁放到火炉里加热，然后在鞋垫上喷上水，将烙铁放到鞋垫上，哧哧的白气腾腾而起，弥漫着温暖的气息。

鞋垫虽小，寓意深刻。一针一线之间饱含浓浓深情，是传递情感的信使与见证。传统手工鞋垫分为鞋头、腰子和后跟三部分，分别代表天、人、地三界。鞋头为天界，图案多为日月星辰的变形；腰子为人界，更多表现世间人情，图案素雅含情，别有深意；后跟代表地界，多绣一些如意盘肠等六道轮回的象征图案。随着人们意识形态的变迁，如今的手工鞋垫多已打破这种固定样式，天地人融为一体，体现出祥和谐美的新气象。

凉城县的手工鞋垫制作具有地区性、多样性、流传广等诸多优良特点，以及人类学、民族学、民俗学等诸多人文价值。县里有关部门对此高度重视，很早就成立了保护民间传统手工技艺领导小组，投入了诸多人力物力对其加以保护和宣传：2008年举办了全县民间传统手工艺品展览；2011年举办了全县民俗展，正式将该技艺登记造册，并申报全市第三批非物质文化遗产名录。

胸有成竹可画竹——剪纸

这位看上去朴素踏实的中年妇女，口还未开人先笑，笑起来略显拘谨，说话的时候眼睛总是有意无意地左右寻索，显示出她内心略为紧张和不大自然。窗外明媚的阳光和煦地照在她祖传的玉镯上，散出温润的光泽。她左手持一把手工剪，右手拿一张红宣纸，简单交谈之后，就低下头来，进入了严肃认真的创作当中。屋里一片寂静，只有剪刀接触红纸的声音在蹭蹭作响。她专注入心的态度和旁若无人的气质很快蔓延在房间的每个角落，显出民间艺术家固有的风采，让我们肃然起敬。

她叫张瑞云，是凉城县非常有

剪纸艺术家张瑞云巧手剪人生

名的民间剪纸艺术家，中国剪纸协会会员。

民间剪纸来源于生活，剪纸艺人把自己对生活、对自然的认识和感悟，以剪纸这种特殊的艺术表现形式表现出来，是他们内心情感的表达，因此这种表达重在神似而不是形似。夸张和变形是剪纸最常用的表达语言。

凉城县的剪纸流派属于山西派。其剪纸风格，总的来说，具有北方地区粗犷、雄壮、简练、纯朴的特点。民间剪纸在凉城县是一种很普遍的群众艺术，那些年过半百的老大娘和纯朴俊秀的大姑娘小媳妇，常常借助一把小小的剪刀，弯曲自然，运转灵活地在纸上镂空出各种花样，装点着自己的生活。农村里色彩纷呈的窗花，迎风飘动的门笺，还有各种寓意吉祥喜庆的种种喜花，皆具浓郁的生活气息。

窗花就是贴在窗户上，做装饰用的剪纸。凉城县农家的窗户多是木格窗，有竖格、方格或带有几何形花格等多种形状，上面糊一层洁白的"皮纸"，逢年过节便更换窗纸，并贴上新窗花，以示除旧迎新。窗花的形式有装饰窗格四角的角花，也有折枝团花，更有动物、花草、人物等各式图案，还有连续成套的戏文或传说故事窗花，精致灵巧，妙趣横生。这些窗花多以红纸剪就。

门笺又称"挂笺""吊钱""红笺""喜笺""门彩""斋牒"，一般用于门楣上或堂屋的二梁上。其样式多为锦旗形，天头大，两边宽，下作流苏，多以红纸刻成，图案多作几何纹或嵌以人物、花卉、龙凤及吉祥文字，如"普天同庆""国泰民安""连年有余""风调雨顺""金

张瑞云剪纸作品

玉满堂""喜鹊登梅""福禄寿喜""五业兴旺"等。张贴时，或一张一字、或一张一个内容，成套悬挂，一般以贴五张为多。贴门笺既有迎春除旧之意，也有祈福驱邪之意。

婚嫁喜庆时要剪喜花。喜花是用来装点各种器物用品和室内陈设的剪纸，一般将喜花摆衬在茶具、皂盒、面盆等日用品上，也有的贴在梳妆镜上。喜花图案题材多是强调吉祥如意、喜气洋洋的寓意，色彩为大红。外形样式有圆形、方形、菱花形、桃形、石榴形等，配置以各种吉祥的纹样，如龙凤、鸳鸯、喜鹊、花草、牡丹等。构图布局有"花中套花"的方法。大门两边也要贴大红喜字。

凉城县民间剪纸，作为一种极为普通的民间艺术形式，扎根于民众中，与人民生活紧密相连，牵连着每个人的心灵，为千家万户增色添喜。在旧时的农村里，人们常常把剪纸技艺高低作为品评媳妇灵巧或者笨拙的标志，农村妇女自然成了剪纸工艺的民俗传承人。

张女士就是传承人之一。她现场给我们表演了娴熟的剪纸手艺。她使用一把普通的手工剪刀，明亮的刀刃在阳光下闪闪发光，黑色的刀柄显出沉稳厚重的气质。这种黑白互补的搭配体现出一位求真务实的民间艺术家应有的创作态度。剪刀长约半尺，在张女士的手中看上去不禁一握，剪刀时快时慢，时开时合，在张女士的手中轻巧灵动地游弋着。须臾之间，一张长约二尺，宽约一尺的红宣纸就变成了一幅精妙绝伦的"双鱼呈祥"图案。

展示完创作过程和创作作品之后，张女士毫不露怯地用流畅通顺的语言给我们讲述了她是如何走上剪纸艺术之路的，并且给我们普及了很多剪纸知识，如数家珍。她说，她的手艺来自家传，她从四岁时就开始学习剪纸，六十年来不断摸索创新，终于走出自己的一条独特的创作之路。她的剪纸有两大特点，第一是线条细，细到别人达不到的程度。剪纸作为一种镂空艺术，对线条的粗细要求极高，线条越细，越繁密清晰，越能体现出剪纸艺人的深厚功力。第二是内容新。她将传统文化中流传下来的剪纸艺术与现代社会的新风尚、新观念相结合，真正地做到了"旧瓶装新酒"，讴歌草原人民的幸福生活，为伟大祖国的繁荣富强喝彩加油。

张女士对剪纸几乎到了痴迷的程度，略有闲暇，便操起剪刀。为此，有时候家人也有怨言，但是她一笑而过。张女士的努力没有白费。自从国家大力提倡保留传统文化遗产，鼓励民间艺术家们踊跃创作以来，凉城县当地政府给予了这些民间剪纸艺术家无微不至的照顾，收藏他们的剪纸作品，拍摄专题片，对外宣传凉城县的剪纸艺术，开辟传承人工作室，招收大量剪纸爱好人员，每年对传承人进行身体检查，确保

传承人的身体健康，使他们能够为凉城县的剪纸文化再立新功。

2006年，中国的剪纸艺术遗产经国务院批准，列入第一批国家级非物质文化遗产名录；2009年，入选"人类非物质文化遗产代表作名录"。与此同时，凉城县当地政府也把凉城县的剪纸艺术列入了凉城县非物质文化遗产名录，正在申请乌兰察布市非物质文化遗产项目。

去污存真还坚韧——皮子制作

沟壑纵横的脸上印记着岁月的沧桑，清澈透明的眼里放射出纯真的光芒，朴实憨厚的笑容显现出本性的善良，专注投入的工作展示出技术的娴熟，作为一位在凉城硕果仅存的制皮老艺人，七十多岁的潘换锁老人明显感觉到时代的步伐走得太快了。

皮革是人类最早应用于服装的原始材料，但是生皮有两个显而易见的弊端：一是湿的生皮时间久了容易腐败；二是生皮皮板干燥后十分僵硬，难以处理。

凉城的制皮老艺人，说起皮子制作来，如数家珍。皮子加工是一项极为辛劳的行当，一张毛皮加工完毕至少需要二十几道工序，如风干、下缸腌渍、去肉去油、清洗等等。

风干就是用盐和矾的粉末擦在皮张上揉搓，脱出里面的油脂，然

皮子制作

后用竹片把皮张撑开，挂在阴凉通风处晾干。

腌渍就是将一张毛皮泡入加了一定比例盐、硝、面粉的水中，此时要严格要求水温，水温太低达不到熟的火候，水温过高会影响皮子质量。一个有经验的艺人用自己的手指就可以精确掌握水温。他们经过多少年反复训练，就靠自己一双眼和一双手，皮子能不能用，一眼就能看个差不离，再上手一摸，心里明镜一般。我们的祖先就是靠着这些经验和记忆，把那么多复杂严格的传统工艺一步步传承到今天。

去肉就是把皮子从水缸里拿出来，放到一块长宽相宜的木板上，用一把刮刀把皮子上的肉去掉。这可是个力气活，也是个技术活，既要把肉刮掉，又不能损坏皮子。刀不能太钝，也不能太锋利。七十多岁的老艺人在做这道工序时，神情专注，旁若无人，只有刀刮皮子的噌噌声在屋里回荡。

皮子分白皮子和黑皮子。白皮和黑皮，顾名思义，成品为黑色制品的就是黑皮子，成品为白色制品的就是白皮子。白皮子主要为羊皮。羊皮分大熟皮与小熟皮。大熟皮的做法就是把米粥涂在皮面上，经过几天沤制，将皮子取出，再经过漂洗，把里面的肉油等杂质去掉。收拾出来的熟皮光亮洁白。小熟皮去肉用勾刀。勾刀的具体形状为一条长手柄，手柄上端略向下旁逸斜出一钩子，手柄下端有一绳套。下面用脚踩住绳套，上面抓住手柄上端，用钩子勾住皮子上面的肉，一条一条勾将下来。

清洗就是加碱将皮子里所含的油脂皂化，然后用水一遍遍淘洗，淘洗好的皮子干净无异味。

笔者少时在乡村长大，常见村中老者上山牧羊，多穿羊皮袄和羊皮裤。羊皮袄和羊皮裤分"正穿"和"反穿"两种。正穿就是羊毛在外，羊皮在里。反穿就是羊皮在外，羊毛在里。常言说得好，内蒙古有三宝：山药、莜面、羊皮袄。羊皮袄、羊皮裤用的就是白皮子制作工艺。凉城地处塞外，气候苦寒，羊皮袄成了广大劳动人民赖以御寒的必备衣服。冬末春初，乍暖还寒，老人们穿着羊皮祆出来，排坐在墙角下，晒着和煦的太阳，拉着家常，畅想着新一年的丰收盛景。

黑皮子主要制作马车装具，如马鞍、马套等等，还用来制作皮鞭。凉城人民畜牧和农耕并重，上山牧羊不能不有个好皮鞭。皮鞭用长条皮子制成，一端连着木炳。上山牧羊时，如果有羊不听话，牧羊人就会扬起皮鞭，将鞭子在空中甩得啪啪作响。皮子做好后，潘换锁老人仔细将皮子一条条剖成细缕，准备制作皮鞭。面对这门即将失传的传统手工技艺，他的心情十分沉重。工业化的浪潮已经将这些技艺一步步逼入死角，亟待保护。县里有关部门得知这一情况后，高度重视，立即将老人的制皮工艺列入凉城县非物质文化遗产名录。《北方新报》记者还用相机全程记录了老人制皮全过程。

恪守规矩成方圆——牛板板车

空旷的院子别无一物，四角的高墙直延苍穹。从宽阔的大门进来，首先映入眼帘的就是这辆高车。它静静地待在这里，也不知转过多少岁月。历史的车轮滚滚向前，它记录了时代的沧桑。多少车夫来了又去，多少行途百转千回，

多少驾马前赴后继，多少货物渺无痕迹。它跨过茫茫大漠，碾过青青草原，越过重重山谷，翻过条条河流。现在，它成了一个将要被世人遗忘的文化念想，阵阵回响穿越中华民族五千年的浩瀚长河，响彻神州大地的每一个角落。它就是牛板板车。

凉城人的牛板板车用蛮汉山原始的次生林地区的桦木制作而成。车轴、车轮、辐条、轮心、车辕、车架都用桦木做成，因为桦木质地坚硬，耐磕碰，车体又轻，着水受潮不易变形，适宜在草原、沙滩上通行。造车时，将桦木烘烤软和，并使之弯曲成弧状，用两根辐条左右固定，以此反复，直到圈成一个车轮。一个车轮大概由二十多块弧形木块组合而成。再于车轮四周包上铁皮，钉上蘑菇大钉。车轮制好后，装上车辕车身，一辆牛板板车就制成了。

牛板板车

凉城一位八十多岁的老艺人说，造车主要环节是车轮。能否把一块

直木做成一个合格标准的轮子，这是在这一行能不能立足的根本所在。由于那时候的车轴和车轮的结合处都是木头，摩擦阻力比较大，车子运行起来嘎吱嘎吱乱响，因此需要上油，以增加润滑度，减少摩擦阻力。日常人家上的油是用于食用的胡油。每天赶车出去，车头就挂着油。只要感觉车轴润滑度不够，就淋点油上去，车子就又能继续前行了。凉城人民在漫长的生产生活中，嘎吱嘎吱的牛车声伴随他们走过一天又一天，一年又一年。无论春耕夏种，无论秋收冬藏，踏实肯干的老黄牛和结实耐用的老牛车都是他们最为忠实的伴侣。

时代的车轮滚滚向前，随着我国机械化进程的高速发展，牛车和马车逐渐淡出和退出了人们的日常生活，而代之以拖拉机和汽车。为了保护造车技术这一非物质文化遗产，凉城县委、县政府对此高度重视，走访手工艺人，收藏民俗文物，刻录光盘，并将其列入凉城县非物质文化遗产保护项目。

炉火纯青传佛语——蒙古唐卡

如果不是亲眼所见，我们根本不敢相信，站在眼前的这位年仅二十一岁的年轻人就是内蒙古蒙古族唐卡的唯一传承人，被《内蒙古晨报》誉为"蒙古族唐卡的守卫者"的李鑫先生。更不敢相信，墙壁上挂着的这么多琳琅满目的布斯吉如格画作是出自他的手笔。他站在一间墙上挂满布斯吉如格作品、地上堆满颜料和画笔的工作室中，身着金黄色蒙古袍，阔颊，披发，眼神中闪烁着坚定的光芒。正午明媚的阳光照进来，小屋中一片金黄的色彩。

唐卡也叫唐嘎、唐喀，系藏文音译，指用彩缎装裱后悬挂供奉的宗教卷轴画，是藏传佛教特有的一种绘画作品，具有浓郁的民族和宗教色彩，流传至今已有1000多年历史。唐卡这种藏族绘画艺术在明代之后伴随藏传佛教传入内蒙古地区，随着内蒙古地区藏传佛教寺院的建立和兴起，渐渐被蒙古族人民接受和学习。蒙古族人民在长期的学习和实践中，也更加丰富了唐卡艺术的内涵。蒙古语称唐卡为"布斯吉如格"。

李鑫出生在凉城县的一个小山村，对蒙古族文化有着特殊兴趣，很小就显示出极高的绘画天赋，8岁时投到县里一位享有盛名的，名叫朱家琪的画家门下，系统学习绘画知识。3年后，他来到呼和浩特，拜在国画大家张大千先生弟子赵有明门下学习国画。在呼和浩特学习的3年时间里，李鑫开始频繁接触蒙古

唐卡艺人李鑫

族文化与藏传佛教文化，并被其深深吸引。一有时间，他就往大召跑，那里珍藏的壁画、唐卡让他着迷不已。孔子曾经说过："知之者不如好之者，好之者不如乐之者。"恩师赵有明发现李鑫对唐卡艺术已经到了"乐之"的地步，遂建议他专攻唐卡。

2006 年，李鑫在青海塔尔寺里终于见到了塔尔寺三绝之一的唐卡。即使日后回想起来，他依然震惊不已："非常非常美，说不出那时的感受。"从此，在李鑫心目中，唐卡的地位远远高于其他任何一个画种。在这里，他学到了唐卡颜料的研磨方法，这些方法是当地的画师通过口口相传的方式教给他的。之后，李鑫拜包头美岱召的嘎日迪喇嘛为师，这位喇嘛在蒙古族唐卡绘画上有着很高的造诣。嘎日迪喇嘛

还收藏着一本明清时期流传下来的《造像量度经》副本，其中详细记载了佛像的造型标准、色彩、手势、法器等。嘎日迪喇嘛圆寂前，把这本绘画法则传给了他。

原来布斯吉如格的佛像绘制都是根据佛教经典的仪轨制定的，在梵文、藏文和蒙古文的经典中都有关于造像的典章。这些经典对传统的佛像制作有详尽的介绍，对佛、菩萨、度母、阿罗汉、护法等的尺度、色相、形象、标识、手印、坐姿有严格的要求和佛教修持上的寓意，不得逾越，以致绘制的过程和工艺逐步形成了固定的格式，世代相承，与世俗绘画区别开来。

绘佛像时，要先绘莲花座，再画布饰，最后画佛身。画背景时，先浅色后深色。把上面所说的部分画完后，用金色画衣服上的图案（这

87

些金色图案称"金画")。一些画面装饰和画面其他地方也用金色来勾边，称"金线"。最后将所有需要用墨勾的线再勾勒一遍，再画上眼睛。所绘佛像的衣着和装饰图案的构图取决于以下几个因素：画家学习绘画所从师的画派；他对这个画派技法的纯熟程度；绘画的时间；艺术家自己的能力，以及订画雇主的要求；等等。

李鑫得到这本《造像量度经》，如获至宝，终日揣摩琢磨，认真研究练习，水平大大提高。他带着自己的唐卡作品参加天津举办的全国中等职业院校技能大赛，获得金奖。据当时的评委之一，四川大学艺术学院教授唐·格桑盖希考证，目前李鑫是内蒙古地区唯一一名蒙古族唐卡创作者。

布斯吉如格创作严谨，工艺繁琐，李鑫严格要求自己，精益求精，以《造像量度经》为准，将其创作工序分为十二道，有一年十二个月，一天十二个时辰的轮回之意。其制作工序如下：

第一步要根据画作大小制作木质画框。画框的四条框都用和普通铅笔粗细差不多的树枝制成。画框两长两短，呈品字形契口。

第二步要选择纯棉平纹或斜纹布作为画布，要确保棉布表面无油污、破损和格线。把细木画框上的画布绷紧，再用结实绳子把细木画框牢牢地绑在大画架"唐卓"上面，按"之"字形的绳路式样把细木画框的四个边同大画架的四个边绑在一起。画布一般是浅色画布，不能太厚太硬。画布太厚太硬容易使颜料剥落和皱裂。最合适的画布是织工细密的纯白府绸或棉布，没有图案的白丝绸做画布也非常合适。如果尺幅很大，用一块画布不够，就得把好几块画布用非常细密的针脚缝合在一起，缝好的两块布的接缝不能有碍于画面的完整。

第三步为制作用水、牛胶等矿物粉调制而成的底浆，然后用板毛刷把底浆平涂在棉布上，要求均匀微薄，不能露出布面。涂淡胶的目的是防止画布吸附，渗入颜料；防止颜料在画布上"变花"，使颜料涂上布面不会失掉本色。

第四步为用海螺、石头或茶碗打磨画布。正面要湿磨，背面要干磨，画布正面要磨到像丝绸一样光滑。

第五步为打边线、中心垂直线、对角线和其他任何需要标出的轮廓线等定位线。

第六步为用木炭条或铅笔打线描底稿，叫作"白画"。打完底稿之后，再用墨勾成墨线，称为"黑画"。墨线应细如发丝，而且严格遵循《造像量度经》中所著比例。

第七步为把绿松石、红珊瑚、孔雀石、雄黄、藏红花、茜草、雪莲花、朱砂、珍珠、黄金、白银等原料研磨，和酥油、酒等调和，加工成用来绘画的颜料。

第八步为在需要晕染的地方平涂一层较浅的底色。

第九步为晕染，主要分为两种，明暗晕染和平染，用于天空、草地以及其他小细节。

第十步为勾色线、描金。

第十一步为开眉眼。画师要择日择时沐浴、秉烛、焚香、礼佛后方可为画像开眉眼等五官。这是布斯吉如格创作最重要的一步，眉眼开不好，一切努力前功尽弃，几年心血化为泡影，所以必须慎而又慎。当佛像的身体、衣服，各种装饰风景与供品等全部完成后，最后要刻画脸部。刻画脸部这一过程叫"开眉眼"。开眉眼时首先用佛像本身的肉色在脸部染色，画出凹凸关系，即脸部立体感，然后在眼内画一遍白粉（叫眼白，即眼睛底色），佛及报身等的眼，用少量的淡三青描出睫毛和眼中，再用淡花青勾圈，最后用浓花青点出眼中点。高僧像、怒神及人物的眼睫毛和眼中，用淡橘红或淡茶色画完后，用淡黑色勾圈，用浓墨点出眼中点。像其他一些小客佛、善像等的开眼的颜色又有不同，切勿乱用色乱画。

最后一步用上好的云锦、蟒缎或丝绸进行缝制装边。裱制装潢所用材料的好坏完全取决于个人的意向和委托制作方施主的财力。

布斯吉如格的创作是个漫长浩大的工程。一幅布斯吉如格的完成，少则几年，多则十几年。一幅已经完工的《东方药师图》，李鑫整整画了3年时间。而另一幅《佛祖三尊像》，李鑫已经投入了3年的精力，而完工的时日，尚需3到5年。因此，想要真正创作出一幅完美上佳的布斯吉如格，必须有一颗朝圣的心。诚如一位卓越的唐卡大师所言："唐卡必须是一个修行人来画的作品，心里要有佛，画出来的才是唐卡。画唐卡的人心境必须要定下来。"必须能够一头扎进画宅，不急不躁，抵住世俗的名利诱惑，用心专研，假以时日，或有所成。如今，有些艺人受市场经济大潮的侵袭，不能把心思专一用在创作上，其作品单纯停留在重复别人的层面上，力求迎合市场，致使大量粗制滥造的作品甚嚣尘上。此外，有些艺人为了降低成本，追求利益最大化，故意简化创作程序，缩短创作时间，放弃矿物颜料的使用而代之以丙烯颜料。面对这种乱象，恪守严肃创作态度的李鑫痛心疾首，他说，这种状况非常不利于布斯吉如格艺术的健康发展。

对于这项濒临灭绝的技艺，凉城县委、县政府高度重视，积极组织专家学者对项目及其传承谱系进行系统摸底、调研、建档，确保项目工艺的原貌及完整性；成立了布斯吉如格艺术研究传习所，确保这一古老艺术的传承与发展；征集、整理部分作品进行展览，进一步让群众了解布斯吉如格艺术；利用媒体网络加强宣传力度，对市场上出现的仿制、假冒及非传统工艺制品予以打击。凉城县文化局还将会展中心一个600平方米的大厅无偿赠给李鑫做画院。目前，该项目已经确定为乌兰察布市非物质文化遗产，正在申报内蒙古自治区"非遗"项目。

药酒相融济苍生——鸿茅药酒

公元1739年（清乾隆四年）农历八月，秋风萧瑟，一位挎着药箱的郎中行色匆匆地辗转在位于阴山南麓的鸿茅古镇察哈尔营的山路上。漫山遍野一片金黄，悦目的风景并没有打扰他似箭的归心。他叫王吉天，时年48岁，出身于晋中榆次王家堡的一个中医世家，常年往返于榆次和包头之间，悬壶行医。

每次路过鸿茅古镇，他都要喝上几口当地特产"鸿茅酒"。"鸿茅酒"始创于清康熙三十二年（公元1693年）。该酒入口绵甜清爽，香醇沁人。古人云："好酒必有佳泉。"鸿茅酒也不例外。鸿茅酒的水源为当地特有的"九十九泉"水。泉水清寒凛冽，甘甜爽口。北魏道武帝天赐三年（公元406年）八月，道武帝拓跋珪行幸豺山宫（今凉城县境内马头山一带），登武要北原（今凉城县卧佛山），南观九十九泉。明元帝泰常元年（公元416年）七月，明元帝拓跋嗣大猎于牛川（今呼和浩特西南），再次南观九十九泉（《绥远通志稿》凉城卷古迹篇）。

王吉天在一家名为"隆盛荣"的酒坊坐下，当地农牧民纷纷前来，热情地跟他打招呼，让他把脉瞧病。察哈尔营位于晋蒙边界，多山地而少平地，人们多以放牧为生。由于察哈尔营"接近大漠，地势较高，气候寒凉，极寒至零下二十八度"（《绥远通志稿》凉城卷气候篇），因此土著居民多被风湿寒痹、筋骨疼痛等疾病困扰，故多喝鸿茅以御寒。

看着一张张憨厚真诚的面孔，王吉天忽发奇想，能不能将鸿茅酒融入中药里，做出一种既能御防风寒，又能治疗病痛，而且香醇可口的"药酒"，造福当地农牧民呢？这个想法在他随后的归途中一直萦

鸿茅药酒

绕不去。

药与酒这两位黄金搭档，在王吉天先生手里焕发出勃勃生机。他成功地将"人参、肉桂、红花、肉苁蓉、黄芪、川芎等67味药材，加白酒、赤糖、冰糖等辅料，经过选药、炮制、另煎、鼎合、封坛、泉浸、地养、茅缩八步工艺流程，酿造成具有独特治疗保健功效的中成药酒剂——鸿茅药酒"。

鸿茅药酒选药必须要求产地正宗。如肉苁蓉只选内蒙古阿拉善右旗所产枝壮油亮、肉质肥厚者；黄芪则选用蒙古国乌兰巴托产的绵黄芪。这些药物得成千上万年天地造化之功，吸取日月精华，感受风雪雨露，与当地气候、土质等互为融合，

有独特的，有别于其他药物的效用。

炮制则是将称量好的砂仁、肉桂、白豆蔻、红豆蔻、荜茇、沉香等六味药材用红铜药碾研磨成粗粉；其余如何首乌等五十八味药材用石磨磨成粗末备用；小茴香以牛奶浸泡后再经盐炒；最后将麝香用银碗研细，以蜡纸包封待用。孔子曾经教导学生说："工欲善其事，必先利其器"，又说"如切如磋，如琢如磨"，又说"食不厌精，脍不厌细"。王吉天先生在这一方面可谓谨遵圣人之言，他流传下来的药方上写道："这一步骤很关键。器具不能错，步骤不能错，磨得要细，切得要精，步步不能马虎。"

红铜也叫赤铜。"除天然的微

量杂质外，没有人工加入锡或铅使成合金。红铜的硬度虽较差，但直接经过捶打就能制成各种工具和装饰品"（郭沫若《中国史稿》）。红铜的含氧量极低，具有很好的杀菌作用和极强的抗癌功能。石磨相传为春秋时期鲁班发明，利用杠杆原理，将谷物磨成粉末。"石，阴中之阳，阳中之阴，阴精补阳，故

鸿茅药酒

山含石"（《春秋·说题词》）。因此，古人多用石针治病。石性温和，很好地中和了何首乌等药材的寒燥浓烈。

另煎是将人参和肉苁蓉两味贵重药材文火煎煮。人参强壮滋补，肉苁蓉主补肾阳。这两味性情浓烈的药材，在人类逐渐降服的水和火的相互作用下，通过时间的严格把控，缓慢激发出其应有的作用。

鼎合就是将铁鼎添入鸿茅酒，按比例加入药料、赤砂糖、冰糖、小茴香，"用文火煮之，以柳棍徐徐搅动，煮至相当程度即可"（《绥远通志稿》凉城卷工业篇）。这是鸿茅独创的药酒相合的工艺，借鉴了道家"鼎炼内烧"法，民间称之为"烧鸿茅"。"封坛为黄泥封坛，调和百味；泉浸为将封坛入冷泉浸泡七天七夜，去其火气；地养为将封坛埋入地下三尺，历时九九八十一天，择吉日取出，地养其阴，天酿其神，从而使药酒初步具有阴阳调和、温热绵厚的特点。茅缩为最后一道神秘而独特的工艺，来自晋楚遗风，起源于三千年前周室天子祭祀神农远祖的仪式。鸿茅名中"茅"之真义，便是发隐于此。经过秉烛焚香祷告药王之后，再以茅束缩酒，滤除残渣取清液，始成一剂济世宁人，饮之奇效的灵酒妙药。

鸿字本义为从南向北飞来报春的大雁。"鸿，鹄也。从告从鸟"（许慎《说文解字》）。"告"即"告诉"。"茅"字本义即为专门用来滤酒去渣的白色茅草。"茅，菅也。菅之不滑泽有毛者。可缩酒；又以为藉"（许慎《说文解字》）。鸿茅酒最早叫作"红毛酒"，就是红色的，用茅草过滤的酒。由于鸿雁飞得又

高又远，因此世人将其视为志在四方，雄才大略的象征。

遥想270多年前，王吉天老先生以年近五十的高龄，挈妇将雏，从微风和煦的宜居之地晋中榆次搬迁到北风凛冽的塞北苦寒之地察哈尔营（今凉城县厂汉营乡），把自己一腔济世救民的豪情壮志和精湛医术融入塞北人民的热情豪爽和醇香烈酒中，酿成"色如胭脂，香味浓醇""酒中含热性药料特多，妇女患腰腿痛者，饮之每奏奇效"（《绥远通志稿》凉城卷工业篇）的鸿茅药酒。其纯纯赤子之心，谆谆向善之意，让我们直到今天犹念念不忘，时时回响。

圣人有言："良药苦口。"疗效显著的良药肯定是入口苦涩的，但是王老先生却另辟蹊径，将良药制成甜药，既能治病，又好入口，一举两得。其高超的医术和高尚的医德赢得了后人的崇敬。今日走进鸿茅酒厂大门，一目可见的就是王老先生的铜像，左手反揽后背，右手轻捋胡须，目光悲悯地看着芸芸众生，一袭长袍随风飘拂。

鸿茅药酒问世伊始，各种荣誉接踵而至。1830年，鸿茅药酒被道光皇帝御封为宫廷贡酒。1945年，中共绥南专署将其运抵延安，献礼中国共产党第七次全国代表大会，

得到了老一辈无产阶级革命家的普遍赞誉。中华人民共和国成立后，在中国共产党的正确领导下，鸿茅酿酒工艺得到了精益求精的改良和提高。2009年，鸿茅药酒酿造工艺光荣入选内蒙古自治区非物质文化遗产名录。

如絮似雪——岱海滩土盐

一粒粒晶莹剔透宛若珍珠的盐粒在阳光的映照下五彩斑斓；一堆堆洁白如雪宛若柳絮的盐末在阳光的反射下夺人眼目，一畦畦纵横阡陌，其形如井的盐田在烈日的暴晒下蒸腾出丝丝热气；一缕缕清新诱人的盐香弥漫在盐田上空的每一个角落。凉城县岱海滩的盐民们在这样微醺的盐香中感受到无限荣光。

岱海在魏晋时代被称为"盐池"。盐池，顾名思义，就是产盐的湖泊。岱海这座盐池在北魏时被大量开发。《绥远通志稿》记载："绥远止水在各蒙旗境者，多名淖尔，译言泊也。在各县局境者，多名海子，盖方言习俗使然。大海、小海皆在凉城县境内，大海即古诸闻泽，小海则盐泽也。惟小海湮没已久，土人不能指其处。"北魏著名地理学家郦道元在其地理著作《水经注》中记载道："盐池池水澄渟，渊而不流。东西三十里，南北二十里。""湖畔涸出之地，可掘土熬盐"。也就是说，

当时的凉城县境内有大海和小海两个湖泊。大海主要为沼泽地，栖息鸿雁；小海主要为盐池，晒制食盐。只是后来小海干涸了，现在只存大海。

当时北魏定都平城，就是现在的山西大同，食盐的主要供给渠道，除了山西运城盐池，就是凉城岱海盐池。《魏书·食货志》记载："盐池天藏，资育群生。若取用无法，则豪贵封护，近者吝守，卑贱远来，超然绝望。是以置主司，令其裁察，

岱海土盐

强弱相兼，务令得所。"后世的《绥远通志稿》印证了这一说法："凉城县岱海泊周围产白盐一种，年产曰一万余斤，色白味佳，洵属良品。惜盐局课税颇重，而又限制出境，以致不能畅销于外。"这里的"限制出境"，就是《魏书》所说的"近者吝守"。

因此，北魏政府迁都洛阳后，还是不得不再度启用费时费力的海盐生产模式，大量的海盐生产才能满足国家基本的消费需求。因此，岱海作为盐池，虽然曾经盛极一时，但是随着北魏政权的内迁，不久便归于沉寂，唯有群群鸿雁栖息嬉戏，名字也被改为"旋鸿池"，就是天空上盘旋着大雁的湖泊。

随着现代化制盐工艺的日渐成熟，岱海湖畔的土盐制作工艺快要被时代遗忘。只有为数不多的老盐民还保存着这一古老的手艺，可是却也与许多传统技艺一样濒临失传。

但是，凉城岱海滩的土盐在历史上的作用是巨大的，革命战争年代，它是隐藏在蛮汉、马头山区深山密林中的革命战士的重要食盐来源；计划经济时代，由于物资匮乏，它更是凉城农民群众的重要食盐来源。凉城县委、县政府对这些民间传承颇为重视，已经组织相关部门对这些工艺进行普查调研，正准备将其列入凉城县非物质文化遗产名录。

民俗美凉城

民俗文化遗产是人类的"活态灵魂"，是民族传统文化的珍贵记忆，是民族文化的生命密码，承载着独特而丰富的想象力、文化意识和民族精神，对于人类生存与发展具有独特的意义和价值。勤劳的凉城人民在这片古老的土地上留下了一串

串闪耀着历史光芒的民俗文化智慧结晶。如今，凉城县委、县政府正掀起一场对"民俗文化遗产"的挖掘、保护、研究和利用的探讨与实践，将具有浓郁地方特色的优秀民间文化继承和传播开来，让文化基因和民族记忆不被忽视遗忘并一直保持下去，使传统文化生生不息，成为现代民族文化的灵感和源泉。

载歌载舞庆丰年——永兴社火

喧嚣的锣鼓，疯狂的舞步，开心的笑容，纯粹的欢乐，爆竹声声预示着一年丰收的盛景，漫天烟花焕出绮丽的色彩，象征着人们对美好梦想的良好祝愿。鲜艳的舞服，夸张的舞技，高昂的歌唱，戏谑的曲调，熊熊旺火预兆着新的一年旺旺火火，亲民的面具带来无限的祝福和笑闹。这就是流传已久，一年一度的"永兴社火"。

"社火"是古老相传的祭祀社神和火神的仪式，其来历源远流长。"社火"二字纯粹简单地示意了人类赖以生存的两个基本条件：土地和火。人们每年开春时节都要祭拜土地神，祈求一年风调雨顺，获得一个好收成。而能够熟练使用火种，是人类发展史上的一大进步，是人与禽兽的本质区别。远古时代火的出现，结束了人们茹毛饮血的荒蛮生活，让人们对火奉若神明。

社火起源于火，发展于社。关于社火的起源，有个很离奇的传说。相传水神共工长得人脸蛇身，满头红发，性格暴烈好战。一次不知为何，共工和火神祝融打了起来，一怒之下头触不周山。不周山是一根天柱，天柱折断后，天崩地裂，洪水泛滥。共工儿子后土见父亲闯下如此大祸，心里非常难过，于是把九州大裂缝一一填平。可是共工有个儿子战死后变成了瘟疫鬼，到处散布瘟疫。这个瘟疫鬼啥都不怕，就怕响器烟火，故产生了"击器而歌，拊掌而舞，祈于天地，以其吉也"的消灾祈福仪式。

凉城县永兴镇的社火仪式在每年的元宵节举行，一般是正月十三、十四、十五或者十四、十五、十六。既然名为社火，当然离不开火。火名"旺火"，用长约二尺，宽约三寸的木材垒就，中间镂空相间，高约一米。一般会用一张写有"旺气冲天"的长约一尺的红色对联点燃，在旺火的底部压一张黄裱纸，上面写着神灵的名讳，或不写。为了增强火势，有时候也会浇点汽油，燃烧时火势熊熊，火焰直冲天际。"旺火"一词，就是祝愿新的一年人们旺旺腾腾、红红火火。凉城县最大的旺火为近年来一年一度的元宵旺火，用数百块椭

永兴社火

圆形煤块垒就，每块煤都标着号，旺火堆高达十几米。工匠们在垒就这个"摩天旺火"时还要用锤子和凿子将每块煤修葺成能够适合其位置的形状，以保证旺火屹立不倒。旺火上倒挂一幅对联，一般为宣传国家惠民政策的新式内容，体现了党和政府对广大凉城人民的无限关怀。

旺火之前，先有锣鼓。"直逼耳膜的锣声和直达内心的鼓声交相辉映，其鼓点节奏简单，明快畅丽，锣声一般为"咚起，咚起，咚不隆咚起咚起"，鼓声一般为"咚咚咚咚咚咚咚，咚咚咚咚咚咚咚"，经始反复。

锣鼓声起，旺火燃起，秧歌舞也就开始了。永兴社火最初并不是秧歌舞，而是带有一定戏剧色彩的节目。表演者按历史或传说中的人物化妆，循一定的武术套路及故事情节进行演出。常见的节目有《三岔口》《武松擒方腊》《狮子楼》《老鼠洞》等，后来随着历史的发展，才逐步转为秧歌形式。

永兴社火中的秧歌，既有高跷秧歌，也有地秧歌。地秧歌有船灯、车灯、二鬼搬砖、跑毛驴等。船灯也称跑旱船，用竹杆或木棍做成船样，外用彩纸或彩布装饰，船身点缀灯火，由4人分成两组。每组由一女性乘船，一船翁掌舵，伴随着锣鼓、唢呐、笛子、笙等乐器的节拍，在人群中穿插舞动，反映渡船过程中发生的情节，也有一问一答逗乐的。车灯，状如花轿，制作方法与船灯相似，表演时由1人乘坐，装扮成媳妇，前有几人作拉车状，峨冠博带，边走边舞，旁有老妪帮车，手拿笤帚扇，后有白发老翁推车，亦步亦颠。丑角"二小"头扎朝天辫，手拿毛掸子或绣球蛋儿跑前跑后，满场打诨嬉戏。二鬼搬砖由1人表演，背上绑扎一个假人，互相搭臂作摔跤状。跑毛驴是用两个柳编水斗，用黑白两色彩纸糊裱成前后两截身段，前身带头、带颈，后身带尾巴的毛驴模样。表演者将毛驴绑在身上，踩着锣鼓点，边扭边作毛驴撒欢、站立、原地打转等动作。高跷秧歌是在表演者两腿上用绳索各缚一根1—1.5米的木拐，多装扮成传统戏剧人物或小丑，常见的有"孙悟空三打白骨精""猪八戒娶媳妇"以及唐僧、许仙、白蛇等，踩着锣鼓点边走边舞。

永兴社火的礼乐，是标准的一套让人快乐的祭神仪式。可惜这套仪式如今已阙不可考。人们直接成立社火队。每个社火队先得有"社头"起头组织，负责招募演员，购买演出服和道具，分配角色，等等。社火演员多为本乡本土的社火爱好者。演出时多穿大红大绿舞服，演出者老中青搭配，有男有女，均头戴彩花，脸涂油彩，手拿手帕或彩绸，甩臂扭胯。表演形式多种多样，

有"拧麻花""扭八字""掏炉坑""编辫子"等等。"拧麻花"，顾名思义，就是把胳膊腿扭得如麻花一样，旋转穿插。"扭八字"，顾名思义，就是把胳膊腿扭得像八字一样。"掏炉坑"这个名字比较特别。凉城人民至今好多地方都住土炕，在土炕与灶火连接处，有一个坑，专门用来积灰。如果积灰太多，烟就会走不出去，因此每隔一段时间就需要把坑灰掏空，这就叫"掏炉坑"。"掏炉坑"的标准姿势为弯腰用手或其他器物把坑灰掏出来，每掏一次就要弯一下腰，伸一次胳膊，然后站起来把灰倒掉，周而复始。"编辫子"就是两手交叉，左右颠倒，形如编辫子模样。值得一提的是一种面具舞，凉城人民叫作"大头梆梆"。演员头戴头套，只露两个眼睛，头套内容五花八门，多以夸张的老头、老太、孩子、少女等，略带卡通性质的戏谑内容为主，憨态可掬，再加上演员们出色的舞蹈，让人忍俊不禁。其实这正是古老相传的一种驱魔仪式"傩礼"的变形。

永兴社火在三天时间里是有安排的，正月十四这天要在天黑之后进入每家每户，载歌载舞，给农户们带来祝福和喜庆，农户们则象征性地给社火队演员一些钱或者烟酒之类以示感谢。在每户人家表演歌

舞结束后，负责收受钱物的人总要大声地把农户们给的钱物喊出来，此时称呼农户为"东家"，如"东家某某赏赐人民币一百元，鸿茅酒两瓶"，而演员们则会异口同声地大喊一声："谢一谢。"这个"谢一谢"也是略带戏谑，玩笑欢乐之情尽显。正月十五在广场或者戏院等公共场合红火热闹，大放烟火，喜气冲天。正月十六就会在白天沿着大街小巷去给商户们送祝福，其场面与正月十四晚上相同。

朱暄先生编著的《绥远通志稿》凉城卷记载了中华人民共和国成立前永兴旧镇的社火盛况："城乡多踩高跷，唱秧歌，各大街设棚，迎三官神像（三官应为土地神、火神、水神）于其中。十四至十六各晚，放烟火，沿街张灯结彩，旺火并列，歌呼动地，鼓吹喧天，行者如蚁，尽情游戏。城乡秧歌都扮作各种杂剧，如高跷、船灯、技击诸戏，城市则绕街而行，或入院作歌。至灯节日，按门前所设旺火，挨歌而过，歌时唱者居中，余则绕圈而走，俗名跑圈秧歌。"

正月十五这天还要吃社饭。凉城人民的社饭一般为大烩菜油炸糕。到时候全村老少都要去吃，其实吃的就是个气氛，也有讨吉利的意思在里面。毕竟社饭是祭祀土地神灵的饭，犹如吃佛教的"斋饭"。

永兴社火是在人民群众生产生活中发展起来的民俗，有独特的民族特点，在凉城县永兴镇一带广为流传，具有鲜明的地域特点。永兴社火以农牧业经济为基础，是多元一体的瑰宝。它的萌生、发展和形成经历了漫长的过程，与凉城的文化、历史息息相关。它全面、完整、生动地体现了这一地区的传统文化，是民间文化的百科全书，具有很大的人类学、民族学、民俗价值。凉城县有关部门对这一文化遗产非常重视，文化馆于2010年已成立了保护小组，组织人员去永兴镇调查、访问、采风；2008到2009年组织摄影爱好者拍摄了永兴社火的照片；2010年整理了一系列关于永兴社火的文章；现已将其列入凉城县非物质文化遗产名录，正在申报乌兰察布市非物质文化遗产名录。

白马红轿成好合——满族婚俗

冬日的清晨，寒风扑面，喷薄的旭日洒下万道金光，纯白的高头大马蹄蹄顿足，火红的八抬花轿静静等待。在宾朋们略带嘈杂的笑闹声中，吉时已到，主持仪式的总管一声令下，锣鼓喧天，爆竹齐鸣，春风满面笑容可掬的新郎官跨上马背，身强力壮跃跃欲试的轿夫们抬起花轿，象征纯洁爱情的纯白小汽车带头前行，一场极具传统色彩的凉城县曹碾满族婚礼开始了。

清初，努尔哈赤创建八旗组织，后满族入关，受汉族高度封建文化影响，满族婚姻形式很快形成了以民族融合为特色的新的婚姻习俗。这种婚俗成为满族婚姻制度及其礼俗的主流，一直持续到近代。满族人一方面需要保证民族旧俗，另一方面又需要让满汉文化交融交流。因此，在汉族纳彩、问名、纳吉、纳征、请期、亲迎婚娶六礼的影响下，满族形成了一套具有满族特色的新婚俗。世居于晋蒙边界凉城县曹碾满族乡的满族人至今保留着这套繁琐而神圣的仪式。

问门户：满族的女孩子长大，开始聘婚，但婚姻不自主，完全由家长包办。先是"年老为媒"，或"亲友作伐"，议定婚姻。由男方托人到女方家说亲，女家如有意，方可开列某旗某佐领下人及三代情况，还要写清地址、功名、职业、属相、生辰八字等，这叫"门户帖"，由媒人转交，男先于女，两家借此了解对方家世等情况。其帖必置于家，奉灶神前三日，这是古礼中问名之义，谓之"问门户"。

相看：又称"看门户"。媒人为男女两家提亲后，双方家长在媒人陪同下，分别到对方家中看看。一般是男家主妇先往看女方，同意后再由女方家长去看男方，此为"明相"。还有"暗相"，由媒人将男

曹碾满族乡婚俗

女之一方安排在某处，再指给另一方家长看。也有直接见面，相后是否同意，通过媒人转告对方。

合婚："相看"后，如双方同意，便开写生辰等情况。双方还要问卜，确认属上中下何等婚姻，并有无妨克翁姑父母之相，这叫"合婚"。

放小定：又称"下小茶"。议婚双方"合婚"后均无异议，即由男方家长辈携少量定礼送至女家。如女家收纳并对来人以礼款待，即表示允婚。订婚物一般为簪环首饰、荷包、如意等（均为双数），由放定人（妇女）给女方戴上。

放大定：又称"下大茶""纳聘"。"放小定"后数日，由媒人与男女两家商定聘礼数目，然后男家择吉日将聘礼送至女家。聘礼必备猪与酒。殷实之家要送双猪双酒，即两口大猪，两提酒（每提24公斤）。此猪称为他哈猪，非为饲养，而是女家在出嫁前，择定时日，"跳神以志喜"之际，作为牲品，然后宰飨亲朋邻里。

换盅：男家送聘礼至女家时，女家受之并将首饰等物品陈于祖先位前，两亲翁并跪，以盅斟酒互相递换，然后醮祭，表示两家正式定婚成为亲家，亦有在定亲宴上，两亲翁于席间行换盅仪式的。

装烟礼：装烟是定亲女子在结婚前后给公婆和长辈往旱烟袋锅里装上烟草，并亲自为其点燃，以示尊敬。有的是在"放小定"时，也有的是在"放大定"时。结婚的次日早晨，新婚女子要给公婆装烟。初次装烟，长辈一般要给"装烟钱"。平时来贵客时，晚辈亦要装烟示敬。

拉单：由双方父亲择吉日良辰下婚期。之前，女方向男方开列嫁妆衣物在红笺上。男方按单购置结婚之物，并送至女家，待结婚时带回。

开剪：男方按女方拉单所要之布匹，提前送到女方家。女方则将这些礼品陈列于祖宗案前，由长辈将布匹用剪刀剪开，之后由女方缝衣裳，俗称"开剪"。

聘女开锁：满族儿童多经祭神戴线锁（索）于颈。女子在出嫁前须将幼时所戴之"锁"摘下，其家要为之举行摘锁仪式和祭祀。用猪祭，领牲时须由待嫁之女亲自以水酒灌猪耳，并于摘锁仪式中亲自向祖先神位叩头行礼。此项仪式之费用一般由男家负担，称为"给开锁银"。

过柜箱：满族结婚举办三天。第一天叫"过柜箱"，也有叫"柜箱日"的，俗称"送嫁妆"。女方向男方送嫁妆，其中包括描金柜、衣物等。送嫁妆时，离夫家近的抬着去；离夫家远的有数人去送嫁妆，但不是抬着去而是乘车，只是快到夫家后再抬。嫁妆送至半路，男方派人来接，叫"接鞭"。送到夫家后，摆好，俗称"亮嫁妆"。还要把新妇绣好的枕头顶、幔帐腰等图案用红绳连起，挂在新房，以示女方阔气和新娘子心灵手巧。

响棚：男方家这天要杀猪，在室外搭喜棚子，吹打起来，以使四邻能知道这家开始操办喜事，称为"响棚"。

挂彩子：嫁家以红绸布或红布悬结自家大门门楣，借以增添喜庆气氛。男方家挂"硬彩子"，女方家挂"软彩子"。所谓"硬彩子"，即于门首搭架，扎出重檐等样式，下以两根红漆木柱支撑，谓之"彩墩"。"软彩子"则只在彩绸布后托以架，再于绸布两端结成彩球。

插车：第二天，新娘在送亲奶奶和诸亲友的陪同下离家。临走前，向祖先及佛托妈妈（满族人信仰的保婴之神）叩头，祈祷保佑。新娘登彩车时，换去娘家鞋，换上踩堂鞋。双方迎送亲车午夜相向出发，新娘胞兄或族兄同送亲队伍一起出发，称之"护送"。两车相遇时，车辕相错，由新妇的哥哥从送亲车中将新娘抱上迎新车，俗称"插车"。

打下墅：又称"打下处"。双方将车赶到离夫家不远的一处预先借好的房子，新妇和陪亲先生在此暂住一宿，俗称"打下墅"。也有许多新妇，此时认这家房东的老人为干爸、干妈。

亲迎：婚礼正日，男家备喜轿彩车，新郎骑马率本家亲族、傧相、吹鼓手、仪仗等前往下墅迎新娘。在出发前还要"亮轿"，去时不空轿，轿里坐一小男孩，叫"压轿"。迎亲队伍的人数必须是单数，以便回来时加上新娘成双成对，以示吉利。

闭门礼：新妇在下墅处时并不立即梳妆，而是坐在炕上吃娘家给煮的鸡蛋。炕上要放铜钱，这叫"压炕钱"。男方花轿抬至下墅时，该家故意将大门关闭，娶亲队伍遂停于门外，由吹鼓手按女家所指曲牌吹打，同时男家主司迎亲之人要向门内作种种恳求之词，并递"红包"，女家随即开门允其入内。

拜妆披红：入院后，前导仪仗列于门前两侧，中铺红毡，新郎下马于红毡上给亲友叩头，称为拜妆。亲友受拜后，将所备之红布或红绸，俗称"红小布子"，披于新郎肩上，统称"披红"。如红布较多，则由傧相等人将其中一部分编为坎肩，让新郎穿上，余者驮于新郎所乘马上。

蒙盖头：新郎进屋后，便有女人给新妇梳妆，穿上红棉袄、红棉裤（不论冬夏），头上盖红布，统称"蒙盖头"。同时由主司高喊着，让新郎拜女方父母，这叫"改口"。两位老人也得给新郎馈赠礼品。这家还要在别的屋摆些糕点，让新郎家所有接亲的人都吃几口，这叫新郎"吃上马饭"。之后，新妇要手抱铜镜，由长兄抱入轿内。迎亲队伍开始返程。

遮轿：轿往男家时，须有人持红毡于旁跟随。途中路过井、庙、坟墓等处，将红毡遮住轿，谓避煞神之意。新娘下轿之际，亦用红毡从侧面遮挡，以防被"犯忌"之人所"冲"。

劝性：当车到新郎家门口时，男方暂不让进，如在冬天，送一火盆给新妇取暖，少顷，开门放进，俗称"劝性"。

射三箭：新娘未下轿时，新郎于院内要连射三箭。弓、箭由司仪递与新郎，射毕再由其接过。新郎搭上弓，向天射一支。司仪唱："一射天狼！"向地射一支，司仪唱："二射地妖！"向轿前射一支，司仪唱："三射红煞！"所用之箭没有箭头，以免发生意外。

拜北斗：又称"拜天地"。新娘由陪亲婆扶下轿，蒙着"盖头"，胸前胸后挂铜镜，腋下挟着麻秆，由司仪引领新娘沿所铺红毡走至院

中预设天地桌前，与新郎同跪。司仪在一旁高唱："一拜阿布凯恩都哩！""二拜纳丹屋什哈！""三拜阿玛和额娘！""夫妻对拜！"此时鼓乐喧天，鞭炮齐鸣，新婚夫妻向北三叩首，谓在北斗七星前表态之意。

抱宝瓶：拜完北斗，由司仪将"宝瓶"递于新娘，抱入怀中。"宝瓶"一般为木制或锡制，其形有似花瓶，有似壶样。过去瓶内装金银锞子、制钱及"金银米"（黄米和白米）。瓶口覆红绸布，以五色线扎之。此俗寓婚后多福多财之意。

坐帐：过去满族有坐帐风俗，俗称"坐福"。事前在院内搭一个帐篷，新婚夫妻要在帐篷内住一、二宿。坐帐时，帐内点两根蜡烛，夫妇进入后禁止说话，一直坐到辰时。坐帐时，还由女察玛用满语致颂词。有的新娘坐帐时，屁股下还坐把斧子，用垫子放在斧子上，寓意坐福。晚上，新郎身上背包，绕帐篷三圈，问"留不留宿啊？"新娘回答：留宿。如不答，新郎便要再绕三圈再问。此俗今已不见。

开脸：坐帐时要开脸，也有的在拜完天地后开脸，又称"绞脸"。由一女人用新镊子和五色彩丝线为新娘拔去脸上的汗毛，同时开齐额发和鬓角，以标志此女已是成婚

之人。

揭盖头：辰时，吹鼓手又开始吹打，鞭炮齐鸣，由新郎家的长辈女人端来红糖水，让新娘子喝下，意味着以后"嘴甜"。还把鸡蛋煮熟，剥掉皮，给新娘子擦脸，意味着新娘子脸上今后不生麻子。之后，叫新郎上前，以秤杆或马鞭子将新娘"盖头"挑下，抛于屋顶或帐篷顶。新郎揭盖头后，立即用手抚发，象征"结发夫妻"。此时新郎新娘才能互相看到对方的模样。现在农村揭盖头的仪式仅是一种形式。

合卺礼：满语称"阿察布密"，俗称"饮交杯酒"。拜天地、坐帐一会后，进入婚礼厅。厅内设一矮桌，上置酒壶和以红绳相连的两只酒杯；另设一桌陈羊乌叉（尾骨）连后腔，并熟肉丝两碗，黄米饭两碗。新郎、新娘至矮桌左右跪，由娶、送亲妇女为之斟酒。两人换饮交杯酒三次，再由男方族中一老者捧肉丝米饭各一碗至索伦杆前，祝诵吉语，或唱阿察布密歌，掷饭肉于屋顶或抛向四周，凡三次。新郎新娘亦于屋内三尝饭肉，仍由斟酒妇女喂之。仪式结束后，由女司仪将子孙饽饽煮熟，分给新郎新娘吃，但不吃尽。由一小童于窗外连向屋内高声问"生不生"，新郎需答"生"，以寓婚后能生儿育女。子孙饽饽略

小于饺子，均为双数，一般为20个，由女方家做好送入男方家，同时送筷子和碗，称"子孙筷""子孙碗"。

过火盆：新娘入洞房时，要从门前所设火盆上跨过。据说可使婚后生活过得红火兴旺。

过马鞍子：亦称"跨马鞍子"。新娘入洞房时，门槛上放置马鞍子，上覆红毡，寓意平安。

拜席：合卺礼后，便开筵席，款待娘家客人，各桌都要安排几个人陪吃。席间，在鼓乐吹奏下，新人双双敬酒，叫"拜席"。娘家人还要给厨师赏钱。将娘家客人送走后，其余参加婚礼的人才分批开始吃饭。陪娘家人吃饭叫"第一悠"，接着是"第二悠"，以此类推。"悠"少时新人给挨个敬酒，"悠"多时由司仪给喊："客人听真，现在不一一敬酒了，新人给诸位三鞠躬！"以此拜席。

团圆饭：客人都走后，新郎全家人坐在一起进餐，叫吃团圆饭。

认宗：新娘入洞房后，脱下红衣裳，换上彩色旗袍，头戴宫花陪新郎向祖先磕头，俗称认宗。

望日头：傍晚，由大姑姐或婶婆、姨婆领新娘出外边看日头，寓意日子过得红火。回来后抱几块柴火，俗称"进门抱财"。进屋捅捅灶坑，意在"锅底不倒风"。搅一搅水缸，

意在"大发财源"。和弄和弄泔水缸，意在"养猪肥"。

晚间还有"闹洞房""吃五大碗"的风俗。

认大小：结婚后第一天，即婚礼第四天，新娘在新郎或小姑、婆家嫂子引领下至男家祖茔叩拜，并将装好的烟袋点燃于墓前。事毕归家时逆河水流向而返。如居处距祖茔较远，亦可先于家内祖先神位前行礼，事后再至祖茔补行。此礼也有在"回门"后进行的。拜祖后，新娘在新郎陪同下，双手捧镶好枕头顶的长方形枕头，依次拜见长者、亲友，俗称"认大小"。

回门：结婚的第三天，新娘要领新郎回娘家，这叫"回门"。"回门"之前，头天晚上要倒"宝瓶"。此时新婚夫妇对坐炕上，以手拉衣服成兜状，由亲友家中一年长妇女将婚礼时新娘所抱"宝瓶"取来，向两个衣襟内左右各倒三下，接连三次，同时口念"一倒金、二倒银、三倒儿女一大群"的祝愿之词。倒毕，以瓶内原装之"金银米"熬粥，称"金银米粥"，新婚夫妻食之。"回门"时，凡打下墅的，要回去看望房东，不打下墅的直接回娘家。在时间上，回门必须带日头走，带日头回，不能起早贪黑。新郎要带上四盒礼品，以示对岳父岳母的敬重。

到了第七天，新娘还要回趟娘家，可以住一宿，叫作"接七送八"。

到了一个月，新娘要回娘家住一个月，这叫"住对月"，从娘家回来要给婆家每人带一双新布鞋。

改锁：结婚后，婆家要备两头猪、两坛酒、两斗黄米送媳妇回娘家祭佛托妈妈，将系在娘家索绳之上的彩线解下，拿回婆家系在索绳上，为"改锁"。根据姓氏不同，有的在婚前"改锁"，有的在"回门"或"住对月"时"改锁"，也有的在生育后进行"改锁"。但许多贫者，无力"改锁"。

曹碾满族婚俗是满族文化的瑰宝，有着久远的历史传统，是民俗文化的集中展现，具有浓郁的民族风格和地方特色。婚俗程序大方传统，堪称民族礼仪之最。满族婚礼涵盖了满族历史、文化、礼仪各个方面，具有一定的学术价值，作为民族珍贵的文化遗产，需要挖掘、传承和保护。随着满族语言的消亡以及异族通婚，古老的婚俗仪式已逐渐消失，濒临失传。

凉城县委、县政府在2008年就由文化局牵头组织摄影爱好者拍摄了曹碾满族婚俗的照片。2010年，文化馆成立了保护小组，组织人员去曹碾满族乡马头山地区调查、访问、采风，整理了一系列关于曹碾满族婚俗的文章，并且抢救整理了一批曹碾满族婚俗的光盘和录像材料，还大量征集了许多曹碾满族婚俗的相关器物。曹碾满族婚俗现已列入凉城县非物质文化遗产名录，正在申请乌兰察布市非物质文化遗产项目。

"离娘馍馍离娘肉"
——岱海滩地区汉族婚俗

锃亮簇新的喜车接踵而来，明快敞亮的新房喜气盈盈。神采奕奕的新郎满面春风，略带娇羞的新娘貌美如花。震人耳膜的爆竹直冲云霄，丰盛美味的喜宴香气沁人。精神抖擞的傧相欢庆致辞，喧嚣热闹的宾朋举杯交错。这就是凉城县汉族婚礼盛况。

中华民族传承至今的汉族婚礼风俗早在西周时期就基本成型定格，后世历朝历代的婚礼习俗基本沿承周时礼俗。

凉城县的汉族婚俗基本遵循上古流传下来的"六礼"。

第一礼为订婚。旧时订婚，父母做主，所谓"父母之命，媒妁之言"，现在基本上是男女青年自由恋爱，而后由家长张罗举办婚礼即可。男女双方经过一段时间的相处之后，彼此言语投机，感情甚笃，男方便请媒人上女方之门提亲，此谓"纳彩"。这时候男家称为"求婚"，

岱海滩地区汉族婚俗

女家称为"允婚"。开始先互送命单，以生年星宫相配合，谓之"对婚"，命格相合方能许婚。具体程序为双方用红柬写上男方女方的生辰八字，挑个好日子互相送过来，名叫"换帖"。这一天男家将稻米、红枣、肥羊、好酒还有喜饼、喜馍、衣服、首饰等随着庚帖一起送到女方家。女方将金银饰物一两件装到男方送来的庚帖中，作为压帖之物，顺便把自己的庚帖送过去。这就是上古流传的"问名""纳彩"二礼。男女双方各自召集亲友以及媒人，设宴庆贺，名叫"下定"。"下定"礼分为大下定和小下定，大小由贫富而分。

第二礼为聘礼。豪富中门当户

对之家，男家置备，女家添妆，各自量力而行。中人之家，仅言及衣饰，不及财礼。小康以下之家，财礼衣饰都要事先商定。

第三礼为迎娶。迎娶前男家让媒人先通知女家，女家同意后，择一良辰吉日行"通信礼"，一般在迎娶前一个月举行此礼。这一天除商定的衣饰不用更改外，其他大小定品物，就要像订婚那天一样再下一次，并且再送几块银币，名叫"长命钱"。这就是上古流传下来的"纳吉""纳彩""请期"三礼。如果女家不同意，男家就要数次往返以示诚意，直到女家同意方可。每去一次，男家都要备馍馍五十个或者一百个，让媒人带去女家，备表男家诚心迎娶之意。女家在将要出嫁时，分别通知亲族。亲族除送"嫁助妆"外，还要分别邀请女孩去家里吃饭，叫作"离门饯"。迎娶前一天，男家备烧肉一方、馍馍五十或者一百枚送到女家，肉叫"离娘肉"，馍叫"离娘馍馍"，并且送新娘一套新衣服，名叫"催妆"。这会儿，女方的众多亲戚故意提出各种不便出聘的难题为难新郎。新郎通过众人考验后，新娘才装扮一新，同新郎及送亲人一同坐上轿车。临行前，伴郎要拿回女方回赠的一部分"离娘馍馍"，女方还要在"离娘酒"的空瓶里安插一棵两个叶子的大葱，将其灌满水后交给男方带回。

最后一礼为结婚。男家早已搭好布制彩棚，一般为租赁而来。新郎头戴金花，披红彩绸，胸前系一铜镜，带着新娘的花轿走到门口。此时主持婚礼的傧相手持五谷、红枣、胡桃、制钱，口诵"天地氤氲、金玉满堂、长命富贵"等语，然后把手中的东西挥洒在地上，叫作"漉障"。此时新郎的母亲和妹妹手捧铜瓶、冰糖和脂粉，掀开轿帘，把糖放到新娘嘴里，让新娘抱着铜瓶，并且用红胭脂和白粉涂在新娘脸上，叫作"点粉"。新娘下轿时，将红毯铺在地上，新娘踩在红毯上。此时由男家两位没有身孕、没有服孝的女人扶着新娘，到大堂，新郎行天地九叩礼。新郎叩拜，新娘蒙着面纱站在那里，待扶她的两个女人示意后，方才叩拜。新娘进入喜房，两个女人给她解开发髻，挽起发簪。坐不大一会儿，围观群众就把窗子打开，叫作"打喜窗"，意为取开风气。

然后是拜人。新郎新娘同拜祖先父母，然后是族戚长辈。这就是古礼所谓"庙见"。等到中午，丰盛的婚宴开始后，来客一一得到新人致谢，相继围桌而坐，吃糕、品茶、饮酒。此时，新人要端着酒杯，挨个地向客人敬酒致意，而那些同辈亲戚或年龄相仿的朋友则常常故意推杯不饮，诙谐有趣地提出一些游戏来让新人完成，以逗人发笑。整个婚宴美酒飘香，嬉笑不断，热闹非常。

进夜新人入洞房。喜床上放着喜神、灯烛、香炉，让新娘相向而坐一晚上，叫作"守喜神"。这一晚的洞房内，亲友中的平辈或者晚辈就要闹洞房，嬉笑戏谑，为难新娘和新郎。此时旁边也有女眷代为解劝，让新娘新郎照着这个女眷说的话重复一遍。众人哄笑而散，叫做"说令子"。"说令子"所说的话虽有戏狎之举，但其用意只是为了让新娘新郎解除尴尬羞涩，活跃喜庆气氛。旧时晚上还有听房窃物的习俗，现在已不多见。

第二天，新郎随新娘去岳父家，见新娘的父母、亲戚以及晚辈，叫做"认大小"。行礼完毕，新娘家设宴款待，叫作"回门"。回门居住日期不等。一般城里人为九天，谓之"回九"，取天长地久之意。乡间一般住七天或者八天，叫作"住七住八"。

婚事完毕后，新郎要行"拜往"礼。城市人限于城区，乡村人限于本村，新郎由傧相等主持婚礼的人带领，沿门作谢，一揖而去。这也是古礼所说的"谢步"。"谢步"的意思就是"亲友前来庆贺，事后赴其家回拜，表示感谢"。

凉城汉族婚俗在漫长的历史演变过程中经过多次变革和发展，形成了一种富有地方特色的婚俗。凉城县委、县政府对凉城县汉族婚礼这一文化遗产相当重视。早在2010年，凉城县文化馆就已成立了保护小组，组织专人调查、访问，还专门整理了一系列关于凉城汉族婚俗的文章，接下来准备抢救整理一批凉城汉族婚俗的光盘、录像材料，进一步整理凉城汉族婚俗文字材料，征集凉城汉族婚俗的相关器物，为凉城民俗陈列提供实物。凉城汉族婚俗现已认定为凉城县非物质文化遗产，正在向申报乌兰察布市非物质文化遗产的道路上高歌迈进。

敬神礼佛祈安乐——大庙庙会

似火的骄阳普照在香客们兴奋的面孔上，男女老少皆洋溢着欢乐的笑容。小贩们此起彼伏的叫卖声回响在金黄的庙宇上空，喇嘛们悠长动听的诵经声宛若天籁，净化着每一个朝圣者的灵魂。喧嚣的歌舞戏剧百家争鸣，以其专业敬业的表演竭力招揽着过往行人驻足一观。缭绕的香火随风弥漫，庄严和蔼的大佛慈悲注视着脚下匍匐朝拜的芸芸众生。这就是凉城县大庙一年一度的庙会盛况。

大庙本名"汇祥寺"，位于凉城县城东北大约五十余里的岱海滩北山脚下，蒙古语叫"浩特勒毕力格图素木"，有"绥东第一刹"之称。"大庙"之名为凉城人民对这座庙宇的俗称。据父老相传，凉城县岱海滩地区原为清朝贵族避暑的第二胜地，被誉为"北京后花园"。康熙皇帝第六子胤祚出生后，康熙对他疼爱有加。胤祚为德妃所生，

建得极为宏大壮丽。"庙貌之巍峨，规模之瑰丽，与夫像尊庄严，法物美备，允为凉境各召巨擘"。就是说，这座寺庙是凉城县境内最为巍峨完美的一座。大殿门楣悬挂着康熙皇帝亲笔御赐的匾额"汇祥寺"。殿内藏经数十种，多达万余卷，用汉文和唐古特文两种文字书写。汇祥寺所存佛经，颇为珍贵。可惜旧日汇祥寺毁于战火，这批古老宝贵的珍稀经文化为灰烬。

大庙庙会

和皇四子胤禛（就是后来继承皇位的雍正皇帝）及皇十四子胤禵是一母同胞的兄弟。胤祚出生时体弱多病，康熙为了保佑他长命百岁，就在岱海滩给他修建了别宫让他疗养。别宫为正式寝宫以外的宫室。此外，康熙还在远离别宫的岱海滩北山脚下一处清幽寂静之地修筑了一座喇嘛寺庙，也就是汇祥寺。出于对六皇子胤祚的疼爱，康熙把汇祥寺修

大庙前面十里处有一温泉，虽严冬而不冻。相传大庙前本来无泉，大庙建成后，康熙皇帝带着六皇子前来避暑，进入大庙拜佛完毕，御驾行至今日大庙前面的水塘村，顿感口渴难耐，由于离别宫尚远，一行随从束手无策，忽然间康熙皇帝的御马猛用马蹄刨击地面，少顷一股泉水喷涌而出。康熙喝了之后神清气爽，遂将此泉赐名为"马刨泉"。

温泉含有对人体健康有益的微量元素。相传康熙皇帝特别喜欢泡温泉。他每次去清东陵必先去沐浴"汤泉"，一边泡温泉，一边批奏折，工作休闲两不误。他曾作诗赞美温泉道："汤泉泉水沸且清，仙源遥

自丹砂生，沐日浴月泛灵液，微波细浪流踪峥。"他在这里赞美的，恐怕不只是京城的温泉，应该还有凉城的温泉吧。

奈何天不佑人，即使在如此清静幽雅的疗养环境和高僧大德的无量加持下，可怜的六皇子胤祚还在七岁那年夭折了（六皇子胤祚生于1680年即康熙十九年，死于1685年即康熙二十四年）。六皇子虽然走了，但是大庙却留了下来。如刀的岁月在大庙身上刻下了道道伤痕，水火兵匪各种祸患接踵而来，可是大庙的佛性依然深深烙印在凉城人民的心中。今日，大庙在党和政府的热情关怀和社会各界人士的鼎力支持下，旧貌换新颜，给凉城人民带来了无穷的信心和欢乐，一年一度的大庙庙会就是见证之一。

庙会亦称"庙节"，为中国的市集形式之一，唐代就已存在，多在寺庙节日或规定日期举行，地点一般设在寺庙内或其附近，故称"庙会"。这种庙会在凉城县被称为"交流大会"。直到今天，凉城县还会举行一年一度的交流大会，促进经济繁荣，互通各地有无。

凉城县一年一度的庙会盛典定于每年的农历六月十五。这一天到来时，汇祥寺的喇嘛一起在此集会，附近的喇嘛也都聚集在殿内诵经。

半天后，众喇嘛佩戴各种面具，扮作各种神灵，纷纷手舞足蹈，并用鼓乐伴奏，场面壮观庄严。

喇嘛们依次分左右两排盘坐在宽阔的大殿上，身穿宽大的暗红色袈裟，手捧经文，专心诵经，摇头晃脑，旁若无人，虔诚的场面让人肃然起敬。他们对佛祖的敬仰和对经文的理解让人感叹不已。朗朗的诵经声此起彼伏，婉转而低沉，细细品味，犹如天籁之声。

观看完喇嘛祭神，到了中午时分，就可以免费吃到寺庙里提供的斋饭，凉城人民叫作"官饭"，一般为素烩菜馒头或者素面条。汇祥寺会在这一天将一处空置寺舍收拾为餐厅，摆放若干木头条凳和木头长桌，古色古香。吃饭时偌大餐厅鸦雀无声，食客们鱼贯而入，吃完后悄然退出。只有负责派饭的寺役手里提着饭桶来回穿梭，用手势询问食客是否需要加餐，食客们也用手势表示要或不要。如果要的话就把空碗放在身前，筷子拿在手里；不要的话就把空碗放在桌子中央，筷子横放在空碗上。

庙会这一天人流如织，摩肩擦踵。男女老幼纷纷聚集，士农工商纷至沓来，沿途有各种政府安保人员在维持着秩序，他们不畏酷暑，耐心周到。汽车一律停放在距离大庙十里多路的马刨泉所在地水塘村。善男信女们步行入庙，两侧农作物郁郁葱葱。离大庙约一里处，各种摊贩已经将道路两侧的空地占据，中间空出一条小路让人通行。这里值得一提的是各种地方小吃。有卖烧烤的，吱吱冒烟的羊肉串香气四溢，酱红色的铁板鱿鱼令人垂涎欲滴。还有烤鸡爪、烤鸡头、烤羊宝、烤韭菜、烤面筋等等一切可烤的东西，喝上一杯冰镇啤酒，立刻沁人心脾。有卖凉粉的，搭一凉棚，设几张饭桌。晶莹剔透的凉粉一碗一碗浸放在盛有冷水的大白铁皮桶里，案上摆着各种佐料罐：酱油、芝麻酱、醋、蒜汁、芥末、辣椒油、胡萝卜丝、豆腐干、香菜等等。顾客光临，现切现拌。经营者不过二三人，有人主厨，有人招揽生意，顺带收钱。招揽生意的人还不停地吆喝："酸辣的凉粉，消暑解渴，不好吃不要钱啦。"还有凉城县特色小吃饸饹面，也是搭棚设座，桌上放着酱油醋和辣椒、香菜等佐料。顾客进门后，先喝上一壶解渴清毒的当地山茶，片刻工夫，一碗热气腾腾的饸饹面就上桌了。劲道的面条，浓香的面汤，再加点艳红的辣椒油和翠绿的香菜，吃了之后让人回味无穷。

凉城县大庙庙会是在藏传佛教及蒙古族人民的日常生活中发展起来的民俗，有着独特的民族特点和鲜明的地方特色。但是近年来由于受到现代文明的强力冲击，懂得这些庙会仪式的人日渐稀少，越来越多的人已经遗弃这一古老而又神秘的传统仪式，庙会现已演变成为单纯的物资交流大会。凉城县委、县政府得知这一情况后高度重视，早于2010年就让文化馆成立了保护小组，组织人员去大庙调查、访问、采风，拍摄了大量大庙庙会的照片，整理了一系列关于大庙庙会的文字资料，征集了好多大庙庙会的相关器物，如面具鼓乐等，为凉城民俗馆陈列提供实物，现已将其列入凉城县非物质文化遗产名录。

（本章大部分内容由老干局职工樊永青提供）

塞外山水好凉城

塞外山水好凉城

SAIWAISHANSHUIHAOLIANGCHENG

凉城县有数不完的青山，道不尽的绿水，青山绿水交相辉映，成为塞外一道亮丽的风景线。

岱海风光

凉城县地处塞外，但并不荒凉。蛮汉山峰拥西北，峰连峰，九曲回肠，千奇百转，怪石嶙峋，鸟语花香，白桦映蓝天，白云照林间，蜿蜒近百公里，南北约六十公里。原始森林遍布其中，白桦亭亭，灌木丛丛，其间有山狍野鹿、山珍野菜、药材数不尽数。马头山处于凉城县东南，绵延起伏八十多公里，丘陵山川相连，茵茵百里，高山草甸蔚为壮观。

马头山扼长城，居西口，历经千年风雨，今朝更苍茫。其马背俗称营盘梁，乃凉城莜麦主产区，其莜面十里闻香，远近闻名。岱海湖就像一个太极八卦图，安睡于两山之间，木筏湖中荡，情歌两人唱，笑的是芦花；湖水清悠悠，鱼儿悄悄游，醉的是远山一片。真乃翠涌群峰塞外两山秀，帆扬岱海边陲一湖清。

凉城的青山

凉城地处大青山南麓，长城脚下。由于黄河故道的造山运动，隆起了两道巍峨的山脉，雄峙绵延，是撑起凉城儿女信念的脊梁。巍巍蛮汉山，茵茵马头山，宛如母亲的双臂，温情地环抱着岱海儿女，千年无悔。这双臂苍翠挺拔，神秘威严，联接着原始的启蒙，演绎着绿色的繁荣。

四季欢歌——蛮汉山

蛮汉山，《山海经》称之为"钟山"，隋唐时称"春山"，意为"四季如春的山"。可见在隋唐时期，蛮汉山就是时人消夏避暑的好去处。宋朝更名为"九峰山"，就是有九座山峰的山。元朝称"莽汉山"，后转音"蛮汉山"，一直沿用至今。蛮汉山系蒙古语，汉语意为"云雾缭绕的山脉"。

蛮汉山地处凉城县西部，西距呼和浩特40公里，是岱海盆地向土默川平原过渡带。蛮汉山峭壁悬空，沟壑竞幽，花木繁茂，泉水潺潺。山中有云杉、华山松、樟子松、黄波罗等珍贵树种，蓊郁苍翠。以白桦、山杨为主的天然次生林遍布沟壑，珍贵药材漫山遍野，大理石、花岗岩等储量丰富，森林中百鸟欢唱、狍獾栖息、狐兔出没，构成一幅完全原始、自然的画卷。

郁郁葱葱的白桦林在深山中竞

蛮汉山

相舒展挺拔的腰肢，岁岁青青的苍松林在重重峻岭中高唱雄壮的乐章。嶙峋的怪石静静地矗立在山顶上，一动不动地注视着过往行人，香甜可口的千年老泉潺潺而流。芬芳悦目的奇花异草漫山遍野争奇斗艳，脍炙人口的美妙传说五湖四海广为人知。如果你来到凉城县蛮汉山这片神奇的土地，肯定会被这里瑰丽的风景所折服——

苍翠之春

蛮汉山之春是绚丽多姿的！

春天法力无边，春风、春雨将蛮汉山暖醒，把冬日里积蓄的生命力暴发，发出了多姿多彩的呼唤！

当蛮汉山的春天带着她特有的新绿，海一样地漫来时，真能让人心醉。蛮汉山的春天仿佛温柔的少女，羞涩间悄悄地伸出那暖洋洋的手，携着她特有的温煦，潮一样地涌来。

早春灌木和报春花卉竞相开放，山花烂漫，姹紫嫣红；满山的松树换上了新绿，给蛮汉山穿上了一件大自然的和谐之衣。和风吹过，绿浪翻滚，发出籁籁的天音，好似甜美梦想般的惬意！新绿、嫩绿温柔着我们的视线，还有那星星般闪动的一点点红、一点点黄、一点点粉，也惊喜着我们的目光。

于是，开始在春天漫步。踩在她松软的泥土上，才知道生命的温床可以如此的平实。只要季节的老人

蛮汉山之春

蛮汉山之夏

飘然而至,所有沉睡的种子,都可以在这里孕育,并赋予生命一种变幻的姿态。

蛮汉山的春天,绝对是一幅浸染着生命之色的画布。

繁盛之夏

蛮汉山之夏,郁郁葱葱,风生云起,万丈绿波连绵起伏,眼前苍茫一片,阳光从密密层层的枝叶间透射下来,地上印满铜钱大小的粼粼光斑。

满目摇曳的葱茏,伴着朵朵盛放的幽香,招摇在草地上、在山林里。这夏日的蛮汉山,是"美人若兮,顾盼流离"的俏姑娘。她笑着、走着,款款而来!

蛮汉山的夏天决不能辜负,与她来一次邀约,宁静,清纯,风洁花香,是绿的海,花的海,时常流连于花海林中,荡漾起无边的欢乐与温馨!

蛮汉山森林公园最具特色的是二龙什台和鹫崂台两个大峡谷,是树的海洋、药的宝库、动物的乐园。公园内山峰林立,峭壁悬空,陡峰连天,犹如一条遨游苍天的神龙,展现欢飞之状。这里珍贵树种葱郁茂盛,野生果树花繁叶茂,装扮山谷秀丽风光,林中水泆奇峰,万鸟争鸣,狍鹿栖息,置身其中,如入仙境一般。

诗曰:万年老龟空祈天,垂涎点滴醉八仙,不是仙人胸无墨,而是蛮山皆诗篇。

蛮汉山之秋

丰盈之秋

秋来了，蛮汉山的秋季是醉人的。

推开蛮汉山之秋的门扉，阳光柔暖，风儿轻盈，放眼远眺，仍是一片盎然，红黄橙绿尽收眼底，一切在安详中透着静美，在丰盈中隐着明媚，见证着成熟，展现着收获。

蛮汉山没有香山那迷人的漫山红叶，也没有西双版纳那诱人的郁郁葱葱，没有故都之秋的凄美，更无西湖之秋的完美，然而蛮汉山的秋天仍有它独特的魅力和韵味。

层林尽染的蛮汉山之秋，仿佛就是一幅静止的水彩画，驻在这样的画卷里，望云儿飘飘，看静水细流，听鸟儿鸣叫，闻花香馥郁，静默地享受大自然赋予秋的这份诗意与美妙、悠远和迷离……

徜徉于蛮汉山这座"天然氧吧"中，所有的喧嚣和浮躁都被覆盖，一切都在不知不觉间得到净化。还有那一番清澈的凉，是秋天特有的凉，舒适、怡然。此时，静听秋日的节奏，像一曲无言的歌，一首优美的诗，一片飘零的叶。风过，一缕清香也馥郁在潮湿的空气中，浪漫而温馨地轻舞在秋的雨幕下，赋予了这个秋天一份清宁静谧、空灵绝尘的清韵。

暖意之冬

蛮汉山的生命力是夏天，而魅力在冬天。

蛮汉山的冬天来得早，时间长，冰封雪盖，一派北国风光，既壮观又凝重。

蛮汉山之冬

冬日蛮汉山的焦点不再是高山、奇峰、流水和满山的苍翠，去掉天然以及非天然的装饰，竟是另一番质朴状态，不是实实在在的风景，是一种超乎物质，甚至超乎自然的自我感受。沉淀那些烦躁的心情，陶冶情操，整装待发，繁华落尽，平淡归真，让人们拥有一颗泰然自若的心，返璞归真。

冬天的蛮汉山，无花、无叶、无红，却是一个清净的世界。如果说秋是水落石出，蛮汉山的冬天则是草木去而山石显了。来到山脚下，远远望去，被太阳照着的冰雪覆盖的山峰，银白色闪闪发光，数条山脊犹如猛虎下山一般，威武雄壮，好像守卫着这片领土不被侵犯一样。当秋气初收，冬雪欲降时，这山感

到三季的重负将去，便迎着寒风阔肩一抖，抖掉那些攀附在身的柔枝软叶，然后正襟危坐，巍巍然俯视大千世界。

登高长啸，觉足底众山，一览皆小。（作者史利霞，中共凉城县委宣传部干部）

最美二龙什台

二龙什台风景区地处蛮汉山腹地，1993年被国家林业部命名为"国家森林公园"。公园内原始森林总面积达53公顷，高山草甸100多公顷，野生动植物1200余种。景区内白桦遍野，松柏如云，奇峰异洞，景色多变。主要景观有：佛爷洞、神女峰、金鸡峰、万年冰窖、骆驼峰、一指峰、对佛山、鄂脊峰、林海石长城、望海亭、拜佛亭、石林、景

最美二龙什台

观塔等，是一处集休闲、观光、避暑于一体的综合性旅游风景区。来吧，朋友，一片神奇的地方等着您。

景色翠微马头山

马头山位于岱海南岸长城脚下，与蛮汉山同属阴山山系，是传说中的二郎神担山追赶太阳遗留之山。马头山绵延百里，主峰海拔2016米。据《山西通志》《绥远通志》记载：马头山因其"形似马首，双耳犹肖"得名。所谓"双耳"，是指马头山主峰的两侧各有一块巨石，远眺状如马耳尖翘，又因"长城踞其上"，亦称此山为长城岭。

景色翠微马头山

春夏之际，山中泉水潺潺、林草葱茏、松涛滚滚，一碧万顷；秋天，果实累累、浓香四溢、百鸟嬉戏，悠然自得，充满了诗情画意；冬日，千里冰封、万里雪飘，百里马头山晶莹剔透，蔚为壮观。抗日战争时期，马头山是内蒙古第一个抗日根据地，是延安通往东北的桥头堡。

佛光普照洞金山

1993 年 5 月，中国佛教协会副会长、高级气功师清凉大师发现，并经中国佛教协会内蒙古分会认定，洞金山卧佛为天然卧佛。佛体为多维山峰叠印而成，佛身长约五公里，是结构罕见的天然卧佛，也是世界上迄今为止发现的最大的天然卧佛之一。佛体北高南低，头枕峰巅，脚踏山麓，仰天而卧，形貌安详；上身袒露，两乳微凸，双臂平放，整体形状极为自然。卧佛呈东北西南向，其轮廓与蓝天、绿树相映衬，自成一幅壮阔、和谐的图画。极目远眺，只觉卧佛气势恢宏，形象逼真，构成"脚踏岱海朝迎日，头枕龙山夕拜月"之景观。每年入夏后，时有东来紫气，盘桓山腰处，则呈现"祥云托佛"之世界奇观。每年入夏后，时有"祥云托佛"之奇观出现。民间盛传，"祥云托佛"之际，岱海则出现"海市蜃楼"现象，海面山峰叠影，海上楼台亭榭，金碧辉煌，佛山与岱海之空间处，歌声隐约，万象沸动，整个岱海滩光芒四射，莫可名状，实为边塞奇观。这是大

佛光普照洞金山

自然天道沧桑、鬼斧神工及玄妙风采的造化。

观察卧佛最佳点在汇祥寺遗址，最佳时间是早上八九点太阳光直射山体或晚霞落照时刻。事实上，关于卧佛，民间早有传辞：

岱海兴盛大佛镇，

香客朝山神显灵。

大慈大悲大佛爷，

拯救众生脱凡尘。

人工绿化美猴山

猴山

猴山位于凉城县西南，距县城8公里，因其峰巅有一石崖犹似神猴而得名。

20世纪80年代末到90年代初，凉城县委、县政府组织广大干部、职工、学生进军猴山，开展了大规模的义务植树活动，到目前已完成治理面积9000亩，其中乔木3500亩，家杏经济林1000亩，以沙棘为主的灌木林4500亩，有沙棘、柠条、山樱桃、刺玫、榆叶梅等19个树种。

每当春季来临的时候，莽莽苍苍的猴山焕发出盎然的生机，迎客松、沙棘、苹果树、高杆杨、沙榆、景柳等次第抽青，山杏花、柠条花、山樱花漫山遍野，映衬其中，景色蔚为壮观。2008年，凉城县将其改为猴山生态公园，成为凉城县又一生态旅游景点。

怪石嶙峋哈达山

哈达山位于凉城县老虎山遗址西北处，它与石靴湾合二为一，构成凉城又一奇特的自然景观。哈达山云蒸霞蔚，怪石嶙峋，山泉集聚汇成巨流，从山梁夹缝中飞湍而下，注入石靴湾，形成高山瀑布。当年鲜卑民族因其瀑布如练而取名哈达山。

传说王母娘娘常携七仙女在此

哈达山

坐浴。一天，王母娘娘正在坐浴时，被一赶着骆驼的樵夫撞见，惊得王母娘娘披上羽裳欲飞天而去。慌乱中，靴子没有穿牢，一只掉在了悬崖上的小平台上。情急羞怒之下，王母娘娘挥指骆驼和樵夫。刹那间，骆驼被分为两截，尾部被留在沟东，头和身子留在了西边。而樵夫惊呆了，蹲在悬崖东边一动不动地看着绣花靴。从此，王母娘娘不再光顾哈达山，而哈达山也从此多了几样神秘的景观：断了尾的骆驼，惟妙惟肖的绣花靴，呆呆地望着绣花靴的樵夫。后来，这里修建了寺庙，每到盛夏，蒙古王公贵族便来这里洗浴。

风光旖旎平顶山

平顶山

平顶山地处凉城县东南部，属马头山脉。20世纪70年代到80年代，原北水泉乡5000多名劳动大军，在平顶山上栽植1.2万亩华北落叶松。如今，万亩松林已全部成材，一碧万顷，与高山、草甸相互映衬，形成了一处靓丽的风景。

凉城的绿水

凉城县两山夹一川，河流纵横交错，共有大小河流33条，交织在山岭滩川之间。这些河流分属于岱海、黄河、永定河三大水系。天然湖泊和人工湖泊众多，有烟波浩渺的岱海湖、波光粼粼的永兴湖。这些湖泊共同构成了一方壮阔的塞外水乡。

塞外天池——岱海

岱海南有马头山，北有蛮汉山拱卫，东西长约25公里，南北宽约20公里，常用湖泊面积约160平方公里，容积为12亿立方米，系全区闻名的四大水产基地之一。其水源由周围20多条河流和中层地下水汇聚而成，是内蒙古自治区第三大内陆湖，也是著名的渔业生产基地，有"塞外天池""草原明珠""高原仙湖"之美誉。平均水深4米，最深处达17米。岱海形成于第三纪造山运动，属典型的内陆咸水湖泊，夏季平均水温在20℃以上，与青岛、北戴河水温相同，基本符合国际天然浴场标准。岱海四周湿地环境保护良好，滩涂草原广阔，有天鹅、大雁、野鸭、银鸥等20多种水鸟栖息。

岱海这个凉城人民的母亲湖，每逢春夏秋际，举目望去，湖水碧绿，无边无际，宛若银蛇舞动的河流，又似弧形围筑的水库，平静时宛如

岱海旅游中心码头

一面偌大的镜子，倒映着山光天色。微风吹拂时，碧波荡漾宛如丝龙薄纱轻轻飘动；风涛大作时，浪高丈余，仿佛珠光四射的喷泉，遇到强烈的日光，还会出现海市蜃楼！湖外芦苇丛生，杨柳茂密，花团锦簇，绿草如茵。湖内鱼儿畅游，飞鸟掠波，帆船点点，汽艇嘟嘟，机船隆隆，犹如技艺超群的丹青用浓墨重彩描绘的绝妙风景图。

面朝岱海 四时欢歌

相传，在远古时候，有一位专司绿植的花神黛青与凡人相爱了。她偷偷下凡与情郎成亲，生下一双儿女。不幸的是，黛青最终还是被天庭发现，天兵强行将她带回。在进入南天门前，黛青最后望了人间一眼，流下悲伤的眼泪，泪如其名，她的眼泪竟然也是黛青色的。那滴黛青色的眼泪穿过重重阻隔，落在人间的一处荒漠中，形成一片湖泊。湖水清幽而深邃，尝之，满口苦涩，满心辛酸。因了这片绿洲，附近绿草如茵，鲜花盛放，渐渐地有人迁徙至此处定居。后来，人越来越多，就形成了城镇。大家都知道这片湖泊是一位母亲——黛青的眼泪，故称它为"黛海"，也叫"母亲湖"。黛海影响了周边气候，这里四季凉爽宜人，因此大家管这个城镇叫"凉城"。后来几经变迁，"黛海"被叫成了"岱海"。

据史书记载，岱海古称天池，也叫大海，汉叫诸闻泽，魏叫盐池，也称旋鸿池（因鸟得名），俗称葫芦海，宋叫鸳鸯泊，辽称奄遏下水，金叫昂遏下水，元叫下水，明复用奄遏下水，俗称威宁海，清初叫岱嘎淖尔（二岁神马驹）、岱哈泊，光绪初年才正式称为岱海。虽然这与传说大相径庭，但我还是更愿意相信那个凄美的传说。无论传说也罢，史实也罢，凉城人皆爱岱海是不争的事实。古人云：上善若水，水善利万物而不争。岱海就是凉城人心灵上的一汪清泓，它以母亲那博大的胸怀庇佑着 24 万凉城人民。

岱海之春

北方的冬天总是寒冷而漫长，乃至春天到了，却仍然寒风凛冽，冰冻三尺，初春的天气更像是冬季的延续，丝毫感受不到春的温暖。早春的岱海苍凉而豪迈，冰雪仍然紧紧地覆盖着湖面，极目远眺，一片空蒙，却已时有飞鸟贴着湖面低低飞过，似乎在找寻春天的痕迹。直到春末时节，岱海才姗姗破冰。此时，春寒已去，和风带来丝丝暖意，湖畔的草儿开始发芽，湖面上的雪水已消融，在阳光的照射下，冰面出现了丝丝裂痕，岱海从冬眠中苏醒了。在风轻云淡的日子里，独自坐在湖畔，静静地聆听冰面裂开的声音："嚓、嚓、嚓……"，寂寞而欢快。湖面上相继形成各种花纹，冰封了一冬的湖水争先恐后地涌出来，把冰块瞬间吞噬。湖水荡漾起来了！"春江水暖鸭先知"，渐渐地，有野鸭子逐水而来，结伴戏水嬉闹，沉寂许久的岱海热闹起来了！风中飘过的都是湖水清冽的气息，面朝岱海，闭上眼，深呼吸，一股清新

岱海之春

之气直入心肺，整个身心顷刻间就放松下来，瞬间领略到了海子写下那首著名的诗歌时的心境。岱海，灵魂的栖息地。

岱海之夏

春天倏忽而过，夏日已至。初夏的阳光温热而不炎炎，旷野中到处是草木破土、拔节的声音，岱海岸边的草地变绿了，零星有野花出现，芦苇开始泛青，湖面已全部解冻，岱海渐渐地生动起来。及至盛夏，阳光明亮而热烈，一年中岱海最喧腾的时候到了，游人如织，车船不息。岱海周边草木葳蕤，繁花似锦，赏花、观海的游人接踵而至。快艇的马达声不绝于耳，夹杂着游客的尖叫和欢笑声。游艇一路乘风破浪疾驶于湖面上，所过之处，白浪翻飞，水花四溅，惊起一只只水鸟。

我不喜欢快艇的急速刺激，更爱选择游人较少的日子，乘坐大船缓缓地在湖上行走，静静品味岱海之美。舟如空中泛，人似镜中行。正值风和日丽，金色的阳光洒在墨绿的水面上，随着水波荡漾，闪闪烁烁，似是无数音符在跳跃、弹奏。湖水晃晃荡荡，望不到边，整个人无限放松、慵懒。目光所及处，一只漂浮在水面上的不知名的水鸟突然钻入水下，须臾又仰头冲出，嘴里竟叼了一条小鱼。那鱼兀自扭动着身躯，拼命挣扎着。鸟儿警惕地看看四周，伸长脖子将鱼吞了下去。远处，有渔民在船上撒网，一对洁

岱海之夏

白的海鸥展翅掠过水面，两只鸳鸯喁喁私语，岸上花海芳菲，草木葱茏，茂盛的芦苇荡青翠欲滴，到处都是一派生机勃勃、欣欣向荣的景象。这时，有歌声飘来，是粗犷的渔歌。片刻后，邻船传来应和的歌声，声音在湖面上传得很远。渐渐有更多的声音加入，好不热闹。

夏日的天，说变就变。刚刚还是艳阳炙人，忽然就飘起了细雨。雨细如丝，将天水连接在一起，湖上有雾蒸腾而起，似烟笼轻纱，将岱海包裹在一片白纱中。烟雨蒙蒙的岱海别有一番风情，她仿若一位古装美人肩拢轻纱，穿越漫漫时空袅袅婷婷而来，眉间携一抹轻愁，盈盈不语，静看流年滑过。除了雨滴轻敲水面的声音外，天地间一片宁静、肃穆。鸟儿也不知躲到哪里去了，偶有鱼儿跃出水面，亲吻雨滴后又潜入水中。这雨来得快，停得也快，冥想间，雨已停了。阳光挣开云层的束缚倾泻下来，金色的光芒映照在粼粼水波上，似无数小小的精灵在嬉戏、跳动。水光潋滟，湖上重新鲜活起来。鸟儿们一下子又飞出来了，鸟鸣啁啾，好似在与湖水对唱。仰首，阳光踢踏，浮云流淌，天空经过洗涤，蓝得动人，一切美好得似在梦中。

炎夏的夜晚，在岱海边支一顶顶部透明的帐篷。辽远的苍穹中点缀着点点繁星。不同于白天的喧嚣，岱海的夜晚是静谧而欢乐的，蛐蛐、蚱蜢、青蛙……各种昆虫、小动物都出来了，夜晚的湖畔是属于它们的，不必担心被人类惊扰。它们纷纷唱响准备了一天的歌儿，不时有萤火虫挥舞着"荧光棒"赶来喝彩。于是，以天为被，以地为席，我仿佛在巨幕影院欣赏了一场高水准的原生态音乐会。星光璀璨，虫鸣悦耳，枕着清风明月，我安然入梦……

岱海之秋

晚秋时节，去汇祥寺拜佛。站在寺前的广场上眺望岱海，只见水天一色，天空、白云和水面浑然一体，分不清哪里是天，哪里是水，美得很不真实，恍若海市蜃楼，却又比海市蜃楼略多了一份烟火气息。遥望西北方，巍巍洞金山上一尊大佛安详地仰卧于顶峰，神态悲悯，凉城应是得了这份佛祖的荫泽吧，才能拥有岱海这片母亲湖。

清秋，天高云淡，空气中弥漫着麦香。树叶已经开始转黄，秋风飒飒撩动行人的衣襟。岱海上空的天格外蓝，风格外轻，阳光毫无保留地洒下，那样直接，岁月原来可以如此静好。长长的木栈道两侧的芦苇荡已不复青翠，芦花在风中摇曳，起起伏伏，如波荡漾，绵延数

岱海之秋

里。栈道那头，远远的有一位头戴鸭舌帽、身穿米色风衣的老先生蜗蜗行来。老人走走停停，不时驻足观赏飞舞的芦花。风渐大，翩翩翻动老人的衣摆，竟有说不出的孤独。栈道的另一端就是码头，直通岱海。秋风中，湖面不再宁静，水波随风而起，伴着声声海鸟啼鸣，一波波浪涛不断翻涌，涛声阵阵。后浪拥着前浪，不断拍打着湖岸。岱海又展示出它的另一种风情，激越而豪放。

不经意间，竟然发现湖畔多了一拨娇客。第一次见到这么美丽的大鸟，洁白的羽毛，修长的颈项，神情高傲，身形优雅。旁边有人惊呼："快看，天鹅！"噢，这就是天鹅呀！它们成群结队而来，据说每年的迁徙途中，它们都会在岱海逗留栖息。天鹅们恣意地在湖面上、芦苇丛中休憩，并不因游客的关注而惊慌。早就在资料上了解到，天鹅保持着一种稀有的"终身伴侣制"，它们无论是取食或休息都成双成对。如果其中一只死亡，另一只就必定会为之"守节"，终生单独生活。想到此，我不禁为天鹅忠贞不渝的爱情肃然起敬。天鹅被蒙古族人视为"神鸟"，他们认为天鹅飞临会给人们带来幸福和好运。看着它们有的结伴蹁跹于湖面上，有的相互梳理着对方的羽毛，有的交颈而眠，我虔诚的双手合十，默默祈祷它们会为我带来幸福和好运。

岱海之冬

岱海之冬

四季轮转，冬天来了。一场大雪过后，我独自来到岱海湖畔。寒风瑟瑟，举目四望，方圆数里只有我一人，没有孤舟，没有穿戴蓑笠的老翁。湖面已经全部被大雪覆盖，天地间白茫茫一片，无边无垠。走着走着，前方突然出现一串梅花样的足印，轻轻浅浅，一直向湖中央而去。周围静得让我忘记了时间的转动，只有风从耳边经过，间或卷起一片雪雾，灵魂瞬间得到安放。很久以后，回首，凝望来时的脚印，心头一片茫然，不禁喃喃自问：我是谁？从何而来？去往何处？怔然良久，没有答案。于是，大声问天、问地，亦无回音。

忽而，雪又飘然而来，洋洋洒洒。风渐大，眼前慢慢模糊。心头蓦地一惊，环顾四野，这天地间竟是一片虚无，无人亦无我。

然而，冰冻的岱海，最为欢快的时候是冬捕。每到隆冬时节，岱海渔民破冰捕鱼的场面蔚为壮观。（作者火朝霞，凉城县政府办公室工作人员）

岱海之冬

天鹅、鸿雁天堂——岱海湿地

岱海湿地总面积 2.7 万公顷，分布在环岱海周围。区域内水草丰美，资源丰富，有湿地草甸植物 56 种，芦苇 5 万亩，海鸥等水鸟种类繁多。

岱海湿地

每年春秋时节，天鹅、鸿雁成群结队飞往岱海栖息，其势颇为壮观。2006 年，岱海旅游区被评为内蒙古十大历史风景名胜区；2009 年，岱海旅游区通过国家旅游局评定，正式被评为国家 4A 级景区；2001 年，岱海湿地被内蒙古政府批准为自治区级自然保护区。

"塞外圣泉"——中水塘温泉浴疗

岱海温泉城位于凉城县三苏木乡中水塘村，一座和式风格的园林建筑内。建筑群与田园、水色、庭园、绿荫、花卉融为一体，置身其间，心旷神怡。

岱海温泉又名马刨泉，是内蒙古境内四大温泉之一。因传说康熙巡边时，坐骑在此刨泉解渴而得名。过去这里一直是喇嘛、贵族沐浴和疗养的场所。

岱海温泉储量丰富，日自涌水量 2700 余吨，水温 40 多度，含锶、锂、硅、硒等 17 种对人体有益的微量元素，属重碳酸钠型温泉，对治疗风湿性腰腿疼有良好的疗效，人称"塞外神泉"。经地勘测定，附近地下有 20 平方公里的地热源，水深仅 300 多米，泉水常温达 41℃，现有出水井 2 口，日出水量 6700 多吨。泉水中富含偏硅酸，对治疗各种皮肤病和风湿病等有显著疗效。相传，清朝康熙帝策马北巡，途经岱海北岸，正值炎炎夏日，人困马乏，无水可饮。就在此时，他的御马一声长嘶，前蹄腾空猛刨地面，一股

中水塘温泉浴疗中心

清泉喷涌而出。此后，马刨温泉的故事广为流传，后人遂称此泉为"马刨泉"。从传说可想而知，当年温

泉水位之高、水量之大。这里的居民一直使用此泉水洗衣服、洗澡。

幽静之旅——永兴水库

永兴水库

永兴水库位于县城西南，永兴镇所在地南3公里处，1974年6月建成，水域面积约4万平方米，有效灌溉面积567公顷。这里绿树婆娑，百鸟啼鸣，草甸如茵，空气清新，蓝天、白云与小桥、流水、人家相映衬，令游者陶醉，行者忘返，堪称幽静、怡情的世外桃源。景区内主要景点有：飞来石、佛掌石、蝙蝠山、神龟出湖、闲情垂钓等。

古城水韵——双古城水库

双古城水库位于凉城县六苏木镇双古城境内的弓坝河中游，距离

双古城水库

县城30公里，属岱海内陆河水系。坝址以上流域面积192平方公里，总库容量420万立方米，是一座以灌溉为主的中型水库，有效灌溉面积1400多公顷。湖内有多种鱼类。如今，临湖而建西口风农家乐，每年来这里观光旅游垂钓的人们络绎不绝。

山峡平湖——石门子水库

在岱海南岸、马头山北麓，两道山脊间水流湍急，凉城县政府拦

石门子水库

河筑坝，形成了山峡平湖——石门子水库。该水库位于天成乡境内，1958年8月开工建设，1962年建成使用。库容总量660万立方米，分东西两条干渠，东干渠总长7.5公里、西干渠总长10公里，有效灌溉面积547公顷。湖内养有多种鱼类，是人们观光垂钓的好去处。

HUASHUONEIMENGGUliangchengxian

城乡建设亮凉城

CHENGXIANGJIANSHELIANGLIANGCHENG

凉城县不断加强城市建设和管理工作，推进旅游型城镇建设和"美丽乡村"建设，一个环境优美、和谐向善的新凉城正呈现在世人面前。

凉城一景

凉城县坚持"绿色、低碳、环保"理念，统筹规划、建设、管理三大环节，努力打造旅游型城镇和美丽乡村。

在新区，规划建设回迁小区、民族幼儿园、青少年活动中心、基层就业社保中心、司法行政业务用房，推进全民健身中心、游泳馆的前期工作，实施北出口道路拓宽工程，建设市政道路、地下管网等；在旧区，加大城镇棚户区拆迁、融资、改造力度，推进水利公园前期工作，继续实施城区亮化、主街道两侧人行道和街巷硬化工程，完成植物园

133

及农业局旧院清理任务。

推动城管队伍规范化建设，严格执行环卫人员绩效管理，提升环卫质量。购置环卫作业机械设备，提高道路清扫机械化水平。在停车难的街道附近，规划建设几处停车场。深入持久规范城市交通秩序。搞好物业规范化管理试点工作。对占道经营、越门摆放、城市"牛皮癣"等进行综合治理。加大违章建筑整治力度，重点对岱海镇、办事处范围内的建筑进行排查，依法拆除违法违章建筑。

结合旅游业发展和精准脱贫，着力打造办事处等旅游服务型城镇，泉卜子、赵家村等历史文化名村，井沟、杜家村等特色旅游名村和曹碾满族乡等少数民族特色乡。健全长效机制，加强乡村公共服务设施和基础设施管护。继续推动常住户30户以下小村撤并搬迁，引导农民向幸福院、中心村和城镇转移。

凉城的城镇

近年来，凉城县立足县情，以打造"魅力宜居"城镇为目标，围绕旅游特色资源，充分挖掘历史文化底蕴，不断加大投资力度，加大市政工程和建安工程实施力度，着力打造精品工程，切实提高城市品位与功能，先后新建了岱海旅游区、温泉旅游区、绥蒙革命纪念园、拓跋珪公园、大庙宗教体验区等一批旅游景区，县城已成为乌兰察布市具有旅游特色的一座现代化小城。市政设施条件和人居环境明显改善，城镇品位不断提升，城镇面貌得到进一步改善，居民素质明显提升，人们对城镇建设发展的满意度逐年提高。

社会主义核心价值观主题广场
——岱哈广场

岱哈广场位于党政楼前，规划占地面积41480平方米，总投资700

岱哈广场

万元。岱哈广场有一个中心广场、四个功能分区。四个功能分区为老年活动区、成年活动区、生态景观区及青年活动区。广场上建有岱哈神驹雕塑，有铭刻着《凉城赋》的巨石，有全乌兰察布市最大的全彩LED显示屏，并配套休闲、绿化等设施。现该广场被打造成为社会主义核心价值观主题广场，成为凉城县广大群众休闲娱乐、陶冶情操的重要场所之一。

拓跋珪广场

鲜卑文化生态公园
——拓跋珪公园

拓跋珪公园建于凉城县城东北的起伏山体上，规划面积7000亩，总投资1.5亿元，是一处主要展现北魏拓跋鲜卑文化，同时集观赏、休闲、娱乐、健身等功能于一体的综合性公园。从2011年至今，已初步形成琴瑟和鸣区、山谷观赏区、休闲娱乐区、主题文化区四大功能区。2016年，又利用取石留下的废弃石坑，因地制宜地精雕细琢了嘎仙洞、草原民族第一帝、佛教文化广场、凉城与北魏主题广场等北魏

风格的石刻和浮雕，反映北魏开国皇帝拓跋珪的丰功伟绩及鲜卑民族的文化和他们坚韧不拔的精神；利用取石废坑新建落差25米、水景宽20米的人工瀑布，增加了公园的灵气。

同时，进行了绿化升级改造，对裸露山体进行山体绿化，对参合陂西边原有绿化带进行改造，新增绿化面积1000多亩，增设景观墙。如今的拓跋珪公园共种植乔木25万株、花灌木10万丛、绿篱43万株、地被植物830万株，全园绿化面积达到5000多亩，基本实现了绿化全覆盖，漫步其中，俨然走进一幅色彩鲜艳的山水画。

如今的拓跋珪公园也成为全县

拓跋珪公园

居民运动和健身的主要场所。每年"全民健身日"，凉城县机关、企事业单位干部职工、群众，在拓跋珪公园隆重举行"山水行"全民健身活动，营造了积极乐观、拼搏向上的氛围，激发起全县人民团结一心和走出健康、奔向小康的激情。

西口文化景观园
——东茉莉河公园

东茉莉河纵贯县城东侧，原是一条排洪沟，垃圾漂浮，环境极差。

东茉莉河公园

近年，凉城投资2.5亿元，将其打造成为集城市防洪、景观观赏为一体的综合性公园，成为凉城县创建园林县城的重点工程。

改造全部完成后的茉莉河全长3.2公里，平均宽度30米，利用污水处理厂处理后的中水作为补给源，重点打造"两带三园五节点"，即河道两侧绿化景观带、三处景观游园、五个景观节点，同时对桥梁桥体、两侧护栏、景观游园进行不同特色的亮化。夜幕降临时，茉莉河两岸灯火璀璨，与北面的拓跋珪公园遥相呼应，浑然一体。

凉城的"西口文化"基础深厚、内容丰富，是草原文化与晋、陕文化的交融汇聚地。茉莉河的综合改造工程便是以"西口文化"为设计理念，通过5个以"走西口"为主题的雕塑，体现凉城人民的"根"；建设叶状花池和叶状凉亭，寓意凉城人民扎根沃土、枝繁叶茂；以流淌的景观河水，展现凉城人民"开放、包容、吸纳"的西口文化情怀和与时俱进、开拓创新的精神风貌。

花园式学校——凉城一中

凉城一中建校于1956年，是凉城县唯一的一所普通高中，占地9.6万平方米，建筑面积4.3万平方米，现有教职工228名，教学班44个，在校生2400名。整个校园分为教学区、活动区和生活区三大功能区。

园林校园建设成效显著。2016年，投资800万元对校园进行了绿化、美化、亮化，建设花园式示范高中，打造了桃李园、博学园、励耘园、厚德园四大主题园林，主要种植桃

凉城一中

树、李树、柳树等，修建了凉亭、雕塑。同时，对宿舍区、操场、停车区、走廊等进行了绿化，绿树成荫、花木成畦，使整体绿化面积达到3.4万平方米，校园绿化率达到35%。

凉城一中建有校史陈列室、水墨丹青绘画苑、剪纸社等特长生活动训练基地，创作了1000多幅剪纸、素描、书法等艺术作品。2004年组建了校园器乐演奏队。近年来，每年美术生二本上线率达到80%以上。2015年，任宝华同学以913分的优异成绩考入清华美院。凉城一中女足在2015年市长杯足球赛中获得高中组冠军，在自治区主席杯比赛中进入八强。

该校多年来着力加强教学研究，形成独具特色的"三五三"高效课堂模式，总结出科学的五轮复习法，普高本科上线人数连续11年蝉联乌兰察布市同级同类学校之首，2014年被命名为"自治区示范性高中"。

和谐小区——怡海家园

怡海家园于2005年规划建设，2011年底全部竣工，是凉城县目前规模最大、入住人口最多的住宅小区，总占地面积12.3万平方米，总建筑面积14.8万平方米，有居民住宅楼34栋，可入住居民1500多户。小区环境优美，绿化率达45%。全县"五城联创"工作开展以来，共组

怡海家园

织140多个机关企事业单位对全县148个小区、社区进行包联共建，充分发挥单位包联、居民参与创建的工作机制，进行绿化和美化，丰富小区的活动广场、休闲凉亭、健身器材、文明宣传等建设要素，逐步实现功能齐全、环境优美、卫生整洁的共建目标，进一步提升了居民生活的幸福指数。

小村整合异地搬迁新居
——和景家园

为确保小村整合与异地搬迁工作的顺利进行，凉城县投资1.2亿元建设了和景家园小区，对全县部分撤并搬迁户进行集中安置。和景家园小区占地面积7万平方米，建筑面积6.4万平方米，共建有楼房

和景家园

17栋，其中综合服务楼1栋，居民楼16栋，有住房1584套，居民楼均为4层，一梯4户，户均面积37.2平方米。综合服务楼建有医务室、文化活动室、各类消费网点等便民场所。建设广场建于小区中心，面积4000多平方米，并配套健身器材等设施。绿化面积约2.5万平方米，计划打造金红苹果园、李园、杏园等7个果园。该小区是小村整合与异地移民搬迁的主要安置点，也是凉城县实施精准扶贫的样板工程。

凉城文化的浓缩
——凉城博物馆

凉城博物馆位于拓跋珪公园参合陂广场北侧，占地面积3400平方米，总投资1500万元，是一座集规划展示、科普教育等功能于一体的综合性展馆，主要展示凉城县城市规划、建设成就和历史文化等内容。博物馆由规划展示馆、文博馆、拓跋珪纪念馆、蛮汉山地质公园博物馆四部分组成。

规划展示馆：面积495平方米，分凉城印象、专项规划、旅游展示等七个主题，利用"四位一体"沙盘、240°环幕、OLED触摸屏等高科技手段展示凉城规划建设成就。

拓跋珪纪念馆：面积450平方米，分"塞上明珠、北魏摇篮""探源拓跋、帝出凉城""民族交融、千秋功业"三大板块十一个主题展区，以拓跋珪传奇的一生为线索，运用移动滑轨虚幻展现拓跋珪与凉城的关系。

蛮汉山地质公园博物馆：面积300平方米，由地球演化、矿物岩石、蛮汉山主要景观三部分组成，采用墙面沙盘与触摸屏联动技术，集中

凉城博物馆

凉城县文化图书大厦

反映蛮汉山及凉城地质风貌。

文化活动中心
——凉城县文化图书大厦

文化图书大厦位于岱哈广场西侧，是一座综合性群众文化活动中心，建成于2008年，建筑主体为三层开放式结构。内部有图书馆、文化馆以及成就展、文物展、书画摄影展3个展厅和1个临时展厅等群众文化活动场馆，基本能够满足各种群众文化活动的开展。2016年，进行了亮化、美化、硬化工程，外部安装了LED显示屏，内部重新粉刷，为读者和观众营造了良好的环境。

图书馆：分成人图书馆、少儿图书馆、电子阅览室、四库全书特藏室、捐赠图书特藏室、地方文献储藏室、成人少儿阅览区以及办公

服务区等，形成书库、办公、服务、阅览和电子阅览分区服务的模式。安装了电子监控系统、门禁系统和蒙科立多文种图书管理系统，实现了图书管理自动化。电子阅览室配备计算机36台，阅览区有阅览席80多个。每年投入图书采购经费20多万元，现藏书7万余册，报刊100多种，有固定读者3500多人，年接待读者2万多人（次），连续4年图书借阅量超过4万册（次），成为全县人民学习、读书的良好场所。2013年被评为国家三级图书馆。

文化馆：设施设备齐全，积极组织开展秧歌会演、团体健身舞大赛等丰富多彩的群众文化活动，2011年被评为国家三级文化馆。

文物展厅：位于三楼，由凉

城文物精粹展厅和第三次全国文物普查成就展厅两部分组成。其中文物精粹展厅以凉城县出土的历史文物为主，有从远古时代到清代各种文物130多件，具有代表性的有绞胎碗、斝式鬲、战国铜鼎等，同时建设了以国家级重点文物保护单位——岱海遗址群为内容的史前遗址景观复原，是展示凉城悠久、厚重的历史文化资源的场馆，年接待观众1万多人（次）。

成就展厅：位于一楼，建成于2008年乌兰察布市两个文明现场会召开前夕，展陈面积500多平方米，有和谐凉城、印象凉城、文明凉城、活力凉城等部分，年接待观众3万多人（次）。

临时展厅：位于二楼，内部建有书画展厅、民间艺术作品展厅和非遗展厅等，配备有创作台以及笔墨纸砚等用品，是凉城县书法家进行创作以及与外地书法家进行交流的重要场所，也是展示凉城县灿烂文化的重要场地，年接待观众2万多人（次）。

目前，书画展厅展览的书画作品有80多幅。民间艺术作品展厅有剪纸、蛋雕、木板烙画、布贴画、布艺品等80多件种类繁多、形式多样的展品。非遗展厅以自治区级非物质文化遗产保护项目——鸿茅药酒传统酿制技艺和双山道情及蒙古族唐卡绘画等重点非遗项目展示为主。

多功能场馆——凉城县影剧院

影剧院原名会展中心，建成于2009年，由主会场、排练厅、中小型会议室、视频会议室、人大政协综合会议室、排练厅、休息室以及美术馆、综合文化活动室、会展中心、文化市场综合执法大队办公室组成，是凉城县集办公、会议、电影放映、文艺演出、展览、美术创作为一体的综合文化设施。2016年实施了改造工程，建设了大理石地板停车场，

凉城县影剧院

对外部进行美化、亮化，对内部重新进行粉刷。

主会场：有会议专用座椅520个，多功能主席台可进行演出、开会等，安装了中央空调、高级音响、LED显示屏及侧屏等功能齐全的设施设备，为大型会议、演出创造了良

好的环境。

排练厅：用于岱海之声合唱团和演出期间演员的排练。

中小型会议室：正在建设中，建成后可容纳200多人。

人大政协综合会议室：位于三楼，可容纳50人，主要用于人大、政协常委会以及其他小型会议。

视频会议室：主要用于举办各类电视电话会议，有座位70多个。

美术馆：位于负一层，有创作台、笔墨纸砚等，还设置了小型书画展，是凉城县书画家进行创作交流的重要基地，多次举办"书画传情·捐资助学"书画义卖等活动。

综合文化活动室：包括乒乓球室和台球室，是干部职工和群众进行文体娱乐的重要场所。

休闲养生地——温泉小镇

温泉小镇与岱海旅游区紧邻，规划面积12.6平方公里，总投资50多亿元，分三期建设。整体风格为欧式风格，功能主要以度假为主，主要包括温泉休闲、滑雪娱雪、宗教体验、健身养生等项目。

温泉小镇建设了"两纵一横"交通路网。"两纵一横"是为了打开温泉小镇框架，推动旅游业快速发展而投资建设的交通路网。工程总投资1.1亿元，全长12公里，路面宽21米，为一级双辐道路。温泉小镇西纵东侧，由北向南，主要布

温泉小镇效果图

局了松林山地自行车俱乐部、室外温泉泡区、温泉别墅区、德奥艺术小镇、温泉水世界和音乐广场等；在西纵西侧，由北向南，主要布局了卧佛山登山基地和欧式田园嘉年华。一期项目还包括，西北方向6公里处的岱海国际滑雪场和东北方向3公里处的汇祥寺宗教文化体验区。温泉小镇整体设计为欧式风格。滑雪场是北欧风格，此外还有东欧、西欧以及俄罗斯风格的旅游项目，来这里旅游度假就仿佛置身于欧洲，可尽享欧洲风光和异域风情。温泉小镇一期的旅游项目联动性很强。水世界、卧佛山登山基地、欧式田园嘉年华、滑雪场、德奥艺术小镇等项目集中在一条线上，形成了规模，方便了游客。同时，温泉小镇与岱海旅游区连成一片，有利于形成精品旅游线路。

温泉小镇一期项目区自然环境非常优美，背靠巍峨挺拔的洞金山，左揽松林苍翠的九龙山，右拥灵气十足的卧佛山，而且无论置身何处，岱海美景都能尽收眼底，一览无余。从滑雪场下来，到半山腰的露天温泉池中泡泡温泉，将是一种十分惬意的享受。可以想见，身边杏林银装素裹，头顶雪花轻飞曼舞，游客舒爽地沐浴在热气腾腾、温润柔滑的温泉中，眺望脚下静静的岱海，

欣赏山下美丽的风光，仿佛置身于仙境，一天的疲惫瞬间荡然无存。

水上娱乐城——马刨泉水世界

该项目总投资5亿元，占地面积370亩，建筑面积3万平方米。与其他地区的水世界相比，马刨泉水世界有四个特色；一是利用天然温泉打造，除具有娱乐功能外，还具有养生功效；二是实现了水世界与演艺的完美结合，游客在水上娱乐、沐浴温泉的同时，还可以欣赏杂技、跳水等丰富多彩的水秀表演；三是在水世界再现花木兰岱海征战的场面，实现文化与旅游的深度融合；四是由国内顶级的设计和制作团队精心打造。

娱雪度假基地 ——岱海国际滑雪场

岱海国际滑雪场位于欧式温泉小镇西北角、岱海旅游区办事处西营子村卧佛山阴坡。

项目所在山体最高海拔2122米，最低海拔1584米，最大垂直落差538米，平均落差500米左右，同时具备落差大、坡型好、气候适宜、毗邻温泉、地理位置优越等优势，是开展比赛训练、大众滑雪、娱雪休闲和温泉疗养的理想场所。

岱海国际滑雪场的项目定位为"四季运营，运动休闲"。冬春季，将主推"滑雪＋泡温泉"项目，以

岱海国际滑雪场效果图

承办自治区"十四运"滑雪项目比赛为契机,打造冬季项目比赛、雪上项目训练基地和大众滑雪娱雪基地。夏秋季,将主推欧式木屋度假、野营、旱雪、溜索、儿童探险等"休闲度假"项目,从而有效延长旅游季节和产业链条。

项目总投资6亿元,规划面积5.85平方公里,分两期建设。一期工程将建设雪道16条、魔毯7条、索道3条、U型池1处,娱雪区和儿童、成人教学区各1处,雪具大

在建的岱海国际滑雪场

厅、山顶服务厅、停车场等服务设施和水、电、路等配套设施。二期工程为高山滑雪区,将建设雪道7条、索道1条。

项目全部建成后,近可吸引呼包鄂、乌大张朔地区的游客,可辐射京津晋冀市场,年接待游客可达25万人(次),年营业额2.5亿元,实现利润1亿元,成为华北市场上屈指可数的温泉滑雪娱雪度假基地。

凉城的乡村

近年来,凉城县依托富集的旅游资源,将乡村旅游和特色种养业、庭院经济、精准脱贫相结合,把发展农家乐作为农民增收脱贫致富的重要渠道,在蛮汉山、岱海、温泉景区周边,发展观光型、体验型、休闲娱乐型等不同模式的农家乐。目前,全县规模较大、各具特色的

农家乐建设方兴未艾。

农家乐——赵家村

赵家村位于凉城县岱海旅游区办事处，紧邻岱海，呼阳公路穿村而过，与岱海宾馆、温泉、汇祥寺等旅游景点相邻，是乌兰察布市新农村建设的样板工程、精品工程。结合赵家村地处岱海旅游区黄金地段的实际，赵家村确立了以"农家乐"

赵家村

旅游模式为主的主导产业，以发展"农家乐"旅游为主，配套设施农业、庭院经济、园区养殖等相关产业。本着让游客"吃农家饭、住农家炕、游农村景、享农家乐"的理念，打造全村整体式推进的农家乐项目，配套农家乐游客接待中心，引进书画协会和以农户自愿、扶贫、旅游项目整合建设示范农家乐。同时结

合适应旅游业发展需要，对老村进行改造时，在保持北方晋文化特色的前提下，对视野范围院墙统一改造，并统一风格、统一绿化。对村间道路、农贸广场进行硬化，修建了配套设施凉亭等；家家通有自来水；远程教育、村村通信号全覆盖，初步实现了新农村建设与发展庭院休闲观光旅游业的有机结合。城市品位、田园风光、优质环境、幸福生活的休闲赵家村，成为乡村旅游的典范。

瓜果飘香——杜家村

杜家村有户籍人口62户258人，常住人口33户96人，耕地总面积1100亩。因地处海滩风口，耕地多为盐碱地，立地条件较差。

"无风三尺土，有雨满街泥"

杜家村

是昔日杜家村的真实写照。该村以岱海旅游资源为依托，以设施农业为抓手，逐步走出了一条互促互进、共同提高的路子。目前，已新建日光温室大棚17座，设施农业批发交易大厅1座，销售长廊1处，将1100多亩地全部改造为水浇地，设施农业已成为该村农民致富的主导产业。

该村在新农村建设中，大力开展环境整治，同时，立足当地实际，大力发展设施农业，不仅极大地改善了农民的居住环境和生活环境，而且群众的精神面貌明显改观，人心思富、人心思进蔚然成风。

古泉掩映——泉卜子村

泉卜子村是凉城县"社会主义新农村"建设的一个缩影。泉卜子村风景如诗如画。村庄背靠威武挺拔的古泉山，胸怀一湖清澈透底的古泉水，绿树掩映着白墙红瓦，若隐若现，如诗如画，不时引来垂钓爱好者和房车游客的光顾。村中有古泉一眼，村名儿由此得来。早在1400多年前，郦道元在《水经注》中对此泉就有记载。古泉源远流长，一直至今，从未断流。背后山顶东部平坦如桌面，相传是拓跋珪的点将台，有饮马古泉、决战参合陂之说。

泉卜子村

在实施"社会主义新农村"建设的过程中，村民在泉眼上建造了凉亭，前方修复了小湖，北侧建设了广场和反映拓跋珪的文化墙，村民经常在这里开展丰富多彩的文化活动。如今的泉卜子村，村民生活富裕和谐。他们在便民超市刷卡购物，在文化室看报下棋，在平坦的街巷嬉戏，在宽阔的广场健身，在温馨的农家乐接待四方游客……一幅生动的幸福和谐乡村喜乐图展现在世人面前。

塞外杏花村——九股泉村

九股泉村在岱海镇西北约三公里，属缓坡丘陵区，中温带半干旱大陆性季风气候，年降水量350—450mm，年日照时数为3026小时，

九股泉村果园

有效积温2500℃，无霜期一般为125天左右，全年有3个月平均气温稳定在15℃以上，温暖期与作物生长期相吻合。农户种植业主要以大接杏果园产业为主。

二十世纪五六十年代，该村九个老汉组成河沙治理战斗队，治河淤泥，筑坝围园种植杏树等果树，壮大集体经济。当年，该事件被刊登在《内蒙古日报》。改革开放之后，九股泉人承包果园、杏园大力发展个体经济。多少年过去了，经过多年的培育和改良，九股泉村的杏园等果园规模逐步壮大，形成了现在的规模。种植大接杏，调整了种植业结构，加快了林业产业体系建设，增加了农民收入，加快了新农村建设步伐。目前，全村大接杏种植面积是1425亩，挂果大接杏为570亩。九股泉大接杏发展面向市场，以结构调整为主线，以新农村建设、农民增收、发展林果业为目标，以科技创新为手段，加快实施种植面

九股泉村杏农

积扩大、品种改良和品牌推动战略，实现全村经济林建设的新跨越，进一步做大做强大接杏产业。

九股泉村傍山而居，临河而住，杏业等果业已经形成规模。每当春季来临，杏花、梨花、李花等果花次第开放，美不胜收。秋天来临之时，九股泉村则是另一番景象，黄的杏、绿的梨、红的果、紫的李，香飘四溢，十里飘香。每当此时，四面八方的文人墨客、商贾游人络绎不绝，来到这里。他们或观赏、或拍照、或采摘、或品尝，使九股泉——这个宁静的小山村的名声随着果香飘向四方。

凉城的交通

凉城县着力构建"四出三环一飞"立体交通网络格局，畅通连接呼和浩特市、大同市的呼凉丰公路和连接卓资县的凉卓公路，并改造升级为一级双幅公路，同时规划并争取实施凉城至集宁旅游轻轨专列、高速公路项目，打造"四个出口主干道"；建成由凉卓路、呼凉丰公路、梅岱路、凉卓路至梅岱路连接线构成的大外环，由旧呼阳路、梅岱路和呼凉丰公路构成的小外环，以及岱海环湖路为内环的"三环"路网；大力推进通用机场为重点的"一飞"工程，为旅游业发展创造便捷的交通条件。

由岱海飞向世界
——通用机场

凉城县通用机场是乌兰察布市首批建设的通用机场，被自治区列为 2017 年建成通航项目。机场主要是为凉城县发展旅游服务业、开展应急救援及短途运输、森林防火等而建。机场主要建设内容为长度 1200 米宽 23 米的跑道、5000 米的围界、1500 平方米的综合楼、945 平方米的附属动力房、油车库、消防救援站和 3940 平方米的停车场。机场使用的运输机型为 Y-12 机型，直升机型为 M171 及 Bell429，设有 2 个固定翼机位和 4 个直升机位，场区及航站区占地 480 亩，进场道路占地 57 亩，总投资 1.2 亿元。

城乡油路四通八达

近年来，凉城县城乡油路快速发展。

省道 102 线是凉城县通往呼和浩特市的重要通道。为解决凉城县至呼和浩特市群众的出行困难，促进凉城县旅游资源的开发，决定修建省道 102 线。已开工建设的省道 102 线崞县窑至凉城段全长 52.227 公里，采用双向四车道一级公路标准建设。

国道 512 线丰镇至凉城段是万全至达拉特旗公路中的一段，是凉城县与丰镇市沟通的主要运输通道。

本项目位于内蒙古丰镇市及凉城县境内，线位呈东南至西北方向。起点位于丰镇市巨宝庄乡西十八台村东侧约 0.5 公里处，与国道 512 线口子村（蒙晋界）至丰镇段终点顺接；终点位于凉城县六苏木镇西北侧，与拟建省道 102 线呼和浩特市至凉城段终点顺接。主线全长约 51.43

凉城县城出口

公里（丰镇段 2.86 公里），采用双向四车道一级公路标准建设。

岱海环湖路是岱海湿地外围，围绕岱海修建的一条旅游公路。该项目于 2016 年经乌兰察布市委、市政府同意，正式立项并于当年开工建设，全长 51.718 公里。

温泉小镇道路项目的实施对全面推进"一带一路"与自贸区战略，畅通与欧洲的贸易联系，消除投资和贸易壁垒具有重要意义；本项目的建成对凉城县旅游业起着极其重要的作用，同时能够拉动农村经济的发展，特别是对农产品的开发流

通转化增值具有重要的战略意义；本项目的实施是打通洞金山、岱海、温泉小镇的联动轴，将实现南北岸互动，构建岱海旅游发展的新格局。

蛮汉山景区道路工程（打车沟段）路线起点位于菜园子村西，终点止于坝梁村。路线全长 21.912 公里。蛮汉山景区道路工程（鹅崂台段）路线起点位于 X561 线 K18+000 处，终点止于鹅崂台村南，路线全长 1.664 公里。蛮汉山景区道路工程（蛮汉沟段）路线起点位于兰家窑（左城线 K4+800 处），终点止于三间天村南，路线全长 8.16 公里。

其他乡村道路建设突飞猛进，全县 120 多个行政村全部实现了通油路，形成村连村、乡连乡的网络格局，为乡村文化旅游发展奠定了坚实的基础。

生态文明绿凉城

SHENGTAIWENMINGLVLIANGCHENG

　　绿色是凉城的底色和价值，生态是凉城的责任和潜力。凉城县以岱海湖保护与治理为重点，切实保护本地区的青山绿水，让"山水凉城"青春常在。

天成大北山生态建设工程

　　凉城县生态优良，境内各类林地总面积为170多万亩，人工草地、天然草场面积为190多万亩，森林覆盖率35.06%，林草覆盖率68%，分别高出全区、全国14个和13个百分点。2016年，在全国绿化模范县评选中，凉城县以全区第二的突出成绩荣膺这一桂冠；2016年又成功创建自治区级园林县城。

　　多年来，通过实施退耕还林（草）、天然林保护、京津风沙源治理等工程，凉城县造林面积以年均10万亩、48万株的速度递增，全县基本实现绿化。农业、畜牧业、林业、水利协调发展，有效促进了生态良性循环。同时，凉城县大力打造绿色农业、畜牧业基地，优化资源组合，走上了保护生态环境和经济健康发展的"双赢"之路。

凉城县曾先后荣获"全国造林绿化百佳县""全国造林绿化先进集体""1978—2000 年全国三北防护林体系建设先进集体""全国绿化模范县"等荣誉称号。

防护林建设

三北防护林建设体系，指西北、华北北部、东北西部风沙危害和水土流失重点地区防护林建设，通过种树、种草建设一道乔灌草、带网片相结合的绿色长城。

六苏木镇防护林工程

1978 年，凉城县被列为国家三北防护林建设重点县之一，并开始了大面积造林工程。至 1990 年底，全县完成造林保存面积累计达到115066.7 公顷，新建草田林网和灌丛牧场 28000 公顷。

风沙源治理

京津风沙源治理工程以防风治沙、改善生态、增加农民收入、实现可持续发展为目的，2005 年在凉

双古城风沙源治理工程

城县开展。经过多年的治理，项目区植被覆盖率明显增加，达到了水不下山、沙不再起的目标，生态建设收到了显著成效。

退耕还林（草）

2000 年国家退耕还林（草）重点工程在凉城县正式启动实施，"十二五"期间共巩固退耕还林补植补造20.08 万亩（投资100 元/亩），完成经济林造林 2 万亩（投资 400元/亩），完成低效林改造 1.575 万亩（投资500 元/亩），并圆满通过国家对 2005 年退耕还林工程进行阶

岱海镇退耕还林工程

段验收 6 万亩，通过了对 2006 年退耕还林 1 万亩退耕地的阶段性验收，面积合格率均达到 100%。

天然林保护

凉城县的蛮汉山、马头山区原始次生林遍布沟壑，分布广泛，对于水土保持起着十分重要的作用。"十二五"期间，凉城县完成森林管护面积 328.6 万亩，中幼林抚育 2.5

蛮汉山天然林保护工程

万亩；完成国家公益林补偿 52.87 万亩，其中国有 17.13 万亩，个人 35.74 万亩；完成人工造林 10.94 万亩，其中乔木造林 9.44 万亩（投资 300 元／亩），灌木造林 1.5 万亩（投资 120 元／亩）；完成封山育林 2.5 万亩（投资 70 元／亩）。

湿地草地保护

凉城县岱海滩湿地草地分布广泛。"十二五"以来，凉城县加大对湿地草地的保护力度，地方重点工程绿化造林 30 万亩，其中城镇绿化 1.48 万亩，乡镇绿化 0.135 万亩，村屯绿化 0.1 万亩，公路两侧及视野范围内荒山绿化 26.345 万亩，河渠湖库周边绿化 1 万亩，农田林网绿化 0.94 万亩。

全力实施"两节两补两恢复"六大工程，逐渐实现岱海湖水域面积稳定、水质变好的目标。在农业节水方面，巩固土地流转成果，争取实施岱海湖周边 14 万亩水地节水改造工程，实施最严格的水资源管理制度，出台岱海流域打井报批办法，加强岱海湖周边已封存机电井的监管；在工业节水方面，开工建设岱海电厂一期水冷变空冷技改工程；在引黄济岱工程方面，积极争取上级支持，力争年内获得水指标并完成项目立项；在河道疏浚工程方面，对岱海流域大庙沟、西营沟进行治理；在生态恢复方面，实施退耕还林（草）和湿地恢复项目；在水质恢复方面，引入专业公司进行水质治理，进一步加强岱海湖周边污染源整治，开工建设温泉小镇污水处理厂和岱海镇垃圾处理厂，增加污水收集管网，提高城镇生活污水收集率。启动西茉莉河垃圾、污水治理。继续搞好岱海湖保护气象服务工作，协助乌兰察布市人大完成岱海湖保护立法工作。

重点实施景区绿化工程，高标准完成温泉小镇"两纵一横"道路两侧绿化、岱海国际滑雪场卧佛山阴坡绿化任务。认真实施国家重点

岱海湿地

生态工程，完成京津风沙源治理、天然林保护、退耕还林二期等工程建设任务，加大蛮汉山、马头山、白旻山等森林资源保护力度，巩固提升全国绿化模范县成果。大力实施"五个一"义务植树工程，完成农村、社区、校园、机关、企业义务植树基地绿化任务，提高干部群众参与义务植树的积极性。

加大环保监管力度，重拳治理违法采矿、河道采砂等行为，严格管理在保护区内开垦、砍伐等破坏资源和违法违规建设行为。强化污染综合防治，大力实施大气、水和土壤等污染防治，整治分散燃煤小锅炉污染，启动建设岱海镇第四水源地，加强农业面源污染治理。合理推进功能区建设，严把项目环保手续审批关。推进低碳循环发展，积极开展城乡环境、重点行业环境保护工作，大力推广清洁能源，抓好企业节能减排降耗。

产业调整活凉城

产业调整活凉城

CHANYETIAOZHENGHUOLIANGCHENG

凉城县"两峡一湖""七山一水二份滩"的独特地理条件，使其成为无公害粮食产地。随着产业结构的调整，凉城县有机农产品、绿色农产品和粮食深加工的前景十分广阔。

双古城油菜种植

凉城县天蓝、水清、绿色、无污染，发展农牧业立地条件优越。全县总耕地面积96万亩，其中水浇地28万亩，粮食年产量稳定在4亿斤以上，新鲜蔬菜3亿斤以上，形成以玉米、马铃薯、杂粮杂豆、设施蔬菜、特色种植为主导的五大种植业，位居内蒙古自治区33个产粮大县行列，并荣获"全国粮食生产先进县"荣誉称号。全县96万亩耕地全部通过农业部无公害产地认定，9600多亩耕地通过国家有机产地和绿色农产品产地认定，玉米、马铃薯、莜麦、冷榨胡油等20多个农产品通过国家有机农产品和绿色农产品认证。以奶牛、肉牛、肉羊、生猪、

157

蛋鸡为主导的五大养殖业逐步向规模化、标准化、效益化发展。全县家畜总头数在90万头（只）左右，建成规模化奶牛牧场园区27处、肉牛育肥场16处、肉羊养殖场9处、生猪标准化养殖场12处、蛋鸡标准化养殖场12处。毛绒年产量870多吨，肉类产量3万吨，禽蛋产量5800多吨，日产鲜奶560吨，是伊利、蒙牛乳业集团的重要奶源基地。依托绿色丰富的农产品，凉城县发展精深加工具有广阔市场。

订单农业

麦胡图镇订单甜菜

凉城县大田农作物主要品种有玉米、马铃薯、杂粮杂豆和各类蔬菜等，经济作物主要有胡麻、甜菜、瓜类等，19种主要农产品通过了无公害农产品认证。农业基础设施建设已达到了农业田园化标准。全县良种覆盖率90%以上，科技对农业贡献率达到35%以上。

为确保龙头企业与农民利益联结，凉城县以调整种植结构、转变种植方式为着力点，大力发展"公司+基地+农户"的订单农业，着重围绕甜菜、万寿菊、甜玉米、青贮玉米、杂粮杂豆等订单农业，与企业签订订单合同，进一步巩固和扩大订单农业面积，提高其在农业生产中的比重，增强农业抗灾避灾能力。截至2016年底，全县共签订单面积11.37万亩。

杂粮杂豆

凉城县独特的地理环境和中温带半干旱大陆性季风气候，特别适宜杂粮杂豆种植。全县每年种植杂粮杂豆20多万亩，芸豆、大豆、谷黍、荞麦等20多种杂粮杂豆颗粒饱满、品质优良、营养丰富，销往全国各地。日益壮大的杂粮杂豆产业孕育出了"田也"品牌。世纪粮行的"田也"品牌特色产品充实了全县旅游"吃、购"的内涵，它的小杂粮品种多样、口味独特，软黄筋的油炸糕、醇香的藜麦粥、地道的莜面等，深受人们的喜爱。以世纪粮行为代表的凉城特色农产品，正在逐步成为凉城的名片和招牌。它们乘着旅游飞翔

六苏木镇胡麻种植

的翅膀，飞到五湖四海，将凉城的问候和魅力带到四面八方，向大家发出最诚挚的邀请。

藜麦属于易熟易消化食品，具有均衡补充营养、增强机体功能、修复体质、调节免疫和内分泌、提高机体应激能力、预防疾病、抗癌、减肥、辅助治疗等功效，适于所有群体食用，尤其适合高血糖、高血压、高血脂、心脏病等慢性病人，以及婴幼儿、孕产妇、儿童、学生、老年人等特殊体质和生活不规律人群。联合国粮农组织认为藜麦是唯一一种单体植物即可基本满足人体基本营养需求的食物，正式推荐藜麦为最适宜人类的完美的全营养食品。近年来，凉城藜麦产量逐年增加，全县共种植藜麦 3000 亩，通过测产，平均为 243 公斤/亩，其中示范田平均亩产 248.8 公斤。为了更好地保护"凉城藜麦"的地理标志证明商标，维护和提高"凉城藜麦"在国内外市场上的良好信誉，促进凉城藜麦产业健康发展，目前正在向国家工商行政管理总局商标局申请藜麦地理标志。据测定："凉城藜麦"每百克含蛋白质大于 16 克，每百克含碳水化合物小于 72 克。独特的地理环境必将使凉城的杂粮杂豆占领食品市场。

设施农业

凉城县设施农业蓬勃发展，县里出台优惠政策帮扶农户，通过订单种植大力发展设施农业，现已建成了规模化种植示范园区，且面积逐年增加。设施农业种植种类有彩椒、黄瓜、花卉、番茄、香蕉、西葫芦、礼品西瓜等，重点在滩区发展设施蔬菜、设施瓜果产业，主要以设施蔬菜为主，重点打造岱海旅游区办事处、麦胡图镇、六苏木镇和岱海镇设施蔬菜生产基地。

永兴镇设施农业

海高牧业二期养牛场

现代牧业

海高牧业有限公司是一家大型农牧业产业化龙头企业，投资 5.21 亿元，在麦胡图镇建成三个厂区，存栏奶牛 11000 多头，肉牛 5000 多头。海高三厂万头肉牛育肥加工基地总投资 2.3 亿元，占地 450 亩，全面投产后，可存栏肉牛 10000 多头，年加工牛肉 2500 吨，销售总收入可达 1.5 亿元。该企业在发展壮大的同时，积极承担社会责任，通过龙头企业的引领，带动和帮助贫困人口脱贫，成为企业扶持贫困户脱贫的典范。

辉军牧业有限公司成立于 2012 年，坐落于生态环境优美的凉城县岱海镇西厢刘家夭村，总占地面积 40 亩，总投资 2200 万元。公司严格以"同源引种、四良配套、全进全出、分段饲养"的养殖业黄金法则为指导进行规划、设计、建造、生产，以"标准化生产、品牌化运营、信息化控制"的产业化思路为公司整体运营的战略指导思想。公司拥有国内最先进的蛋鸡饲养设施，采用密闭式饲养模式，优势在于不受外界环境的影响，现有标准化鸡舍 8 栋，饲料库、商品蛋库、标准化自动喂料系统、自动集蛋系统、自动清粪系统、自动饮水系统、畜禽舍环境控制系统及喷雾、免疫、消毒系统等配套设施设备齐全，总建筑面积 9300 平方米，现存栏商品蛋鸡 10 万羽，每年可为市场提供鲜蛋 1500 多吨、鸡肉 150 多吨，解决当地剩余劳动力 30 多人。

凉城县辉军牧业有限公司是凉城县绿色无公害鸡蛋的生产企业。

辉军牧业养鸡场

公司自建立以来，严格按照国家无公害农产品、绿色食品标准严把质量关。公司生产的鸡蛋产品，以最优的品质、最鲜的味道、最合理的价格赢得了本地区广大消费者的青睐。公司以电子商务为依托积极拓展外埠市场，实施品牌销售战略，不断扩大产品知名度和美誉度，现已迈进自治区养鸡企业先进行列。

凉城县辉军牧业有限公司是"青年创业示范基地"，积极开展科技活动，带动广大农民提高科学文化素质，掌握科学生产劳动技能，为全县养殖业发展做出了巨大贡献，在创业就业、农户增收等方面起到了有力的示范作用，为全县蛋鸡生产标准化、产业化建设发挥了较好的带头作用。

休闲农业

结合大力发展旅游产业的机遇，凉城县在种植业上突出发展特色、休闲农业。特色农业方面，重点发展设施樱桃、延时葡萄、甜瓜、礼

杜家村大棚吊瓜

品西瓜、玫瑰、大田药材、甜玉米、水果玉米、万寿菊、薰衣草、芍药、赤芍、欧李、油菜、茴香等特色农产品，岱海鲤鱼、岱海螃蟹、永兴湖鲢鱼等特色水产品。休闲农业方面，围绕几条重点旅游线路，发展观光、采摘农作物种植和垂钓等池塘水产养殖业。

岱海湖畔薰衣草

麦胡图镇万寿菊种植

万寿菊，就是观光彩色种植的一部分。凉城县自2010年开始种植万寿菊以来，形成了良好的种植传统。发展到目前，万寿菊种植面积达5000亩左右，其中岱海北岸约3000亩，在退耕还湿还林（草）工程中种植1000多亩。为了延伸产业链条，在麦胡图镇引进建设了佳鑫菊花加工厂，实现了种植、加工、销售一体化。万寿菊具有较高的经济效益，是提取叶黄素的主要原料之一，平均每亩纯收入在1300元左右，比玉米高约600元。万寿菊还极具观赏价值，花期长达3个多月。

为了保护岱海水生态，凉城县对岱海周边近6万亩土地进行一次性流转，实施退耕还林（草）工程，流转土地每年每亩需流转费用500元，到土地二轮承包期满共需资金3.6亿元。完成节水设施农业5000亩，建成智能温室和厚墙体温室1500座；观光彩色种植24000亩，主要有油菜花20000亩、万寿菊2500亩、薰衣草1000亩；造林绿化9000亩，其中河道、公路两侧及环岱海绿化带7000亩，4个采摘果园共2000亩。

在保护岱海的同时，依托岱海旅游区以及完成的彩色种植、节水设施农业等资源，在岱海北岸、城堡酒店两侧，规划打造占地6000亩的主题植物游乐园。主要内容包括：

岱海游乐园

3D魔幻灯光实景表演，利用加拿大3D灯光魔法森林景区的"时光工厂"技术，打造具有凉城文化特色的色彩缤纷的梦幻景象；鲜卑主题园，以北魏文化为背景，展现拓跋珪与凉城的关系；泉水湿地公园，包括荷花湖、芦苇荡湖心岛婚礼城以及千米沙滩浴场等；爱情花海主题园，以爱情为主线，包括初恋、热恋、浪漫和永恒四大主题。

主题植物游乐园的建设不仅有效保护了岱海水生态，同时在岱海周边形成全年长青、三季有花、四季有果、五彩缤纷的景观，实现了凉城县旅游业发展由"单点推进"向"全面提升"转变，旅游时节由"一季游"向"四季游"转变。

凉城县2016年在退耕还湿还林（草）工程中，围绕旅游业发展

梨园

李园

建成四大采摘果园，建成123果园1000亩、杏园300亩、李园400亩、梨园300亩。现在各种果树长势良好，业已开花挂果，一个繁花似锦、瓜果飘香的海边乐园出现在我们面前。

特种养殖

凉城县华珍特种养殖草牧业开

果园

杏园

蛮汉山华珍养殖场的鹿

163

蛮汉山华珍养殖场的珍珠鸡

发有限责任公司于2009年3月成立，主要从事草牧业开发利用、特种养殖、生态旅游等业务。现公司在二龙什台国家森林公园拥有一处集餐饮、住宿、休闲、生态旅游为一体的大型山庄；在蛮汉镇沙乎子村、太平寨村和满洲里建有三处养殖基地，主要养殖鸿雁、狍子、野猪、野鸡、孔雀、梅花鹿、鸵鸟、火鸡、野鸭等；在岱海旅游区建有一处集养殖、观光、餐饮为一体的生态园。目前已经形成了"公司＋基地＋农户"的生产模式，为农牧民致富创出了一条新路，产品远销河北、宁夏、山东、山西、北京等多个省市自治区。

舌尖美味品凉城

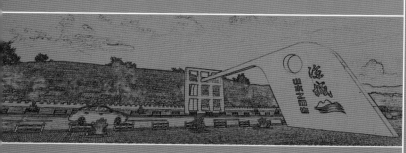

舌尖美味品凉城

SHEJIANMEIWEIPINLIANGCHENG

"厂汉营的莜面十里香，岱海滩的糕软金黄。蛮汉山的羔羊比人参，塞外水乡鱼蟹香。"凉城——舌尖上的中国好地方。

岱海鲤鱼

　　中华人民共和国成立前，凉城人民的食物以小米、莜面、马铃薯为主，饮料多用贡尖茶。有婚丧喜庆事，则饮酒食肉。平时一日三餐，早晨和子饭，中午吃莜面、玉米面或谷米面窝头、杂烩菜，晚餐以稀粥为主。冬酸菜、夏野菜，一年四季老腌菜，均系黄萝卜、蔓菁、圆白菜等腌制。大米则很少吃，一般以油炸糕、烩土豆、圆白菜、粉条、炒鸡蛋、烙油饼为佳席。盛饭以满碗为敬，就餐以剩为饱，夏季炎热时往往端着饭碗在街头、院落食用，边吃边谈，山南海北，不亦乐乎。

中华人民共和国成立后，凉城山区农家以土豆莜面糊糊和炒面为早晚常食。自通电后，因有机器加工粮食，早餐、晚餐遂改作和子饭（即在熬好的小米粥中掺进小米面和莜面熬制而成的饭）或白面拌汤。家境贫寒的，早晚餐熬粥泡玉米面窝头，中午多是莜面。现在，由于小麦播种面积增加，产量增大，一般人家大多以白面为主食，莜面、大米辅之。农村饭食除米饭、莜面外，馒头、烙饼、蒸饼、面条居多，饺子、包子、馅饼次之，隔几日吃一顿糕或面之类的主食，借以调节。城镇以米饭、馒头、烙饼居多，油糕、饼子次之，定期或不定期于星期日吃顿饺子，谓之改善生活，偶尔吃几顿莜面鱼鱼、窝窝、馄饨，换换口味。在过生日或遇到节日时，则要吃油炸糕。副食主要是圆白菜、长白菜、菠菜、青椒、胡萝卜、水萝卜、黄瓜、茄子、红辣椒、西红柿、蔓菁、芋头、芹菜等，另有调味品大蒜、葱、香菜、韭菜等。

改革开放以来，随着物质的丰富，凉城人民的生活水平逐步提高，多种瓜果蔬菜、肉类鱼食，成为人们餐桌上面的主要食物。然而，凉城土生土长的传统食物莜面、土豆、岱海滩油炸糕、岱海鱼等仍然占据在当地人餐桌上占主导地位。特别是近年来，随着家庭旅游业的发展，四面八方的游客汇聚凉城，来品尝这些古老的传统美味佳肴，同时也在品味着凉城的深厚的历史文化。

把酒话鸿茅

鸿茅酒创始于1693年（清康熙三十二年），已经有300多年的历史。凉城独特的地域风貌、气候环境、原料宝藏、上乘水质、酿造工艺，造就了鸿茅酒的绵爽清冽，香醇宜人。医者王吉天于1739年（清乾隆四年）以济世悯人的大爱将67味中草药的大组方八部炮制，成就了鸿茅药酒独特的品质和疗效，成为清朝著名的"十大宫廷贡酒"中唯

鸿茅始祖王吉天塑像

一一款具有明确治疗功能而且让皇帝疗疾受益的"玉液琼浆"。三百多年来，鸿茅药酒在治疗风寒湿痹、筋骨疼痛、脾胃虚寒、肾亏腰酸及妇女气虚血亏方面的显著疗效泽传四方，作为中共"七大"的专用酒，

被誉为"南有茅台，北有鸿茅"，更被列入"1997年香港回归中国八大特级品牌"。其配制技艺入选国家第四批非物质文化遗产代表性项目名录扩展项目名录，其古法酿造技艺正准备申请世界级非物质文化遗产。

岱海鲤鱼

鱼鲜甲天下

凉城的鱼有鱿鱼的鲜、海参的嫩。"清炖鲤鱼"颇具鲜嫩特色；"糖醋鲤鱼"别具风味，食之香中有甜，甜中带酸，回味无穷；"红烧鲤鱼"，滑溜无腥，喷香扑鼻，令人垂涎欲滴；尤其是清炖大银鱼，更是香馨可口，营养价值极高。其他还有酱鲢鱼、清炖鲫鱼、滑溜鱼片、麻花鱼、焦炸鱼丝、酸甜鱼脑、红烧鱼宴等。凉城的鱼宴，清香四溢，十足让您流连忘返。

莜面十里香

逼仄低矮的土屋，高约一米的土炕，油光平整的油布，方正红亮的八仙桌。脱鞋盘腿坐在方桌前，用大瓷碗喝着浓浓的砖茶水，厨房里热气腾腾，面香扑鼻而来，沁人心脾。不大一会儿，扎麻麻炝炒的土豆丝上了桌，纯黄的炒鸡蛋上了桌，肥而不腻的炖羊肉上了桌，醇香绵甜的鸿茅酒上了桌。酒酣耳热之际，一笼笼各种各样的蒸莜面上了桌。每人舀上一碗调味汤，把各种莜面放入碗中，调匀拌好，放入口中，浓香怡人。这就是众口相传的凉城县蒸莜面。

莜麦生长期短，成熟后籽实容易和外壳脱离，磨成粉后就叫莜面，也叫裸燕麦面，又叫莜麦面，可食用，具有很好的减肥美容功效。只是莜面不容易消化，容易"后饱"，因此每顿要少吃。"后饱"是凉城地区俗语，意为当时吃了没什么感觉，但是肠胃在消化一段时间后就会感觉到饱胀难受。凉城俗话说，"莜面吃个半饱饱，喝点水正好好。"相传在抗战时期，一日黄昏时分，贺龙元帅带领将士们进驻凉城，乡亲们就以莜面招待。将士们没有吃过莜面，于是大吃特吃，贺龙本来想提醒他们少吃点，但是看他们吃得那么香，终于没有说。结果有几个人在半夜里肚胀呼痛，狂走一晚不停，方才没事。这就是因为这几个人不知道莜面会"后饱"的缘故。

厂汉营莜面

关于莜麦这个名字的来源，还有个故事流传。相传汉武帝时期战事不断，匈奴民族经常骚扰汉地，造成了大量人畜损失，人民苦不堪言，正常的生产生活无法继续。消息传到中央，汉武帝大怒，随即命大军前去征讨。可是匈奴大军忽东忽西，作战不定，给汉军造成极大损失。由于久战不决，汉军粮食消耗很大，补给极度困难。于是汉武帝采纳大将军卫青建议，命随军驻地垦荒以供军需，并从各郡征调大批劳力前往河套地区，汉军的实力大增，方才立足。由于河套地区苦寒，好多作物难以生长成活，于是当地一位名叫莜的人给军队敬献了一种谷物。这种谷物一经播下，生长迅速，产量很高。汉军食后，军力大增，

耐饥寒，经酷暑，最后大获全胜。汉武帝非常高兴，亲自率众到河套地区犒劳三军，并封莜为大将军，亲自以莜的名字为这种谷物取名为莜麦。

在凉城县蛮汉山、马头山周边，由于气候、水质、环境的独特，所产莜面蛋白质丰富，营养价值极高，是糖尿病、高血压、心脑血管病人的首选食品，而且该地区的蒸莜面味道特别香，十里之外就能闻到香味。蒸莜面主要品种有"搓鱼鱼"和"蒸窝窝"，皆与菜汤拌吃。拌莜面的汤有荤汤，也称热汤，如羊肉蘑菇汤、大烩菜等；还有素汤，也称凉汤，有凉拌黄瓜丝、水萝卜丝、豆角、茄子等，加之油炸辣椒、葱花、盐水、醋、酱油等，可随季节、习惯选择。在蒸莜面中，还有将莜面和土豆糅合在一起，加工成多种样式。主要有：莜面山药饨饨、莜面山药鱼鱼、莜面山药丸子、莜面山药饺子等。

吃莜面的点睛之笔是熬汤。莜面是一种蘸汤吃的食物。汤分凉汤和热汤。凉汤的配料主要为山西陈醋。醋主要有消食解毒、开胃养肝的药用功效。在醋汤里放入黄瓜丝、水萝卜丝。将胡麻油烧热，炝香扎麻麻之后倒入汤料中。炎热的夏天，辛勤劳作一天的农民回到家，汗出

如浆，擦上一把凉毛巾，盘腿坐在土炕上，吃上一碗凉汤拌莜面，山西陈醋中特有的清凉消暑作用立刻扩散到周身的每个毛孔，一天的疲劳随之消失殆尽。由于莜面不好消化，吃多容易积食，而且凉城人民地处苦寒，每餐都要喝上几口白酒，因此醋的消食解毒、开胃养肝的药用功效正好派上用场。

热汤分羊肉汤和猪肉汤，做法基本相同。肉切丝，土豆切条，入锅炒，炒出香味加水，熬成不清不黏的糊状，舀入碗中，浇上艳红的辣椒油，撒上翠绿的香菜，色香味瞬间俱全。热汤当然在冬天吃，拌上一碗莜面，就点土豆丝，喝上二两鸿茅白酒，周身立刻暖暖洋洋，热气腾腾，那叫一个舒坦。

莜面在凉城人民的生活中，不仅是吃的食物，还可用来预测天气。传说每年的农历正月初十这一天是"老鼠娶亲日"，农民为了讨好老鼠，让它们在一年里不糟蹋粮食，顺便庆祝一年里能够风调雨顺，于是有了家家吃莜面的乡俗。正月初十，俗称"舍籽"，这天主妇们要把莜面搓成龙的形状，然后在龙身上按下十二个小窝，如果赶上闰月年，就按上十三个。等莜面蒸熟后，打开蒸锅查看哪个窝里有水。如第五个窝里有水且多，就意味着当年五月份一定有好雨水，农民就根据月份雨水的多少，来安排一年播种庄稼的情况。农民因此亲切形象地把莜面称为"气象台"。

豆腐餐中王

当一粒粒经过精心挑选的珠华圆润的黄豆被泡入水中时，也许它们并不知道自己会成为味道可口的豆腐，因为也可能变成状如蝌蚪的豆芽。当它们在六小时之后被打捞出来倒入豆浆机中加入三倍以上的水研磨成乳，接着经过大火熬煮和卤水点化后方才明白，成为温良中和的豆腐是自己最终的归宿。

永兴镇的豆腐之所以好，完全得益于当地的水质。永兴镇内有甘泉，泉水清凉甜润，因此做出的豆腐鲜嫩中带韧性，眼看可观其色黄而绵软，品尝可知其清淡而纯正。

凉城县气候偏寒，人们吃炖菜多，炒菜少，尤其不喝汤，因此做出来的豆腐都水分少，有嚼头。最常见的吃法就是大烩菜。红白相间的五花肉片下锅，不大一会儿浓浓的肉香便飘溢在房间各个角落（凉城人民管这一步骤叫"拦肉"。拦为"拨拦"之意，就是说用铁铲在锅里反复翻炒，但是幅度不能太大，否则肉就会一不小心"跳"出锅外，因此需要拦来拦去。这一形象精准的用词体现出凉城人民对日常生活

永兴豆腐制作过程

的深度热爱，他们总是能够用贴近生活的朴素语言说出天地间的大义微言，体现出劳动人民无穷的智慧）。此时葱姜蒜下锅，爆出香味，另加一种极具本地特色的调味料"扎麻麻花"。扎麻麻花形似韭菜花，但是花朵较小。这种调味料是劳动人民，尤其是农村劳动人民的最爱，因为农村调味料稀缺，一年到头几乎吃不到花椒、大料，因此就地取材是非常智慧的选择。每年夏天，扎麻麻花漫山盛开，人们将其采回晒干，就是一年的调味料。这种调味料放入锅中，异香扑鼻，其味无法用语言形容。接着放入土豆块继续拌炒，让每一块土豆都被油脂充分浸润包裹，其色金黄，接着放入

酱油上色，加水，放豆腐，大火盖锅焖煮。不一会儿热气腾腾，香气四溢，转为小火，放入粉条，继续焖煮，约莫锅中菜汁见底，铁铲翻炒，出锅，撒上葱花，一道色香味俱全的凉城大烩菜就上桌了。

凉城地处晋蒙边界，民风豪爽大方，吃饭直接用碗，一人一碗，不够还有。凉城大烩菜不同于巴彦淖尔地区的烩酸菜，也不同于东北地区的猪肉炖粉条。巴彦淖尔地区的烩酸菜以酸菜唱主角，东北地区的炖粉条以粉条唱主角，但是凉城大烩菜唱主角的却是豆腐。其他有些地方烩菜也放豆腐，但是不能早放，早放容易破碎，等到出了锅，就是一堆糊糊。可是放的晚了入不

了味，进口寡淡，还不如不放。凉城的大烩菜中，豆腐是与土豆和猪肉一起入锅的，在长时间的熬煮中，豆腐的香气和味道完全融入烩菜之中。凉城的猪肉是很肥很腻的，一头猪动辄三四百斤，拦炒之后，渗出的油脂相当多，这就需要久居地下、性阴的土豆和性温的豆腐来中和。出锅的肉片肥而不腻，土豆绵而不酥，豆腐温软可口，粉条爽滑劲道，那叫一个好吃。凉城大烩菜之所以可口好吃，就是因为豆腐唱了主角。

健康小杂粮

岱海滩炸糕。油炸糕即油炸黄米糕，是黍子脱皮磨成面，黄米面拌水蒸熟后揉成团压扁或包馅，用油炸做成的。油炸糕色泽金黄，外脆内绵，是喜庆必备的食品。凉城县的油炸糕尤以岱海滩区的最为有名，观之有色、食之有味，实为"软黄金"。

厂贡梁小米。蛮汉山西北地域广阔，物产富饶。该地的小米营养丰富，相传，曾被作为御用贡品，深受宫廷百官喜爱，厂贡梁小米由此得名。厂贡梁小米也是当地百姓的主要食物来源，在蛮汉镇广泛种植，年种植面积6000多亩，年产量12万多斤。

玻璃饺子。凉城县一种独有的家常饭，因饺子皮似玻璃般透明或半透明而得名。它是用莜面、土豆粉和面擀制饺子皮，然后包上鲜羊肉或猪肉馅，上蒸笼蒸熟即可食用。吃时要趁热，蘸上老陈醋，再拌点蒜泥和辣椒油，味道甚美。

荞面拿糕。烧开多半锅水，从开水锅里舀出一大瓢沸水，放在锅台上备用。然后再用凉水点散锅里翻滚的水花，右手拿着专用搅面棒，左手从早已准备在锅台上的荞面盆里抓荞面；左手往锅里顺时针洒面，右手用面棒在锅里顺时针搅面，两手配合默契、动作协调，仿佛美妙动人的舞蹈。不一会儿，"舞蹈"结束了，铁锅里便出现了一块较硬

岱海滩油炸糕

的面团，"拿糕"已初具规模，此时仅完成了制作的三分之一。这时，

用铁铲在面团上划开几道口，把放在锅台上瓢里的开水的三分之一浇在面团上，盖上锅盖，用温火煮2-3分钟。然后揭开锅盖，用面棒继续在锅里搅，直到把浇在面团上的水全部掺到面团里才住手。接着再用铁铲划面，浇开水，煮面团……如此划面—掺水—煮面—搅面，重复三次，便大功告成。此时，铁锅里便出现了一块软溜筋道、滑顺可口的"三掺水拿糕"。从菜园子里拔几根水萝卜，揪几根香菜，细细一切，浇上醋和酱油，放上水和盐，点上几滴炸了花椒的麻油，做好菜汤，这红红绿绿的菜汤蘸上"三掺水拿糕"就可以吃了。

冻土豆。数九寒天里，将马铃薯放在院子里冻着，往往冻得跟石头一样硬，然后再拿到家泡到冷水里，让它里面的冰融化，并用力挤出水，然后再扔到院子里冻着，就这样再消再挤水再冻，折腾几回就成了冻土豆了，最后再放到笼里蒸熟，就可以吃到口感十足的冻土豆了。

汤锅豆、荞面。凉城汤锅豆、荞面，在塞外很有名气。汤锅豆面是以豌豆加工成的豆面为原料和面制作，豆面擀得薄如纸，切得细如丝，把鲜美的羊肉剁成末，将豆腐切成丝，煮一碗调面肉汤，每碗豆面舀上一勺，吃起来，清香扑鼻，回味悠长。汤锅荞面是以荞面为原料和面制作。吃汤锅荞面时要加醋，要煮好羊肉或猪肉肉丁，要加配辣椒、黄花菜、香菇、香油炸成的佐料。汤锅荞面不但好吃，而且易消化，是老少皆宜的风味食品。

藜麦粥。"凉城藜麦"每百克含蛋白质大于16克，每百克含碳水化合物小于72克。将凉城藜麦与红枣、大米、水果、南瓜等相配，入锅细火慢炖，直至藜麦熬成透明出锅，香糯可口的藜麦粥早餐开启新的一天。藜麦粥具有均衡补充营养、增强机体功能、修复体质、调节免疫和内分泌、提高机体应激能力、预防疾病、抗癌、减肥、辅助治疗等功效，适于所有群体食用，尤其适于高血糖、高血压、高血脂、心脏病等慢性病患者，更是婴幼儿、孕产妇、儿童、学生、老年人等特殊体质和生活不规律人群的营养佳品。

玉米摊花。将凉城特产的玉米细磨成粉，玉米粉加水调成糊，倒入平底锅将面糊摊成圆形，灶下加少量胡麻秸秆，小火细煎，一张张金黄色的"花"便端上了桌，甜中带香，香中有味，令人食欲大增。

HUASHUONEIMENGGUliangchengxian

群英荟萃颂凉城

QUNYINGHUICUISONGLIANGCHENG

在整个抗日战争和解放战争中，凉城县是革命斗争的中心，无数革命先烈和英雄人物在这片土地留下可歌可泣的动人事迹和英雄事迹。

贺龙（中）三驻凉城

凉城县是著名的革命老区，境内的蛮汉山、马头山是大青山抗日游击根据地的重要组成部分，绥南根据地（凉城、和林、清水河、托克托）是大青山游击根据地与晋西北联系的咽喉要道，是晋绥根据地的中枢地带，也是延安根据地向东北挺进的桥头堡。这里的游击战争以凉城为中心，以连绵群山为屏障，北有蛮汉山，南有马头山，军事地位十分重要。

1937年"卢沟桥事变"后，雁北13县相继沦陷，我党派八路军120师宋时轮支队挺进雁北，进入

177

凉城的马头山区,在马头山一带首先建立了"大丰凉左右中心县委",同时组建了凉城县动委会,成为八路军在内蒙古创建的第一个抗日根据地。

1939年初,党组织又以马头山为中心,建立了"大丰凉左右中心县抗日民主政府",原马头山区动委会,经民主选举改组为"抗日民主政府"。1939年,绥南地委成立。1941年春,以马头山为活动基地,建立了"中共丰凉县委",属绥南地委领导。

1938年6月,由120师358旅政委李井泉、参谋长姚喆率领的715团,旅部骑兵连和山西战地动委会领导的四支队2000多人,组建大青山支队,从山西五寨出发,挺进马头山和蛮汉山,建立归凉县动委会。

1939年2月,蛮汉山建立绥察动委会绥东办事处,领导归凉县地区的工作。同年3月,在蛮汉山建立了"中共绥东特委"。1939年8月,李井泉在蛮汉山区建立人民政府。之后,"中共归凉县委"成立。1941年3月,中共归凉县委、县政府划归绥南地委、专署领导。

1945年8月15日,日本投降,绥南地委、专署重新组建,分别将原"归凉县""丰凉县"改为"凉城县""丰镇县"。中共凉城县委、县政府首次成立,分别由绥南地委、专署领导。1946年9月,中共凉城中心县委组成,绥南专署专员郑天翔兼中心县委书记。后地、县委机关撤到马头山的烧夭贝。1948年8月13日,凉城县解放。同年9月,中共凉城县委、县政府第二次成立。

红色的印记

凉城县是著名的革命老区,在这片红色的土地上,留下了许多老一辈无产阶级革命家的印记,更有无数凉城儿女为革命事业抛头颅洒热血,谱写出一曲曲光辉灿烂、可歌可泣的历史篇章;在这片红色的土地上,留下了许许多多珍贵的革命历史遗迹,每一处都闪耀着璀璨的历史光芒,映照出烽火岁月与建设时代锻造出的凉城精神。这些历史遗迹承载着一种博大的文化,永远激励着凉城后人不断奋斗。

元帅之旅——贺龙革命活动旧址

贺龙革命活动旧址位于岱海镇井沟村,占地面积约4800平方米,建筑面积530平方米,共有4个展厅,分复原展、生平展、烽火凉城、丰碑永存四部分,重点陈列了贺龙于抗日战争和解放战争时期在凉城时的办公用具、生活用品和革命活动图片资料等革命文物,同时全面反映了凉城人民的革命斗争史。馆内还有高克林、杨植霖、布赫、白成铭、

贺龙革命活动旧址

成枫涛、鲁平等20多位革命老干部的题词。

1937年8月，贺部李井泉、宋时轮支队创建了马头山、蛮汉山抗日根据地。1945年8月—12月间，贺龙部队收复了田家镇，三驻凉城指挥绥包战役，并在井沟村与当地群众共度春节。

贺龙革命活动旧址被内蒙古自治区列为重点文物保护单位和爱国主义教育基地。2008年，凉城县人民政府对其进行了修葺改建。现在来这里缅怀贺龙等老一辈无产阶级革命家丰功伟绩的人络绎不绝。

红色记忆——绥蒙革命纪念园

绥蒙革命纪念园是由中宣部、国家发改委、财政部、国家旅游局等14个部委确立的红色旅游经典景区，全国共有127处，内蒙古有6处，绥蒙革命纪念园是其中之一，主要功能是通过红色旅游培育和弘扬社会主义核心价值观，增强爱国主义教育，从而拉动周边第三产业经济的发展。

绥蒙革命纪念园是乌兰察布市的重点文化产业项目，也是凉城县的重大红色旅游项目。绥蒙革命纪念园占地405亩，总面积为27万平方米，概算投资4亿元。一期工程

绥蒙革命纪念园

于 2013 年开工，建设项目有：纪念园围墙、门楼、入口三拱三道石栏拱桥、中轴线广场、绥蒙革命纪念馆。

绥南地委、专署遗址
——烧天贝

烧天贝地处绵延的马头山腹地。这里山高沟多坡陡，地形非常复杂，解放战争时期，曾是绥南地委、专署所在地。

绥南专署旧址烧天贝

1945 年 8 月 27 日，贺龙部队收复凉城新堂后，绥南地委、专署机关迁往新堂。1946 年 9 月上旬，国民党傅作义部队向绥南解放区大规模进攻，绥南地委、专署，凉城县委及政府机关被迫转移，撤到马头山区，地、县机关设在烧天贝。烧天贝成为绥南游击活动指挥中心。1948 年 8 月 21 日，第二次绥包战役开始，绥南解放区成为解放军前进的基地。丰凉中心县全力以赴发动群众，支援解放军进军绥包。自此，绥南地、县级机关撤离马头山区。

爱国主义教育基地
——鞍子山革命烈士陵园

鞍子山革命烈士陵园位于凉城县岱海镇鞍子山上，于 1966 年修建。该陵园占地面积 15 万平方米，建筑面积 1.5 万平方米。园内塔高 9 米，用蒙汉两种文字镌刻着"革命烈士永垂不朽"八个大字。陵园内安葬着战争年代牺牲在凉城境内的 100 多名革命烈士。

现该陵园已成为内蒙古自治区级烈士纪念建筑物重点保护单位、

鞍子山革命烈士陵园

爱国主义教育基地。

马头山革命丰碑
——厂汉营革命烈士陵园

厂汉营革命烈士陵园位于凉城县曹碾满族乡。1966 年 3 月，兴建了纪念碑；1987 年 7 月，改建为革命烈士陵园，占地 6000 平方米。

纪念塔塔高 17.2 米，塔上用蒙

厂汉营革命烈士陵园

汉两种文字镌刻着"革命烈士永垂不朽"八个大字。塔的南面是刘士法、焦培德等139名革命烈士的坟茔，塔的北面是252平方米的广场。

原中华人民共和国最高人民法院院长郑天翔为陵园题写了一幅对联："八年三年年年苦斗，南山北山山山长思"，寄托对先烈们的怀念和崇敬之情。

忠魂永存——山神庙沟烈士陵园

山神庙沟烈士陵园位于凉城县原三庆乡山神庙沟村北山坡上，1962年修建，占地面积1500平方米。这里安葬着1942年山神庙战斗中牺牲的20多名烈士以及牺牲在蛮汉山区的革命烈士。纪念碑正面刻着"永垂不朽——薛占海、魏志忠等革命

山神庙沟烈士陵园

烈士之墓"17个大字，背面刻有在抗日战争时期担任绥南专署专员的马南枫为烈士撰写的英雄事迹。

隐藏伤病员遗址——山神庙沟

山神庙沟隐藏伤病员遗址位于凉城县岱海镇原厢黄地乡西沟村东南约4.5公里的山神庙沟内。遗址四面环山，山坡上长满茂密的白桦混合林，沟中清澈的山泉由北向南流淌，山坡上几块大石头形成天然的大洞穴，当地的老乡称这个大洞穴为杀牛窑。窑洞里，抗日战争最为艰苦的岁月里，蔡子萍同志曾在洞

山神庙沟

金山南麓、东卜子村做群众工作，得重病——伤寒症。在日寇和伪军的追捕下，带病的蔡子萍无法藏身养病。无奈之下，洞金山下张生界村的侯双全老人趁着夜色用毛驴将蔡子萍秘密转移到了山神庙沟杀牛窑。蔡子萍终于躲过了日寇的搜捕，并在此养好了病。

据曾任一区农会主任的周老毛介绍：以黄厚、高林甫同志为首的骑兵、步兵大队，经常活动在白银厂汉山区进行游击战，袭击日寇。如有受伤、生病的战士，就顺着山沟

护送到放牛倌田二的家里。若鬼子来时，游击队的干部就背着伤员，顺沟转移到东沟村的窑洞里。

该处隐藏伤员从未发生过任何意外，直到伤员养好病归队。

勿忘国耻
——田家镇惨案纪念碑

田家镇惨案遗址位于凉城县永兴镇。1937年"卢沟桥事变"发生后，日本帝国主义侵略军集中兵力长驱直入，向华北地区猛攻，平绥铁路沿线的张家口、大同、丰镇相继失陷。不久，日本侵略者兵分两路进犯凉城（田家镇）。国民党山西骑兵二师长彭毓斌率六团抵抗，击毙日寇82人，伤数十人，日寇受阻。9月22日深夜，日寇在飞机、

田家镇惨案纪念碑

田家镇惨案遗址

坦克的掩护下发动猛攻，凉城外围沦于敌手。日军迁怒于城中居民，把城中居民驱迫在一起，威逼跪下，挥舞洋刀，不分老幼乱杀乱砍，屠杀从上午8点持续到11点半，3个多小时杀害群众299人，年龄最大的是73岁的王老财，年龄最小的是12岁的刘二孩，这就是骇人听闻的"田家镇惨案"。田家镇惨案成为日本帝国主义侵华所犯下滔天罪行的铁证。为了让后人记住这段历史，揭露侵华日军暴行，告慰死难者，2000年，在永兴湖旁修建了"田家镇惨案纪念碑"。

抗日军工厂
——蛮汉山被服厂遗址

蛮汉山被服厂遗址位于蛮汉山腹地的黄花兔村。这里山峦叠嶂，沟壑纵横，道路崎岖，林草葱郁。1940年冬，这里的党组织筹集布匹，在黄花兔村办起了被服厂。被服厂配有8台机器，制作军装、军鞋、军被，有力地支援了我军各抗日战场。

蛮汉山被服厂旧址

红色群英汇

在解放战争和抗日战争期间，凉城是绥南革命根据地的主要区域，蛮汉山、马头山是绥南抗战的中心地区，也是绥南地委、专署所在地。绥南地区是内蒙古开辟较早的革命老区，1937年抗日战争爆发后，绥南的革命斗争一直持续到1949年，前后共达12年之久。绥南是大青山抗日根据地与晋西北联系的咽喉，是晋绥根据地的中枢地带，是抗战期间绥蒙区党委通向大青山根据地的必经之路，是从敌占区通往延安的主要线路之一，毛主席、党中央十分重视该地区，多次指示开辟抗日根据地，在最困难的时候，也要求不放弃。绥南地区的人民在党的领导下，信念不动、旗帜不倒、前赴后继，一寸山河一寸血，最终取得了抗日战争与解放战争的胜利。在此期间，发生在凉城的大小战役不计其数，共有1万多人参加了解放战争和抗日战争。绥南地委书记崔岩，绥南专员程必达，归凉县委书记程仲群、副书记赵效敏以及魏志忠、薛占海、段升、赵自新、李林等3000多名党政军干部、战士牺牲在了凉城这片红色土地上，其中地、县级干部66位。

开国元帅贺龙三驻凉城

1945年8月15日，日本侵略军投降，凉城解放。国民党为抢夺胜利果实，向解放区发动进攻。8月中旬，傅作义以一个师的先头部队配合乔汉魁1000多骑兵攻打田家镇。城内有我守军300余人。双方战斗自早 7 时打响，至中午 12 时结束。8 月 27 日，在晋绥军司令员吕正操领导下，贺龙所属晋绥独立二旅旅长许光达及孙志远亲自指挥增援部队，从城南、北两面进击，与守城部队里应外合，彻底击溃了攻城的敌人，收复了田家镇。不久，晋绥军三十二团、二十七团于八苏木王墓山一带歼灭由丰镇沿天成进入岱海滩南北的国民党暂编第十七师一团 1000 多步兵和鄂友山的骑兵旅，缴获山炮 4 门，重机枪 9 挺，轻机枪 30 余挺，战马 200 多匹。贺龙部队进驻凉城，受到凉城党、政、军和人民的积极支援和热烈欢迎。

1945 年 10 月 19 日，人民解放军为了反击国民党反动派向解放区的进攻，彻底摧毁国民党在绥远地区的黑暗统治，展开了绥包战役。人民解放军在聂荣臻、贺龙司令员的统一指挥下，兵分两路向西挺进，夹击敌人。一路为东线聂荣臻指挥的晋察冀野战军，由张家口、察北等地出动，向平绥铁路线的大同、丰镇、集宁等地推进。一路为西线贺龙司令员、李井泉政委、张经武参谋长指挥的晋绥野战军，由晋西北左云一带越过长城进军绥南凉城地区。贺龙司令员部设在距凉城十几里的一个小村子里。战斗在凉城打响后，贺龙同志亲临前线指挥战

斗。经过激战，先后解放了旧凉城和新堂。在新堂战斗中，当敌人溃逃时，贺龙命令他的警卫排长率领警卫员上战场活捉俘虏。凉城这次战斗，共歼敌 800 余人。我军牺牲了十七团三营教导员刘治发等。战斗结束后，贺龙司令员和李井泉政委在新堂住宿一天。在这里，他们部署了攻打卓资山的方案。10 月 24 日，贺龙、李井泉率晋绥军三五八旅、独一旅、三旅在凉城六苏木击败国民党骑兵第五师。25 日，贺龙率领部队又向卓资山发起进攻，歼灭了卓资山守敌胡宗南所属何文鼎六十七军新编二十六师第六、八两个团，毙敌副团长以下官兵 2000 余人，缴枪 867 支，大炮 20 余门，首次解放了卓资山。与此同时，东线聂荣臻指挥的晋察冀野战军已解放了丰镇、集宁等地，26 日与晋察冀野战军会师于卓资山。两路部队消灭敌人两个团及杂牌军的大部分。27 日，两路军协同向西推进，控制了平绥铁路两侧的据点；10 月底，包围了归绥、包头两个城市，投入了绥包战役。在这种情况下，解放军执行了毛主席以歼灭敌人有生力量，而不以保守或夺取城市为主要目标的战略方针，暂时放弃一些地方，以储备更大的力量反击国民党的疯狂进攻，因此在 12 月 14 日，

井沟子村贺龙元帅雕像

部队主动撤离归绥、包头。

1945年12月中旬，绥包战役失利，贺龙部队重返凉城。总指挥部设在凉城县六苏木土台子村，贺龙任总指挥。随后，晋绥军三旅在杨家瑞率领下打进凉城，县党政机关也随军进城。贺龙司令员、政治部甘泗淇主任移住凉城县井沟子村教堂内。贺龙当时住在教堂北侧的正房里，这排房子共5间，房上装有无线电设备。在贺龙住房的一边住着3个秘书人员，另一边住着10个警卫员。为保卫绥东解放区，部队在这里进行了整训。春节期间，部队剧团为当地群众演出了文艺节目。贺龙与晋绥野战军的其他干部战士和群众一块儿观看，体现了鱼水之情。部队在临走前，还请本村群众会餐，每户去一人。1946年1月中旬，贺龙部队离开凉城，收复集宁，后经丰镇，去开辟新的解放区。如今凉城县井沟子村教堂还留有当年贺龙部队集会的许多标语，其中清楚可见的有："毛主席万岁！""朱总司令万岁！"等。

为了纪念贺龙同志的卓著功勋，凉城县人民政府于1987年在位于凉城南约2.5公里的井沟子自然村井沟子教堂建立和修缮了"贺龙革命活动旧址"。该遗址占地面积约670平方米，四周环境十分幽静。

旧址中有贺龙、李井泉等同志的革命活动情况介绍；有凉城县历史文物3个陈列室，以及贺龙同志居室，重点陈列了贺龙当年使用过的办公用具、生活用品和革命活动照片等历史文物。此外还有高克林、杨植霖、白成铭等20多位区内外领导的题词及记载贺龙革命斗争的《贺龙用兵》《星火燎原》《贺龙革命活动大事记》等书籍。

1988年12月30日，原内蒙古自治区政府主席布赫视察凉城，并为贺龙元帅革命活动旧址题词："开创大业，菜刀一把。坚信马列，正气一身。"

1991年10月，该旧址先后列入了凉城县和自治区重点文物保护单位。如今，这里已成为人们缅怀贺龙同志丰功伟绩和青少年接受红色文化及爱国主义教育的基地。

李井泉

李井泉（1909—1989），江西省临川人，1926年在省立第三师范读书时参加学生运动，翌年春加入共青团。8月组织农民参加南昌起义队伍，后留广东丰顺一带坚持斗争。1930年夏进入中央苏区，同年转为中共党员。历任红一方面军总司令部政委办公室秘书长、红35师政委、红军独立第3师政委，红三军团第1、第3补充师政委。1934年参加红一方面军长征。次年6月红一、四方面军会师后，调红四方面军工作。1936年6月红四方面军与红26军团在甘孜会师，7月红二方面军正式组建，任二军第4师政治委员。10月

李井泉率队挺进大青山

抵达陕北。

抗日战争爆发后，李井泉任八路军120师358旅副旅长、政治委员，率部挺进晋西北岢岚、五寨一线开展抗日游击战争，参加创建晋西北抗日根据地。1938年6月，任八路军120师大青山骑兵支队司令员兼政治委员，率部由五寨进入雁北地区和绥南，在凉城一带开辟了马头山、蛮汉山革命根据地，继续向绥远挺进，开辟了包括绥南、绥中、绥西地区的大青山抗日游击根据地，粉碎日伪军多次围攻。1940年11月，晋西北军区成立，任第358旅兼第三军分区政治委员、大青山支队政治委员，顽强进行反"扫荡"、反蚕食、反封锁斗争，在绥西、绥南坚持抗日游击战争，保卫陕甘宁边区。1942年9月，中共中央晋绥分局成立，任组织部长。同年冬，任抗日军政大学总校政委，为人民军队输送大批军政干部。1945年7月，任晋绥野战军政治委员，协助贺龙

领导晋绥军民展开对日伪军的作战，攻克日伪军据点，解放大片土地。

抗日战争胜利后，任中共中央晋绥分局书记、晋绥军区政治委员，领导晋绥解放区的土地改革运动，支援西北人民解放战争。

1949年赴四川，负责中共四川工委工作。中华人民共和国成立后，曾任中共川西区党委第一书记、川西行政公署主任兼军区政委，四川省人民政府主席，西南协作委员会主任委员，西南三线建设委员会主任，中共四川省委第一书记兼省军区第一政委，中共中央西南局书记、第一书记兼成都军区第一政委。当选为中共第八届中央委员、中央政治局委员，中共第十、十一届中央委员，中共中央顾问委员会常务委员，第三、四、五届全国人大常委会副委员长。

郑天翔

郑天翔(1914.9—2013.10)，男，曾用名郑庭祥，凉城县六苏木南房子村人，中国共产党优秀党员，久经考验的忠诚的共产主义战士，无产阶级革命家，中国政法战线的杰出领导人，原中共中央顾问委员会委员，最高人民法院院长，中共第七次、第八次全国代表大会代表，第五届全国人大代表。

2013年10月10日，郑天翔同志永远离开了我们。郑老虽然离开了我们，但他清廉正直的为人，心系家乡、不忘老区的高尚情怀，激励着千万个凉城儿女踏着老一辈无产阶级革命家的足迹，为建设家乡、发展家乡埋头苦干、辛勤奉献。郑老留给我们的这笔宝贵的精神财富，家乡人民倍感珍惜、无上光荣。

凉城县地处塞北边陲，位于内蒙古中南部，素有"两山夹一滩"（马头山、蛮汉山、岱海滩）之称，属老少边区。郑天翔同志就是从这样一个穷乡僻壤中走出，历经寒窗苦读，成为一名进步青年，最终走上革命的道路。也许正是生他养他的这块热土才造就了他从小立志、胸怀天下的远大抱负。郑天翔出生于凉城县岱海湖畔六苏木镇南房子村的一个中医家庭。少年时期，他在凉城县永兴镇南街小校读完小学，15岁就背井离乡，走上漫漫求学路，先后在绥远（今呼和浩特市）省立一中、北平（今北京市）市立一中、北平师大附中就读中学。中学毕业后，以优异的成绩考入南京中央大学，后入清华大学，潜心攻读农业、化学、外国文学、哲学等专业。在中国共产党的领导下，郑天翔和他的同学们在北平参加了著名的"一二•九"和"一二•一六"抗日救亡运动。与此同时，他又秘

郑天翔重返故乡凉城县

密加入党领导的左翼作家联盟和民族解放先锋队。1936年12月，郑天翔光荣地加入中国共产党。"七七事变"前后，郑天翔在北平从事抗日救亡斗争。在党组织安排下，郑天翔来到当时革命青年所向往的中国革命心脏——延安。在延安，他看到了中国革命的勃勃生机和希望，也目睹了中国革命队伍中众多领袖人物的传奇经历和卓然风采，让郑天翔这个即将步入而立之年的年轻知识分子激情燃烧、日益成熟。1945年6月，郑天翔当选为中国共产党第七次全国代表大会代表，出席了中国共产党历史上著名的第七次全国代表大会。日本投降后，郑天翔奉调回绥蒙地区工作，这是他离开家乡十年后第一次重回绥远。从党的心脏延安，再辗转返回到绥南老家工作，是郑天翔在纠结与困惑交织的情况下作出的艰难选择。在绥南工作的岁月里，在复杂多变的艰苦环境中，日伪军、国民党顽军和地方反动武装时而败退逃窜，时而又卷土重来，郑天翔与他的绥南专署和保卫大队成了标准的"游击机关"和"马背政权"。这个与劳苦大众牢牢捆在一起的人民政权，一支破衣烂衫、毫不起眼的人民武装，一个不足百人和几十支破枪的游击队伍，在巍巍蛮汉山和马头山之间，在塞北长城内外，在敌人的眼皮底下，在人民群众中，逐渐从无到有，从小到大，从弱到强，从山里走向山外，从绥南走向绥蒙，一直走向全国的解放。

绥南的战略位置极其重要，曾被贺龙元帅称为军事"跳板"。只要保住绥南，长城以南的晋绥根据地和绥蒙区党政机关就少一分危险。它是党中央、绥蒙根据地从延安到大青山，一直延伸至蒙古、苏联的"红色通道"。郑天翔带领部队用鲜血甚至是生命的代价来保卫、坚守这块热土。随着革命形势的变化，他先后担任过许许多多的职务，还担任过凉城中心县委书记、县长等，其中"郑专员"这个名字在绥南一带可谓家喻户晓。"赤脚专员"是攻打内蒙古丰镇城留传下来的美称。当时，他的队伍里有一批同意参军，但没有正式编入队伍的80多个青年加入战斗，用的武器是长矛大刀还有木棍，穿着更是五花八门，破烂不堪，包括郑天翔在内的好多人都光着脚行军打仗，从此"赤脚专员"一名迅速传播开来。一度，郑天翔指挥着步、骑兵和游击队多支武装力量，硬是拖着数十倍甚至上百倍的敌人在蛮汉山和马头山之间团团转。革命最困难的时候，绥蒙绝大多数地区的革命武装纷纷撤离，而凉城的蛮汉山、马头山地区仍在坚持战斗。在坚持绥南根据地的斗争中，他们配合"平绥战役""绥包战役"和三次"集宁战役"，组织了强大的支前队伍，为我军补充了大量的兵员，筹集了大批的粮草物资，转移了大批伤病员，有力保证了前方的作战需求。在此期间，郑天翔五见贺龙，与吕正操、余秋里、许光达等一大批名将朝夕相处，同时也见证了国民党反动派的反革命嘴脸和反人民罪行。在国民党傅作义、董其武、刘万春、鄂友三、乔汉魁等的强大兵力和四面八方的层层包围中，他带领队伍前仆后继，连续作战，很多优秀共产党员和革命同志在战斗中牺牲。

1947年9月，根据组织安排，郑天翔离开绥南。绥远省和平解放后，郑天翔再回绥远工作，成为中华人民共和国第一任包头市市长。之后，又调往北京、中央工作，直到1991年从工作岗位退休。由于工作繁忙，再没有回过家乡凉城，直到1995年8月11日，等了整整半个世纪的郑天翔老人如愿以偿地回到了牵挂多年的故乡。郑老回到凉城，首先想到的是他过去战斗的地方——原绥南专署所在地，凉城马头山山区的烧天贝村。在这里，他作为绥南专署专员整整战斗和生活了两年。看着多年前那间至今保存完好、仍然保存原貌的办公室兼卧室，郑天翔嘴里自语道："还是老样子，没变，没变哪！"

乡亲们听说当年的郑专员回来了，一个个丢下锄头从地里匆匆忙忙赶回来，顾不上洗一把手便挤到郑专员的身边。郑天翔在村子里整整转了一个时辰，那熟悉的一草一木都记忆犹新，连哪块石头上拴过战马，都记得清清楚楚……"他们把我们当作亲人，当作儿女。解放这么多年了，村里的贫困落后状态还没有很好解决，群众的生活还不富裕，这是我们的责任呀！我郑天翔愧对家乡的父老乡亲呀！"郑天翔落泪了，乡亲们也落泪了。当年当过担架队员，比郑老小几岁的于电老人激动地回忆着：郑专员总是白天写东西，晚上开会，有一次郑专员写文件还跟他借了半扇写字用的砚台，另一扇于电老人当作宝贝至今还保存在家里。那时，村里白天看上去很宁静，一到晚上，黑压压的一片，尽是郑专员的队伍，吃喝拉撒大多数是从郑专员的老家南房子运来的。在接见凉城地方干部后，大家一同前往厂汉营革命烈士陵园祭奠先烈。在厂汉营烈士纪念碑前，老人带领着大家向烈士英灵敬献花篮。他语重心长地说："凉城县是革命老区，在抗日战争、解放战争最艰苦、最困难时期，凉城都在坚持，整个绥南都在坚持。那时，斗争十

分残酷，我们凉城有4000多儿女投身于那场伟大的民族解放斗争事业。3000多凉城儿女，为了开辟和保卫这块革命根据地，献出了年轻而宝贵的生命。他们就长眠在这块热土之下。今天，我们在建设和发展新凉城，享受美好生活的时候，一定要牢记牺牲的革命英烈，继承他们的遗志，坚持社会主义，实现共同富裕。"

郑老还给人们讲述了在绥南这块热土上浴血奋战的艰苦岁月，以及其间发生的感人故事。讲到与凉城县父老乡亲的鱼水深情时，老人脸色凝重，双腮挂泪，言语哽咽。他说：那时根据地的乡亲们非常艰苦，全家人没有一条裤子，十五六岁的大姑娘浑身不挂一根线，只用笤帚遮挡着私处。即使这样，他们还把仅有的一点粮食草料拿出来，支援游击队伍。在场的人们无不为之动容。

凉城县是个多山之地，多少年来，交通闭塞成为制约凉城发展的瓶颈。为了改变老区的交通闭塞状况，促成呼和浩特市至凉城沙石公路的改建项目，已经退休的77岁的郑老于1991年10月给时任内蒙古自治区党委书记的王群和自治区政府主席布赫写了亲笔信，呼吁修建呼凉公路、集凉公路。一直到1992

年7月，郑老还几次给时任国务院副总理兼国家计委主任的邹家华、交通部部长黄镇东写信，呼吁对该项目予以支持。很快呼凉公路改建工程于1993年4月得到国家批复。在开工建设期间，为解决筑路资金不足的困难，郑老又在1995年2月5日的一天之内，先后给当时的国务院副总理邹家华、交通部部长黄镇东、国家计委主任陈锦华、农业部部长刘江以及内蒙古自治区的领导写信，为呼凉公路改建工程和凉城农业生产增加投资，最终为两个项目共解决上千万元的资金。为此，郑老这次回乡，特意听取了呼凉公路工程指挥部的工作汇报，他千叮咛万嘱咐："在我们这个不发达地区修建一条上等级公路实属不易，一定要把好工程质量关，给凉城人民修建一条高质量的好油路。"另外，他还特别提示：呼凉公路石匣沟一带经常发生山体滑坡现象，这是他在绥远念书时亲眼看到的，施工时要有备无患，引起注意……短短几天的故乡行，郑老还视察了令他魂牵梦萦的岱海。望着因生态问题慢慢缩小的岱海湖面，郑老告诫当地的干部，要重视生态环境的建设和保护，科学开发，合理利用，保护好岱海这块风水宝地。

2003年5月，凉城县遭受历史上罕见的洪水袭击，受灾人口达数万人之多。灾情惊动了中南海，国务院总理温家宝、副总理回良玉等连夜对灾后救援工作作出批示，自治区主要领导在第一时间相继赴凉城县现场指导救灾。当时已年逾九旬的郑老刚从医院住院回家，身体还没有完全恢复，当得知家乡受灾情况后，立刻拿起还不听使唤的手，用了整整一天的时间，给凉城的领导写信，鼓励灾区人民战胜困难，恢复生产和生活，并提请县委、政府认真进行灾后反思，切实搞好基础设施建设，提高防灾抗灾能力。书信长达数页，表达了对家乡的拳拳之情。之后，每逢凉城县的主要领导变动调整，他总要抽出时间给他们写信。"重视人才和教育，注重科技和环境保护，保持艰苦奋斗的光荣传统"成了每封信中必须谈到的内容。

凉城是国贫县，当时没有一个像样的骨干企业。虽然岱海电厂申请立项已运作了多年，但由于重重困难和阻力未能正式批复。郑天翔了解到这一情况后，不顾病弱的身体，当即给国家发改委领导和国务院分管副总理写信，最终促成了项目的审批落地和建设投产。然而，当人们欢呼雀跃之时，郑老又沉着冷静地把目光紧盯在岱海的环境保护问题上，他几次叮嘱凉城领导要密切关注电厂对岱海的影响，指出绝不能因为一个电厂而牺牲岱海及其周边的生态环境。在郑老的关注下，与岱海发电有限公司相对应的岱海建设与保护发展有限公司配套成立，旨在进一步加强岱海的环境保护。按照郑老的谆谆教诲，凉城县委、县政府很长一段时间，依旧在20世纪50年代建的土房子里面办公，却把有限的资金用到全市第一栋县城中学教学楼建设上。教学条件的改善大大增强了师生们的信心，时至今日，凉城一中的高考升学率连续多年保持在全市排名前列的好成绩。在重视科技方面，郑老把他的同乡伴侣、革命战友、时任北京市科委主任兼北京市顾问委员会常委的夫人宋汀也动员起来，全心全意地支持家乡的科技事业，先后引进了黑芸豆、大银鱼等优势农渔产业，一度使全县的黑芸豆推广种植面积达到近十万亩，大银鱼年产量上千吨，发展成为全国的黑芸豆、大银鱼种养基地，农产品远销国内外。

郑天翔同志一生清廉。他从不托关系、搞特殊，还特别叮嘱在自治区工作的老同志、老部下严禁以自己的名义给亲戚们办事。当年，凉城县曾经派人第一次与郑老接头，仅仅带了点不足百元的土特产作为见面礼物。第一次见到家乡人，郑老格外高兴，一谈几个时辰就过去了，但当他发现有送来的礼物时，情绪马上急转，一气之下还在介绍信的顶端用毛笔严肃而认真地作了批示："这些东西一概退回，以后如此，不要再来。"至今，这张包含了郑老人格魅力的介绍信原件，仍然被完好地保存着。

随着新一轮改革的实施和推进，家乡的发展将面临新的更大的发展机遇，凉城人民会继承和发扬老一辈革命家的光荣传统，艰苦奋斗，努力工作，把家乡建设得更好更美。

姚喆

姚喆（1906.8—1979.5.27），曾用名姚秩章，湖南省邵阳县人。1926年任乡农民协会主席，1928年参加平江起义，1929年加入中国共产党。

土地革命战争时期，任中国工农红军第5军8大队班长，5大队司务长、排长，第3师特务连连长，红三军团特务团营长，第1师3团团长、师参谋长，瑞金保卫局总队部队长，红三军团司令部作战科科长，红26军第78师参谋长，北路军参谋长，陕甘宁独立师师长。参加了长征。

抗日战争时期，任八路军120

姚喆（右二）在蛮汉山

师358旅参谋长，大青山支队参谋长，骑兵支队副司令员、司令员，绥察行政公署主任，塞北军分区司令员，绥蒙军区司令员。在挺进大青山时，创立了马头山、蛮汉山革命根据地。

解放战争时期，任西北野战军第8纵队司令员，第一野战军8军军长。

中华人民共和国成立后，任绥远军区副司令员，第23兵团副司令员，总高级步兵学校第一副校长、校长，武汉军区副司令员。是第四届全国人民代表大会代表，中国人民政治协商会议第五届全国委员会常务委员，中国共产党第七次全国代表大会代表。1955年被授予中将军衔。荣获一级八一勋章、一级独立自由勋章、一级解放勋章。

段升

段升（1899—1941），又名段三友，出生于凉城县多纳苏北大沟村，是蛮汉山有名的神枪手。中国共产党开辟蛮汉山抗日根据地后，发动群众，建立了各种群众组织。受尽苦难的段升随即参加"青救会"的活动，积极为抗日队伍传送情报、搬运物资。1940年清明节，他第一个报名参加刚刚创建的区游击队，不久由区委书记许振湖介绍加入了中国共产党，并担任了一区游击队指导员。

在抗日战争中，段升带领一区游击队机动灵活地打了不少胜仗。1941年，段升任南四区游击队队长。1941年12月20日，带游击队随县委机关以及几个区的游击队在大抢盘山一带集中活动，在黄花兔与外出扫荡之敌遭遇。在敌众我寡、情况万分危急的形势下，为了掩护一区、五区、南四区游击队和区政府以及县委机关突围，段升带领一个班的战士，在黄花兔村东小山梁的一块巨石后面，死死地咬住数十倍的敌人，把敌人吸引到自己的周围，掩护同志们突围。敌人的枪弹打中了他，但他不顾个人安危，收集了战友身上的子弹，坚守阵地达5小时，打退敌人三次围攻。子弹打光了，他又和冲过来的敌人展开白刃战，最后壮烈牺牲。

张登峰

张登峰（1904—1943），化名邓锐，山西省左云县拒门堡村人。1923年高小毕业后，考入太原师范学校，但因家中经济困难失了学。1924年又报考了小学教师，任小学教师12年。1937年10月间，他参加了国共合作时期左云县政府的工作，初去时任政府工作人员，1938年秋任左云县一区区长。他名义上是国民党的区长，实际上为共产党做了许多工作。1939年12月"晋西事变"，他旗帜鲜明地拥护我党的正确主张，反对阎锡山的反动行为，弃职回家务农。

1941年，日军实行经济封锁，在八路军游击根据地周围到处增设据点，大、丰、凉、左各县环境日渐恶化，他认识到只有八路军才是真正抗日的人民军队。他鼓励村里的许多青年，包括他的弟弟张登元，长子张广济，侄子张广勋，侄孙张学斌（改名赵清），学生任占元、史福印等先后参加了革命队伍。在他的影响带动下，全村有50多名青年参加了革命，在战争中为革命事业英勇献身的有10余人，其中，在同族的后辈中就有五六人。同年秋，他在马头山下找到了丰凉县抗日民主政府县长鲁平，坚决要求随鲁抗日，不久任丰凉县政府民政科长。

1942年秋季，敌人多次对马头山、弥陀山、三村梁等根据地进行"扫荡"，地方游击队化整为零，大部转移到敌占区去分散活动。张登峰时任左大一区区长。这个区距日伪盘踞的丰镇、大同最近，敌人安设了许多据点，将左大一区包围。张登峰带领游击队深入虎穴，在马头山一带同敌人周旋。

1943年8月，张登峰加入中国共产党。他又重返马头山，并被任命为丰凉县长兼民政科长。11月间，他带领县政府的一支13人的小分队在凉城县马头山区南窑村一带活动，19日晚，被敌人发现。伪警察队长纠集厂汉营敌人100余人，于第二天拂晓时，分三路将他们包围。张登峰组织力量突围，终因寡不敌众，弹尽力绝，壮烈牺牲，时年39岁。

张云峰

张云峰（1906—1945），四川省巴中县人，青年时代当过煤矿工人。1933年春，红四方面军进入巴中时参加了红军，同年加入中国共产党，在翻雪山、过草地长征途中多次负伤，在延安抗日大学学习后，担任120师独立营副营长。1938年至1939年，在山西忻县、崞县、宁武一带开辟抗日根据地。1941年春季，和爱人王英在和林格尔县羊群沟乡四墩子村办起托和清县第一所共产党领导的小学校。1941年至1943年，任绥南地委副书记兼武装部长，在羊群沟、新丰一带打游击。

1944年春，绥南地委改为绥

南工委，张云峰任工委书记，辖区扩大到右玉西部和平鲁北部山区。1945 年 4 月在清水河县突围后，张云峰在赴二道沟开会途中，在凉城西山半沟子村黄青家休息时，日伪云石堡据点的警察骑兵向半沟子村窜来，张云峰同秘书赵芝、警卫员李逵在转移时遇上敌人。战斗中，赵芝当即牺牲，张云峰受伤被俘。当晚，张云峰被押到阳坡村李六十二家的东窑里，日本鬼子对其严刑审问。张一口咬定自己是骑兵团催草料的事务员，敌人问不出共产党的机密，就用刺刀将他捅死。

绥蒙区党委书记高克林评价张云峰说，他在最困难的时候坚持了绥南斗争，为整个大青山抗日根据地的恢复，做出了巨大的不可磨灭的贡献。

孙超群

孙超群（1906—1967），安徽省阜南县人。1929 年参加中国工农红军，1930 年加入中国共产党。抗日战争时期，任八路军 120 师工兵营副营长，警卫第 6 团副团长、团长，山西青年抗敌决死第 4 纵队副司令员，晋绥军区第 6 军分区副司令员、司令员，雁门军区副司令员，曾率部在马头山区与日寇作战。解放战争时期，任西北野战军第 4 纵队副司令员，第一野战军 4 军副军长，7

军副军长。中华人民共和国成立后，任防空高射炮兵学校校长，华北军区防空军司令员，中国人民解放军工程兵副司令员兼工程兵学院院长。1955 年受衔少将军衔，是中国共产党第七次全国代表大会代表。

武新宇

武新宇（1906—1989），曾用名武杰、武汉三，山西省阳高县人。1923 年考入北平师范大学，在读书期间接受了马列主义。1925 年初，在北平加入中国共产主义青年团，不久加入中国共产党，任中共北平市西城区委委员、师范大学党支部委员。1927 年大学毕业后，在开封一师、通州女师、太原成成中学等地教书，并先后任北平市教育劳动者联盟书记、太原市教育劳动者联盟书记、北平市文总党团成员。1931 年"九一八事变"后，在太原组织领导抗日反帝同盟会。1933 年，因受到阎锡山的搜捕，被迫出走，到日本留学。1934 年回国后在北平民国大学教书，任中共北平市教联书记、文总党团成员，并参加北平文化界救国会，积极投身于抗日救亡活动。抗日战争时期，曾任山西战地总动委分配部副部长、党团成员，晋察绥边区工作委员会主任，中共大青山特委书记，绥远省委宣传部长，晋绥边区行署副主任、主任、党组书记，中共晋绥分局常委，成成学院院长。曾在以凉城为中心的绥南地区，率部与日寇展开游击战争。解放战争时期，曾任晋南行署主任，中共晋南工委书记。1949年8月，被华北人民政府任命为山西省人民政府副主席（1949年9月免）。1949年9月，参加了全国政协第一届会议。

中华人民共和国成立后，历任中华人民共和国内务部副部长、党组副书记，第二、三、四、五届全国人大常委会常委，人大常委会副秘书长、常务副秘书长、机关党组副书记、书记，五届人大法制委员会副主任兼秘书长和法律室主任，中国法学会第一任会长，第六届全国人大常委会委员长会议特邀顾问。曾当选第一届全国人大代表，曾列席中共八大会议，是中共十二大代表，中央纪律检查委员会常委，中央顾问委员会委员。是无产阶级革命家、法学家，我国政法战线卓越的领导人之一。

胡一新

胡一新（1907—1940.11），原名胡佃敬，又名胡一廷，内蒙古丰镇县大庄科村人。15岁考入大同山西省立第三中学，18岁考入北平私立艺文中学，1925年考入北平燕京大学。

1930年9月，加入阎锡山的晋军。1931年，考入冯玉祥在山西汾阳县举办的西北军官学校，在校内加入中共地下党组织领导的士兵委员会。1932年秋，经中共汾阳特委批准，加入中国共产党。1933年春，积极响应党的号召，带领西北军校一批学员加入赵梅生领导的抗日先遣队。参加了吉鸿昌指挥的收复宝昌、沽源、康保、多伦县城的战斗。

1935年12月，任西北抗日救国会秘书。1936年5月，受党的派遣，到安边、定边、靖边地区国民党傅作义部做兵运工作，在一个团部任文书。同年11月，随傅部开赴绥东抗战前线，参加了著名的百灵庙战斗。后因策动兵变被发觉，遭到严刑拷打，在士兵的帮助下脱险。1937年春，受党的指示，到雁北进行抗日救亡活动。同年10月，受中共北方局派遣，奉命与张学年、石青山等人到内蒙古清水河组建中共清水河县委并任县委书记。同年12月，中共晋绥边区特委在偏关成立，胡一新任宣传部长，王宝珊任军事部长。在此期间，他同特委主要负责同志一起深入敌后，创建抗日根据地，先后组建了右山怀（右玉、山阴、怀仁，又名南山）和右清（和林格尔、右玉、清水河）、清平（清水河、平鲁）、左右凉（左云、右玉、凉城）、大左怀（大同、左云、怀仁）等县县委和动委会的领导班子，并创建党校，为雁西北、绥南的抗战培养了一大批骨干。

1938年7月，全民抗日进入艰苦卓绝的时期，八路军120师将雁北各地抗日武装合编为独立第6支队，刘华香任支队长，胡一新任政治委员。他和刘华香支队长率部转战雁西北、绥南各地。

1938年7月上旬至1938年7月中旬，任中共凉城县委书记。

1939年10月16日，6支队骑兵营攻打驻杀虎口的汉奸李守信的骑兵连，胡率领1连1排战士，借手榴弹爆炸的烟尘，冲进敌人的指挥机关，展了肉搏战，仅五六分钟，就击毙敌连长，全歼日伪骑兵连。战斗中，他左眼和右腿负重伤。他忍着伤痛，继续指挥部队迅速清理战场。当敌援兵到时，骑兵营已安全转移。负伤后，他先在朔县墙凤岭韩家村隐蔽治疗，后转到120师卫生部。1940年4月，因伤口恶化，又转入延安国际和平医院。后因伤情恶化，于1940年11月26日去世，时年33岁。

杨岐山

杨岐山（1907—1941），陕西省府谷县人。1927年，到绥德县考入师范学校，不久加入中国共产党。

师范学校毕业后，受党组织派遣，以读书的名义赴太原搞地下工作，被国民党特务发现后入狱，三个月后获释。出狱后，回到府谷县孤山镇小学教书，继续从事地下工作。1932年，杨岐山受中共党组织派遣到陕西府谷县木瓜区工作，任中共木瓜区委书记。1933年，任中共府谷地下县委宣传部长。1934年春，转移到府谷王家墩活动，组织游击队。1939年春，参加大青山地区的抗日活动。同年冬，任中共托和（托克托、和林格尔）县工作委员会书记。1940年，任托和清（托克托、和林格尔、清水河）县长和委员。1941年4月，杨岐山在反击日军大扫荡突围中牺牲，时年34岁。

王零余

王零余（1907—1947），又名王庆昌、王义吾，河北省正定县曲阳桥乡高平村人。1927年春，王零余考入保定民生中学，因参加革命活动被学校开除。当年秋，入正定师范讲习所，在斗争中加入共产主义青年团组织。翌年冬，加入中国共产党。

抗战全面爆发后，王零余随部队转战至山西偏关一带。1938年，经党组织介绍到晋绥军区，任晋绥边抗日游击第8支队参谋长。李林为支队长。1938年2月，王零余率支队掩护晋绥边特委机关安全到达平鲁境内。在平鲁西山经过一段整训后，8支队开赴左右凉地区，转战长城内外。他在凉城天成夺伪军50多匹马、10多支步枪，随即，组建了骑兵中队。1938年初，根据上级指示，8支队与在右玉组建的5支队、在平鲁组建的7支队中的骑兵部分合编为八路军第120师独立第6支队骑兵营，王零余先后任副营长、营长等职。王零余在领导独立6支队与日军战斗中，表现出卓越的指挥才能，先后打了不少漂亮仗，被群众称为"王老虎"。1938年9月，王零余率骑兵营袭击设在左右凉县常流水村的日伪据点，歼敌90余人。不久，又带骑兵奔袭厂汉营敌据点，毙伤10余人。1939年6月29日，经过周密侦察，王零余得知日军正在抢修左云县城至右玉曾子坊的道路。支队组织骑兵和步兵两个营，在民兵的配合下，埋伏在左云小堡子村一带，打了一次漂亮的伏击战，毙伤日伪军90余人，俘10余人，摧毁汽车20辆，缴获机枪6挺，步枪百余支，王八盒子3支，子弹万余发。日军受到重创后，只好放弃原来的修路计划。同年12月28日，又痛击阎锡山的顽军。各大队的胜利，给左右凉一带坚持抗日活动的武工小分队壮了声威，鼓舞了群众

的抗日斗志。

王零余从任骑兵营营长至1943年，亲自指挥的大小战斗近百次，共毙伤敌700余人，俘敌300余人，缴获各种枪支300余支、子弹2万余发、战马300余匹、军用物资无数。

抗日战争胜利后，王零余先后任雁门军区5分区2团副团长兼参谋长、独立团团长、雁门军区补充团团长之职。

1946年1月，王零余率部参加围攻左云战斗，迫使敌弃左云城逃跑，又乘胜收复了云冈镇。左云实行军管后，王零余任城防司令。

1947年3月30日，王零余率领刚组建成立的补充团新战士，从神池向北行进，在南辛庄战斗中负重伤，次日于神池完北医院逝世。1951年，遗骨移葬于石家庄华北军区烈士陵园。

高克林

高克林（1907—2001），原名高文敏，出身于陕西华县赤水镇程高村一个农民家庭。在咸林中学和西安上学期间，由于受中共陕西党的创始人魏野畴、王尚德的影响，走上了革命道路。1924年秋加入社会主义青年团，1925年冬加入中国共产党。1927年3月，陕西华县农民协会成立，高克林被选为农民协会委员，组织和领导了华县的农民

运动。1924 年至 1928 年，先后担任共青团（社会主义青年团）西安市支部书记，积极从事党的秘密工作。

1928 年 5 月，高克林跟随刘志丹、唐澍举行渭华起义，成立工农革命军，高克林任工农革命军军事委员会委员兼参谋主任，去陕北，先后在榆林、清涧等地搞党的工作。

1930 年后，高克林任中共北平市委军委书记，河北省直南特委军委书记兼大名中心县委书记，继续从事党的秘密工作。1933 年春，在抗日同盟军 18 师做军事工作。1935 年 8 月重新组建中共临时陕西省委，高克林任书记。其后进入陕甘宁苏区，任华池县东北军委员会书记，从事党对东北军的团结争取工作。1937 年至 1942 年，担任陕甘宁边区党委秘书长，中共洛川工作委员会、中共洛川特委会书记，延安民族学院副院长，参加了大生产运动和整风运动。1942 年至 1948 年，担任中共塞北工委书记，雁门区委书记，绥察区和绥蒙区党委书记，120 师大青山骑兵大队政委，率部在以凉城为中心的绥南地区进行游击战争。1949 年，领导整编国民党起义部队，解放绥远，9 月 21 日参加了中国人民政治协商会议第一次全体会议，10 月 1 日在天安门城楼参加了开国大典。

中华人民共和国成立后，高克林担任绥远省委书记、军区副政委、军政委员会副主席。1951 年 8 月，任中国人民志愿军 23 兵团政委，9 月 1 日率 23 兵团赴朝作战。

1953 年至 1960 年，高克林担任中共山西省委书记。后任中共西北局书记处书记。高克林还曾担任第一届全国政治协商委员会委员，第一、二、三、五届全国人民代表大会代表，中国共产党第八次全国代表大会代表、中央候补委员，中央监察委员会委员；在中国共产党第十二次全国代表大会上当选为中央顾问委员会委员，1988 年、1992 年当选为中国共产党第十三、十四、十五次全国代表大会特邀代表。

史学文

史学文（1908—1942），原名师进生，又名师学温，陕西清涧县师家园则村人。

1926 年 2 月，在清涧第一高小读书时加入社会主义青年团。10 月，转入中国共产党。先后担任党支部宣传、组织干事，清涧城关区委书记等职。同年，加入县农民协会兼任农民部长。1934 年 5 月，因叛徒出卖，清涧城关区委遭到破坏，与组织失去联系。1936 年春，他又重新入党。同年秋，由三边特委介绍，入中央党校学习。

1937年初，到伊克昭盟（今鄂尔多斯市）从事地下工作，任乌审工委常委兼秘书。1938年7月，由伊克昭盟（今鄂尔多斯市）返回陕甘宁边区。1939年5月，史学文等人随绥远省委进入蛮汉山区，在乔郭窑村成立了绥东工委，任工委委员。不久，受命开辟丰东抗日游击区。1939年夏，任丰东工委书记。同年11月，丰东工委改称兴丰县委，任县委书记。1939年冬，他积极开展统一战线工作，建立了一批对敌应酬、为我服务的两面村政权，使一些日伪据点变成了游击队的据点。游击队的粮食、布匹和钱物都藏在那里，游击队的伤病员也在据点内隐蔽治疗。他还亲自介绍、护送青年干部到延安学习，并积极建立基层党组织，使丰东抗日游击区日益巩固。

1940年冬，日军的"扫荡"日趋频繁，为保存革命力量，丰东区党委和大青山骑兵支队决定兴丰县委、县政府和县游击队撤离丰东，转移到了蛮汉山根据地。

他经常化装成铁匠、长工、钉鞋匠等，出入在平绥铁路沿线的集镇，发动群众参加抗日斗争，侦察铁路沿线日军活动情况。为更加便于隐蔽活动，根据地领导决定在卓资山镇建立一个"粮店"。以粮店为名，建成我军情报站、交通站、联络站。建店以后，史学文就积极开展地下工作，并以"跑外"的名义，广泛接触社会和爱国人士，秘密活动，收集情报，使"粮店"成为大青山到蛮汉山的重要联络点，发挥了很大作用。

1942年春，他在返回凉城途中遇敌负伤被捕，敌人因无证据，经组织营救获释。但敌人并不死心，一天，把他养伤所在的全村老乡集中起来，架起机关枪威逼群众交出共产党人。当日军正要对群众下毒手时，史学文为救群众，挺身而出，在狱中与敌人进行了坚决的斗争，同年2月，在旗下营被敌人杀害。

李子恩

李子恩（1909—1940），陕西神木县人。抗日战争时期，随八路军警备6团战斗在雁北、绥南地区。

1932年，李子恩在农乡参加革命后，历任区苏维埃主席、区委书记、5支队政委和神府独立师指导员等职。"七七事变"后，神府独立师改编为120师工兵营，李子恩随部队开赴山西抗日前线。不久，工兵营扩编为警备6团，李子恩被任命为3营营长。此后李子恩率部随警备6团转战在大（同）、丰（镇）、凉（城）、左（云）一带，打了许多硬仗、恶仗，多次重创日军，为开辟大同敌后抗日根据地立下了汗马功劳。

1938年8月中旬，120师在警备6团团长王兆祥、副团长孙超群、政委张达志的率领下，开赴马头山地区，打击日伪军队，在厂汉营烧夭贝村建立党组织，发展党员，组建游击队和动委会，发动了袭击厂汉营据点的战斗，全歼日伪军队300余人，并在永兴梁消灭伪蒙疆政权的一个连。9月14日，为配合掩护大青山支队的北上行动，警备6团奉命由五寨出发北上，进入涼城中水泉、南水泉一带，袭击了驻防厂汉营的日伪军100余人，将其全部歼灭，缴获战马数十匹和一些武器及军用物资，俘虏蒙古军军官9人。9月间，中共雁北特委书记赵仲池、组织部长谢林来到厂汉营重新整顿左右凉党组织。雁北地委派李登瀛带领工作团赴马头山整顿工作，组成了左右凉中心县委，县委驻二蛮沟村。活动范围为左云西北境陈家窑山区、新高山公路以北、右玉东山沟、涼城厂汉营、双古城一带，并重新调整了动委会，主任吴秉周、副主任张升、武装部长李子华、参谋长鲁平。李子恩率警备6团3营11连进驻大丰凉左地区，首先在双山子附近消灭了生金子土匪武装，

缴获战马10余匹，各种枪支10支，随即乘胜追歼各股土匪，惩治汉奸。李子恩的果敢行动，扩大了共产党、八路军在人民群众中的政治影响，广大青年纷纷要求参军杀敌。他带的11连很快扩编为两个连，并创建了西至马头山、东至铁路、南至高山及云冈诸堡、北至涼城后营子一带一片较为广阔的抗日游击区。

1939年3月，李子恩奉命带领部队归还建制，全团在岚县整训。5月，部队再度北上雁北、绥南，李子恩仍回大丰凉左地区开展工作。他指挥了一系列的战斗，取得了反顽斗争的胜利。1940年1月，正式成立大丰凉左县抗日民主政府，李子恩任县长。1940年5月7日，李子恩率骑兵2连由高家窑村转移到弥陀山下的蔡家窑村宿营。当晚，连长陈宝琳与教导员谷成世策动叛乱，李子恩不幸牺牲。

李子恩同志牺牲后，大丰凉左地区的群众无不悲痛，他们冒着生命危险，将李子恩等5位烈士的遗体装殓，转送到右南根据地，掩埋在平鲁南汉井村。

李达光

李达光（1909—1946），原名李生旺，内蒙古托克托县人。1936年考入归绥中学，1927年转入绥远师范学校，并加入中国共产党。

"四一二"政变发生后，李达光因几次参加反帝反日的革命活动被学校开除，于次年返回河口镇，继续坚持革命活动。

1930年夏，李达光考入北平宏达学校就读。他常去北平蒙藏学校，与李大钊、邓中夏、赵世炎等建立的革命组织的人员往来。1932年5月，中共河北省委派李达光等3人回绥远工作，建立中共归绥中心县委。年底，党派李达光到绥西搞兵运。1933年4月，中共归绥中心县委被破坏。当年秋，李达光不幸被捕，监禁在国民党省党部后院。越狱成功后，即以行医为名，在土默川农村、包头和大青山一带活动。

1938年9月，八路军开辟大青山抗日游击根据地，李达光便与党组织取得联系，回到托克托县永域一带开展抗日工作，发展王三喜等为游击队员。1940年6—7月间，中共绥远区委统一领导大青山地区的抗日游击队，成立了绥察独立第2支队，李达光任参谋长。秋天，李达光带领一支游击队在归绥、托克托县、和林格尔三角地带和凉城县西部地区进行游击斗争，配合中共托和清工委书记李云龙、县长杨岐山开展地方工作。9月，李达光把部分队员带回大青山。

1942年，抗日战争进入困难时期。时任绥蒙行署教育处长的李达光，时而化装为医生，时而又扮作农民，活动于土默川一带，经常往来于和林格尔县哈喇沁一带，与活动在那里的托和清县委取得联系。后来，各级党组织因形势不利，奉命转入地下，李达光仍以走访大夫"王先生"的身份，留存原地坚持工作。后因积劳成疾，隐蔽在家乡养病。

1945年底，李达光被国民党托克托县党部逮捕入狱，经家人极力营救而获释。两三天后，国民党又派兵逮捕了李达光，并押到绥远省监狱。李达光在狱中视死如归，次年被害，牺牲时年37岁。

安正福

安正福（1909—1990），四川省阆中县苗沟村人。1933年9月参加中国工农红军，1934年1月加入中国共产党。历任班长、司务长、排长、副连长、连指导员、团组织股长、团政治部主任等职。参加了举世闻名的二万五千里长征。

抗日战争爆发后，任八路军715团1营3连指导员，1938年随八路军大青山支队挺进绥远，开辟大青山抗日游击根据地。1942年5月，晋绥军区塞北军分区任命安正福为武工队长，带领8名队员到和林格尔县及凉城西部地区开辟根据地。他认真执行抗日民族统一战线政策，发动群众，团结上层，争取伪军，孤立日本侵略军，建立了南北长130多里、东西宽70多里的根据地和一支200多人的游击队，在绥南抗日斗争史上写下了光辉的一页。毛泽东曾批示："安正福武工队是敌后斗争的方向。"1944年，和林格尔县民主政权成立，安正福任县委书记兼代理县长。同年，他被选为中国共产党第七次代表大会代表。

1945年后，安正福先后任晋绥军分区团政治部主任、山西省岚县军事干部学校指导员、骑兵旅4团政委，7师政治部主任、副政委。1949年进新疆，先后任新疆阿勒泰军分区政委、焉耆军分区司令员、乌鲁木齐军分区司令员、新疆国防工办主任等职。1978年离休。1990年7月13日因病逝世。

张生瑞

张生瑞（1910—1945），又名张生智，陕西省横山县殿市镇人。1929年冬加入中国共产党。1936年参加红军，任宣传干事。抗战初期，任警备6团骑兵营教导员。1938年5月1日，日寇向山西右玉县东山根据地发起进攻，左右凉工作团团长张生瑞在十二窑被捕，后经营救出狱。先后任偏（关）清（清水河）

支队政委、绥东工作团主任、凉城县动委会主任、丰凉县委委员等职。1938年7月中旬至1938年8月，代理凉城县县委书记。期间，蒙古第3师在日军的唆使下，进攻晋绥根据地，张生瑞带领游击队英勇抗击。抗战胜利后，在丰镇负责战后恢复工作，任丰镇支队政委。1945年10月，张生瑞和许振湖带领6名战士，追赶1名骑马盗枪叛逃的战士，返回丰东的九十三号村（亦说侯家村一带）时，突然被大批国民党军包围。在他的掩护下，许振湖带4名战士突出了重围，他和2名战士受伤被俘。面对敌人的刺刀，张生瑞大义凛然，壮烈牺牲，时年35岁。

杨国兴

杨国兴（1910—1985），又名杨子英，内蒙古清水河县人。1927年，考入绥远省立师范学校。暑期，参加农民清算国民党清水河县农会的斗争，控告县农会会长贪赃枉法的罪行。1931年，入归绥中学读书。次年，加入绥远省反帝大同盟，参加归绥市学生抗日救亡活动。1934年4月，在清水河被捕，以"共产党嫌疑犯"被判刑两年半，后被押解到归绥市，投入国民党绥远第一模范监狱，在狱中结识王若飞（化名黄敬斋），参加狱中斗争。出狱后，他赴太原，入山西国民党师范学校军训班学习。1938年4月，加入中国共产党，后在山西国民军官教导团任营指导员兼中共党小组长。1939年，任山西新军政卫队、决死2纵队团政治部副主任等职，参加抗日救国牺牲同盟会。后调任绥察行政公署绥南专员公署专员，参加大青山抗日游击战争。1943年，赴延安入中共党校学习。抗日战争胜利后，杨国兴从延安回到绥蒙解放区，任丰镇县隆盛庄市市长、托和清县联络处处长。1948年，任绥蒙政府研究室主任。

中华人民共和国成立后，杨国兴历任绥远省农业厅农场管理处副处长、绥远省中苏友好协会副总干事、内蒙古自治区中苏友好协会副秘书长、内蒙古博物馆馆长。

陈一华

陈一华（1911—1939.6），原名陈凯，四川宣汉县南华顼村人。家庭贫苦，从小当帮工。抗日战争时期战斗在马头山区，曾任左右凉县委书记。

1932年12月，红四方面军到达宣汉，陈一华参加红四方面军，次年2月加入中国共产党，曾任连、营党代表。1935年3月，红四方面军离开川陕革命根据地，陈一华随军长征。1936年10月到达陕北后，

陈一华到中央党校学习。1937年"七七事变"后，陈一华任120师军法处副处长，随队东渡黄河，挺进雁北，坚持敌后游击战，创建抗日根据地。1938年5月，中共平鲁县委成立，调任平鲁县县委书记，为巩固、扩大敌后根据地做了大量工作。同年10月，晋绥边特委又调他到左云、右玉、凉城三县的边陲地区，任左右凉县委书记，对外称6支队政治处左右凉县工作团团长。他以马头山和五路山为依托，充分发动群众，积极组建地方武装，开展抗日斗争。他和县、区领导深入群众，搜集零星武器，并利用牺盟会提出的"合理负担""有钱出钱，有人出人"的口号，宣传抗日统一战线政策，动员群众支援抗战。乡间爱国人士主动献出步枪10支、战马两匹和上千的银圆。一次，骑兵小分队路经凉城弓沟沿天主教堂时，教堂民团开枪，分队被迫反击，活捉了肇事者。他抓住这个机会，亲自去做神父的思想工作，最后达成协议，教堂又为分队提供步枪8支、子弹数千发。

1939年2月，陈一华在凉城二蛮沟组织召开了县委扩大会议，通过了扩大地方武装的决定。为了解决地方武装的枪支问题，他一是收集国民党军队溃退时丢下的零星武

器；二是动员绅士、富户中的爱国人士，出钱捐款购置武器，其中厂汉营村两富户献出白洋5000元。经过3个多月的努力，全县两个区建立了3个游击小队，县里组建了1个县大队。县大队有骑兵80人、步兵中队50余人，区小队有60余人，每人都配齐了武器。左右凉地区的抗日局面很快打开了。县大队多次深入到左右凉丰镇等敌人据点，抓住战机打击敌人。

1939年6月17日，左右凉县委在厂汉营西双树村召开有区委书记和游击队长参加的县委扩大会议。由于会后没有立即疏散，右玉城据点日伪军侦察得知情况后，立即集中300名日军组成远程奔袭队，由日军指挥官草野指挥于20日拂晓包围了西双树村。陈一华闻讯后，立即组织游击队分两路掩护干部群众突围。当时，中队长杨何曾几次提出让陈一华先领大家突围，自己留下指挥阻击敌人，但都被陈一华拒绝了。在他的指挥和掩护下，参会人员全部脱险，而他在组织阻击分队向西突围时，不幸身中数弹，壮烈牺牲，时年28岁。

原明

原明（1911—1943），又名原克宽，1941年12月任归凉县县长，1943年4月8日在凉城县旭泥坝被日军和防共1师逮捕，关押在归绥监狱，在狱中进行了顽强的绝食斗争，不久就被日寇狼狗咬死，时年32岁。

王经雨

王经雨（1911—1981），内蒙古土默特右旗人，8岁读私塾，15岁入绥远省立二中（今包头市第一中学）学习。17岁转入中山学院，结识刘深源、杜如薪、苏谦益等进步青年。1931年，王经雨因不满校方昏聩而回家，与因领导罢课被校方开除回美岱桥的刘深源交往甚密。1938年，八路军李井泉支队挺进大青山，开辟敌后抗日根据地。同年9月，支队敌工科长于源动员王经雨参加抗日工作。1939年3月，经地下党负责人高鸿光、刘启焕、王弼臣介绍，王经雨加入中国共产党，将原名王景玉改称王经雨。1940年春，党组织决定将美岱召一带几个游击小组合并成立萨县抗日民主政府，他任县长。1941年春，萨县游击队改编为八路军绥察独立第2支队2连，王经雨兼任连长；1942年春，改编为八路军大青山骑兵支队第3团2连，王经雨继续兼任连长。

抗战胜利以后，王经雨担任萨拉齐县县长。同年11月，调任龙胜县（今卓资县）县长，1946年到晋绥党校学习。1947年9月，任托（克托）和（林格尔）清（水河）县长兼县武装大队长。1948 年 10 月，担任萨拉齐县长。1949 年 2 月，任萨包支队副政委。同年 7 月，萨包支队与龙胜县大队合编，他任大队副政委。11 月，包头军分区成立，他担任政治部主任兼党委副书记。

中华人民共和国成立后，1950 年 7 月至 1953 年 12 月，王经雨在中央党校马列学院学习。1954 年，担任乌兰察布盟军分区副政委兼中共乌兰察布盟盟委书记处书记。1955 年 9 月 28 日，国防部授上校军衔。同年 12 月，从部队转业，历任中共乌兰察布盟盟委书记、内蒙古干部文化学校党委书记、内蒙古党校党委副书记。

1981 年 10 月 15 日，王经雨病逝，终年 70 岁。

杨植霖

杨植霖（1911—1992），曾用名王士敏，内蒙古土默特左旗人。1925 年参加革命，同年加入中国共产主义青年团，1930 年转为中共党员。是第六届全国政协委员，第五、七届全国政协常委，中共八大代表。

1926 年担任归绥县农民协会秘书。1927 年参加"孤魂滩事件"。1929 年考入北平新农业学院，与共产党组织取得联系，投入北平地下革命斗争。1930 年加入中国共产

党。1931 年返回土默特左旗毕克齐任教。1931—1933 年被国民党逮捕，关押到绥远省"第一模范监狱"。出狱后继续开展地下革命活动。1938 年组织"抗日团"武装，在大青山及凉城蛮汉山区开展游击战争。同年抗日团改编为绥蒙游击大队，杨植霖任政委。1939 年中共绥远省委正式成立，杨植霖任绥西地委书记。1940 年 8 月，晋绥第二游击区行政公署驻绥察办事处成立，杨植霖为副主任。1941 年，任绥察行政公署行署主任兼绥西专员公署专员。1942 年奉调延安中央党校学习。1945 年，任中共绥蒙区委委员，绥蒙政府副主席、主席。1947 年，任晋西北行署建设处代理处长。1948 年，任包头军管会政委。1949 年 12 月，绥远省人民政府正式成立，杨植霖任主席，兼绥远军政委员会副主席、中共绥远省委党校校长。1951 年 3 月，当选为绥远省第一届人民代表、政治协商委员会副主席。1954 年 1 月，中央决定撤销绥远省建制，划归内蒙古自治区，改任内蒙古自治区人民政府副主席。1955 年 2 月，当选为内蒙古政协主席，7 月任内蒙古党委副书记，1956 年任书记处书记。1962 年 1 月，调任青海省委第一书记。1966 年 5 月，任西北局书记处书记。1978 年 12 月，

调任中共甘肃省委书记，并当选甘肃省政协主席。此后，先后担任全国政协常委、中央顾问委员会委员等职务。

张达志

张达志（1911—1992），出生于陕西葭县（今佳县）。1927年3月加入中国共产主义青年团。1929年转入中国共产党。曾任中共葭县县委书记、陕北特委委员。1934年冬参加中国工农红军。后任红27军84师政治委员兼1团政治委员，红15军团81师政治委员、78师政治委员、军团政治部民运部部长，参加了陕北苏区反"围剿"和劳山、直罗镇、东征等战役。1936年入抗日红军大学学习，后任陕北独立1师政治委员。

抗日战争时期，任八路军警备6团政治委员，第120师大青山骑兵支队政治部主任，塞北军分区副政治委员，绥蒙军区副司令员兼副政治委员，中共绥蒙区委员会书记，参与领导创建雁北地区、马头山、蛮汉山、大青山抗日根据地。

解放战争时期，任陕甘宁晋绥游击司令员，绥德军分区司令员，警备2旅旅长，陕北军区司令员，第一野战军第4军军长，参加了绥远、集宁、晋中、太原、兰州等战役。

中华人民共和国成立后，任西北军政委员会委员兼公安部部长、公安部队司令员兼政治委员，后任兰州军区司令员，中共中央西北局书记，人民解放军炮兵司令员，中共中央军委委员。1955年被授予中将军衔。是中共第八届中央候补委员（后递补为中央委员），第九届、第十届中央委员，第四届全国人大常委会委员，第五届全国政协常务委员，第一至第三届国防委员会委员。1982、1987年被选为中共中央顾问委员会委员。

武达平

武达平（1911—1999），曾用名丕荣，内蒙古托克托县人。1939年夏，以优异的成绩考入归绥中学学习。在校期间，他接受了新思想、新文化，积极参加反帝爱国活动。

1933年1月，武达平经中共河北省委军事部长杨一帆介绍，加入了中国共产党。同年9月，武达平等在归绥成立塞原社，提倡进步，反对封建。他为《塞原》写过不少文章，并秘密进行革命活动。1935年11月，武达平与杨植霖等在归绥成立抗日民众救亡会，有300多人参加，他被推为理事，领导抗日救亡活动。

1937年3月，绥远成立"牺牲救国同盟会"，武达平负责组织工作，他先后把绥远的80余名进步青年秘密送往山西牺盟会学习。10月，归绥、包头先后沦陷，武达平在绥远军民联合抗战委员会任组织科科长，并任归绥、托克托县特派员。

1938年3月，武达平任察哈尔、绥远游击队军司令部参谋。5月，武达平成为中共晋西北党委组织中共大青山特委的组成人员之一，并在晋、察、绥边区工作委员会任组织部长。同年8月2日，八路军大青山支队在李井泉、姚喆、武新宇等率领下，从山西右玉和五寨县出发，向绥远敌占区挺进。武达平在凉城马头山、蛮汉山地区做统一战线工作，使该支队顺利通过该地区，进入大青山。1939年，中共绥远省委正式成立，武达平先后任中共绥中特委书记兼宣传部长、绥东工委书记、绥中地委书记兼武装部长。

1945年3月，武达平结束了延安近5年的学习生活，回到山西省偏关县绥蒙区委驻地，在区党委高克林书记的领导下搞偏关整风甄别工作。5月，武达平任绥西地委宣传部长、托克托县县长。9月，武达平遵照中共绥蒙区党委的指示组建绥蒙建国学院，并任该学院的教育长兼党组书记。1946年，建国学院暂时停办。同年7月1日，武达平任绥蒙中学校长。1948年9月，中国人民解放军开始反攻绥远，中共绥蒙区党委和政府由朔县迁往丰镇，武达平任丰镇市市长。中华人民共和国成立以后，武达平在内蒙古自治区担任许多重要职务，是政协内蒙古第三届副主席。

1999年6月16日，在呼和浩特逝世。

阎景纯

阎景纯（1912—1947），山西省襄汾县（原襄垣县）人。1932年山西大学毕业后随红军长征到达陕北，任许光达同志的秘书。1933年加入中国共产党，为地下党员。曾被国民党当局逮捕入狱，1937年由组织营救出狱后，到离石牺盟会当特派员，后到牺盟会当巡视员。抗日战争爆发后，他随八路军120师东渡黄河，任晋绥二分区宣传科副科长。1938年任汾阳牺盟会秘书。1938年11月到离石县组建离石游击队，后到保7团任政治主任。1939年调延安抗大三分校当秘书，随后调军委情报部工作。1945年12月丰镇县解放，绥蒙政府派阎景纯等同志到丰镇抽组绥东专区，后因形势变化，任命他为丰镇县副县长。1947年春，任丰镇县县长。他在任职期间，领导全县人民开展了减租反霸、清算斗争和土改运动；组织民兵追剿土匪，保护群众利益；发放贷款，安排就业，恢复和发展商业；

开展优抚救济和组织支前工作。

1946年秋，国民党军队占领丰镇县，他随县政府撤离丰镇，转移到马头山一带坚持游击战。

1947年5月，阎景纯带通讯员郭林来到凉城县七区南曹碾附近南泉地的二窑子村工作，被驻厂汉营的国民党军队包围。他与通讯员奋力抵抗，终因寡不敌众，弹尽无援，几次突围都未成功。敌人逼他交枪投降，但他怒斥敌人，宁死不屈，最后被敌人用刺刀刺死，时年35岁。

1960年3月，烈士的忠骨移葬呼和浩特市大青山革命烈士陵园。

白如冰

白如冰（1912—1994），原名白树勋，化名高超，陕西清涧高杰村乡袁家沟村人。1925年在陕西省清涧县高杰村参加学生运动和宣传、组织农民协会，任清涧县大马家山小学教员、白家河村小学教员兼做团的工作。1928年6月转为中国共产党党员。

1933年任中共安定县安定区委宣传部部长，中共清涧县清涧区委书记。1933年12月任中共清涧县委宣传部部长兼秘书长。1934年3月任中共陕北特委候补委员、特派员，中共横山县委书记、延长县委书记，中共西北工作委员会特派员兼延长县委书记，陕甘晋军区供给

部代部长。1935年11月任中华苏维埃西北革命军事委员会供给部副部长兼后方供给部部长。1936年至1937年春任中华苏维埃人民共和国中央革命军事委员会总供给部副部长。

抗日战争时期，任中共陕甘宁边区三边（定边、安边、靖边）特区区委书记兼蒙民部部长。1938年4月改任中共陕甘宁边区蒙古工作委员会书记。1938年5月改任中共绥蒙工作委员会书记、八路军绥蒙游击司令部政委。1938年11月任中共绥远省委书记兼省委蒙民部部长。1940年4月改任晋绥区党委书记兼八路军120师绥察独立第2支队政委。同年冬任晋西北区党委常委兼财经委员会副书记，晋绥办事处主任，陕甘宁边区西北财经办事处秘书长。1945年作为晋绥边区代表出席中共七大。解放战争时期，任陕甘宁晋绥联防军后勤部部长、供给部部长，陕甘宁边区政府委员、财政厅厅长。

曾任政务院中央手工业管理局局长，中华全国手工业合作总社主任，山东省省长，中共山东省委第一书记兼山东省革命委员会主任，山东省政协主席，第二至五届全国人大代表，第二届全国政协委员，中共七大、八大代表，第十、十一

届中央委员。党的十二大、十三大当选为中共中央顾问委员会委员。

张毅忱

张毅忱（1912—1993），原名张国旗，化名刘晓春、王大宏，陕西省吴堡县东张家沟村人。1927年2月加入中国共产主义青年团，1929年2月加入中国共产党。早年做党的地下兵运工作。1933年起，历任陕北红军游击队一支队经济员、三、二、五支队政委，陕北省苏维埃政府秘书处负责人，红十五军团政治部地方工作部部长，八路军115师政治部民运工作部部长，1945年9月任中共绥南地委书记兼晋绥军区十一分区政委。中华人民共和国成立后先后担任宝鸡市军管会主任，中共宝鸡市委书记，陕西省工业厅厅长、省财贸办公室主任、副省长，青海省副省长，中共中央西北局财贸办公室副主任，陕西省革委会副主任、副省长，省人大常委会副主任、党组副书记等职。

杜维远

杜维远（1913—1940），又名王惠民，陕西省米脂县人。他出身于一个山区的农民家庭，自幼聪明好学，读书刻苦，后以优异的成绩考入绥德师范学校。在校期间，他受进步思潮的影响，开始大量阅读各种进步书刊，坚定了革命的信念。

抗日战争全面爆发后，他毅然奔赴革命圣地延安，被组织上送到"抗大"学习。结业后，他坚决要求到抗战前线，参战杀敌。组织上批准了他的请求，分配他到八路军120师随军作战。1938年初，他加入了中国共产党。并被任命为八路军120师第6支队第2挺进队指导员。

1938年10月，中共晋绥边特委书记赵仲池、组织部部长郑林等，率领干部深入左（云）右（玉）凉（城）地区，组成了左右凉县，并成立了中共左右凉县委，杜维远被任命为县委民运部部长。任职期间，他经常带领民运部的工作人员，深入山区广大农村，宣传发动群众，征收到大批粮食等物资，解决了机关干部和武装部队的供给问题。此外，他还积极参加县委领导开展的其他工作。1939年1月，杜维远和其他县委领导人员一起，深入平川区，发动组织群众。经过一段时间的宣传组织工作，除在平川区许多村庄建立了农村抗日自卫队、农救会、青救会等组织外，还带领游击队和群众破坏了敌人的交通和电话线路。据《抗战日报》载，仅两天行动就破坏敌人电话线路5公里多，收回电线500多公斤。

杜维远非常重视学习和舆论宣

传工作，他经常向"红色报社"投寄新闻稿件，及时报道根据地党、政、军建设及群众工作方面的情况。他兼任左右凉农民抗联秘书。1940年春，左右凉县委总务科科长金和叛变革命，充当了凉城县厂汉营敌据点的密探。金和为了邀功请赏，到处侦探左右凉县党的领导人活动情况，搜集共产党、八路军和地方武装的情报。杜维远就是敌人千方百计想要抓捕的主要对象之一。这年4月中旬，厂汉营敌据点的日伪军，在对左右凉县抗日根据地"扫荡"中，杜维远到右一区部署反"扫荡"斗争工作，组织群众进行坚壁清野，在厂汉营十七沟村遭敌包围，突围时不幸中弹负伤转移到后沟村养伤。5月5日，叛徒金和带领日军和伪警察100多人包围了后沟村，把带伤的杜维远抓捕，关押到厂汉营日伪监狱。

杜维远被关押期间，日军用美人计和封官许愿的手段对杜维远进行收买，并对其使用各种酷刑，但他始终坚贞不屈，未泄露党的机密。带伤的杜维远在难以忍受的情况下，通过内线人员请求县委后，自己服毒自杀，年仅27岁。

他牺牲后，日军将他的尸体运到左云南山，把头砍下来悬挂示众。

崔岩

崔岩（1913—1943），又名崔碧天，河北省南宫县城关镇人。早年在家乡任小学教员，由于受革命思想影响，曾领导当地农民，从他家开始，开展了分粮吃大户的进步活动。1931年，崔岩在清华大学读书，"一二·九"运动前就参加了中国共产党，进行革命活动，领导工人运动，以后在天津、石家庄及其家乡附近从事地下工作。

1937年5月，崔岩携爱人海峰徒步跋涉到延安，进入中共中央党校十二班学习。不久，全国抗日战争爆发，崔岩于11月间奔赴山西抗日前线。1938年初，崔岩任中共山西省静乐县委书记。秋天，中共晋西北区党委决定在静乐、宁武、忻县、崞县范围成立中共静乐中心县委，崔岩任宣传部长。1939年，中共静乐地委成立后，他任地委宣传部长，并主持静乐县委工作。年底，调晋西北区党委从事宣传工作。

1940年7月，崔岩奉命调到大青山抗日游击根据地工作。1942年到绥远领导敌占区的地下斗争。他以各种身份隐蔽下来，深入群众，广交朋友，宣传抗日，侦察敌伪活动情报，开展了大青山抗日游击根据地的斗争。

1943年初，崔岩任中共绥南地委书记。当时，日伪军在绥南下了极大的赌注，企图把绥南完全变成隔离地带，隔断大青山、蛮汉山与晋西北的联系。为保证大青山与晋西北的联系，他率领部队动员组织群众，在极其困难的形势下，坚持绥南地区的斗争。

1943年春节后，塞北区党委决定让崔岩回蛮汉山开展敌后工作。正月初五，他同大青山骑兵1团1连的全体指战员从偏关出发向凉城蛮汉山进军。沿途，闯过平鲁、右玉、凉城3县鬼子设置的十几道封锁线，冲过凉城香火地的敌据点，最后到达了游击区蛮汉山。时兼骑兵1团政治委员的崔岩，身着便装，带领20多名县、区干部，转移到凉城一区抢盘山一带打游击。

1943年3月29日，崔岩带领20多名县、区干部正在凉城一区开展工作，日伪军突然向绥南地委和归凉县政府所在地旭泥坝沟袭击，崔岩等人被厚和（今呼和浩特市）的十大队包围。在突围过程中，崔岩负伤被俘，敌人把他扶到马上要带走，但他坚贞不屈，决不跟敌人走，最后在逃脱时又被敌人击中胸部，身负重伤，光荣牺牲。崔岩牺牲后，当地老乡和战友把他安葬在旭泥坝村得胜山的山坡上。

1949年7月8日，凉城县委根据绥远省委指示，将烈士灵柩派专人护送到丰镇，由省委转太行山区家乡安葬。

邹凤山

邹凤山（1913—1945），字顺美，湖北省天门市多宝镇罗汉寺人，出身贫苦农民家庭，1926年参加当地儿童团，1929年参加革命并加入中国共产党。

土地革命时期，在家乡参加赤卫队，1931年编入贺龙所率红三军第8师，参加了开辟发展襄北苏区的文家墩、瓦庙集等战役。1933年，随主力转战湘鄂川黔根据地，任班长、连长、营长，随红二方面军参加长征。

抗日战争时期，任八路军120师715团营长、大青山骑兵支队第1团团长，在以马头山、蛮汉山为中心的绥南地区创建抗日游击根据地，在绥蒙地区进行5年之久的抗日斗争。1944年，任八路军晋绥军区塞北军分区第1团团长。1945年初，随王震所率359旅和干部大队南下到达鄂中，任天潜县总队长。他凭着熟悉家乡的有利条件，在襄河沿岸不断打击日伪军，打通了从襄北到襄南的通道。同年6月，在渔南汪新场战斗中，他组织部队奋勇冲杀，迂回包抄敌驻点，压住其火力点，战斗即将取得胜利之时，不幸头部中弹，壮烈牺牲。

苏谦益

苏谦益（1913—2007），出生于原绥远省托克托县（今属内蒙古托克托县）。1924年至1928年，在原绥远省托克托县小学读书。1928年至1930年，在原绥远省归绥一中读书。1931年9月至1932年底，在原绥远省立第三小学任教员。1932年10月加入中国共产党。

1933年1月至4月，在绥远中山学院附小任教员，参加了党领导的反帝运动，参与组织反帝大同盟，1933年被捕入狱。1936年7月出狱后，参加山西牺牲救国同盟会，先后担任晋西北抗日救亡组织牺牲救国同盟会山阴特派员，牺牲救国同盟会临县中心区党团书记，临县动员委员会主任，晋西北牺牲救国同盟会办事处组织部长、党团书记等。1941年1月，被组织派往大青山根据地开展游击战争，先后担任晋西北四分区专员、党团书记，大青山绥察行署专员、副主任、党组书记，绥察行署党团书记，绥蒙区工委委员，绥蒙区党委宣传部长等。解放战争时期，任绥蒙区党委宣传部长、副书记。1948年11月起，担任绥远省党委副书记，在以马头山、蛮汉山为中心的根据地领导群众开展游击战争。

中华人民共和国成立以后，曾任绥远省代理书记、内蒙古自治区党委书记等职。1960年11月至1978年6月，先后担任中共中央华北局书记处候补书记、华北局秘书长、研究室主任、华北局书记处书记。1978年9月至1982年7月，主持北京工业学院（今北京理工大学）的工作，任党委书记兼院长。是中共八大代表，第一、二、三届全国人大代表，第六、七届全国政协常委。

刘华香

刘华香（1913—2007），江西庐陵县（今为吉安市）富四乡江背村人。1929年6月，刘华香参加中国工农红军，同年加入中国共产党。先后任红六军2纵队政治部宣传队队长、连指导员、营长，红三军8师24团政委。1933年在江西瑞金中央军事政治学校毕业后，任红九军团3师7团团长。参加过中央苏区反对国民党的五次反"围剿"和二万五千里长征。1936年，任红三十二军9师参谋长。

抗日战争爆发后，刘华香先到山西牺盟会工作，后随八路军雁北工作团到右玉、平鲁、左云等县发动群众，组织抗日武装，还参加了著名的"平型关大捷"。

1938年7月，中共晋绥边特委决定由刘华香等特委成员筹建一支正规的地方武装。刘华香等人根据特委的决定，将原抗日游击第5、6、7、8、11支队合编为雁北独立支队。支队组建就绪后，刘华香专程赴岚县，面见贺龙师长、关向应政委，汇报支队组建工作，并请为支队命名。贺龙师长即正式命名这支抗日武装为八路军第120师独立6支队。从此，独立6支队在支队长刘华香，政委姜胜、胡一新（后为陈云恺）的率领下，先后取得了一系列战斗的胜利，为雁北、绥南地区抗日根据地的建立、发展和巩固作出了重要贡献。

1939年6月，120师独立6支队经过周密侦察，得知日军正在抢修左云城至右玉曾子坊的公路。刘华香率部在民兵的配合下，于6月29日埋伏在左云小堡子村附近，伏击路经的日军。经过一个多小时的战斗，击毙击伤日军90余人，俘虏10余人，摧毁敌汽车20辆，缴获机枪等100余支。这场战斗沉重地打击了左云、右玉日军的嚣张气焰，为开辟发展马头山地区抗日游击根据地、鼓舞人民群众抗日起到了积极的作用。

此后，他历任晋绥五分区副司令员兼参谋长、绥蒙军区参谋长、绥远军区参谋长。在此期间，他参加了解放晋北大同和集宁等战役。

中华人民共和国成立后，他担

任绥远军区萨县军分区司令员，后到南京军事学院学习。后被授予少将军衔，并获二级八一勋章、二级独立自由勋章和一级解放勋章。他是第二届、第三届全国人大代表，内蒙古自治区第四届政协主席。1981年离休，1988年荣获一级红星功勋章。

王平

王平（1914—1941），原名王宗义，又名王默平，河南省南阳县石桥村人。抗日战争时期，曾任左右凉抗日民主县政府县长，战斗在马头山地区。

1934年，王平参加左翼作家联盟新闻训练班期间，受到革命思想熏陶。不久，他因和进步青年撰写抨击国民党的施政杂文，在开封被捕，后因未找到证据获释。出狱后，他看透了国民党政府的黑暗和腐败，更坚定了革命的信心。1937年5月，王平在太原加入牺牲救国同盟会，参加了军政训练班的学习，并加入了中国共产党。

1937年10月起，他先后任平鲁县战地动员委员会分配部部长，牺盟会平鲁县分配部部长，平鲁县抗日游击第7支队政治部主任，120师独立6支队参谋、政治指导员等职。平鲁县委成立后，任平鲁县工委委员、工委宣传部部长。1938年

4月下旬，中共晋绥边特委根据雁北支队即将离开雁北东进平西的情况，抽调他到右（玉）山（阴）朔（州）怀（仁）地区协助县委书记贺德胜，组建了右山朔怀动委会。

1939年"秋林会议"后，阎锡山掀起反共高潮。在晋绥边地委的领导下，王平站在反顽固斗争的最前沿。12月，他以边委代表身份协同6支队骑兵营长王零余、警备6团骑兵营教导员李子恩，率领部队解除了左云国民党县政府所属4个中队数百人的武装。接着，又与牺盟边委负责人带领地委政卫连一部，分组深入到右山朔怀双井、冻牛坡等村搜捕阎锡山派出的"精健会""敌工团""突击队"等反动组织的残余分子，取得了晋绥地区反顽斗争的胜利。

1940年反顽固斗争胜利后，雁北专员公署成立。2月1日，王平被调任晋绥十一教民团财政科科长，在动员粮食、现金、兵员、军鞋四项工作中，取得显著成绩。4月，他被任命为专署代理秘书主任。

1940年10月，左右凉县撤销后，王平同志留在左云工作。

1941年2月28日，遵照专署指示，王平召集各村干部及当地绅士召开大会，宣布成立左云县抗日民主县政府。雁北专员公署任命王平为县长。

1941年7月9日被日伪包围，突围时牺牲。

杨业澎

杨业澎（1914—1993），内蒙古土默特人。学生时代即参加进步活动，20世纪30年代初，发起组织绥远反帝大同盟，1933年参加归绥中心县委工作，4月因组织洋车工人抗日工会被捕。1940年任绥东专员公署地委副书记，1945年7月至9月任绥中地委副书记，1946年10月任路北工委副书记，1947年至1948年任绥南地委书记（当时绥南地委在凉城厂汉营烧天贝），1948年至1949年任绥蒙军区副司令员，1949年任绥远军区第二副司令员、绥远省委委员。

中华人民共和国成立后，1950年至1952年任绥远省军区副政委兼干部管理部部长，后调外地工作。

李林

李林（1915—1940），女，原名李秀若，福建尤溪县人。幼年被侨眷领养，侨居印度尼西亚。1929年，14岁的李林回国，就读于陈嘉庚先生办的福建厦门集美中学，后又入杭州女中学习。1933年冬，入上海爱国女校读高中。1935年，参加了山西牺牲救国同盟会，积极参加学生抗日救亡运动。1936年12月，

215

加入了中国共产党，随即赴太原参加山西牺牲救国同盟会举办的国民师范学校军政训练班，任特委宣传委员兼女子第11连党支部书记。1937年春，她任雁北大同县牺牲救国同盟会特派员。1937年7月，任中共雁北工作委员会委员。

抗日战争爆发后，任雁北抗日游击队第8支队队长兼政治主任，率部深入敌后与日伪军展开斗争。1938年春，改任整编后的独立支队骑兵营教导员，率部驰骋雁北和绥南，与日伪军作战，屡建战功。

大同失守后，李林在平鲁县历任贺龙120师所属独立6支队第3骑兵营连指导员、营教导员、支队长（当地群众亲切地称她为李营长）。李林带领骑兵300多人转战长城内外，活跃在绥南、晋西北一带，经常出没于大同、左云、丰镇、岱海滩、马头山等地，建立抗日根据地，宣传抗日政策，组织武装群众，打击日寇汉奸。在凉城天成村灭寇、麦胡图破敌、偏关城锄奸等战斗中屡建战功。贺龙将军称赞她是"我们的女英雄"。根据地群众歌颂她："李营长好，李营长强，李营长打仗为老乡。"李林在一封写给中央妇委的信中写道："我确与过去不同了，因为我已经是中国共产党的一个党员。"1938年7月，牺盟会

晋绥边工委成立，由北方局委员、1师政委关向应提名，调她到中共晋绥边工委任宣传委员，兼管边区地方武装。1939年10月，李林率18团2营粉碎了日伪2000人向晋绥边区的第七次"围剿"。1940年1月，当选为晋绥边区第十一行政专员公署委员，并任秘书主任。

1940年4月26日，日伪军集中1.2万兵力，对晋绥边区进行"扫荡"。晋绥边区特委、第十一行政专员公署机关和群众团体等500余人被包围。为了掩护机关和群众的突围，她不顾怀有3个月的身孕，率骑兵连勇猛冲杀，将日伪军引开，自己却被围困于山西平鲁县小郭家村荫凉山顶，在腿部和胸部多处负伤后，仍英勇抗击，毙伤日伪军6人。被日伪军包围后，她宁死不屈，用最后一发子弹射进喉部，壮烈牺牲。

李林牺牲后，当时的《抗战日报》《新华日报》都对李林英雄事迹做了报道："1940年4月26日，雁北游击队抗日民族英雄李林，在敌残酷'扫荡'中英勇殉国，年仅25岁。"中共中央妇委在唁电中称她为"女共产党员的光辉典范，全国女同胞所敬爱的女英雄"。

程仲一

程仲一（1916—1944），原名程重远，字必达，山西省五寨县梁

家坪村人。程仲一先后就读于太原第一中学、北平国立大学附中及中国大学、山西大学法学院。大学毕业后，先后在山西大学、成成中学秘密从事学生运动。

1937年4月，程仲一加入了中国共产党，并在山西大学中共党员训练班学习。同年10月，党派程仲一回五寨县协助八路军120师工作团开展群众工作，创建抗日根据地。不久建立五寨县战地动委会，任副主任，1938年初任主任。1938年夏，调任晋西北临县县委会主任。

1939年3月，程仲一与王廷弼带领一批干部，从晋西北到大青山地区参加抗日游击战争，曾任晋察绥动委会绥东办事处副主任、党组书记，绥东动委会主任。

1940年2月至1941年春，兼任归凉县县长。1940年6月，任绥东（后改为绥南）专署专员。8月，绥察行署办事处成立，任绥中专署专员。积极进行抗日民主政权建设，大力开展动员物资、组织群众、武装群众、发展统一战线、除奸反特等工作，密切配合部队的游击战争，为根据地的巩固发展作出了贡献。

1942年8月，程仲一同志率领绥中专署及游击队，突破日军对我绥中游击区的"铁壁合围"，胜利突围。

1943年8月，调任绥南专署专员。1943年9月，兼任归凉县县委书记。11月，参加偏关整风学习后，重返蛮汉山区。在极其困难的形势下，领导蛮汉山区军民坚持抗日游击战争。

1944年2月8日，他和归凉县委副书记赵效敏带领十几名游击队员，在归凉县崞县窑附近郭木匠沟宿营，半夜被崞县窑据点的日军、蒙古保安队100多人包围。次日凌晨，敌人用火力封锁了游击队住处，程仲一指挥队员奋力反击。在突围中，程仲一和游击队员全部牺牲。当地人民对程仲一的牺牲无比悲痛，他们用他生前用过的一条毛毯，将其遗体裹好，安葬在他生前战斗过的乔郭窑子村的一个小山洞里。中华人民共和国成立后，他的遗骨被迁到大青山革命公墓。

鲁平

鲁平（1916—2000），原名贺德胜，陕西省延川县南河乡干家河村人。1927年4月参加革命工作，1934年3月加入中国共产党。历任刘志丹少年先锋连连长，红军第26军警卫营连长、营长。1938年3月，任右（玉）山（阴）朔（县）怀（仁）中心县委书记兼挺进6支队队长、政委。

1938年5月，根据中共晋绥边

特委的决定，鲁平奉命来到洪涛山区接收雁北支队留下的挺进6支队，领导洪涛山根据地的抗日斗争，组建成立中共右山朔怀县委，鲁平任书记。在抗日战争期间，鲁平为发展、巩固长城内外的左右凉丰根据地，积极组织壮大地方武装，在人民群众的有力配合下，给日伪军以沉重打击。解放战争时期，在人民群众的有力配合下，特别是1947年在敌占左云期间，鲁平同志带领丰凉骑兵大队，多次打击阎、傅军队和保警队，使敌人闻风丧胆。

1948年9月初，根据中共中央军委决定，在左云县组成西北野战军第8纵队，鲁平任8纵队党委常委、作战科长。他参加了察绥战役，攻占了集宁、陶林、武川、乌兰花、固阳等城镇。5月1日大同和平解放后，他北返绥远，驻防集宁、卓资山、陶卜齐、旗下营地区。

其后，鲁平还担任过西北野战军第9师师长，参加了对西北全境的解放。

赵明远

赵明远（1917—1943），原名赵守仁，内蒙古凉城县天成乡庄乐庄人。曾考入绥远师范学校，受到革命思想的熏陶。

"七七事变"后，日寇大举进犯华北，绥远很快沦陷，他怀着一颗抗日救国之心，于1937年8月奔赴岢岚，参加革命，后入抗日军政大学学习，不久加入中国共产党。

1939年秋，在雁北6支队政治处任教育干事，后任10连指导员。

1940年，敌我斗争更加残酷。活动在雁北一带的6支队，采取集中和分散结合的办法，保存力量，伺机打击敌人，巩固发展游击根据地。一次，赵明远所在10连连长张太德打死大怀左动委会主任范平和吴秉彝等5位领导后投敌叛变。赵明远和一排长王德绪带领全排战士彻底击垮叛乱分子。赵明远为了扩大根据地，组建了30余人的警卫队，深入敌占区了解情况，并向群众宣传抗日救国和统一战线政策，发动群众抗粮抗税，得到群众的拥护和支持。一次在朔县的马营村，赵明远被敌人包围，群众王明的母亲不顾生死把他藏了起来，得以脱险。

1941年9月，左云县抗日民主政府县长王默然不幸牺牲，赵明远继任左云县县长，活动于大同、怀仁、左云一带，在三屯堡、威鲁、云西堡、高山、吴家窑、马道头等敌人据点，与敌周旋，经常带领游击队出入敌据点，打击敌人。

1942年是抗战最艰苦的一年，日本鬼子和伪军经常向根据地进行"扫荡"。汉奸、特务不时地出来敲诈勒索，杀害抗日干部。赵明远组织力量，给敌人以迎头痛击。

1943年，敌我斗争更加残酷，叛徒耿平、姜华带领大同、口泉的宪兵队经常出动，搜捕地下党员和干部。组织上任命赵明远为左右县（左云、右玉）抗日民主政府县长。到任后，为了争取三屯警察队投诚，曾多次动员警察队长廖绍周舅父张成义去了解廖的动态。廖约定于8月8日当面谈判，当赵明远亲自到东梁张成义家会晤，狡猾的敌人设下圈套，把队伍埋伏在张成义家的周围。赵明远和两名战士被敌人包围，同来的2名警卫人员当即中弹身亡。赵明远挥枪激战，击毙敌人数名，最后子弹打光，烧毁了文件，壮烈牺牲。

赵效敏

赵效敏（1917—1944），山西省孝义县人。1938年参加革命，中国共产党党员。1941年秋至1942年冬，任归凉城县五区区委书记。1943年春，任归凉县委组织部部长。1944年1月，任归凉县委副书记。1944年2月9日，在凉城县崞县窑郭木匠沟遭敌袭击，突围中牺牲。

郑庭烈

郑庭烈（1917—1973），凉城县六苏木乡脑包村人。1937年"七七事变"后，在中国共产党外围组织"中华民族解放先锋队"的影响下，他到第7集团军政治工作队学习。9月，在山西太原市加入第二战区战地总动员委员会，进行抗日斗争。

1937年9月，部队由离石开赴前方，与汾阳游击队合并改编为2支队，郑庭烈任小队长。1938年，经连队指导员巩书声同志的介绍，加入中国共产党。同年3月，部队进驻山西省神池县，改编为暂1师37团1连，郑庭烈先后任连队指导员、营特派员、政治处锄奸干事、敌军工作干事等职。

1945年3月，郑庭烈任晋绥军区锄奸工作部干事。日军投降后，郑庭烈奉命北上任凉城县公安局局长。1946年，在凉城县搞骑兵武工队工作，随同许振湖在绥南、马头山一带进行游击活动。

1947年5月，郑庭烈任绥远省和林格尔县副县长，中华人民共和国成立前夕任绥远省政府农场场长。

从1949年10月起，郑庭烈相继任集宁市市长，绥远省供销合作社副主任，内蒙古工业厅、冶金厅、重工业厅副厅长，手工业管理局局长，电业局局长等职。

吴秉彝

吴秉彝（1918—1940），山西省右玉县杀虎口村人。1937年12月，加入中国共产党。曾任左（云）右（玉）凉（城）县委会宣传部长，大（同）怀（仁）左（云）工委宣传部部长。

吴秉彝出身于一个店员家庭，从小随父居于右玉城。17岁考入绥远一中。在中学期间，在与共产党员潘纪文等人的交往中，接受了革命思想，加入了"中华民族解放先锋队"和绥远的"牺牲救国同盟会"组织，投身到归绥各校联合组织的演讲队之中，带头走上街头进行抗日宣传活动，声援绥东抗战。

1937年11月，120师警备6团进驻右玉城后，他参加右玉县抗日救国动员委员会，负责宣传鼓动工作，办墙报、搞演讲、写标语、印发传单。在他的宣传鼓动下，不少进步青年、学生加入到抗日的队伍中。他出色的工作多次受到动委会领导的赞扬。在此期间，由和（林格尔）右（玉）清（水河）县委书记贾丕谟介绍，加入中国共产党。

1938年1月8日，日军再次侵占右玉县城。他毅然辞别老母，随同县委和动委会人员撤出右玉城，到右玉西山打游击。不久，他参加了晋绥边特委在偏关城举办的第一期党员训练班，系统地学习了马列主义的基本理论；学习了党的政策方针；学习了开展游击战的基本原则。结业后，他被留在特委党员训练班担任教员。此后，他更积极从事党的思想建设工作，为雁北党组织的建设作出了应有的贡献。

1938年8月，他受中共晋绥边特委派遣，随鲁平同志来左右凉抗日根据地开展工作。中共左右凉县委成立后，他被任命为左右凉县委副书记兼右一区区委书记。期间，他还担任县委宣传部部长职务。1939年7月，根据斗争的需要，他离开左右凉地区，来到大怀左地区工作，任工委宣传部部长。与他一起战斗的6支队6连连长张太德，生活腐化，作风不良，在群众中影响极坏。他和工委其他成员对张太德进行了多次有耐心的帮助教育，但张太德不但不改，反而十分恼恨，于1940年2月15日，将吴秉彝同志杀害，死时年仅22岁。

王祥

王祥（1918—1945），又名李化南，内蒙古凉城县嶂县窑村人。1937年在原厚和市（现呼和浩特市）国立绥中念书时参加了抗日动员会，后转入延安"抗大"学习。1939年任归凉县动委会宣传部部长。1939年8月任归凉县民政科长。1941年春至1941年10月任归凉县副县长、代理县长，同年12月下旬被捕，关押在归绥监狱。1945年在北四区淖儿上村牺牲。

苏珍

苏珍（1918—1986），凉城县东十号乡天德美村人。苏珍家境贫困，从小随父务农。抗日战争爆发后，苏珍在家积极发动群众做抗日支前工作。1940年参加革命，在区里先后任工作员、助理员。1941年在抗战最艰难的岁月中，苏珍带领少数人在蛮汉山坚持斗争。这年冬，苏珍带领120多名游击队员在黄花兔东与1000多名日伪军相遇。在敌众我寡的情况下，游击队员英勇杀敌，战斗从中午打到夜间，重创了敌人。

苏珍于1942年2月加入中国共产党，12月任凉城县一区副区长，1943年4月任区长，后兼游击队长。在此期间，他指挥游击队在敌强我弱的情况下，经常出其不意地打击敌人，使敌闻风丧胆。日军和日伪听说苏珍进城了，便紧闭城门，严密搜查。敌人两次散布谣言说苏珍死了，还曾出500大洋悬赏他的人头。因他只身深入伪保长家取枪，而被传为会"飞檐走壁"。苏珍参加和指挥了数十次战斗，在蛮汉山区、岱海滩川同敌人进行了顽强斗争。1944年秋，由日本军官指挥的270多名伪军对蛮汉山根据地进行"扫荡"。在五合明西北山头，苏珍带领13名游击队员阻击敌人，战斗从早上一直打到下午5点多。他指挥

游击队员采取集中火力各个击破的战术，利用有利地形打败了进攻之敌，从新堂来的增援敌军见状不敢进攻，拉上同伙的尸体逃回城里。

1948年，苏珍参加中国人民解放军。1957年，北京军区授予他三级解放勋章。1986年9月15日，在呼和浩特市逝世，终年68岁。

白成铭

白成铭（1918—1991），陕西省清涧县老舍窠人。农民家庭出身。1934年6月至10月任少共（共青团）清涧中三区委书记。1935年5月加入中国共产党。同月至10月任少共（共青团）清涧县委宣传部长。同年10月至1936年2月任共青团清涧县委秘书长。1936年5月至1937年4月任少共陕甘宁省委宣传部部长。1937年4月至9月任陕甘宁青年救国会部长。1937年10月至1938年4月任陕甘宁边区三边分（专）区各界抗敌后援会主任、青年抗日救国联合会主任。1938年5月任中共伊克昭盟桃力民工作委员会书记。同年11月至1940年7月任中共绥远省委委员、组织部部长。1939年3月随中共绥远省委正式进驻大青山，任中共绥远省绥东工作委员会书记。1940年7月至1941年3月任中共晋绥区委（1941年3月改称绥察区委）委员、组织

部部长兼八路军第120师独立第2支队政治部主任。1942年任八路军第120师暨晋西北军区骑兵支队第3团政治委员，坚持大青山游击根据地的斗争。1942年2月任中共绥察边区委员会代理书记，同年10月至1945年8月任中共绥西地方委员会书记、塞北区工作委员会委员、组织部部长（至1945年2月）。1945年2月至9月任中共绥蒙区委员会委员、组织部部长。期间，4月至6月作为晋绥代表团成员出席中共七大。7月至8月任绥蒙军区绥西军分区政治委员。1945年后任平绥铁路段管理处处长、党委书记、西北党校韩城分校副校长等职。

1949年6月先后任陕南军区汉中军分区第一政治委员、党委第一书记，中华人民共和国成立以后，长期在新疆维吾尔自治区工作，曾任自治区党委常委、自治区人民政府副主席、汉中地委书记等职，为当地的发展作出了重大的贡献。

苏禄仁

苏禄仁（1919—1943），曾化名赵福、林柏川、曹东山，山西省平鲁县李家堡人。

1937年10月初，八路军120师工作团在民运科科长饶兴（兼团长）的带领下，深入到神池、朔县地区农村，发动组织群众抗日。苏禄仁积极参加了各项抗日活动，成为当地抗日的骨干分子。1938年8月，加入了中国共产党。从1938年1月至1940年10月，苏禄仁先后任右（玉）山（阴）怀（仁）中心县右二区牺盟会协助员、朔县抗日民主政府二科科长、右玉县五区区长等职。

1940年10月，八路军警备6团重新开辟大（同）丰（镇）凉（城）左（云）县的抗日工作，并把大丰凉左县扩大到3个区，苏禄仁调任左大一区区长。1941年8月，因形势变化，中共大丰凉左县委、县政府奉命撤销，左大一区划归左云县，苏禄仁仍留在左云一区任区长。1942年5月，雁北绝大部分地区沦为敌占区，地、县、区机关干部大多数都撤到朔平西山抗日根据地，苏禄仁奉命带领区武工队继续坚持当地的抗日斗争。1942年秋，苏禄仁率武工队在凉城张乐窑一带活动时，与日伪军遭遇。他指挥武工队与日伪军激战半个小时，安全转移。

在抗日战争最艰难的1941年至1943年间，苏禄仁带领武工队始终坚持活动在左云一带，与敌周旋，在打击敌人、维系人心方面发挥了重要作用。1943年1月，苏禄仁带领武工队在左云五路山区深入各村部署工作时，于麻家窑村被三屯据点伪警察包围。在这生死关头，苏禄仁命令其他同志先行撤退，自己和通讯员留下来作掩护，与敌展开激战。同志们在他们的掩护下冲出包围圈，安全转移，而他和通讯员则因寡不敌众被俘，被押进左云伪公署监狱。他在监狱中经受了严刑拷打，始终不屈。后来，他又积极组织狱中同志越狱，而他为掩护其他人再次落入敌手。事后，敌人追查越狱情况时，苏禄仁为防止敌人报复其他同志和难友，一口咬定是他一人组织的，结果被敌人酷刑折磨而死，年仅24岁。

罗天泽

罗天泽（1919—1947.4），湖北天门县人。少时年给地主当小长工，饱尝人间苦难，13岁参加中国工农红军二方面军。1935年春，加入中国共产党。

抗日战争爆发，罗天泽随八路军120师东渡黄河，到了晋西北抗日前线，先后在警备6团、特务团、9团和独2旅旅部任班长、排长、连长、作战参谋等职，转战雁北、绥南和晋西北各地，参加过厂汉营、红沙坝、王老沟、八角堡等战斗。

1944年，罗天泽由独2旅调到9团任团副参谋长。抗日战争胜利后，他随9团驻防右玉县城。1946年6月，罗天泽奉命率领部队参加

了晋北战役、集宁战役、大同战役。集宁战役后，他率9团一部赴商都，并出任商都城城防司令员。同年10月，9团扩编时任1营营长，后任团参谋长。1947年3月，国民党驻绥远部队为了配合胡宗南进犯延安，向绥南、雁北解放区大举进攻，先后占领了凉城、右玉、左云等县城。为了打退敌人进攻，根据上级指示，独3旅和雁北地方部队决定攻打右玉城之敌。正在医院养伤的罗天泽，伤口还未痊愈，就向旅、团首长申请归队，参加攻打右玉城的战斗。4月6日，战斗开始，他带领1营担负主攻西北城墙的任务。他率领指战员涉水越过二三尺深的沧头河，冒着敌人炮火，指挥突击队发起了攻城战斗，但两次强攻都未成功。为了减少伤亡，他重新组织登梯突击队，接长了云梯，又把全营轻机枪组成了密集的火力网，对准敌人猛烈射击，敌人的火力点哑然无声了。就在指挥突击队登城时，罗天泽不幸中弹牺牲。

罗天泽牺牲后，4连战士冒着生命危险，把他的遗体抬下来，安葬在右玉城西的周二堡。

石生荣

石生荣（1919—2000），陕西省神木县人。1935年1月参加红军，同年由共青团转为中共党员。土地

革命时期，在陕北神府地区从事革命武装斗争，先后任神府苏区佳芦区一区、三区团委书记，青救会主任。

抗日战争时期，主动请命，由陕北东渡黄河奔赴晋绥抗日前线。

1938年2月至1939年，先后任右和清县一区区委书记，雁北挺进支队第3队大队队长，右和清县游击大队指导员。

1940年1月至1941年，在延安中共党校学习，任第42支部书记。

1942年3月至1943年，随部队重返前线，任山西省右平县游击大队指导员、平鲁县武委会主任。

1944年1月至1945年8月任绥南工委委员。

解放战争时期，先后任山西省右玉县委书记兼游击大队政委，绥远清水河县长、县游击大队长、县委书记，绥蒙军区供给部政委、党委委员。

中华人民共和国成立后，历任乌兰察布盟盟委副书记兼组织部长、书记，乌兰察布盟军分区副政委、政委，包头市委书记处书记，内蒙古农办主任、党组书记，内蒙古自治区党委副书记，政协内蒙古自治区第五、六届委员会主席、党组书记。他是中共十二大代表，中纪委委员，第七届全国政协委员，内蒙古纪检委副书记，自治区人大常委会委员。

李丰

李丰（1920—1997），原名乐然，内蒙古丰镇市新五号乡常山窑人。他出身于贫苦农民家庭，12岁入私塾读书，17岁辍学务农。

1940年1月，李丰由中共地下工作者丰东五区区长贾文颖介绍，在大同境内的三墩子村正式参加抗日斗争，任兴丰县游击队文书，活动于大同以北的采凉山和丰镇境内的红娘山一带。同年春夏调往归凉县骑兵大队，转战蛮汉山游击区。冬，随师学温到抗日后方学习。

1941年春，组织上派李丰到延安陕北公学院学习。秋，转到民族学院学习，其间参加了南泥湾大生产运动，从事锯木板生产。1945年2月，他加入中国共产党，8月分配到丰镇解放区工作，在清水河、丰镇、凉城一带开展对日游击战。

1946年9月，蒋介石发动内战，他随中共丰镇县委在丰东和马头山打游击，经过艰苦斗争和英勇作战开辟了丰东根据地。1947年10月，组织上派他到朔县下木角区参加土改工作。1948年秋，回丰镇任副区长和财政科长。1948年秋，丰镇解放，他被调回丰镇县政府工作，任县政府政务秘书。

1950年10月，李丰到设在丰镇的绥远省委党校学习，并以工作团副团长的身份参加托克托县和武川县的减租反霸工作。1951年4月，李丰先后担任中共土默特旗旗委组织部长、旗委副书记、书记，中共武川县委第一书记，乌兰察布盟农机厂书记，乌兰察布盟盟委农牧部副部长，中共察右中旗旗委书记，中共凉城县委书记，中共土左旗旗委代书记等职，期间他广泛联系群众、深入基层调查，勤恳工作，为当地政治经济发展作出了应有的贡献。

韩明

韩明，生于1921年8月，山西省冀城县人。1936年参加革命，曾任中华民族解放先锋队冀城县大队副队长，中共山西冀城县委组织部长，绥远省绥南托和清宣传部长，丰集、凉城县委书记，绥南地委秘书兼情报站长，绥蒙区党委宣传部教育科长，办公室主任。

中华人民共和国成立后，曾任内蒙古政协副主席、党组副书记。

蔡子萍

蔡子萍（1921—1991），出身于内蒙古凉城县蛮汉山区一个农民家庭。青年时代受到中国共产党抗日救国思想的影响，于1940年10月参加革命，1942年加入中国共产党。1942年秋至1945年8月，历任归凉县五区副区长、区长、游击队长。1946年先后任凉城二区、五区工作员、助理员、区长。1948年4月任丰凉县凉二区区长、右玉战勤第四区区队长，9月任中共凉城二区区委书记兼区长。1949年3月任凉城县人民政府副县长兼民政科长。1950年至1966年，先后任河套区米仓县副县长、县长，河套区水利局副局长、局长，中共河套地委农牧部部长，黄河内蒙古建设委员会秘书长兼内蒙古水利设计院院长，内蒙古重工业厅副厅长，内蒙古农机局副局长。1966年调任内蒙古呼伦贝尔盟盟委副书记、内蒙古机械局负责人、伊克昭盟盟委书记等职。"文化大革命"运动中，身心遭受折磨。1980年任内蒙古自治区乌海市市长。1983年离休。

赵自新

赵自新（1922—1944），原名武成山，出生于内蒙古卓资县，后移居凉城县三苏木乡。1938年参加革命，1939年在蛮汉山五区参加游击队，同年加入中国共产党。赵自新常带有大小两支枪，不仅有胆量，而且善指挥，小股敌人十分害怕他，尤其是特务、汉奸和叛徒们都是闻风丧胆。他参加革命不久，就担任归凉五区游击队的指导员。

1941年夏季，为了打击防共1师便衣队，在五区区长高屏的支持下，赵自新和蔡子萍带4名游击队员趁夜潜入西壕欠，击毙汉奸便衣队长宿殿臣，除掉了一个血债累累、穷凶极恶的民族败类。

1941年冬天，五区游击队在东十号老四沟和日伪军接火。由于敌众我寡，赵自新带着2名战士掩护区政府和游击队撤退。他用火力把敌人吸引到蛮汉山顶的轿子台附近时，看见游击队已安全转移，便下令让那2名战士也撤离了阵地。赵自新凭借熟悉的地形安全撤走。战斗后，人民和战士都称他是"虎胆英雄"。

1942年冬季，赵自新带3个战士到红砂坝执行任务，和王政清、段五、猫小子20来个叛徒、汉奸遭遇。赵自新立即开枪射击，打垮了敌人，而他的腿部负伤。

1943年初冬，他和5个区游击队员在白石头沟村，被伪军王凤舞自卫团的100多骑兵包围。为掩护同志们撤退，他只身阻击敌人，坚守阵地3个多小时，负伤七八处，子弹已打光了，便用刺刀、石头和敌人拼杀，最后砸断枪支，准备跳崖，终因流血过多，被敌人俘获。王凤舞给赵自新许愿当警尉，企图诱降，遭到赵自新的痛斥。1944年4月，赵自新被营救出狱。

1944年冬天，在开辟右玉、平鲁、清水河、和林格尔的秘密交通线时，在平鲁县蒋家坪村遭敌人包围。突围时，不幸身中数弹，壮烈牺牲，时年22岁。

张广济

张广济（1924—1947），化名王俊，山西省左云县拒门堡人。张广济7岁入本村小学，12岁从县立官家堡第三高小毕业，考入省立右玉第七中学。抗日战争爆发，他辍学返乡务农。他在父亲张登峰的熏陶下，于1941年2月参加革命，翌年2月到绥察第一专署训练队学习。5月，环境恶化，他回到丰凉县任三区财建助理员。1943年调任丰凉县二区副区长。

1943年11月19日，他随张登峰活动在马头山。是夜，隐蔽在南窑子村，不料被日伪密探发觉。伪警察队长纠集100余人，兵分三路袭击南窑子村。突围中，张登峰壮烈牺牲。张广济与敌展开搏斗，终因寡不敌众被俘。在日伪县署监狱关押期间，他英勇不屈，坚持斗争。1944年4月，经过党组织多方营救和地方进步人士的有力配合，张广济被释放出狱。

1944年7月，张广济重返马头山，不几天，组织派人护送他回偏关县城，与家人团聚，随后任绥蒙区党委招待所事务长。1945年8月，他奉命返回丰凉县；10 月，任丰镇一区区长。他宣传党的政策，废除保甲制，建立民主政权，征集公粮支前。1946 年春，组织群众减租减息，搞土改试点。同年 9 月，中共丰凉县党政机关主动撤出丰镇城，转移到马头山革命根据地开展游击战争。他带领由一区全体工作人员组成的战地武装工作队，坚持敌后武装斗争，活动在以弥驼山为中心的白毛沟、十三泉、十四泉、新营子、九墩沟、宝全庄、三村梁、九龙湾一带。他率队机智灵活地袭击敌据点，捕捉敌特人员，镇压首恶分子，敌人闻之丧胆。国民党县长悬赏银洋 1500 元，下令保安团、保安队、各乡公所严密缉拿。

1947 年 4 月，张广济在丰镇隆盛庄，遇到国民党保安团，将张广济区小队围困大双台山上。张广济率队沉着应战，打退了敌人 4 次进攻。区小队子弹和手榴弹快打完了，就用石头还击。他面对严重战局，再不能等到天黑撤退了，果断指挥二、三班向西突围，一班随他掩护。张广济为了吸引火力，挺身站起，怒骂敌人，不幸被敌击中头部壮烈牺牲。

敌人将张广济的头颅割下，挂在城隍庙旗杆上示众。

岳子宜

岳子宜，生于 1924 年 1 月，山西省朔县人。1938 年 3 月参加革命，1939 年 10 月加入中国共产党。1949 年 3 月入伍。抗日战争中，任山西省朔县动员会工作员，三区牺盟会青年干事，晋绥分局宣传部宣传员，绥远省丰镇县武工队队员，民政助理员，和林县武工队工作员，塞北军分区整风队学员，绥远省和林（县）市政府市长。解放战争时期，任和林县区委书记，民政科长，和林县大队副政治委员，绥南军分区政治部宣传科长。中华人民共和国成立后，任萨县军分区政治工作科长，集宁军分区政工科长，内蒙古军区政治部直工科科长，昭乌达盟军分区政治部主任、副政治委员、第二政治委员，呼和浩特军分区第二政治委员，乌兰察布盟军分区政治委员等职。1955 年被授予中校军衔，荣获独立自由功勋荣誉章。1982 年 9 月按副军职离休。

程仲群

程仲群（？—1944），山西省洪洞县人。1940 年春任归凉县抗日救国青年联合会主任。1941 年 5 月任归凉县委宣传部部长。1944 年 3 月任归凉县县委书记。由于叛徒告密，1944 年 5 月 1 日被王凤舞与十大队包围在蛮汉山区东梁村，突围中牺牲。

宋克瓒

宋克瓒，山西省汾阳县人。1939年春至1940年春，先后任武川三区动委会副主任、分配部部长、区委书记。1940年8月至1942年9月，先后任陶林县武装部部长、陶林县抗日民主政府县长。1943年7月至1945年9月，任归凉县县长、绥中专员公署副专员。1945年6月至12月，任绥东专员公署副专员。1945年12月至1946年9月，任绥北工作团团长、龙胜县县长。中华人民共和国成立后，任四川省成都市税务局副局长等职。

李云龙

李云龙，陕北延安人，曾任中共凉城县委书记。1940年3月至1941年3月，任中共绥西地委民运部部长兼中共托和清县工作委员会书记。1941年3月至11月，任中共绥西地委组织部部长。1945年初至9月，任中共绥南工委书记兼归凉县委员会书记。1945年9月至1946年9月，任中共凉城县委书记，同时兼任中共凉城中心县八区委员会书记。中华人民共和国成立后，任西北地质局党委书记。

宋时轮

宋时轮，中华人民共和国开国上将，中国共产党的优秀党员，久经考验的忠诚的共产主义战士，无产阶级革命家、军事教育家。1926年考入黄埔军校第五期，并加入中国共产主义青年团。1927年1月转入中国共产党，参加过土地革命、抗日战争、解放战争、抗美援朝。所部军纪严明，擅长阵地攻防，被敌人誉为"排炮不动，必是十纵"。1955年被授予上将军衔，获一级八一勋章、一级独立自由勋章和一级解放勋章，1988年获一级红星功勋荣誉章。是第一至第三届国防委员会委员，中共第八和第十届中央候补委员、第十一届中央委员和中央军委委员。在中共第十二、第十三次全国人民代表大会上，被选为中央顾问委员会常务委员。1991年在上海病逝。

抗日战争爆发后，任八路军第120师358旅716团团长，率部进军雁门关以北地区，开辟抗日根据地，任雁北支队支队长兼政治委员。在不到一个月的时间里，他率部连续收复数座城镇，直逼山西省会大同，直接威胁大同日军及同浦路北段的日军交通，打开了雁北地区的抗日局面，使之成为华北抗战的战略支点之一，受到八路军总部的高度赞扬。1937年8月，率八路军120师宋支队开辟了马头山抗日根据地。1939年在蛮汉山组建成立了归凉县人民政府。

杨成武

福建省长汀县客家人，是中共的优秀党员，共产主义战士，无产阶级革命家、军事家。杨成武于1929年参加革命，1930年加入中国共产党。17岁当上团政委，后任红1军团第1师政治委员，指挥过抗日战争、解放战争，为创建中华人民共和国立下了不朽功勋。1955年被授予上将军衔。1955年获一级八一勋章、一级独立自由勋章和一级解放勋章，1988年获一级红星功勋荣誉章。

1948年后任华北野战军第三兵团司令员、第二十兵团司令员，组织指挥了绥远战役，在进军绥远途中，曾四次进驻凉城。

吕正操

吕正操（1904年1月4日—2009年10月13日），原名吕正超，字必之，奉天省（今辽宁省）海城县（今海城市）人。8岁时在本村小学读书。1918年到缫丝厂当学徒。1922年参加东北军。1923年入东北讲武堂学习。毕业后，任东北军第五十三军连长、营长、少校副官队长，第116师参谋处长，647团、691团团长。1933年参加热河抗战。1936年组织"东北武装同志抗日救亡先锋队"，任总队长，参加"西安事变"。

1937年5月加入中国共产党。

抗日战争爆发后，任冀中人民自卫军司令员、八路军第三纵队司令员、冀中军区司令员兼冀中行政公署主任、冀中区总指挥部副总指挥。1943年任晋绥军区司令员、中共中央晋绥分局委员。

1943年11月，吕正操调任晋绥军区司令员。同年秋任中共中央晋绥分局委员（后任常委）。他和时任中共中央晋绥分局代理书记兼军区政治委员的林枫一道，坚持贯彻党中央和毛泽东关于"把敌人挤出去"的指示，带领晋绥边区军民迅速开展秋季反"扫荡"作战行动，使边区根据地形势得到根本好转。1945年8月，晋绥军区司令员吕正操率军解放凉城。

中华人民共和国成立后，任中央人民政府铁道部副部长、代部长，中央军委军事运输司令员，解放军总参谋部军事交通部部长。1955年被授予上将军衔。1964年任西南铁路建设总指挥部副总指挥、工地指挥部司令员兼政治委员和铁道兵第一政治委员。1965年任铁道部部长。1983年6月至1988年3月任政协全国委员会副主席。

2009年10月13日，中国共产党的优秀党员、久经考验的无产阶级革命家吕正操同志在北京逝世，享年 105 岁。他是最后一位逝世的开国上将。

支前模范——胡栓

抗日战争和解放战争期间，当时凉城连年天灾、土地歉收，人民群众生活十分艰苦，缺衣少食，但他们却勒紧裤带，把一碗一瓢省下的粮食，毫无保留地送到前线。老百姓知道粮食的分量，如一首歌谣唱的：粮食就是命根子，打赢敌人的老本钱。除此之外，老百姓参加了担架队，卸掉自家的门板，甚至拆掉寿材，运送伤员，为支前工作作出了贡献。凉城县的胡栓老人就是其中的杰出的代表。

追寻红色足迹

李井泉（右）重返革命老区蛮汉山

李井泉。1938 年，开辟了大青山、蛮汉山抗日革命根据地。在和平建设年代，重返大青山、蛮汉山革命老区考察。

杨植霖。 1987 年春夏之交，原绥远省主席杨植霖携夫人重返故地——凉城考察。

胡栓

杨植霖（左二）重返蛮汉山

李讷（左一）在凉城

李讷。1997年7月，毛泽东主席的女儿李讷携丈夫王景清，随中国社会主义女企业家协会支援贫困地区考察团考察了革命老区凉城。

贺捷生（右三）在凉城

贺捷生。2005年6月，贺龙元帅之女贺捷生考察凉城，缅怀了父亲当年战斗生活过的地方。

赵力平来凉城考察

赵力平。1997年7月，朱德儿媳赵力平和李讷、王景清随中国社会主义女企业家协会支援贫困地区考察团考察了凉城。

布赫（右二）来凉城考察

布赫。2003年8月，全国人大常委会原副委员长、原内蒙古自治区主席布赫赴凉城考察。

榜样的力量

榜样的力量是无穷的。在凉城这片红色的土地上，在和平建设年代涌现出了许多劳动模范。一群榜样，满城新风。一个榜样感动一座城市，一个榜样带动一批好人，这些榜样都是普普通通的老百姓，他们从身边的小事、善事做起，用饱含真善美的心灵之光、道德之美，彰显人间大爱的情怀、人性深处的美丽。各行各业的榜样，引领起了社会正能量的风尚。

全国民兵战斗英雄——王根生

王根生，全国民兵战斗英雄，在剿匪战斗中屡建奇功，先后被评为凉城县和绥远省民兵剿匪英雄，并荣立一等功一次。1950年9月，

王根生

光荣出席了全国民兵战斗英雄代表会，受到毛主席、周总理的亲切接见。会上被授予中央军委颁发的"全国民兵战斗英雄"勋章。

全国农业劳动模范——郭老虎

"我不服老，我要永远听党的话，学习党的政策，继续把人民公社集体的事办好，把终身献给社会主义农村事业。"

——郭老虎

郭老虎（1907—1980），凉城县麦胡图镇金星村人。1950年加入中国共产党，1952年春组织了绥远省第一个初级农业合作社。他止水淤地，引洪淤灌，工作成效显著，曾多次受到党和政府的嘉奖。1952年，荣获"绥远省农牧业劳动奖"称号；1957年，出席了在北京召开的全国农业劳动模范大会，被授予"全国农业劳动模范"称号；1964年，当选为全国人大第三届代表；1979年，当选为自治区人大常委会委员；曾进京参加中华人民共和国成立十、二十一周年庆祝观礼和"五一国际劳动节"活动，曾多次受到毛泽东主席的亲切接见；1953年出国赴朝鲜慰问中国人民志愿军；他的名字被载入《中国名人辞典》。

由于家境贫寒，郭老虎从十岁起就在本村地主家做长工，贫困的生活状况和繁重的体力劳动并未将他压垮，反而使他更加坚强。由于常年遭受地主的剥削压迫，当革命春风吹来时，郭老虎很快认识到只有共产党才是真正帮助劳苦大众脱离苦海的，他在思想上和行动上都积极向共产党靠拢。1946年，郭老虎参加了中共绥南地委和绥南专署领导的反奸清算、减租减息斗争，并担任农会小组长。1949年，郭老虎成为区农会委员，积极参加县委、政府领导的减租、反霸、土改等运动。由于工作积极主动，思想进步，郭老虎于1950年5月光荣地加入中国共产党。从此，他的生命开启了崭新的篇章。

自力更生，艰苦创业。中华人民共和国成立前的金星是个穷地方，土地贫瘠，洪水频发，粮食产量低。群众都说金星有七多：洪水灾害多，

全国劳动模范郭老虎（前排左二）

风沙多，群众没有房的多，穿不上衣服没被褥的多，讨吃的多，搬家的多，光棍汉多。面对这种状况，作为共产党员的郭老虎，看在眼里，急在心上，他积极思考对策，寻找出路。经过深思熟虑，1951年春，郭老虎响应党的"组织起来，节约度荒，发展生产"的号召，与同村农民康维维、梁海泉组建了凉城县第一个农业生产互助组。互助组建立后，经过以工换工、互助调剂使用耕畜和农具，大大提高了劳动生产率。当年粮食亩产达70多斤，超过了前两年的收成，初步改善了大家的生活状况。但郭老虎觉得这样还是远远不够的，于是，1952年春，在凉城县委、县政府的支持下，郭老虎带头组建起由11户贫农参加的

农业生产合作社，命名为"金星社"。金星社是绥远省建立的第一个初级农业生产合作社，郭老虎任社长。金星社成立之初就制定了季度和年度生产计划，以及年终分配方案，采取"按劳定分，死分活评"的办法，对社里不同劳力统筹安排了工种，劳力强弱、技术优劣、工效快慢等因素都成为评工分的参考。入社的耕畜、农具实行定分定额。合作社的年收入实行统一分配，扣除当年生产费用、缴纳一定数量的税金和提取一定比例的公积金和公益金、支付社员入股的土地、耕畜和农具的报酬，剩余部分按劳动日分配给社员。金星社成立后，社里收入蒸蒸日上，社员生活逐步改善。

在郭老虎成功经验的影响下，

凉城县许多地方陆续组建了农业生产合作社。金星农业生产合作社成为全县农业发展的一面旗帜，也成为整个绥远省农业战线的一面红旗。省委号召全省各地学习金星模式，指出"金星农业生产合作社是全省农民前进的方向"。

1954年，绥远省并入内蒙古自治区。1956年，在凉城县委、县政府主持下，麦胡图乡7个初级农业生产合作社合并建成1个高级农业生产合作社，仍称"金星农业社"，郭老虎任党支部书记、社长。金星农业社将农民私有化的土地无偿转为集体所有，入社的大牲畜、农具和非农业工具有偿转归集体所有，其办法是按当时当地正常价格定价，分期偿还。建成高级农业生产合作社后，按社员居住情况和便于生产管理，划分了15个生产队和耕作区，每个队30到40户，生产队实行包工、包产、包成本和超产奖励制度。由于贯彻男女同工同酬原则，妇女的出工率达到90%以上，真正顶起了半边天。

金星农业社的发展是有目共睹的，粮食产量逐年增长，社员生活水平日益提高。那么这样巨大的变化究竟是怎么实现的呢？

引洪淤澄，多措增产。金星农业社之所以能够稳定发展，与郭老虎的领导和决策是分不开的。金星北面靠山，南向岱海。从北山到岱海，有一条半里宽的河道——索代沟。每逢大雨，山洪就顺着河道直冲下来，许多房屋被毁，田地变成了河沟和沙滩。而当大风刮过，河槽里沙土乱飞，导致刚出土的禾苗被毁，收成锐减。金星农业社的6个自然村的田地，有3200亩是沙滩河沟地，农民辛苦耕种一年，却收成甚微。当时单干的农民对洪水、流沙是无可奈何的，只能望沟兴叹。1952年初级农业生产合作社成立后，郭老虎首先想到要治理索代沟。他说："洪水不治，穷根难拔，不治好索代沟誓不罢休。"他带领社员在田埂地边修渠道、打土堰、筑堤坝，有效地防止了洪水的侵袭，同时引洪淤地四十亩，把沙滩变成了农田。经过一年的治理，秋收时，过去一亩打不了一斗粮的瘠地，这年一下就打了一石多。这次的成功尝试极大地鼓舞了当地农民治水的积极性和信心。在郭老虎的带领下，金星农业社的群众开始全面治理洪水。他们打拦河坝，把河水一节节拦住；修渠道，疏散洪水，并用洪水灌溉和淤澄土地；在堤坝、渠旁、田埂、河槽种成片林，造防风林带，阻挡风沙的侵袭。经过奋战，洪水被拦住了，河沟、沙滩经过淤澄变成了良田，风沙被林带挡住，粮食产量大幅提高。之后，郭老虎又带领群众对盐碱地进行改造，通过增施马粪、铺沙治碱等有效的方法，将岱海附近的三千多亩盐碱地改造成了沃土。

在治洪、用洪的同时，郭老虎意识到光靠天吃饭是不行的，务必要无论旱涝都保丰收。于是，几年中，郭老虎利用冬闲时节带领打井队打了46眼机井用于灌溉农田，确保了即使遭遇大旱年也有好收成。

作为一位有经验的农民，郭老虎深深地认识到地好还需种子优，因此，每推广一种新种子前都要经过试验。譬如大家都说玉米是高产作物，金星农业社在确定播种玉米前，先把几个不同的品种在小块田里进行了试验，结果有的品种适宜在当地种植，有的不适宜。第二年，金星农业社大规模地播种了适合当地土壤种植的玉米品种，年终亩产达到300斤以上。这种一切经过试验，因地制宜种植的做法得到大力推广，各地纷纷效仿。

1958年10月"人民公社化"后，金星社改为麦胡图公社金星大队，郭老虎任大队主任兼党支部书记。经过多年奋战，到20世纪60年代初，金星大队共营造防护林1300多亩，渠道、河边、路旁植树19万株，索

代沟的风沙绝迹。过去被称为北沙滩、西沙滩和乱坟滩的3000多亩寸草不生的沙石滩淤澄成肥沃的土地，5000多亩瘠地改造成良田，平均亩产稳在200斤。上缴国家的粮食也逐年递增，畜牧业有了长足发展。有一半以上农户有了存款，大部分社员盖起新房，绝大部分适龄儿童上了学，队里还办了识字班，成立了阅览室。

树为榜样，功绩卓著。郭老虎带领下的金星大队艰苦创业的精神，以及民主、勤俭办社的原则和严格的管理制度、财务包干办法、先进的耕作技术和在劳动中开展评比竞赛等成功经验在全县、全盟乃至全区推广。因为成绩突出，贡献卓著，郭老虎多次受到党和政府的嘉奖，先后被评为凉城县农牧林劳动模范、增产救灾模范、绥远省农牧业劳动模范、凉城县劳动模范、内蒙古爱国增产增畜劳动模范、内蒙古爱国斗争劳动模范、凉城县增产劳动模范等，共获得26枚奖章，并于1957年出席了在北京召开的首届全国农业劳动模范代表会议，被授予"全国农业劳动模范"称号。1964年初，自治区政府把金星大队确定为全区"农业学大寨"标兵。同年3月30日，中共乌兰察布盟盟委、行署发出《关于开展赶金星、超金星运动的通知》，

指出"凉城县麦胡图公社金星大队，是乌兰察布盟的'大寨'，是我们在生产斗争中学习的榜样"。此后，"学大寨、赶金星"成为当时的时尚口号，各地来金星大队参观、学习、取经的团体和个人络绎不绝。金星大队能获得如此殊荣，书记郭老虎在工作方法上到底有什么秘诀呢？

开拓创新，集思广益。作为金星大队的掌舵人，郭老虎在工作中坚持走群众路线，不断开拓思路，创新方法。郭老虎常说："兵上三千出韩信，一个人的智谋不过是九牛一毛。"他在工作中坚持遇事同群众商量，办事走群众路线，身边的每一位群众都是他的"智囊团"成员。遭遇百年不遇的大旱灾那年，眼看着田里的庄稼开始枯萎，几乎一把火就可以点着，郭老虎急得起了满嘴泡。该怎样挽救这些庄稼呢？他急忙找到有丰富抗灾经验的八十多岁的王随和王大秃老人，与他们进行商量。经过讨论，两位老农民给出三个建议：第一是多锄，俗话说"锄头自带三分雨"，多锄能够抗旱；第二是多修毛渠，确保把仅有的水点滴不漏地浇到田里；第三是让每人管理一亩保命田，用扁担挑水一株株的浇灌。这三个办法实施后，取得了显著成效，金星大队在大灾年里获得了好收成。此事后，

郭老虎更加坚持走群众路线，坚持从群众中来到群众中去。他的工作方法也带动了其他干部遇事征求群众的意见，集思广益，使金星大队的各项工作越抓越好。

移风易俗，倡导新风。郭老虎在狠抓生产建设的同时，对思想教育工作也毫不放松。他率先垂范，破旧俗、倡新风。郭老虎的母亲去世了，按照当地乡俗是要大操大办的，请鼓匠、摆酒席、做纸扎。郭老虎却把这些全部免了，当时亲人都不理解，觉得母亲辛苦了一辈子，去世了应该好好操办操办，可他坚决反对迷信，坚持要破除旧俗，丧事简办，最终做通了大家的思想工作。出殡那天，乡亲们按照习俗做好了寿桃去送殡时，郭老虎已经不声不响地把母亲下葬了。之后，郭老虎大力宣传婚丧嫁娶新事新办，村里有好几家都学他的样子为老人简办了丧事，年轻人结婚也不摆酒席、不拜天地，只要简单热闹即可。摈弃旧习、新事简办在金星大队蔚然成风。

严于律己，克己奉公。生活中，郭老虎时刻把群众的事情摆在第一位，帮助群众排忧解难。队里有人生病，郭老虎必定去问候，帮忙请医生、代为煎药熬汤；有人生孩子，他定会让管理员给调剂食油、细粮；

有人急需用钱，他一定会帮忙想办法。郭老虎常常深入群众家里走访，谁家有什么困难他都知道，并且准会第一时间帮助解决。

就是这样一位热心人、群众的知心人，对待自己却要求甚严，几乎到了苛刻的地步。有一次到呼和浩特市参加全区人代会，为了省下五元车费，郭老虎没有选择坐车到丰镇，再倒车到呼和浩特市，而是徒步从金星到卓资县坐火车直达呼和浩特市。每次外出开会发放的补助金和获得的奖金，郭老虎都会全部交回队里，用于帮助贫困户或为队里购买生产资料。随着收入的增加，金星大队大多数群众盖了新房，郭老虎却还住着土改时分到的一间半旧房子，后墙都裂缝了。大家都劝他盖新房，他却说："忙啥？等到全金星人的房子都解决了，咱还愁盖间新房？现下要办的事还多哩，有钱要用在紧要处。"

郭老虎一心想着群众，为群众办事从来不要任何回报。村民史二换病了，郭老虎亲自送他去医院，帮他找医生、付医药费，出钱出力，事事亲力亲为。史二换的弟弟史三娃为了感谢郭老虎，提出要请他吃饭，郭老虎坚决不同意，无奈史三娃只好给他送去五个油炸糕，却还是被他拒收了。郭老虎全心为民，

无私奉献，当亲朋好友求他办事时，他却总是说："我是共产党员，不是旧社会的官，怎么能搞特殊呢？"他唯一的儿子也一直在金星种地，是个普通农民，从未因父亲享受过任何特殊待遇。郭老虎深信，只有永远保持艰苦奋斗的优良传统，坚持勤俭办事业的原则，发愤图强，自力更生，才能把社会主义建设推向前进。他这种克己奉公、严于律己的高尚品德影响了整个金星大队，全队勤俭成风，节约成习，干部清廉，群众团结。

身兼数职，不骄不躁。郭老虎于1959年任麦胡图公社党委常委，1961年任麦胡图公社副社长兼金星管理区党支部书记，1967年任凉城县革委会副主任，1971年当选为凉城县委常委、乌兰察布盟盟委委员，1972年起先后任乌兰察布盟中级人民法院副院长、乌兰察布盟贫协副主任。郭老虎还多次作为县、盟、自治区和全国党代会、人代会代表，出席各种会议。1953年赴朝鲜慰问志愿军，1964年当选为第三届全国人民代表大会代表，1969年和1973年先后两次当选为党的九大、十大代表。他赴北京参加过中华人民共和国成立十周年和二十一周年国庆观礼和庆祝"五一"劳动节活动，多次受到毛泽东、刘少奇、朱德等

237

党和国家领导人的接见。就是这样一位满身光环的同志，年届花甲却一直不忘农民本色，在繁忙的公务间隙，坚持参加劳动。当年有个外地人慕名去金星拜访郭老虎，当时郭老虎正在砌墙，光着脚，卷着裤腿，浑身是泥。那人惊讶地说："哦！原来是个庄稼人，还干活哩！"郭老虎笑着答道："你当我是什么人，不干活怎么能见到毛主席。"队里有好多人劝郭老虎："老郭，像你这样出名的模范，经常去呼和浩特、北京的人，也该穿好一点，才像个样子嘛。"也有人说："像你这样的人还拼命劳动干啥？咱这么大个队，哪在乎你一个人的劳动。再说，你也上了年纪，该坐在办公室里歇歇啦。"每次听到这样的话，郭老虎都会严肃认真地回答："你们这样说就错了，咱们都是一样的，我能够劳动，有什么资格光看着别人干活，自己指手画脚地不劳动呢？再说，我能当上劳动模范，能代表大家见到毛主席，就是因为我积极参加了集体生产劳动，不劳动，还算什么劳动模范！如果我不参加劳动，怎么能把生产领导好呢？"多么质朴的话语，掷地有声，"不劳动算什么劳动模范"！在荣誉面前，郭老虎并没有被冲昏头脑，依然不骄不躁地埋头苦干。今天，我们的

党员干部很有必要重温郭老虎的奋斗历程，时刻提醒自己戒骄戒躁，勿忘共产党人本色。

1980 年 8 月 15 日，劳碌了一辈子的郭老虎因患癌症逝世，享年 73 岁。

"众人是圣人，群众是真正的英雄。"

"兵上三千出韩信，一个人的智谋不过是九牛一毛。"

"我能当上劳动模范，能代表大家见到毛主席，就是因为我积极参加了集体生产劳动，不劳动，还算什么劳动模范！"

"我不服老，我要永远听党的话，学习党的政策，继续把人民公社集体的事办好，把终身献给社会主义农村事业。"

这些发自郭老虎肺腑的话语句句铮铮，虽质朴，却如珠玑。郭老虎精神也必将激励着一代又一代人在实现伟大中国梦的道路上披荆斩棘，砥砺前行。

全国造林模范——张清旦

张清旦（1885—1966），汉族，凉城县麦胡图镇苜花村人，全国林业劳动模范。他在 20 世纪 50 年代发明了雨季造林，累计和全村人造林 726.66 公顷，造防护林带 9 道，农田防护林 28 道，护渠林 3 道。1951 年，他出席了全国首届工农兵

全国造林模范奎占元

反映张清旦先进事迹的油画

劳动模范代表会，受到了党和国家领导人接见，被授予"全国林业劳动模范"称号，1966年病逝。

全国造林模范——奎占元

一颗红心两只手，

自力更生样样有。

——奎占元

奎占元（1920—），男，蒙古族，凉城县岱海镇西菅子村农民，全国著名造林劳动模范，累计绿化荒山秃岭22座，沟岔几十条，面积达15000余亩。1963年，相继被评为"内蒙古自治区林业劳动模范"

和"全国林业劳动模范"；同年10月4日，受到了毛泽东、刘少奇、朱德、周恩来等党和国家领导人的亲切接见；1982年到1984年期间，被连续评为县、盟、自治区三级林业劳动模范；1986年12月27日，再次荣获"自治区林业劳动模范"的荣誉称号。

自治区著名造林模范——倪河

沙子虽小垒成山，

羊毛虽细擀成毡。

不怕山多人手少，

只要坚持天天干。

——倪河

倪河（1929—），男，汉族，凉城县双古城小窑沟村人，内蒙古自治区劳动模范。他总结出一套治理小流域和植树造林、保护水土流失的经验，成功治理山坡小流域面积一万余亩，使小窑沟小流域治理成为自治区样板工程。他个人先后荣获县、盟、自治区三级水土保持模范荣誉称号，《内蒙古日报》《乌兰察布日报》多次刊登他的先进事

全区造林模范倪河

迹。1960 年在北京参加为期一个月的植树造林大会。20 世纪 80 年代当选为自治区人大常委会委员。

文化战线上的标兵
——农民诗人孟三

孟三（1908—1971），凉城县人，是新中国成立后第一代农民诗人，一生创作诗歌 6000 余首。

中华人民共和国成立初期，孟三从事扫盲工作，积极探讨革新教学方法，创新出了一些农民朋友易学易懂的教学方法，并创作了大量反映农村乡土生活的诗歌，发表在《人民日报》《光明日报》《诗刊》和《人民画报》等刊物上。1951 年到 1966 年间，孟三曾被评为全国文教战线先进工作者。担任过内蒙古自治区作家协会副主席等职。1960

年 6 月 1 日和 1966 年 6 月 1 日，孟三两次参加了全国文教战线先进工作者和全国文教群英会，受到了刘少奇、周恩来、朱德、宋庆龄、董必武、邓小平等国家领导人的亲切接见。

孟三，这个响亮的名字，早在 20 世纪 50 年代就唱响于大江南北、长城内外，著名农民诗人的光环罩在了这个地地道道的农家儿子的头上。

孟三，1908 年出身于岱海湖畔一个贫穷的农民家庭，兄弟间排行老三，故父母为其取名孟三。待到孟三上学的年龄时，父母亲抱着使这个天资聪颖的孩子读读书、睁睁眼的希望，决定节衣缩食，克服重重困难送他上学读书，从而使小孟三在那个烂漫天真的年纪里有幸踏入附近一家私塾的门槛。读书期间，小孟三勤奋刻苦且思维敏捷，学业长进，成绩优异，备受先生看重，先生杨耀为有如此的得意门生而感到自豪。然而家庭境况不容小孟三乐观，孟家终因家境窘迫，无以维持生计，本着"人挪活，树挪死"的道理于 1949 年前半年不得不告别世代赖以生存的麦胡图乡沙卜村，举家迁徙到同乡且邻村的古营洼村定居。在私塾学习满三年的小孟三也只好忍痛辍学，到异地跟随父母下

农民诗人孟三（二排右四）

田助耕。

1949年10月春雷一声响，穷苦人民翻身得解放，孟家和广大被压迫人民一样，拨开云雾见太阳，扬眉吐气无阻挡……

在中华人民共和国成立不久的20世纪50年代初期，一个以扫盲为中心的业余教育运动在岱海滩迅速掀起，各村采用冬学和民校的方式组织农民识字扫盲。新的生活、新的希望，已是五子二女全家九口人的孟家感觉生活注入了无穷的动力，入过学、读过书的孟三首当其冲以一名民校教师的身份活跃在扫盲运动的前沿。他走民校、进农舍，以一丝不苟的精神、满腔热忱的态度辅导青壮年农民学习文化知识。他

在教学中坚持先学习，后实践，实践中再学习的原则，就连下地劳动也带着书本，利用劳动休息间隙抽空就学，既提高了教学水平，也提高了自身文化素质。其时也开始了他的文学作品创作活动，从此走上了诗歌创作的生涯。追溯孟三诗歌创作的轨迹，不难发现其文学梦的实现是与民校教学有缘的，即由为便于教学写作诗歌到为鼓励群众学文化而写作诗歌，再到为歌颂学文化而写作诗歌，继而逐步拓展到歌颂党、歌颂英明领袖、歌颂新生活、歌颂劳动人民、歌颂家乡等诸方面。其创作的题材大多来自于农村，如农民学文化、秋收、节约粮食、深翻地、积肥等。其创作内容以反映

241

农村面貌、歌颂家乡山河为主。孟三不愧为一位深谙农村的农民诗人。

"从上到下一二三，从左到右行化川，从外到内周月南，进入里面田困团，最后从底把门关。"这是孟三在民校教学中为帮助学员记忆，指导学员学习汉字，按字旁和笔画顺序编写的一首形象性的诗歌，足见其探索教学规律的信心和革新教学方法的胆魄。

为推进教学事业的发展，激发学员的学习热情，孟三在民校教学中创作了《学文化》这首诗歌：

夫妻俩学文化，

一笔笔一划划，

哈哈！

学习忘了哄娃娃。

这首幽默风趣的诗歌真切自然地描绘了农民学文化聚精会神、全神贯注的状态，营造了一种热气腾腾的学习氛围，折射出当年那轰轰烈烈扫盲运动的大好形势。可想而知该诗在当时对鼓舞青壮年参加文化学习起了何等重要的作用啊！

孟三用诗歌辅助教学所取得的成效使他迸发出巨大的创作热情，他日思夜想，不断构思，以丰富的感情和想象、高度精练的语言、具体真切的形象，从20世纪50年代初期到60年代初期，在祖国文学这片沃土上孜孜不倦，勤奋耕耘，用

辛勤的笔触演奏了一曲曲诗意人生的畅想曲。十多年的时间里，他创作了六千余首人们喜闻乐见的诗歌，其中收入《孟三诗集》九百六十首，部分诗歌曾被《人民日报》《光明日报》《诗刊》《人民画报》《内蒙古日报》《乌兰察布日报》等报刊刊载，受到文学界的广泛关注，诸多诗歌被文学评论家作了专题评论，对其紧密结合形势，在生产生活的实践中创作的这些优质诗作给予了高度评价，称其为现实主义和浪漫主义高度结合的艺术作品。部分诗歌至今仍传唱不衰。

在诗歌创作中，孟三特别注重搜集、提炼、应用劳动人民的语言，努力使之形成独特的艺术风格。孟三的诗歌语言看似朴实无华，实则已经形成有感情色彩的，有极高价值的艺术语言。诗人通过这些艺术语言表达丰富的思想感情，向人们展示了一幅幅栩栩如生的立体画面。《一颗宝珠在路旁》是颇受人们赞赏的一首好诗：

一颗宝珠在路旁，

远远望见放光芒，

上前捧起宝珠看，

哈哈！

原来是社员丢下一颗粮！

该诗写实不乏浪漫，诗人用具有动感的语言、幽默含蓄的笔法给

我们提供了一幅形态逼真的特写镜头，使农民争取"颗粒归仓，寸草归垛"爱粮惜粮的可贵精神得到了淋漓尽致的表现，农民纯朴淳厚的个性特点得到了充分的体现。试想一个不了解农村的人、一个不懂农民的人能写出这样的好诗吗？能表达如此的真情实感吗？读了这首诗，我们不禁想到"谁知盘中餐，粒粒皆辛苦"这句古典名句来。

孟三的诗歌饱含着丰富的感情和想象，他用现实主义和浪漫主义相结合的艺术手法，以极其夸张诙谐的笔法创作了一系列类似新民歌的诗歌。下面这首诗就是一个很好的例子：

> 过去泰山夸海口，
> 千年稳坐他不走，
> 今天犯在我们手，
> 叫你翻身打筋斗。

这是一首富有时代气息的诗歌，具有鲜明的时代特点，体现了诗人生活的那个年代劳动群众的精神风貌。今天重读这首诗，我们仍会油然而生一种酣畅淋漓的快感。与此相类似的诗歌，孟三还有一首《天大困难不惧》：

> 天大困难不惧，
> 我们有武松打虎的勇气。
> 冰雪在地不凉，
> 我们有王祥卧冰的胸膛。

> 高山石崖不硬，
> 我们有愚公移山的精神。
> 天不下雨不怕，
> 我们有翻江倒海的计划。
> 开渠打坝不愁，
> 我们有二郎担山的劲头。

孟三的诗歌有一部分是用通俗易懂的语言、直率坦诚的笔法直抒胸臆的。《在北京的日子里》有这样一首诗：

> 天下英雄四方来，
> 万人礼堂放光彩，
> 自古从没听说过，
> 农民上了主席台，
> 感谢恩人毛主席，
> 为党为民唱开来。

这首诗创作于1960年6月1日，系诗人参加全国文教战线群英会时受到刘少奇、周恩来等党和国家领导人接见后即兴创作的一首诗。如诗人所言："6月1日那一天，是我一生中难忘的一天，这一天，全国文教群英大会在北京隆重开幕了，我荣幸地参加了大会主席团，党和国家的领导同志接见了主席团成员，刘少奇主席还和我亲切地握了手。我万分激动，不由得掉下泪来，于是写了一首诗。"诗歌洋溢着一派激动、兴奋的感情，充分体现了农民诗人那种淳朴诚挚的性格，其爱党、爱国、热爱领袖、热爱人民的情感跃然纸上。

《唱家乡》是孟三写的另一首诗歌，所选主题是永恒的。在这首诗里，诗人是怎样歌颂家乡的呢？请看他创作的这首诗。

出门朝东看，
水车哗哗田间转，
清水灌良田，
庄稼长到白云间。
两边望见两座山，
层层架架似天关，
千人万马开铁矿，
铁水奔流滚下山。
东边望见岱海滩，
千斤鲤鱼海中玩，
摇摇摆摆万只船，
铺开索网把鱼拴。
北边还有蓄水关，
千条水渠川连川，
社员就是龙戏水，
浪潮汪洋滚上天。

这首诗句头虽长，但音步规律、节奏鲜明，读起来朗朗上口、铿锵悦耳。诗人抓住"看"这个动作来做深入的发挥，从东西南北不同的侧面刻画了多个事物，借助夸张、比喻、拟人、排比等多种修辞手法来凸显主题思想，热爱家乡的感情真切可掬。可见诗人创作善于抓住既有典型意义，又有突出特征的事物，真可谓构思新颖，不落俗套。

孟三是全国优质多产的农民诗人之一，他生在农村，长在农村，生活在基层，奋斗在生产劳动第一线，丰富的生活阅历积淀了深厚的文化底蕴，即使如此，他还是特别留意体验生活、观察生活，随时捕捉来自各方的信息，继而经过整理加工，使这些源于生活的素材成为高于生活的文学作品。他在写作诗歌时非常认真，总是字斟句酌，反复推敲，力争写出农民群众所喜爱的诗歌来。由此可见，孟三创作诗歌力求完美，绝非随意编造，出口便成。反之，其尽力避免瑕疵，绝不允许有任何"败笔"的存在。他为写作《一颗宝珠在路旁》这首诗，一直构思了半宿，直到自己满意为止，终于写出了这首脍炙人口的佳作。除此之外，他还特别注重对读者的研究，他就自己为什么要创作浪漫主义诗歌这个问题回答道："因为群众喜欢浪漫，不浪漫说不清群众的理想……"

孟三不但善于作诗，而且擅长朗诵。他每每创作一首诗歌，定要反复多次地吟诵，不仅如此，还要朗诵给周围那些热心的农民群众，在田间地头朗诵、在民校课堂朗诵、在河坝工地朗诵、在农民朋友的庭院炕头朗诵。当然他的首选听众还是那些老大爷、老大娘们，所以如此，是为了征求他们的意见，看看他们是否能够听得懂。孟三创作诗歌不图辞藻华丽，格式考究，只求语言大众，简明易懂。只要农民群众听了理解，他就满意，堪称新自由诗实施的楷模，所以他的诗歌人们既能读得懂，又觉韵律美，因而深受农民群众的欢迎。除此之外，孟三还踊跃参加各级各类的诗歌朗诵比赛。孟三的朋友、已故诗人黄润甲生前在谈及孟三当年参加内蒙古自治区全区诗歌朗诵比赛大会的盛况时，操着浓重的河南口音兴奋地说道："轮到孟三朗诵时，哗……掌声排山倒海似地响起来了，赛场的气氛一下子活跃起来了。此后，孟三每朗诵一首诗，全场都欢声雷动，掌声经久不绝。好家伙，那场面才叫壮观呢！"能够产生如此的轰动效应，孟三的朗诵水平是显而易见的。

俗话说"文如其人"。从情感的表达来看，孟三的诗一向是健康活泼、热烈奔放、思想鲜明、高亢昂扬的（包括他那些即兴发挥，随口吟作的诗歌），用现在的话来讲，他给人们传递了一种正能量的信息，充分体现了诗人热爱生活、乐观进取的可贵精神。这是一般民间诗人无论如何也不能与之相比的。

辛苦不负有心人，孟三在文化教育事业上的拼搏奋斗和不懈的努力得到了应有的回报，所取得的成绩得到了广大群众的认可和上级政府的肯定。从1951年到1966年期间，他多次被评为县、盟、自治区、全国文教战线先进工作者，多次出席各级各类文化教育工作会议，积极地为祖国文化教育事业献计献策，无私奉献。1960年6月1日，他参加了全国文教战线群英会，且荣幸地当选为大会主席团成员，受到了刘少奇、周恩来、宋庆龄、董必武、邓小平等国家领导人的接见。时任国家主席的刘少奇还和他亲切地握了手。这次大会闭幕后，孟三和高玉宝、王老九等著名农民作家、诗人一起参加了著名文学家、时为中科院院长的郭沫若同志在北京万寿山主持召开的座谈会，郭沫若特别对孟三提出了要求。

孟三在乡亲中威信很高，他的人格与其名字一样，是那样的纯朴、实在，又是那样的淳厚、热忱。撇开文学创作的话题，单就其人生品格来说，也是难能可贵的。教师出身的他始终视教育帮助他人成长为己任，即使在其成名后，直至被提任为内蒙古自治区作家协会副主席后，仍然保持一名教师的本色，尽其所能辅导青年业余文学爱好者。"姥爷就是那么热情，那么实诚。

儿时的我常见他热情接待那些上门求教的青年，有一个姓康的青年更是隔三差五常来，姥爷和他谈得很是投机……"孟三的外孙李中旦如是说。现在有必要说说孟三的家庭状况了，当孟三步入适婚年龄后，还是慧眼识英雄的杨耀老师将唯一的女儿许配与他。婚后夫妻二人恩爱相处，甚是和睦。俗话说"爱是家庭的主旋律，有了爱才有幽默，有了爱才有趣味"。家庭的建立，对孟三的诗歌创作无疑给予了极大的支持。孟三夫妇育有一女，其女已于前几年过世，孟三的女儿离世前将父亲的有关事宜托付于儿子李中旦。

孟三这位优质多产、满腔热忱的农民诗人晚年却是不尽如人意的，适逢"文化大革命"，受到了批判斗争的不公正待遇……

1971年2月24日是一个令人难以忘却的日子，一代农民诗人，一个感情丰富且对生活充满信心的人——孟三带着对文学事业未尽的遗憾匆匆地离开了人世，享年63岁。

孟三虽然与世长辞了，但他留下了一笔宝贵遗产——为农民群众高歌，为祖国文学添彩的无价之宝。今天我们纪念他，就是要学习他堂堂正正做人，踏踏实实干事，一心向党，爱国爱民的情怀。

诗情画意赞凉城

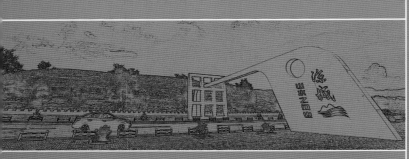

诗情画意赞凉城

SHIQINGHUAYIZANLIANGCHENG

凉城，一代代、一批批文人雅士，有的从这里出发，有的向这里汇来，或轻吟低唱，或声嘶力竭，或颦蹙，或欢欣，全都情真意切，字字珠玑，笔墨游走间既见证了历史，更成就了历史，与这文化、这山水、这奋斗、这岁月升华成一段段忘却不得、割舍不得的情缘。

蛮汉山风光

凉城历史悠久，源远流长。鸿蒙肇始，天演冥冥，当世间还困顿于蛮荒蒙昧的暗夜时，岱海湖畔早已升腾起文明的朝阳，仰韶文化、龙山文化宛如一湾清清碧水，蜿蜒绵延，跃动着文明的涟漪，并不断积蓄滋养着这方沃土。赵武灵王胡服骑射，澎湃了一代雄主革新思变富国强兵的豪情壮志，拓跋珪赫赫威扬，开启了胡汉一家同气连枝的时代宏图大幕，康熙大帝策马巡边款款而来，五世达赖、六世班禅祥光四映，贺老总挥师三进，郑天翔深情嘱托，知识青年风华正茂，农民诗人拙朴芬芳……文化凉城由久远迈向现代，由单一衍生多元，

249

历史的书页一次次被厚厚记载，代代传承。

凉城山青水碧，毓秀钟灵。蛮汉山横亘北方，奇峰竞秀，怪壑交横，繁花锦簇，树木葱郁，四时景致各具情韵，珍禽异兽徜徉其中。马头山伫立南端，承接蒙晋，景致怡人，雄风傲岸，山势峥嵘，烽火硝烟代代铭记，英雄伟业流传千载。明珠岱海，从远古汹涌到如今，碧海风涛，天池览胜，牵动了多少文人不倦的诗情；鱼肥蟹满，飞鸟苇丛，沉积了塞外名城无可比拟的风情。洞金山、三会寺、古长城，通衢大道、林立高楼，古今衍生……凉城县诗意画意，亮丽前行，人与自然和谐相处，共生共荣。

史话凉城

凉城的自然风光多姿多彩，不仅有湖光山色、山村人家，还有雄关险隘、莽莽森林和一眼望不到边的草原。凉城在古代就曾是旅游者向往的地方。早在 5 世纪之初，北魏在平城（山西大同）建都以后，就曾在凉城修筑离宫馆舍，成为王公贵族、官宦人家的休闲胜地。史书上曾有过记载。非但如此，凉城的文化沉积还十分丰厚。早在新石器时代，这里就有农耕文明的传播，生产力发展水平曾经领先于中原各地，源远流长的中华鼎文化的雏形

就是发端于凉城，这种观点已为史学界许多专家所认同。

凉城位于我国阴山山脉以南，处在我国农耕文明区和游牧文明区的交界线。这两种文明的交融和撞击曾延续了几千年。其中，有些事件曾经影响过我国社会的进程，这些重大的可谓惊天地、泣鬼神的历史事件，有的已被历史的尘埃所湮没。许多历史遗留下来的人文景观，也被岁月沧桑所损毁。现在凉城县领导和全县人民正在为保护凉城的生态环境和重建境内的名胜古迹而努力。

岱海文明之曙光
——仰韶文化区的拓荒者

说凉城历史离不开岱海，而岱海又以"岱海文明"闻名。被考古学家称为"岱海文明"的，是说距今约 6500 年以前，环岱海周边台地上就有相当多的农耕文明部族的定居点。那个时代是新石器时代，在中国称为仰韶文化时代。当时，农耕文化在华夏大地上也只能说是晨曦中的太阳，初现光芒。在郭沫若主持编绘的《中国历史地图集》中，新石器时代之仰韶文化点全国仅有173 处，大多数分布在黄河流域，南方几乎是空白，内蒙古地区仅有 4 处，没有凉城地区。此后，中国社会科学院的历史学专家编写的《先

王墓山出土的文物——火种炉，新石器时代，距今约 6200—6000 年

秦民族史》（1996 年出版），其中关于仰韶时代文明的表述，说明专家们尚不知道环岱海周边有这么多的令人惊叹的历史遗址群。这里要感谢一位内蒙古考古学家田广金先生，他从 20 世纪 80 年代开始，在岱海地区辛勤考查十余年。在他所著的《内蒙古中南部仰韶时代文化遗存研究》文集中，拂去了掩盖了几千年的历史尘封，使凉城环岱海的仰韶文化遗址群展现出来，让世人知道了古代的岱海文明。

中国人自称为"华夏儿女"，是说我们都是华族与夏族这两个原始部族的后裔。华夏族起源于黄河流域接近华山附近，据今有多少年？过去的历史学家也没有准确的答案。总的观点是华夏族是最早进入农耕文明的部族。在没有发明文字以前，各民族的历史都是借助传说，一代

一代地流传了下来。在传说中，人们又把特定的历史英雄人物与那个时代联系了起来，由英雄人物的活动来代表那个时代。我们中国人把懂得用火煮食与燧人氏发明钻木取火联系起来。以后，由渔猎和游牧为生活的主要来源转变为实行农耕，传说中是由神农氏教民稼穑开始的。神农氏距今有多少年？历史书上没有交代。《史记》作者司马迁在叙述"五帝本纪第一"时，提到了神农氏。他说："轩辕之时，神农氏世衰，诸侯相侵伐，暴虐百姓，而神农氏弗能征。于是轩辕乃习用干戈，以征不享，诸侯咸来宾从。"

这里说神农氏"世衰"，表示不是神农氏本人，是他的"世系"到了黄帝那个时代已经衰落了，可见神农氏时代是在黄帝以前。过去，我们中国人都说中华民族是有 5000

年历史的文明古国，这个5000年是从黄帝开始算起的。在秦始皇统一了中国以后，就把轩辕黄帝当作中国人的人文始祖供奉，并且每年的清明节要在黄帝陵前举行国祭典礼，被规定为皇室的一种重大奠仪。这个习俗在古书《月令广义》中有记载。历史学家司马迁对于黄帝为传说中"五帝"之首位，又进行了实地调查。他在《史记》中说："余尝西至空峒，北过涿鹿，东渐于海，南浮江淮矣。至长老皆各往往称黄帝、尧、舜……"意思是走遍了中国大地，向当地人询问，都认为黄帝是五帝之首。黄帝确系一位伟大的部族首领，他与炎帝部族联合统一了当时华夏各部族，又教人改变穴居习俗，教会人们盖房。他又是伟大的发明家，是他发明了指南针，为人们开拓疆域提供了极其重要的手段。这些都是传说中的历史，亦称史前历史。世界古老民族都有史前史，即传说历史。如果人们相信它是真的，还必须有实物佐证。所以，19世纪西欧兴起了一门科学，称为考古学，专门研究没有文字记载的史前历史，通过发掘埋在地下的古代器物，以及地上的遗存来了解与认识史前历史。这门学问传入中国以后，中国的考古学家对于中国的史前史有许多重大的发现，把中国的历史向前

推进了近3000年。他们发现了距今7000多年以前，黄河流域有的地方已经进入农耕文明社会。对于史前史年代的判定，不可能精确到哪一年，但可以借助现代科学研究以及其他手段相配合、佐证，达到近似的年代。另外，他们也依据一些最基本的理论做指导，所得的结论几乎接近真实。

有关这方面的理论主要有以下几条：

第一，人类历史是人类适应自然、改造自然环境和生存条件的历史，其主要方法是发展生产力，不断地改善生产工具。所以，从人类所使用的工具变化、进步中可以认知人类历史的发展与文明程度的提高，用这个原则把人类历史分为不同的历史时代。

最早是石器时代，石器时代又分为旧石器时代和新石器时代。旧石器时代，是指那时人们的生产工具主要是用打击方法，制造有锐利棱角的石器，以利于射杀兽类。这个时代大体上是渔猎时代。旧石器时代大约经过了200多万年，以后，进入农业生产阶段。农业生产必须有适合的工具，虽然原料仍是以石料为主，但需要磨制得更为精锐，这就是新石器时代。所以说，新石器时代的石器工具的特点是磨制而

成的。中国新石器时代从距今8000年以前就开始了。新石器时代的来临，说明人类的智慧有了一个跳跃性的进步。人们可以根据不同需要来磨制工具，以提高效率，获得更多的生活资料，改善人们的生活。这个时期，人类进入了农业生产的发展阶段。以后，又发明了冶金技术，开始制造容易溶解的铜，这就是铜器时代。

第二，恩格斯在他所著《家庭、私有制和国家的起源》一书中，是从另外一个角度来划分人类社会进步的不同阶段的……他把人类获取生活资料方式的不同分为三个历史时期。开始是蒙昧时期，也就是懂得使用火，由茹毛饮血变为懂得用火加工成熟食的时期，这大概是中国历史上所说的"燧人氏"发明钻木取火那个历史时期。那个时期，人们以采集现成的天然产品为食物。人类的制造品（石器），其主要作用是这种采集的辅助工具，这是旧石器时代。第二个时期是野蛮时期，是学会经营畜牧业和农业的时期，也是学会靠人类的活动增加天然物生产方法的时期。这个时期的生产工具主要是我们前面所说的新石器。第三个时期是金属工具使用时期。新石器时代，人们开始有定居点，真正意义的人类历史是从这个时期开始的。

第三，西方人在19世纪断言：中华大地上新石器时代的先民来自西方，换言之中华文明之根源并不在中华本土，而是来自异域他乡，这是十足的帝国主义论调。1921年，我国考古学家在华山脚下，河南省渑池县仰韶村发现了一个新石器时代中期的村落遗址。发现的陶器颜色为红色，上面还有彩绘，故称之为彩陶文化。又因它出自仰韶村，按照考古学的惯例，把文物出土地点给予时代的含意，所以彩陶文化又称为仰韶文化。这一发现的历史影响很大，为研究中华史前文明开辟了一个新的起点；也回击了西方人对于中华文明的错误观点——把中华文明史由原来所说的五千年向前推进了两千多年。自仰韶文化发现以后，科学家在黄河流域以及东北、长江流域又发现多处史前文化遗址。凉城县仰韶时代遗址主要在岱海的东部和南部的台地上。最早期的是在石虎山下，中期的是在王墓山坡下，晚期的是在红台村坡上和王墓山坡上。他们根据什么断言这些史前文化遗址是属于仰韶时代的呢？考古学家把以上地方发掘的地下器物和房屋布局、形状与仰韶文化时代这类东西的特征相比较，发现极为相似或相同。仰韶文化的特征是：1.以原始农业生产为主，其生产工具主要是磨制石器和骨制器；2.陶制品相当粗糙，都是红色表面有彩绘图案；3.房屋多为半地穴式，形状有圆形的，有方形的，屋中间都有圆形火塘；4.有家畜饲养，同时通过采集、狩猎、捕鱼来补充生活来源；5.早期为母系社会，到晚期进入父系社会；6.当时尚不会掘井，所以居住在取水方便的河边和海边；7.有公共墓地，排列整齐，多以瓦棺装尸入葬。在凉城所发掘的几个遗址：石虎山遗址，王墓山坡上、坡中和坡下三遗址以及红台坡遗址都具备这些特征。现在我们引用《王墓山坡上遗址发掘报告》和《石虎山遗址报告》中几段话，来具体地介绍。

关于当时人们使用的生产与生活用具：

"其生产工具以石器为主，另有少量的骨、角器和陶器。石器多数为通体磨制，少数为打制和剥制。流行窄顶宽刃石斧、器身修长的石凿、平面梯形的小石锛以及平面呈长方形的平背直刃、平面弧刃、穿孔石刀和环形石器等。细石器数量虽不多，但制作工艺较高，形制规整。还有一定数量用陶片改制的陶刀等。"

"陶器中夹沙陶略多于泥质陶……陶器以素纹和素面者占绝大多数……以及个别的蓝纹和彩陶。"

从以上报告可以看出，当时环岱海的农业生产水平与中原地区大体相当。其制作陶器的技术已经进步到在泥质中加沙，以使制品质地坚固耐用，与当时仰韶村出土的陶

老虎山出土的文物

制品质量不相上下；陶器上的花纹更是与仰韶村的一样。这说明两地的人有共同的文化和审美情趣，具有共同的社会心理状态。

对于当时人们的房屋造型与布局，报告中称：

"王墓山坡上遗址发现的20座房址，均为半（浅）地穴式单间建筑，除8座破坏严重、形制不完整外，绝大多数的房址的平面制式为间宽大于进深的横长方形，个别的略呈长形。门向可辨者14座房址中，门向南者9座，向西者5座。房址面积最大者约25平方米，最小仅10平方米，多数为12—15平方米。……地穴部分墙壁多用厚约1厘米白色黏土抹平。……多数门斗较短，部分较长，有的带门窖。灶都位于房址的中轴线上。除主体的外，绝大多数房址都没有附灶。主灶都是圆形坑灶。……居住地面都用厚约5毫米的灰白色黏土铺垫而成，坚硬较平整。……许多房址内都建有窖穴，窖穴多位于后壁中部，或门道两侧。为不妨碍室内活动，

窖穴多为口部很小，主体凸出于室外的袋形坑。"

"王墓山坡上遗址发现的房屋，大部成排分布，尽管由于发掘面积

王墓山遗址

小，还无法详细了解整个遗址的布局情况，但可以看到房屋间有一定的排列次序。"

"屋内不仅有室内窖穴及陶制器皿等，还有各类生产工具，意味着由这些房屋构成的各个家庭已不仅仅是一个相对独立的消费单位，同时也是一个生产单位。大多数房屋面积略等，反映拥有这些房屋的

王墓山出土的石磨盘、石磨棒

家庭其社会地位是平等的，家庭结构也相似。"

"大房址位于遗址坡上的中心部位，与附近小房址间距较大，周围又有大型窖穴，突出了该房主的特殊地位。但室内设施与其他房址相比并无大的区别，既出土有生产工具，也有生活用具，表明该房主人尽管身份与一般人有别，但同样也参加日常生产劳动，推测该房主人可能是村落家族族长。……王墓山坡上遗址规模不大，可能是一个相对独立的、由父系家族构成的村落遗址。"

"大房位于坡上中间，与第一排房址有 25 米的距离，显示大房有居高临下的地位。……聚落中唯一的一座大房子，即可能是部族首领居住的地方，并兼作公共议事或活动的场所。"

当时人的经济生活：

"王墓山坡上遗址发现的可鉴定的动物骨骼标本共 108 件……其中猪骨最多（34 件），能鉴定年龄的个体猪 4 个，其中死亡年龄 2 岁以上的成年猪 1 个，1 岁中年猪 2 个，半岁左右幼年猪 1 个，说明当时养猪业也有了一定的发展。"

"其他如狗、马、鹿、鸟、鱼等动物骨骼的发现，结合生产工具……表明狩猎、捕捞也是当时重要的辅助经济活动。"

养猪业是农业社会形态的特有的家畜。猪腿短不适宜长途迁移，猪的主要食物来源是农家的剩菜与剩饭。据研究，猪是家畜初期阶段的主要饲养动物，其最佳宰杀时间为出生后 24 个月。王墓山坡上遗址猪骨的发现，表明此地的养猪水平已经达到当时华夏族养猪的最高水平。

王墓山遗址有三个，是分布在不同高度的台地之上，反映了岱海水位之变化，居民为了取水方便要适应变化，也反映了在仰韶文化时代尚不知凿井。

从王墓山史前遗址发掘报告中可以看出，史前时期岱海地区的农业生产水平以及家畜饲养水平，与国内其他地区相比较，是处在先进的行列中。（作者杨伯涛，凉城人，四川省委党校教授）

凉城之由来
——记建郡及第一件大事

凉城最早出现在中国史籍上，名为凉城郡，距今已有1600多年历史，也可以称为古老的郡治。

凉城郡的建立，是鲜卑族拓跋什翼犍于340年定都云中之后，派他的庶长子（是长子但不是王后所生）拓跋寔君掌管代国东部地区诸县时所建，凉城郡是代国东部的重镇。

为什么起名为凉城？

北魏时代，我国有名的地理学家郦道元，在他所著《水经注》中曾经叙述过此事。该书中称：

"池北十（七）里，即凉城郡治，池西有旧城，俗谓之凉城也，郡取名焉。"

从这几句话中可以得知：因当时岱海西面有个名为凉城的旧城，建郡时就借用了这个旧城之名。经过1600多年，这个郡治已经湮没了。

古城遗址挖掘现场

凉城郡旧址

可是，这位地理学家为现代凉城人寻觅古迹留下了最珍贵的原始记录，使我们根据当时的表述，可以很快地找到郡治的准确位置。

"池北十（七）里，即凉城郡治"。

"城（郡治有城）西三里有小阜，阜下有泉，东南流注池……"

前面是讲郡治在岱海以北，这是大方向，后面三句是给出了定位的参考坐标。现在能够符合这些条件的地方就是三苏木乡榆树坡村。榆树坡位于岱海以北七八里处，它的西面三里多是泉卜子山，山下有一股泉水，至今仍向东南流进岱海。现在榆树坡村后仍有平缓的高地，该是郡治之遗址。中华人民共和国成立后曾在此地发现有北魏时代的墓葬，其中的随葬物品已被盗失。榆树坡村所以得此名，盖因此地曾有大片千年以上的古榆树林，可惜在1958年修园子沟水库被砍伐。当地父老称此地乃风水宝地，出过贵人，这个贵人十之八九就是指北魏开国皇帝拓跋珪。这种民间世代传下来的信息，可作为佐证。

《水经注》以河水之流域为纲，于水道所经之处，历叙山陵、城市、遗迹和地理变迁，旁及风俗及人物历史，是世界上公认的地理学和历史学方面有很高价值的著作。因作者不仅掌握了大量的历史、地理知识，还亲身游历考查过许多地方，内容翔实可信。这部著作是公元6世纪初郦道元为汉代桑钦所撰《水经》所作注释。桑钦的原文仅记载了我国水道137条，内容比较简单；而郦道元所写的注文，记载的水道有1252条，条条河流和地区都是脉络清楚，区划分明。《水经注》在资料方面包含了丰富内容，是研究历史地理、水利沿革和中国古代历史的一部重要的资料书。这部资料书为我们探究凉城历史也帮助很大。凉城人都知从凉城到呼和浩特市要经过石匣子沟。这几十公里通道，两面山峰对峙，在最窄处真有一人当关、万夫莫开的气势。在《水经注》中为我们提供了这段通道的名称及其根据。

"北俗谓之苍鹤陉，道出其中，亦谓之参合口"，"……东经参合县南，魏因参合陉，以即名也"。

这几句话，使我们知道石匣子沟的来源。原来，北方胡人称它为"苍鹤陉"，也可称为"参合口"，之所以称"口"是从其险要方面理解，该是个关口。参合县之得名也是因为它位于参合陉旁。这几句话简练而准确地说明该地的地理情况。至于此地在历史上曾经发生的重要事件是：

"陉在县之西北，即《燕书》所谓太子宝自河还师参合，三军奔溃，即是处也。"

史书上把纪元395年后燕与代国这场战争称为参合陂之战，结局是代国获胜。这场战争对于中国的历史进程起到了重大的作用。这场战争是发生在有名的"淝水之战"以后12年。前秦战败以后，政权也土崩瓦解。原来被他控制的许多胡族首领（当时是中国历史上五胡十六国时代），趁机逐鹿中原，整个北方陷于混乱。此时，什翼犍之嫡孙拓跋珪在盛乐登基以后，息众课农，又把农业生产推广到了西部五原和固阳塞外，并且征服了一些北方的游牧部落，得到大批牲畜和人口，拓跋部迅速强大了起来。因而，与占据着河北和山西南部的北燕国发生了矛盾。公元395年，燕国太子慕容宝率兵十万向北魏拓跋珪发起进攻。拓跋珪并未马上迎敌，而是示敌以弱，率部渡过黄河进入现在鄂尔多斯地区，与燕军隔河对峙。这种避其锋芒，使敌疲惫之战略，几个月以后有了成效。燕军粮草困竭，军无斗志，慕容宝只有把准备渡黄河的船烧掉，引兵向东退去。他以为魏军无渡船不可能对他的撤退构成任何威胁，完全解除了戒备，大摇大摆地慢步向东走去，沿路还打猎作乐，到参合陂竟走了七天。然而这正是魏军实现其战略意图的大好时机。魏军得知燕军动态以后，用巧妙的办法渡过黄河，绕开燕军，把大军埋伏在燕军必经之地，以逸待劳。当燕军进入参合陂县境以后，双方进行了一场恶战。结果是燕军大败，除死伤者以外，被生俘五万余人。这些俘虏几乎全部被坑杀，慕容宝带领少数侍从逃脱。郦道元称"三军奔溃"，生动地记录下了这次重大战役的结果。

第二年，魏军大举攻北燕，夺得并州（太原），又东出井陉进入河北诸州县，陆续占领了中山、邺等重镇，灭掉燕国，隔河与东晋对峙。

两年之后也就是398年，拓跋珪即皇帝位，定都平城，是为魏道武帝。以后，他以武力统一了中国北部，在他统治境内全面推行汉化政策。所以说，参合陂之战对北方民族汉化意义重大。历史上淝水之战值得纪念，而参合陂之战更值得张扬！

全面策划与指挥这次重大战役的是拓跋珪，这位伟大人物就诞生在凉城县。

根据《北史》魏道武帝传记载：他是"献明帝之子，母献明皇后。建国三十四年（371年）7月7日生帝于参合陂"（今凉城榆树坡村）。

这里所说的献明帝是道武帝称帝以后对其父追赠的封号，其父本名为拓跋寔。拓跋珪是遗腹子，以后，其祖父什翼犍被弑，代国大乱，其母带他投奔其舅父。他在16岁时由旧部拥为代王。经过十几年的征战，27岁在平城即帝位。以后，又战胜北方各个割据称王的民族，如匈奴、氐、羌、羯和鲜卑别部，造就了北方大统一的局面。

凉城有秀美的山河，诞生过影响中国社会发展的伟大人物，凉城人值得为此而骄傲。这些历史沉积也给凉城人以自信。继续深入发掘，使这颗被历史尘封的塞外明珠发出熠熠的光彩，是现在凉城人的神圣使命。（作者杨伯涛，凉城人，四川省委党校教授）

凉城古代第一城堡
——古参合县治建城之追溯

凉城县境内岱海盆地的西沿，距岱海约20公里之遥，有一个较大的村落。它依山傍水，坐落在呼凉公路之北约一公里，名为板城村。据20世纪80年代考古科学者考证，那儿曾经是距今2000多年秦代参合县县治所在地。如今，只留下了一些残砖碎瓦，以及依稀可见的城垣遗迹。山川依旧，可是古城已经被人们遗忘。现在，当人们得知此地曾经是一个古代的县城，不由地想进一步知道此城是建在何时？是谁人所建？为什么选在这儿建城？

回答这些问题，也颇费周章。因为它既不是名都，也不是要邑，

凉城古参合县遗址

在此建城很难在历史典籍之中找到文字记载。所以，回答前面两个问题，也只能说个大概。至于最后一个问题，更是需要作一些历史考查，才有可能推断此城所以建在此处的历史缘由。

参合城大概是距今2300多年战国时代之赵国所建。建城者应是战国时代颇有名气的赵国武灵王。他曾以改革者的姿态著称于那个时代，他实行"胡服骑射"，不仅在服装上改变赵国人的生活方式，更重要的是变革了赵国的军队建制与战术特点，同时又实行了一系列的富国强兵政策，使赵国成为当时"战国七雄"之一。他为了对北邻林胡作战，在现在板城地方建立了军事要塞。迨至秦始皇统一中国以后，废除了周代以来实行的分封制度，实行郡县制度，把中国分为三十六个郡，在郡下又设立多少不等的县，现在的凉城地区大体上是秦代代郡所属参合县所在地。

赵国为什么要在这里建立军事据点？这要从当时赵国所面临的政治形势和凉城地区所处的地理位置，以及板城村的特殊性综合起来加以考查，才可能揭示问题的端倪。

据史记载，岱海盆地曾经是林胡活动的区域。春秋末期有一个诸侯小国代国与它为邻。不久，这里成了代国的领域。据传，代王是秦人之苗裔，在春秋时代勉强成为一个贫弱的诸侯国。原本就是似华非华、似胡非胡的小国，但它是中原秦、晋两国与北方林胡之间的缓冲地带。当代国在春秋末年被其东邻赵国吞并以后，地处代国西端的岱海盆地变成赵国与林胡之间争夺的军事要地。在这里有一个林胡南进的重要通道，胡人称之为"苍鹤陉"，也就是凉城县的"石匣子沟"。赵国为了扼守此通道，在其南口修筑城堡，取名为参合城。"参合"与"苍鹤"之音相谐，取此名大概是既尊重原来的称谓，又加以区别，以表示是属于华夏族的地域之内的。

为了解参合城修筑的重要意义，对于古代凉城地区及其周边民族之情况，作一些简要的考查很有必要。

自从中国有了文字记载的历史以来，对于秦、晋以北的北方民族都称为"异类"。殷、周时代称之为"鬼方"，曾经是殷、周两个朝代的劲敌。双方曾多次交战，甲骨文中多有记载。春秋时代称之为"狄人"。"狄人"的活动区域不仅仅在北方，现在的河南、晋南、陕南都有狄人活动，成为当时几个诸侯国的劲敌。到了战国时代，又称他们为"戎"。这些"戎"人，如楼烦人，占领着现在的晋西北，现在的清水河、和林格尔县也是楼烦人的活动区域，而林胡则分布于今晋北及河套地区。林胡的状况是："分散居溪谷，自有君长，往往而聚者百有余戎"（司马迁）。这说明他们有百多个部落，势力相当强大。但是，这位历史学家并未断定他们的生产方式是哪种类型。说他们分散居于溪谷，说明他们定居在有山有水之地。有定居点就不是游牧民族。可过去的史书上都称他们为"异族"。20世纪80年代以来，凉城县的考古发掘使我们了解到，距今6500多年以前，岱海盆地的周边台地就有了居民，他们当时使用的器物与中原仰韶时代农耕文化人们所使用的器物大体上相同。为此，可以判定他们是中原华夏族之移民，岱海地区基本上也是属于农耕文化地区。历史经过了两千来年，没有任何记载或传说说明曾有外来民族把当地的华夏族赶走，当地的居民在这个地区生活了两三千年，转变成了"异类"。在古代中国的辽阔国土上，原本有许多民族，经过相互争战、兼并，最后几百个小民族都融合到了中原华夏民族之中，但从未想到过华夏族也可能变为"异类"。对于这个问题，我们从19世纪美国的一位知名学者路易斯·亨利·摩尔根的著作中可以得到点启示。这位学者曾经深入美国的原始部落近40年，研究了人类原始社会的各种问题，揭示了人类社会史前历史的真相，并且得出了令人信服的科学结论。在他所著《古代社会》一书中有这么一段话，可以对我们了解凉城地区被称为"异类"的林胡人的来龙去脉有些启示。

文中说：

"由于自然的发展，新部落也像新民族一样不断地形成，而美洲大陆之辽阔显然更加速了这个过程，方法是很简单的。首先，有一个中心地区，因生活资料优越而造成人口过多，于是便出现一个人口逐渐外流的现象。一年一年不断地外流，这样就在距本部落原地颇远的地方，出现一群为数相当多的居民。久而久之，外移者的利害关系与本部落变得不同。他们在感情上也成了异乡之客，最后在语言上也发生了分歧。即使他们的居域与原地毗邻，也会因此而分离独立，一个新部落就这样形成了。"

"上面这段简括的叙述，说的是美洲土著部落形成的方式，但也得视为普遍的规律。无论在新占有的领域或旧领域内，上述的过程一代一代地演变下去。这是氏族组织的一个不可避免的自然结果，也与他们的处境需要有关。"

他又说："这不是一个短时期的事情，这是几百年，甚至几千年的事情。"

根据他的理论，我们对于环岱海史前的居民可以这样做出判断：环岱海台地先民们来自中原，从史前6500多年开始就是中原华夏地区的族群外流到了这里，以后因气候变化，而中断了与中原的联系。到前3000年，他们在异域中生活了二三千年，在生产、生活方式上，甚至于思想心态上，都有异于中原华夏族。根据摩尔根的分析来看，就不足为奇了，中原华夏族称他们为"异类"也符合实际。

但是，我们这里说的古代社会，与摩尔根所描述的不同之处是：他说的是不同部落之产生过程，并没有文化之间的差异。而我们当时的中原已经进入了文明社会，中华文化之雏形已经形成并绽放出了光辉，可是这里却仍然处在"野蛮时代"。几千年以来，他们不仅没有接受中原文化之熏陶，使社会得到进步，反而受到了与他们毗邻的文化更加落后的部落的影响，以至于与中原地区社会发展之差距越来越大。客观地说，他们是胡化了的华夏族，他们不是游牧民族的后裔。

这可以说是民族的历史悲剧，这个结果也不能怪罪他们自身。从总结历史教训的角度审视，有两个原因不可忽视。

一是自然条件。他们的生存环境确实比中原差。五六千年以前，当他们来到岱海地区之时，这里天气温度相当于现在的江南。而以后气候变冷，影响了他们进行正常的农业生产。中间虽然曾经出现过几百年的繁荣，可是又被恶劣的自然环境给中断。常年艰辛劳作，只够充饥，没有任何剩余产品，也就难以有社会进步。

二是国君无能。司马迁说过，秦国的先民们"或在中国，或在夷狄"。代国国君该是夷狄秦族之苗裔。从代地出产良马这一事实，追溯到秦国之先民，他们就是因为给殷、周两个王朝养马、驾车而得到封号。成为代国国君的一些人，他们养马可能是内行，而治国则是能力不够。虽然代地有了国的称谓，事实上其国家的组织基础仍然停留在"野蛮阶段"，其社会组织之基础为氏族、胞族和部落，不具备以地域和经济为基础形成的政治组织的国家。据人类学家区分，人类社会发展的三个时期：第一阶段是蒙昧时期；第二阶段是野蛮时期；第三阶段即有文字以后，是文明时期。仍处在野蛮时期的代国，遇到的是已进入文明时期的赵国，并且又十分强大。所以，代国最后一个国君被赵国人略施小技就身死国亡，这是其社会发展滞后必然的命运！

这里有一个非常悲壮的故事。

公元前475年，当时已是春秋时代末期，中华文明已达到了相当高的程度，正是"百家争鸣，百花齐放"。孔夫子所推行的以礼治国的主张，影响到许多诸侯国，各诸侯国之间交往要遵守当时的"礼"，已被认为是共同原则。可是代国国君虽有国君之名，却无国君之实。其老丈人赵国国君简子逝世都没有通知他参加丧典。赵襄子继承了其父的王位以后，祭父之丧服尚未脱掉，就急急忙忙到了代国边界，邀他的姐夫代王会面。代王应邀并带领一些随从前来，在酒席宴上赵王把代王及其随从通通杀掉。司马迁是这样叙述这事件的：

"阴令宰人（厨子）各以枓（铁杓）击杀代王及从官，遂兴兵平代地。其姐闻之，泣而呼天，磨笄自杀。"

从这个事件可以看出，赵王对于代国国君鄙视的程度，也可以看到当时各诸侯国之间相互兼并的惨烈程度！那位赵国公主因夫死国亡，在悲愤之中拔下了头上束发的竹笄，磨利以后，自杀身亡，以死相抗，表现了忠于国家、忠于夫君的情操。她死以后，当地民众怀念她，把她殉节之处的那座山改名为"磨笄山"，此山现在河北省涿鹿县境内。《水经注》把这事的两种不同的传闻都记了下来。第一种是《史记》上的记载，代王夫人死前说："代已亡矣，吾将何归乎？遂磨笄于山而自杀。"第二种是《魏土地记》云："代城东南二十五里有马头山，其侧有钟乳穴，赵襄子既害代王，迎姊代夫人，夫人曰：以弟慢夫，非仁也，以夫怨弟，非义也，磨笄自刺而死，使者自杀，民怜之，为立神屋于山侧，因名之为磨笄之山。"这两种传说都叙述完了以后，作者郦道元又说"未详孰是"（可以看出科学家之科学态度）。

赵襄子吞并代国后，国力日益强盛。不久以后，他与韩、魏把他们的宗主国晋国瓜分了，中国历史上称为"三家分晋"。赵国遂成为战国七雄中最强大的诸侯国。赵国西界与林胡接壤。现在凉城县通往呼和浩特市的重要通道"石匣子沟"，就是赵国与林胡接壤之处，也是赵国与林胡交往以及交战的重要通道。以后，赵国在参合陉之南口建立了参合城。自从筑此要塞以后，赵国国君称："代地大通。"赵武灵王之所以能"辟地千里"，把赵国势力扩张到云中（现在的托克托县）、九原（现在的巴彦淖尔市），与此有很大的关系。参合城之修建不仅可以使代地通畅，与此同时，利用此城的特殊地理位置，可以监视占据着其西面的清水河及和林格尔的楼烦人的活动。

汉初，叛将韩王信与汉军厮杀了五六年，就是以参合城为根据地。此处既是阴山以南广大领域的屏障，又是扼守参合陉的军事要塞。韩王信毙命以后，阴山以南又成为汉人的势力范围，这是参合城建城200年以后发生的事，也可以从另一个侧面了解当初在此建城的重要性。

龙山时代全国的先进地区
——岱海滩是三袋足鬲的发祥地

2001年，国务院公布了一批"全国重点文物保护单位"，"岱海遗址群"是其中之一。国务院负责人解释道：

"够得上国家级的全国重点文物保护的条件，是有重大历史、艺术、科学价值的不可移动的文物，而且这些文物必须是历史上遗留下来的真实的遗物。其时代、性质、特征基本明确，学术界对其价值的认识也基本一致，具有代表性、典型性或独特的价值。"

他还说"岱海遗址群是代表我国古文明的最高水平、最精华的部分之一。"

凉城"岱海遗址群"是新石器时代遗留下来的真实的遗物，它是不可移动的文物，这一点很明确。它具有"代表性、典型性或独特的价值"。不仅如此，它还是"我国古代文明的最高水平、最精华的部分之一"。这是专家、学者的评价和结论。我看到中外考古专家20世纪80年代以来对于环岱海遗址的考

265

凉城出土的鬲

古报告两大本，有千万字。其中图片、表格、统计数字很多，所用语言也多是专门术语。总的印象是，他们在岱海周围挖出了一个琳琅满目的遗址群，在全世界尚未发现第二处！现在，我们可以用"穷山沟里飞出了金凤凰"来形容。在距今4500年前后，凉城可不是穷地方啊，称得上全国首富之乡，相当于现在的珠江三角洲。当时，全国其他地方没有的，这里有；其他地方没有见过的器皿，这里发明了不说，并很快地就使用了起来，以至传播到全国。

根据专家的报告，当时具有最

高水平的、最精华的，我认为主要有以下几个方面：

一、在建筑方面。首先有"两面坡"的房屋，似为专业的建筑队伍所建，在王墓山坡上遗址等地有物证。龙山时代，全国各地人居情况在北方是半地穴的窑洞，或在窑洞前再接一截"披水"，就是最好的了。"两面坡"房子是以木结构独立支撑，它可以建宽、建大，这是当时最高水平的建筑。

二、制陶业特别发达。制陶作坊有先进设备，同时陶窑也居于华夏大地上的领先地位。当时其他地方的陶窑是火道直接通向窑体之下，可是凉城园子沟发掘出的圆形陶窑有其独到之处。

以园子沟的陶窑为代表，有火口、火膛、火道，在火道两侧有放射形的支火道，可使窑内温度均匀，成品的品位好。有这样先进烧制设备，又是普遍推行先进的轮制法，产品在全国领先，有些还成为商品，进入流通领域。

三、有石头垒的城堡出现，其目的是保护部落族群。城内房屋建设成排又成区，反映有大的组织族群存在；有祭祀台，显示原始宗教之雏形；每户人家的居室内有经过烧制的白灰敷壁、铺地，显示有初级水泥之使用；室内火塘规范，沿面整齐还敷以赭色或黑色带状圈，显示主人的审美意识很高。种种显示说明社会已迈入"古国文明"阶段，这在老虎山遗址中表现尤为明显。与其他文化地区相比较，社会进步方面领先。

四、"三袋足鬲"的出现，据专家评定，为"划时代的变革"。这种"三袋足鬲"取消了支锅的支架，袋中盛水，火力不可能与鬲中之物直接接触，煮熟了味美。宋代大科学家沈括在他所著《梦溪笔谈》中说：

"古鼎中有三足皆空，中可容物者，所谓鬲也。煎和之法，常欲潽（汤）在下，体在上，则易熟而不偏烂。……京师（北宋京城）大屠善熟魙者，悬钩而煮，不使著釜底，亦古人遗意也。"

他在文中还批评那些不知其中奥妙的蹩脚厨师，随便丢掉古法，所以做不出美味佳肴。他所津津乐道的这种独特的鬲，就是岱海滩人发明的。

凉城人能发明这样先进的烹饪器皿，说明岱海地区的人肉食机会很多，从侧面反映了社会富裕的程度。岱海地区成为华夏各文化区最先进地区，有些人觉得匪夷所思，好像是天方夜谭。可是，历史就是历史，到现在还有实物可以佐证。我举出以下的情况，是否可以起到释疑的作用。

我们讲距今约4500年以前，那时是仰韶文明的中后期，历史学家称之为龙山文化时代。龙山文化时代的来由，是1928年中国考古专家在山东省章丘县龙山镇发掘出了一个新石器时代的人类遗址，按照考古同例定为此名。当时仍然是石器时代，它有以下特征：

第一，石器多是经过磨制而成，外表精细而又锐利。

第二，陶制品多是轮制而成，工艺讲究，胎薄，烧制精湛，黑陶占大多数，所以又称为黑陶文化时代。

第三，畜牧业和农业相当发达，有了灌溉系统。

第四，原始宗教出现，有卜骨出土。

第五，已经进入父系社会。

以上五条，一方面说明龙山文明比仰韶文明有进步，按恩格斯所说，这个时期，人类学会靠人类的活动增加采集天然物的方法。可是，工具改进不大，增加也有限，仍以靠天为主。这个时期，岱海地区正好是在第二次降温以后，气候及雨量都很理想（第一次是在前6400—6000年，第二次是在前5000—4800年）。太行山以西仰韶文明地区的人，以及龙山文化地区的人，还有辽西地区红山文化圈的人，都涌入了岱海滩，带来了各地文明。各地文明势必要有交流、借鉴，经过了几百年的磨合、创新，最后超过了他们原在地社会进步的程度，这也是合乎情理的。现在世界上最强大的国家是美国，它就是个移民国家，从立国到现在也不过200多年，造就了现在如此辉煌的局面。我国东晋时代，北方人为了躲避战乱，逃到南方赣、闽、粤、浙诸省，也是经过200多年，原来南方蛮荒之地变成了文化昌盛、物产丰富、科学进步的乐土。最近20年，深圳的变

化大家都知道，也是因为改革开放政策引来了外地移民，创造了深圳速度。当时岱海滩就是全国最开放的地方。那些勇敢和富有创造精神的人来到这里，经过几百年的经营，使岱海滩成为全国的先进地区，这也是合情合理的结果。专家们对于"岱海遗址群"，从科研的角度认为，这里最具"代表性"。他们认为要了解全国各地的社会发展阶段，就应深入地解剖、认识"岱海遗址群"。

现在再说"三袋足鬲"，据专家们说是"划时代的变革"，如此评价，可能会使人们产生一团迷雾。

说它是"划时代的变革"，并不单指饮食文化的提高，而是有更深层次、更具历史意义的原因。当时华夏族活动的几个大区域，由于这个器物的使用和推广，社会进步受到了很大的推动。这个器皿进入东南，影响到了夏家店石城遗址群和"肥袋足鬲"的出现。以岱海地区之三袋足鬲为其源头，以后，"鬲形器成为夏、商、周三代文明的象征性器物之一"（《中日岱海地区考查研究报告集》）。中国古代赫赫有名的鼎文化就是由"三袋足鬲"演变形成的。因为它可以做出美味佳肴，首先用

来盛祭品，作为祭神和祖先的祭器，以后又推广到君王可以使用。青铜器的出现，首先是铸"三足鼎"。鼎象征稳重、严肃等。"一言九鼎"是中华民族讲究诚信之最高境界。周王朝分天下为九州，又铸了九个大铜鼎置于周王宫中，以此表示天下都是在周王朝的直接掌管之下。因此，鼎也是象征王权，象征最高行政权力。谁人拥有鼎，意味着是全国的最高主宰。有句成语为"问鼎中原"，就是夺取政权的意思。这个鼎的原型就是来源于岱海滩的三袋足鬲。

凉城出土的这些器物，说它有"独特的价值"，是精华的部分之一，是毫不夸张的。国家文物局领导人曾说：

"全国重点文化保护单位是一种无价资源，著名的文物古迹在极大地提高所在地的知名度的同时，也为当地带来了可观的经济效益。依托文物古迹发展旅游业，在有些地方已经成为当地经济支柱。"

要达到他所提出的要求，并不是有了这类宝物，人们就会纷至沓来，还要做许多准备工作。凉城人深感这项工作的光荣与重要，把用文字介绍与工程勘查建设同时进行，其目的是不愧对先人，也会为当前的社会、经济建设注入新的活力。（作者杨伯涛，凉城人，四川省委党校教授）

两种民族融合的先进地区
——凉城境内最早的战争与和平

说凉城历史，不能够离开中国的大历史。现在，中国已有13亿多人口，据统计汉族占93%以上，其他50多个民族占近7%。凉城县位于农耕民族即华夏族与草原民族之交界处，加上它的地理条件特殊，在这里曾经上演过许多民族之间对抗的场面，同时又有和平的交流。我们从民族融合这个角度，看凉城这块土地上所发生、经历过的历史事件，会产生一种自豪感，也会产生一种使命感：把这里的历史介绍出来；把被历史淹没了的古迹修复，供人参考，让更多的人知悉中华大家庭的过去。

战国时代，中原地区七国争雄，这是人所共知的历史。七国之中秦、赵、燕三国的北面是草原民族匈奴。三国为了堵截匈奴势力南下，都在国境线上修了长城。秦国长城是秦昭王在秦之陇西、北地、上郡之北修筑。赵国长城是赵武灵王从代郡即现在的河北省蔚县，沿阴山山脉修到高阙（现在包头市西）。燕国所修长城是从上谷郡（今河北怀来境）东抵襄平（辽宁省辽阳市），修筑时间大体与秦、赵长城同时。

岱海滩地区的农耕文化与游牧文化复原图

其中赵长城最长，西面从包头沿阴山山脉，经现在内蒙古自治区武川、卓资、察右中旗、集宁、察右后旗、商都、化德等县境，与燕长城相连。这一段阴山以北是当时匈奴幕帐集结地，也就是其主力部队之所在。阴山南是东西两千多公里、南北一二百里的大草原，"天苍苍，野茫茫，风吹草低见牛羊"就是赞美这块肥沃大草原的诗歌。匈奴人若控制了这里，则几十万匹战马在这儿放牧三四个月，就可以膘肥体壮，增强骑兵的战斗能力。如果再把凉城的参合陉控制，就是控制了通往中原的最短路线，也取得了战争的主动权。如果汉族势力能控制这条重要通道，那匈奴就不敢越阴山南下牧马。在冷兵器时代，特别是以骑战为主的区域，坐骑瘦弱就难以应战。从赵武灵王二十六年（公元前300年）向西扩张，即历史上所谓的"向西略地"，与匈奴族打仗开始，其间，赵国在控制南北通道的要害之地，即古参合陉旁（现在的石匣子沟）修了三座城堡，凉城境内从西南方向北依次排列为：双古城、板城、左卫夭子古城。在赵武灵王之后，赵国名将李牧又在这三座城堡屯兵，与匈奴交战，保卫了赵国的疆界。到了汉代，与匈奴勾结，背叛刘邦的韩王信又以这三座古城为依托，与汉军对峙四五年，最后在参合城兵败被灭。此后，汉与匈奴也多次在这里用兵，直到汉武帝元狩五年（前118年）霍去病率军5万、战马14万余匹登临瀚海，歼灭匈奴7万余人，取得了决定性胜利。"是后匈奴远遁，而幕南无王庭"（《史记》），也就是把匈奴赶到了漠北绝域之地。农耕民族和草原民族在这里打了200多年仗，结果农耕文化似乎战胜了草原文化。唐代一位作家李华有一篇散文名为《吊古战场文》，描述当时战斗的惨烈场景："尸踣巨港之岸，血满长城之窟。"（这里指阴山边古长城）最后他说那场战争是"汉击匈奴，虽得阴山，枕骸遍野，功不补患"。这位作家的观点是"过大于功"。究竟他是从哪一个角度评论这两个民族之战，我们可以不深究。但是，人们若只是看到了战争的一面，似乎斗争、厮杀是绝对的，是历史的主流。可是历史还有另一方面，即中华各民族之间的融合，这才是历史发展的主流。要核对这个观点是否与实际相符合，在凉城县的考古发掘成果中，可以帮助我们具体地了解这种融合过程。

20世纪80年代以来，考古工作者在凉城西境毛庆沟和饮牛沟发现了两处属于春秋和战国时代的墓地群。这两处墓地相距2公里，地理位置和地貌特征大致相同，都是三面群山环抱，东西两边又各有溪流，两溪都流入和林格尔的浑河谷后进入黄河。在墓地西北方，为古"参合道"，南通山西，北通呼和浩特市，西达和林格尔与鄂尔多斯，交通方便。这里自古以来是兵家必争之地。在其周边2公里以内，有新石器时代遗址三处。考古学家判断：在春秋、战国之际，此地人口比较密集，有墓地是情理之中的。可是，发掘了之后，从150余座墓葬的形制、随葬物品等方面分析，这两大墓葬群是春秋、战国时代农耕民族与游牧民族共用的墓地。农耕民族即华夏族，多以棺木装尸，摆放棺木都是南北向，随葬物品多少不等，也都是青铜制的带钩、带环等华夏族服饰上的配饰。另外一种是一律没有棺木，随葬品是游牧民族的牛、羊等动物的头、蹄等，还有铁制的短剑、刀镞等，都是游牧民族所用的物件，尸体摆放的方向都是东西向，这反映游牧民族对于太阳的崇拜。其中有一座墓葬比较特殊，有牛、羊、马三种全躯家畜随葬，可能是游牧民族首领人物的墓地。据史书记载，这里曾是两个民族的战场，而地下却是两个民族共用的墓地。这可以证明两个民族在这里已经自发地走向民族融合。发掘这两个墓葬群的人员是中国与日本两国的科学家，双方都参加执笔，仅《饮牛沟墓地

1997年发掘报告》就有150页约15万字,还有若干备表。报告的结论称:

"两个集团已经生活在同一地区,采取了几乎相同的生活方式。也就是说,当时人们生计依赖于农耕,但丧葬礼仪严格遵守各自的规则和习惯。但是,随着时间推移,上述意识渐渐淡薄,到后来,仅有墓向作为出身的标志残留下来。"

我们可以设想,以后,凉城的经济富裕了,可以把底下的样子复制在地上设馆陈列。不用解说词,一看就知它是两个民族相融合的历史写真。

有人称赞秦皇汉武之武功,两位皇帝都是好大喜功的人物,在地上和匈奴打得如此激烈,势不两立。可是,凉城县的毛庆沟、饮牛沟两个墓地发掘的成果,展示了草原民族与农耕民族生时在同一村落中生活,死后又同葬在一块墓地,早已走上了民族融合的道路。阴阳界上反差如此之大,给参观者留下多么大的想象空间啊!时间已经过去2000多年,把这2000多年的历史细细揣摩,可以发现和解与融合才是中华各民族关系史的主流,而仇杀、战争,只是支流。

凉城三古城遗址逸事(之一)

凉城县蕴藏着很多的人文、自然资源。它山河秀美、风景宜人,为许多游人所称道。令人更为惊诧的是,境内竟有近300处历史遗址,这是多么丰富的历史文化遗产!如果能够开发出来,把这些遗址所存在的故事,让人们知晓,从而增加见识,得到精神上的愉悦,这是一件多么令人向往的事啊!

在《凉城县古代第一城堡》一文中,曾追溯了古参合县治之建城历史。就在与参合城建城同时,还建了两座古城,以厚实的身躯,屹立在古参合陉旁,与参合城共同构建了一条坚固的防线。它们好似三位将军,为赵国守护着西方的边疆要隘,同时他们也时刻准备着为赵国向西开拓疆域而效劳。

以往,当地人都知道,在石匣子沟的东侧,与它平行的方位上有三座古城遗址,但不知建于何时,是何人所建,为什么又如此密集(每个城垣相距约20公里)?可是,在人们的心中却常常想着这些古城遗址,并希望把这些"古城"保留下来,让子孙后代不忘先民们曾有过的开发创举。对此,他们也用了许多心思。对于最北面那个古城,它的位置在古参合陉的北口,名为左卫夭子古城。现在,那里有个小山村就叫左卫夭子村。这样,遗址与现代的村名就联系在一起。每当说起左卫夭子村,人们都会联想到那

双古城遗址

里有一座古城遗址。凉城人还把建在古参合城遗址上的小山村冠上一个"城"字，称它为板城村。板城村以南约20公里有一个山村，名叫"双古城"村，概因村旁有个古城遗址，古城是长方形的，城中间还有一条城墙，其形状好像是两座城连在一起。如此巧妙地把对于古城的向往和怀念与地名结合在一起，使人们铭记在心，这也在一定程度上显示了凉城人对于历史的尊重，也是他们有相当的文化素养的表现。

这三座古城之一的古参合城始建于战国赵武灵王时代，我们介绍参合城是根据当时的历史背景所做的推断。而南北两座古城遗址现在

虽是断壁残垣，20世纪80年代经过凉城考古工作者的勘查，把古城建筑原形以建筑图纸形式呈现在我们面前。根据考古专家的鉴定，这两座城堡都建于战国后期。这两座古城的形状与中原地区的战国古城多为方形情况迥异，它们都是长方形，长的一方约500多米，短的一方约300多米。这种城垣的形状，能够给我们一种什么样的历史信息呢？

我们可以合乎逻辑地判断：这三座古城的形状，非常鲜明地打上了战国后期赵武灵王时代的烙印，即三座城堡都是建于同一个时代，为了同一个目标而建。为什么会做如此肯定的判断？从以下三点可以

说明。

第一，赵武灵王有一个大的战略目的，建城堡是为实施这个目的服务的。赵国西方是林胡的势力范围，西南方是楼烦的领地，也紧挨着古参合道的西侧。为了使古参合道成为他西进的牢固军事基地，必须控制参合道的全程，如果只建一个城堡风险太大，若有三个城堡都放在其腹地这一侧，既能紧紧地控制通道，又可以监视楼烦人的动态。在西面也有一个城堡存在，就可以全面地掌握参合西口外林胡人的一切活动。这种推断是否合乎实际，需要专家们进一步研究。就我们现在的认识，三个城堡在同一时期构筑，比较合乎大的战略实施之需要。

第二，三个城堡都依山傍水，这符合骑兵驻防的要求。骑兵不仅有战士，同时还有坐骑。古制每一个骑兵需要有两匹马驮运给养，才可能形成强大的战斗力，发挥骑兵长途奔袭、快速作战的特长。骑兵部队驻防的军营必须是水源充足的地方，有河流则最为理想，因为众多马匹可以同时在河边饮水，以节省时间，把握战机。这三座古城的旁边至今仍有河水流过，如双古城北就有一条大河流，古名沃水。以后，秦代称此城为沃阳城，概因它位于沃水之南（古代把以北称阴、以南称阳）。

中间那个城堡，秦代称为参合城，其城北边也有一条溪流。最北左卫天子古城址旁边，现在还有一条季节性河流。

第三，现在勘查过的两个古城都是长方形的。之所以按照这种形状筑城，概因城内之驻军人员与马匹，必须要有一定的隔离带。如此则可以保证驻军之安全，以防失火或敌方之火攻。另一方面，这两个城的城门都开在了城墙比较长的一边，都只有一个城门，之所以如此也是为了易于防守和自己进出方便。在危急之时，不会发生人与马匹搅在一起，以致影响军事动作之实施。如果仅是步卒驻地，则无须考虑这么多，用水可以掘井取水，筑堡也无须一定要长方形。所以说，这三个古城堡是赵武灵王为了骑兵部队使用而筑的，也可以认定为与赵武灵王实行胡服骑射同步进行的建筑。

赵武灵王为什么要在国内实行胡服骑射的同时，还要在远离国都约1000多里之地建筑三个城堡，又是如此的密集，其目的是什么？这个问题确实饶有兴趣。

如果我们考查一下战国时代赵武灵王所处的环境与面临的问题，以及赵武灵王的个人特点，或许可以帮助找到问题的答案。

我国历史上，春秋战国时代是诸侯割据、群雄并立的时代，大国、小国之间有时实行"合纵"，即东方六个诸侯大国联合在一起对付黄河以西的秦国；有时又是秦国与东方六国的几个国家实行横向联合，对付六国之中的其他诸侯国，这类关系称为"连横"。而六国之间的关系也常有变化，国与国之间有时结盟，有时又反目而战，总的形势是彼此之间战争不断。在这个特定历史时期，又涌现出了一批游说之士，他们穿梭来往于诸侯国之间，宣传自己的主张，以取得诸侯国君的支持，实现自己的抱负。所谓"逞干戈，尚游说"，形象而简要地概括了那个历史时期的特征。不管怎么说，各诸侯国都想要壮大自己，制服别国，达到所谓"挟天子以令诸侯"，在斗争中成为超级大国。毫无疑问，所有国家都会担心受到削弱或被消灭。赵国是战国时代七雄之一，赵国在建国之初曾经是七雄之首，到了赵武灵王时代，赵国已经不是一流强国。赵武灵王在他即王位第19年时，曾召集群臣讨论形势。最后，他总结赵国的局面是：

"今中山（国）在我腹心，北有燕，东有胡（东胡），西有林胡、楼烦、秦、韩之边（四边都是强敌），而无强兵之救，是亡社稷，奈何？"

赵武灵王已经感到了时局之险恶。出路何在？赵武灵王认为，只有增强军事力量，用战争手段，才能改变国家不利的形势，为此必须要有符合实际的战略、战术。他用一句话概括为"胡服骑射"，战略重点是向西以及向北开拓疆域。对此，他说："虽驱世（全社会的人们）以笑我，胡地、中山吾必有之。"他的抱负是要继承其先祖赵襄公业绩，进一步开拓西北疆域。所以他说："今吾欲继襄主之迹，开胡、翟（北方民族）之乡……为敌弱，用力少而功多，可以毋尽百姓之劳（少用民工、民力），而序往古之勋。"这位雄才大略的人物，认识了他所处环境和敌我之间的态势，决心跳出诸国的包围，从最薄弱环节突破，以壮大自己。为此，对于其西边的林胡，他估计可以战而胜之，于是为实行进攻做准备。凉城县之参合陉是他向西攻击胡人的前沿要地。控制了参合陉便占据了进攻最有利的位置。所以，他沿参合陉修筑了三座规模相当大的军事城堡。历史证明，赵武灵王的决策是正确的。这三座城堡建成后，赵国有了固若金汤的指挥中心和前进基地。经过七年，城已建成，《史记》中称："二十六年复攻中山，攘地北至代，西至云中、九原。"赵武灵王二十六年，一次大的战役就把阴山以南、黄河河曲以北诸部落降服，原来为胡人所占地盘成为赵国的领土。以现代人的眼光来评说，这应为构建多民族统一的中华起到了促进作用。这三座城堡之建成，为这次战役取得胜利起到了极其重要的作用。若从文化史的角度来审视，这次战役可以说是农耕文化与草原文化之间的碰撞，最后的结局是先进的农耕文明取得了胜利，也是赵武灵王改革政策的胜利。赵武灵王声言要继"襄公之迹"，他真的做到了。作为一个改革家，他的事迹已经过去了两千多年，可是他主张使赵国由弱变强要改革，他在改革过程中的指导思想，今天看来也有借鉴作用，其主要之点司马迁在《史记》中都记下来了。

赵武灵王强调制定治国政策要根据国家的实际情况，不能泥古不化和根据书本，他反复宣传这一主张。他说："以书御马者不尽马之情，以古制今者不达事之变。"靠书本不可能驾好马车，凭老章程解决不了变化了的现实问题。

"圣人观乡而顺宜，因事而制礼，所以制其民心"，"因事"是根据实际，"制礼"是制定政策。

"御法之功，不足以高世；法古之学，不足以制今。"照老章程成不了大功，按照老办法解决不了新出现的问题。

"夫服者所以便用也，礼者所以便事也。礼利其民而厚其国。"政策就是为了有利于人民，使国家富强。

对于领导人，不该以常人的标准来要求。"进退之节，衣服之制者，所以齐常民也，非所以论贤者。"对于"贤者"，即杰出人物的要求是："事成功立，然后善也。"看他们有没有政绩，有政绩才值得肯定。

他还说："圣人之兴也不相袭而王，夏、殷之衰也不易礼而灭。"尧、舜、禹这些圣人，他们各朝的政策都不一样，国家兴旺了；夏、商两国的末代君主都是按老章程办事，结果国灭。赵武灵王锐意进取，不泥于古法，根据实际制定政策，力排众议，最终成功了。这位两千多年前的改革家，正处在中国"百家争鸣"时代，他是思想解放的先行者，他的改革精神今天也值得学习。

凉城三古城遗址逸事（之二）

凉城县这三座古城堡遗址，当年好似三员猛将，身经百战，他们亲历了草原民族与农耕民族之间历次重大战役。这段历史可以说惊天地泣鬼神！在这以后，三位"将军"都倒在了他们战斗的岗位上，身体

板城古城遗址

掩埋在尘土之中，默默无闻地度过了2000年之久。他们是不是很希望有一天，能与世人叙述一下自己的身世？

如今，世界变了，古老的中华大地也变了。已经不是他们那时的"遑干戈，尚游说"的时代了。全国人民正在和平的环境中，共同为建设小康社会，意气风发地昂扬向前。来这里的人们，也不是当年带着刀枪、骑着战马来攻城略地的入侵者，而是提着照相机、摄像机的旅游者，他们来凉城是欣赏山水美景，探索名胜古迹，寻求精神上的愉悦。"将军"应无恙，当惊世界殊！如今，在地下等待了2000年，"将军"们的嘴角似乎流露出了微笑，那是充满阳刚之气的巨人的微笑。他们将要站起来，向人们叙述当年为实现强国而亲历的那些金戈铁马的战争场面，以及赵人慷慨悲歌勇赴战场的刚猛情状。

赵武灵王建此三城以后，真好似有了三员猛将，从此拓地千里，接近了其事业的顶峰。此后，他又产生了新的战略规划，想用大迂回的战略，从秦国之北边出奇兵以制胜。为此，他在拓地千里的第二年，做了三件大事。

第一，把他的长子章封为安阳君，掌管代地的权力，这是为了实现其战略意图，巩固前进根据地之举。毫无疑问，凉城这三座古城就是安阳君首选的驻守之地。第二，把王位让给了他的小儿子，即赵惠文王，命他守住国都邯郸，自己退

277

到了第二线，自称为"主父"，专门为了下一步的攻秦战斗作准备。第三，扮成胡人，渡过黄河到秦国国都贡献礼品，亲自勘查从云中、九原向秦国进军的路线，并且了解秦王的为人。司马迁在《史记》中如此叙述这段故事：

"于是诈自为使者入秦，秦昭王不知，已而怪其状甚伟，非人臣之度，使人逐之，而主父驰已脱关矣。审问之，乃主父也，秦人大惊。主父所以入秦者，欲自略地形，因观秦王之为人也。"

赵武灵王真不愧为一代伟人。他胡服骑射已令中原诸侯惊叹不已，而又以至尊之身，深入敌方之统治中枢，亲自识别敌方主帅的能力，这种过人之举，表现出超乎常人的胆识，古今中外的历史上真也少见！虽然，他的行迹被秦人发现了，他还是坚决地实行自己的主张。第二年以武力灭掉了中山国，把国王及其家属强迫安置在秦国的北疆肤施（现在的延安）。自己又率大军继续消除西进之障碍，渡过黄河追击黄河南之楼烦王，迫使其称臣献马，并且扩建云中郡城之规模，使其成为赵国西部之中心。然而历史真也会作弄人，就在赵武灵王事业如日中天之时，他的两个儿子争夺政权，他处置不当，结局是长子被杀，他

也孤身被围困在沙丘，一代枭雄竟被活活饿死。这是纪元前295年，也就是他把王位让给他的幼子赵惠文王后第四年的事。

赵武灵王死后，他的战略计划也就无法实施，凉城县这三座城堡也基本上失去了作用。在以后的50年间，赵国国力日衰，在中原都应付不了局面，无暇顾及边疆。可是，北面的匈奴却利用这个时机，越过赵长城，把幕帐转移到阴山之南，并且深入赵国境内掳掠。据记载，赵国代郡、雁门地区的居民深受其苦。由于匈奴部队每一次进犯都要经过参合陉这三位"将军"身边，他们与赵国的民众共同遭受了被蹂躏的痛苦。

随着时局的变化，这三座城堡也转换了角色。以前，它们是赵国向西扩张国土的桥头堡与进攻的基地。过了50年，由于匈奴强大，赵国变成了守的一方。赵国原来的守将懦弱无能，常受匈奴的凌辱。赵悼襄王元年，赵国派遣武安君李牧，担负起抗击匈奴的任务。他继廉颇之后，被公认为是赵国的一代良将。史称"李牧居代、雁门"，这两地的结合点就是这三座城堡，控制了这三座城堡，也就是控制了参合陉，使匈奴势力难以南进。这三座城堡成了李牧防御匈奴的核心地带，不

论进攻还是防卫，"三位将军"都是尽心竭力为他们的国家服务。李牧利用城堡的条件及战略地位，实行了一套克敌制胜的战略、战术。史书记载，李牧到了驻地以后，并不出击，而是"习骑射，谨烽火，多间谍"，并且立了一条严格的军令："有敢捕虏者，斩。"三城的腹地岱海平原，是操练骑兵最理想之地，草原辽阔，水草茂盛，马匹在此地无须从外地运粮草。李牧派间谍入匈奴境内，探知了匈奴的一切动向。当匈奴部队小股来侵时，"辄入收保，不敢战"，就是命部队入城藏起，不与匈奴交战。而匈奴知道守将是李牧，也不敢轻率地前来挑战。如此相持了几年，匈奴以为李牧怯弱不敢应战，于是决心全军出动向李牧进攻。

而赵国的将士当时是什么状况呢？"边士日得赏赐而不用，皆愿一战"。几年以来，将士经常得到赏赐，早就憋足了气，想与匈奴决一死战！李牧有了这么强大的部队，并不主动出击，他布置了一片和平的景象，大力组织放牧，牛、羊、马匹布满边境之山野。匈奴小规模的入侵，李牧指令部队假败下来，并且把一二十人丢弃给匈奴。匈奴单于得到这些消息以后，亲率大军倾巢出动，大举来犯。这时

候，李牧"选得车千三百乘，选得骑万三千匹，百金之士（曾获过百金奖赏的）五万人，彀者（能拉硬弓而又善射的战士）十万人"。对于这次两军数十万人之重大决战，司马光在《资治通鉴》中这样叙述："李牧多为奇阵，张左右翼击之，大破匈奴十余万骑，灭襜褴，破东胡，降林胡，单于奔走，其后十余岁，匈奴不敢近赵边。"李牧示敌以弱的战略，取得了成效。汉族与匈奴之间第一次重大战役，以匈奴的失败而告终。

参合陉边这三座城堡在这次重大战役中起到了极其重要的作用。

赵将武安君李牧大破匈奴是重大胜利，可是，赵国也开始日暮途穷走下坡路了，秦国之崛起更加速了这个过程。最令人痛心的是，赵国那位昏君轻信了秦国的反间计，以叛国罪把这位为国家立下赫赫战功的李牧将军杀掉！

现代凉城人该为这位忠于祖国、立下赫赫战功的一代名将李牧立碑志功。现在的双古城即当年李牧守卫的沃阳城，它正好是雁门郡与代郡之连接点，可以判定，也是李牧"居代、雁门，备匈奴"的大本营所在地。如果这个判断可以成立，则凉城考古工作者勘查过的在双古城南侧之小城堡，它边长不足百米，呈正方形，

与双古城建于同一时代，那就是李牧的指挥机关所在地了。

匈奴北逃，这三座为了战争而建的城堡，在秦初实行郡县制时，才分别为它们起了名。南边那一座名为沃阳，即现在的双古城。中间的名参合，即现在的板城村。最北的一座其名为何？现在尚不得而知。前两座曾被认为是县治所在地，但是经过了几十年的战乱，县境内居民稀疏，所以，空有县名，而实际上还是空城。迨至汉初，匈奴势力又强大了起来，不但阴山以北广阔的疆域是他们的势力范围，同时还侵入了阴山以南的平原。当时，其首领为冒顿单于，有"控弦之士三十万"，是汉王朝最强大的敌对势力。特别是汉朝韩王信投奔了匈奴，占据了参合城，利用这些古城堡作为根据地与汉军对峙。汉军曾派樊哙等将领和他交战五六年，最终斩韩王信于参合，这三座古城才又成为汉军的边疆要塞，并经过了加强（凉城考古工作者调查沃阳古城时，发现了汉代加固的工程旧迹）。几年以后，汉武帝改变了汉初对于匈奴的和亲政策，派名将李广、卫青等人进驻雁门、云中，这三座古城重新又守护着当年行军的大道（经过参合陉，是向北进军之主要路线），成为汉军进击匈奴的前进基地。最后，汉军对匈奴之战取得了辉煌的胜利，匈奴向北远遁。（作者杨伯涛，凉城人，四川省委党校教授）

吉祥之地升起了彩云
——记藏传佛教两首领在凉城

在清朝年间，凉城这块土地上曾发生过两次重大事件，其影响所及可以说改变了全国的政治形势。

第一件是藏传佛教领袖之一的达赖五世在岱海地区接受了清朝的册封。从此，他所主持的藏传佛教黄教派在喇嘛教中的领导地位得到官方的确认，从而也就有了法理的依据，这是一件非常了不起的事。

达赖五世受封是在顺治十年。当时，清朝军队正在南方进行统一中国的战争，在南京尚有南明皇室小朝廷，在西南方也有明王朝的残余势力割据，清朝能不能统一全国尚是一个问号，大局尚未有定。

西藏方面，以达赖喇嘛为代表的黄教派借青海蒙古厄鲁特部的势力，推翻了红教派在西藏的统治，而达赖为代表的黄教派的统治地位尚没有得到西藏广大僧众的完全认可；黄教派的佛学理论与实践也还没有达到具有权威性的地位，反叛事件时有发生。黄教派若能得到中央政权的认可，则会从根本上改变达赖在西藏的不利地位，西南方面的藏族也会乐意归顺朝廷；另一方面，清朝也能用和平的方式控制西北方蒙古势力，无疑对于统一全国的进程有极大的推动作用。以达赖五世在凉城岱海边接受清王朝的册封为标志，双方都达到了目的，取得了极其圆满的结果。

达赖进京之前，以一个民族首领的身份向满族首领清顺治帝提出条件，他不进京晋见而要求在代噶地区会晤（代噶是清初凉城地区的称谓）。到了岱海滩以后，达赖及其3000多名随员住了下来。当时，岱海滩有几座大的黄教寺庙，分布在岱海北岸坡上，如大庙、小召庙还有温泉附近的小庙，为达赖在代噶驻锡提供了方便。达赖住下以后，朝廷与达赖方面的代表来往于京城与代噶之间谈判会见事宜。此时，北方蒙古各部的王公及喇嘛教首领率领部属和信徒来到凉城聆听达赖讲经说法，摸顶受礼。岱海岸边草原上佛乐之声传遍遐迩，朝佛进香信徒络绎不绝，岱海滩出现朝佛盛况，亘古未有，俨然是佛教圣地的景象。如此，延续了三月之久。清政府派朝中重臣在代噶地区举办达赖受封仪式，这对于黄教在蒙古地区的宣传辐射效应是难以估量的。蒙古族地区的民众多数信仰黄教，达赖接受清政府的册封，最直接地带动了蒙古各部归顺清朝。这一壮举，无论从现实，还是从历史影响来审视，均意义非凡。用和平的方式统一了这么大的国土，是我国历史上的空前盛举，也反映出两个民族的领导人的智慧和共同具有的缔造中华大一统的愿望。这样重大的历史事件在凉城变为现实，说凉城是个吉祥之地，绝非过誉。这个事件如同彩霞升起，光照全国，为全国人民减少战争痛苦、缔造和平，造福非浅。

第二件是西藏佛教首领班禅六世进京，乾隆皇帝在凉城岱海滩设迎宾馆，并且派皇六子代表皇帝来凉城亲迎班禅六世进京。

班禅也是西藏佛教领袖人物，其地位和达赖比肩。他进京是为庆祝乾隆皇帝70寿诞，这亦是满、藏两个民族的重大事件。清廷为了迎接班禅，专门在承德建了一座与班禅在日喀则相同的喇嘛寺庙，现在这座庙还保存着，成为被联合国评定为世界历史文化遗产的承德避暑山庄的组成部分。值得凉城人自豪的是，两位皇帝和两位高僧对于岱海地区情有独钟。达赖是首先提出要在代噶与清帝会面，而乾隆皇帝迎接班禅，也把岱海滩作为接待贵宾的迎宾馆所在地。我们只能设想达赖是认为凉城山水景色和地理环境是吉祥之地，提出了要求。而从乾隆朝廷的决定来看，恐怕不仅仅从自然景观考虑，更重要的是凉城人民富有爱心，有好客的传统，凉城人接待帮助喀尔喀蒙古的事迹在清廷中印象深刻，把岱海滩作为迎宾馆址也在情理之中。

现在凉城县已经被自治区政府定为发展旅游的重点县。我们在建旅游大县过程中，该继承与发扬先辈们对于客人关爱的高尚情操，也可以向游客介绍从明代隆庆和议以后，这个地方是怎样由刀光剑影的战场，变成了民族团结的吉祥之地，祥和的彩霞在凉城上空飘动着，永远! 永远!（作者杨伯涛，凉城人，四川省委党校教授）

达赖五世在凉城受封

公元1653年，是顺治十年。那年农历四月二十二日，岱海平原绿草如茵，天气晴和，人们亲眼看到皇帝派来的特使礼部尚书觉罗郎球、理藩院侍郎席达礼，将用纯金装饰的盒子打开，取出了册封金册和金印，双手交给了达赖。参与这一永垂青史庄严仪式的还有：达赖喇嘛从西藏带来的3000多藏族僧侣和侍从，以及几千专程护送金册、金印的满族八旗官兵，还有蒙古族各部落人众总共不下万人。大家都欢欣跳跃，载歌载舞! 岱海滩真是成了一个欢乐的海洋。国内的三个大民族——满、蒙古、藏，在这时坐在一起，共奏一曲民族统一与和谐的乐章。北、西、西南三方的民族占有全国国土面积的三分之二，以此次盛会为契机实现了和平统一。达赖在凉城受封，场面之宏伟、影响之深远，在中国历史上意义重大，在藏传佛教的历史上意义非凡。

朝廷在册封文中充分赞扬了达赖，说他是："襟怀贞朗，德量渊弘，定慧偕修，色空俱泯。"肯定了达赖五世的功绩。同时，他宣扬释教，诲导蒙藏民众，已经达到了"化被西方，名驰东土"，影响达大半个中国，真是"觉路梯航，禅林山斗"，意为他是觉悟途中走上天国之梯，引人出苦海的渡船，不愧为佛教界的"北斗星"，居其所而众僧拱之。

清朝赐给五世达赖的封号是："西天大善自在佛所领天下释教普通瓦赤喇怛喇达赖喇嘛。"

"领天下释教"，意为他是全国佛教的首领、领导人。当时南方还未统一，实际上说他是蒙藏地区黄教的首领，由黄教来统一蒙藏地区的喇嘛教，这是在政治上肯定达赖的地位。因为当时西藏地区的喇嘛教，教派林立，相互攻击，血案不断。直至达赖来京之前不久，西藏还在红教派统治之下。正是达赖五世从青海搬来了信仰黄教的蒙古

清王朝在凉城册封五世达赖图

部固始汗，用军事手段推翻了红教的统治，才由黄教来掌权。他等的就是朝廷的这句话。

"普通"二字指"普遍通晓"佛经，说明他的知识渊博，是位大德高僧。

"瓦赤喇怛喇"是梵文"金刚持"的意思。这句话是从佛经《金刚般若波罗》引申而来，比喻其智慧和金刚一样，可破除各种烦恼和疑虑。《金刚经》是中国引进天竺佛经中最古老的经。刻本是中国制的，据考古学家考证，是目前世界上最古老的印刷品。

"达赖"是蒙古语，大海的意思。"喇嘛"是藏文，"上师"的意思。

其实，清政府对于达赖五世的封号，主要是继用了俺答汗给达赖三世的封号。继用俺答汗曾经的封号，显示了对蒙古族领袖的尊重，这点非常重要。清政府在册封中增加的主要内容是"所领天下释教"。这对于提高达赖的威信，巩固其在蒙藏地区的最高的、唯一的宗教领袖地位，扩大黄教的影响，具有特别重大的意义。

这次册封的成功，对清朝政府也有很大好处。此时，国内战争还在进行，中南以及西南广大地区尚未隶属于清政府，清朝军队疲于奔命，南中国是谁家的天下，尚无定论。在这样不太有利的条件下，蒙藏地区最高宗教领袖达赖喇嘛，以其高超的政治智慧主动归顺清朝，这个抉择在当时可以说还有点冒险，但历史证明是正确的。在他的影响下，势力强大并控制着蒙古西部及藏族地区的蒙古和硕部固始汗也接受了清朝的封号，建立起西藏地区和清朝中央政府的隶属关系。这对促进清政府统一全国，增进满藏蒙各族之间的团结，都起到了强大的推动作用。

对于给蒙古固始汗之封号，也是在当年，清朝廷派专使把封册和封印送到拉萨，封册中肯定其在所辖地区之合法地位，还希望他"益

矢忠诚、作朕屏辅"。这样，他的地位也稳固了，并且明确了他的身份是代表皇帝守护西藏的地方政府官员。清政府用这种办法把西藏的政教分开管理，这是极为高明的一种措施。

这么一件意义非凡的事，既不在首都北京，也不在达赖的根据地拉萨举行，而是在凉城实现，这就耐人寻味了。

达赖五世在进京之前，双方使臣已经来往于北京和拉萨之间多次，对于沿途地理有所了解，进京路线是双方共同商定的。达赖离开拉萨走到青海时就向清廷提出要求：在代噶（就是现在的岱海滩）会见顺治皇帝。

达赖的这一要求在清朝廷中引起了激烈的争论。满族王公重臣都主张皇帝该到代噶，以表示诚心，对于统一蒙古各部的作用大。汉族大臣持异议，认为皇帝是国家的最高元首、九五之尊，达赖若真心归顺就该亲自来朝觐见，皇帝若离开京城与他会见，有失朝廷尊严，对于社稷不利。最后，顺治皇帝决定，皇上既不去代噶，达赖也不来朝，皇上在打猎回京途中与达赖在京郊会面，然后二人相偕入京。如此既可以保持皇上的尊严，又可以满足达赖要求皇上离京与他会见的要求。

如此定下来以后，顺治帝给达赖写信表示南方军务紧张，无法分身，其文的内容是：

"迩因西南用兵，羽书往来，皆系军国重务，难以轻置，用是不克出边相见，特遣亲王大臣前往，俟寇靖无事，便可亲行，此时只于边内近地相迎可耳。"

顺治派和硕承泽亲王硕塞持信来凉城面见，向达赖说明皇上迎接达赖之真诚和实际困难，于是，达赖进京之行也就从岱海滩起程。

达赖在京接受了许多赐宴和赏赐，但没有得到封号，盘桓了二十来天，于翌年正月间又返回代噶。达赖似乎带着遗憾回到代噶，而清帝却另有打算，利用达赖在代噶等待牧草转青的三四个月的时间，以满足蒙古各部朝拜达赖的企望。历史记载，达赖在岱海滩大做佛事，来岱海滩朝佛的人络绎不绝。除一般蒙古信徒要求达赖活佛摸顶降福外，漠南蒙古各部首领几乎都来岱海滩向达赖献礼供奉。最远的是漠北车臣部的首领率部百多人来献礼。清朝皇帝对于喇嘛教之态度与明朝皇室有很大的不同。明朝廷是作为信仰而崇拜藏传佛教。清帝顺治之尊敬喇嘛，兴扶释教，目的很明确，即"以外藩蒙古唯喇嘛之言是听"，尊敬与厚待达赖是"兴黄教以安蒙

古之策也"。达赖在凉城的佛事活动是安蒙古各部之良策。在此地给达赖册封，举行盛大的典礼，这是实现朝廷的意图最有效的方式。他们选择在岱海滩，是从各方面及各种条件衡量的最后结果。所以，我们称凉城是吉祥之地，确与实相符。在凉城，达赖接受皇帝的册封，凉城人该引以为荣。（作者杨伯涛，凉城人，四川省委党校教授）

六皇子与班禅在凉城

在凉城人的传闻中有六皇子来凉城一说，其实，这既不是虚构，也不是演义，而是一段极有意义的历史佳话。

所谓六皇子就是乾隆皇帝的皇六子质郡王永瑢，他来凉城是奉乾隆皇帝的手谕，代表皇帝接待由西藏来北京的六世班禅额尔德尼。这是真实的历史事件，不是讹传中的所谓要在凉城建二京城。

乾隆四十三年（1778年），六世班禅上奏乾隆皇帝，"因庚子年（乾隆四十五年）为大皇帝七十万寿，欲来敬祝"。乾隆皇帝看了奏请之后非常高兴，马上表示同意他到北京。为了接待六世班禅进京，乾隆皇帝命令朝中积极进行准备，其中有两个重点工作：

第一，特令在热河（现名承德）乾隆皇帝的夏宫旁为班禅建"须弥

"福寿"庙，庙的模样与以班禅为住持的日喀则札什伦布寺一样，后人称之为小札什伦布寺，供班禅居住（现在承德避暑山庄以此庙为一景）。

第二，关于班禅进京路线的安排和接待规格，由乾隆皇帝亲自策划。为此，把陕甘总督、山西巡抚召进北京，"命谕妥办"接待班禅的食宿问题。更为具体的指示是，把岱哈（即现在凉城的岱海滩）作为实施朝廷正式接待的起点，命令皇宫中向导处大臣规划从岱哈出发，经察哈尔、多伦诺尔、克什克腾、翁牛特、喀喇沁、赛音达巴罕，直到热河行程中之接待地点。一些必要的建筑设施也动工兴建。当班禅快要走到归化城时，又特遣皇六子质郡王永瑢和吏部尚书、领侍卫大臣永贵，千里迢迢赶到岱哈滩来迎接，并且要全程陪同班禅前来热河。乾隆皇帝对于班禅进京之接待可以说是盛况空前了。最令凉城人脸上增光的是，他亲自决定在岱哈修建接待远方贵宾的"迎宾馆"。班禅在乾隆四十三年（1778年）由日喀则起程，四十五年（1780年）六月到达归化城。六月二十二日，从归化城出发，当晚住在西沟门。六月二十五日行至鄂索图地方，皇六子的代表和雍和宫主持章嘉喇嘛的代表札萨克喇嘛等前往迎接。班禅这一方，也派了他的膳司刚坚堪布为代表向皇六子及章嘉喇嘛请安。六月二十六日，由岱哈的札西措增林寺僧众仪仗迎接班禅驻锡。这时，六皇子率众大臣与侍从百余人与章嘉喇嘛在悠扬的佛乐中迎接班禅，班禅起身向皇帝参拜并问恭安。六皇子告知："皇帝已有旨意，大师不必施跪拜礼。"这时，乾隆皇帝的第二批代表也赶到岱哈，奉旨设筵招待班禅一行。为了进行各种仪式和宴饮，在凉城盘桓了几天以后，他们才起程向热河进发。

岱海滩这块水草丰茂、山清水秀的宝地，满、藏两个民族领袖人物对她似乎是情有独钟。当达赖五世代表黄教与清朝皇帝第一次会晤之前，达赖就提出了岱哈地方为会面场所。以后，又返回岱哈驻锡，并做佛事，漠北、漠南、青海、蒙古诸部落之亲王贵族，也率部来到岱哈，庆贺大喇嘛之受封典礼和聆听大喇嘛讲经说法，那是一次有深远历史意义的盛大聚会，也是一篇民族团结的交响乐章。过了约五十年，康熙大帝巡视内蒙古诸部，由东向归化城前进时，也想到了岱哈，专程从他的大本营绕道来岱哈看望外蒙古郡王，并且还在岱哈歇息了一夜，又在温泉沐浴。乾隆皇帝专门策划了班禅进京路线，其目光又盯上了岱哈。班禅从归化出发并没有向东径直走草地到热河，而是先到皇帝在岱哈建立的迎宾馆，到了岱哈就如同来到了皇帝接见重臣之地，所以，他向东南走了两天，在岱哈地方参加了欢迎仪式以后，又拐向东北方，经蒙古各部到热河。据史记载，路过之处有哲里木盟资助马二千四、驼二百只，漠南喀尔喀蒙古也资助驼马供班禅使用。看来，这条路线的确定也有借班禅之影响向蒙古各部宣扬民族团结的意义。乾隆皇帝在其所著《喇嘛说》里面讲过："中外黄教总司以此二人（指达赖、班禅），各部蒙古一心归之，兴黄教即所以安众蒙古，所系非小，故不可不保护之。"乾隆帝接待六世班禅确实也体现了他的这种观点。

班禅额尔德尼法师在黄教中之地位与达赖比肩，乾隆帝称之为"总司"，这有其深刻的历史渊源。黄教之开山始祖宗喀巴一生共收徒十三人，依入门之次第算，班禅是第二名，达赖是第十三名。宗喀巴圆寂以后，第一世达赖根敦朱巴又师从第一世班禅，班禅也继承恩师的遗愿教导达赖。经过了几年的学习与修炼，达赖对于佛教的教义有了深刻的理解，对于受一世班禅之教诲，他自称得益最大。以后四世

达赖又拜四世班禅罗桑曲结为师。顺治朝五世达赖也是拜四世班禅为师，并且由四世班禅帮助平定了西藏叛乱，使黄教派在西藏成为主导的教派。以后，在康熙朝，藏区又有动乱。康熙皇帝为了平息事态，借助班禅的影响力以安定人心，沿用顺治封达赖喇嘛之先例，正式册封五世班禅罗桑耶歇为班禅额尔德尼。班禅得到这一封号，在西藏的政治、宗教地位便被正式确定下来了。乾隆皇帝处理藏区的许多措施也得到了班禅的认同。从这些历史中，我们可以理解，为何乾隆皇帝如此隆重地迎接班禅法师进京。

从西藏两位宗教领袖和清朝皇帝与岱哈的关系，我们可以做出这样的判断：在几千里的京藏路上，岱海滩是最具风采的风水宝地。现在，山川依旧，虽人物全非，但我们可以怀古之幽情，追忆那些逝去的历史烟云，发掘凉城深厚的文化沉积，为凉城旅游事业增光辉。（作者杨伯涛，凉城人，四川省委党校教授）

拓跋鲜卑与后燕之争
——参合陂大战

拓跋珪在建立北魏王朝后，由于得到势力强大的后燕慕容垂的支持，很快成为塞外政治与军事力量最为强大的国家。后来，拓跋鲜卑

与后燕之间产生矛盾且日益尖锐。395年，后燕太子慕容宝率十万大军进攻北魏。拓跋珪退到黄河以南（今内蒙古鄂尔多斯地区），后燕大军历经三个月没有找到北魏的主力，加之消息阻隔，军心不安，慕容宝烧掉渡船准备退兵。拓跋珪亲率主力部队伏兵于参合陂（今凉城岱海北岸），与慕容宝大战，大败慕容宝于参合陂。这是拓跋鲜卑民族进入中原前的一次决定性战役，此后，北方很快统一。（作者苏西恒，凉城档案局局长）

凉城——代国的大本营
北魏王国的摇篮

说拓跋鲜卑代国、北魏政权是从凉城走出来的，一点也不为过。凉城是鲜卑民族的角逐场。

公元前129年，匈奴铁骑南侵汉上谷郡，汉武帝派大军反击。从此，汉王朝对匈奴展开了长期的征伐。在汉军不断的打击下，匈奴人的实力大大削弱。公元前48年，呼韩邪单于派使到五原塞，表示愿意永远做汉王朝的藩属屏障，匈奴分为南北两部。其后，呼韩邪单于的孙子日逐王比率4万多人南下归汉。在漠南草原的匈奴人依附汉王朝后，留居在漠北草原的北匈奴，成为汉王朝的重点打击对象。

汉王朝可以打垮匈奴人，使他们无法再统治蒙古高原。然而，大自然的生存法则注定了蒙古高原是属于游牧民族的，农耕民族无法在这里屯良田播五谷。北匈奴对漠北草原的控制力减弱了，这再次给鲜

参合陂大战场景

北魏王国的梦萦地——凉城

卑人南下提供了条件。松漠草原迎来了鲜卑民族，迎来了鲜卑民族空前的大英雄檀石槐。

檀石槐生活的年代，大致在公元137年至181年，他的父亲叫投鹿侯。据载，投鹿侯出征打仗，一去三年，他的妻子却在家中生了个小孩。丈夫回来后大怒，质问妻子孩子是谁的。妻子回答说，我有一天在野外走着，天空突然响了一个炸雷，回来后觉得肚子里有异常，十月之后，便产下了儿子。投鹿侯对私生的儿子很不高兴，便将他扔到了荒野外。但妻子却偷偷地通知娘家，将孩子捡回去养大成人。檀石槐是在外祖父家长大的，外祖父

一族是一个小的部落。一次另一个小部落首领卜贲邑偷了檀石槐外祖父的牛羊，十几岁的檀石槐单枪匹马去向卜贲邑要牛羊，结果发生了争斗。令人难以置信的是，檀石槐几乎杀死了卜贲邑家所有的人，赶着比原来更多的牛羊回到了外祖父家。外祖父家所在部落所有的人都被檀石槐的英勇折服，于是他们公推檀石槐为首领。

檀石槐成为部落首领之后，表现出了杰出的才能，在他的领导下，其他部落纷纷归附，不久，在弹汗山（今商都县境）建立了自己的王庭。经过十几年的努力，他统一了鲜卑各部，并且打败了北方的丁零人，

将他们大量地纳入到鲜卑人中，其后又吞并了乌孙、夫余等部，完全控制了蒙古高原。《魏书》记载说，檀石槐控制下的地区，东西12000余里，南北7000余里。广阔的蒙古高原，成为鲜卑人纵马的草场。

为了对各部实行有效的控制，檀石槐将辖下分为东、中、西三部。今之凉城属于中部。

像历史上任何一个北方草原英雄一样，南下劫掠农耕民族，是其必然的选择。公元156年，檀石槐率先攻打云中（今呼和浩特西南），揭开了与汉王朝的拉锯战。汉皇帝欲将公主下嫁于他，采用"和亲"策略笼络他，但是檀石槐看透了汉王朝的软弱，拒绝了"和亲"，频繁进军汉边塞。尤其是公元177年，檀石槐大败汉三路大军，汉军归回者寥寥无几。

就在东汉王朝面对南下的鲜卑人束手无策时，公元181年，檀石槐不幸病逝，结束了他仅44岁的生命。

在经过一段时间的沉寂后，鲜卑民族迎来了又一个英雄轲比能。轲比能在檀石槐划定的三部中，属于中部，今之凉城是其活动的东部边缘。

在曹操打败袁绍基本统一中国北方的时候，轲比能调整了与曹魏的关系，他派使与曹魏讲和进贡，接受了"附义王"的封号，先后数次将流落于鲜卑人中的曹魏汉人送归到代、上谷等地。他极其虚心地侍奉曹魏，"我夷狄虽不知礼仪，兄弟子孙受天子印绶，牛马尚知美水草，何况人心邪"。他与中原地区开市贸易，曾经一次驱赶牛羊近万头（只）经过今凉城境内进入今山西北部进行商贸活动。

阴山南北气候差异很大，自古以来就是农耕区与游牧区的天然界线。在中国历史上，这个游牧地带，对于农耕民族与游牧民族来说，都是至关重要的。游牧民族失阴山屏障，过之未尝不哭也，而农耕民族也想法守住这儿，绵延的长城就是最好的佐证。

凉城就处于这个分界线上，而且是极为重要的一环。匈奴人金戈铁马的声音未息，鲜卑人"兵利马疾，快于匈奴"（《后汉书·乌桓鲜卑列传》）。凉城，便又一次在两种文化的碰撞中迸出了火花。

后人说，檀石槐领导的鲜卑大联盟中的西部大人推寅，就是当时拓跋部的首领献帝（拓跋珪称帝时追谥）邻。

邻之子为诘汾，诘汾有一个著名的故事，即是所谓的诘汾与仙女生力微的事。

相传诘汾十分爱好狩猎，有一

天他率领部族几万人马打猎，鼓角震撼山岳，马蹄使大地颤抖。诘汾弯弓引箭，猎物应声而倒，部族所有人众被诘汾高超的骑射技术所折服，齐声喝彩。忽然，天空放出了红光，一声闪电炸雷，使整个打猎的人众陡然一下静了下来。一辆装饰得十分豪华的车从天空冉冉而来，车中坐着一个仙女，装束十分艳丽，两旁有卫士相伴。那辆车翩然落到诘汾的面前，那仙女下了车，长袖随风起舞，香气充溢四周，启朱唇，轻施礼，自言是奉了天帝的命令来与诘汾相会。于是诘汾让人马驻扎下来，建起寝帐。夜晚草地上篝火点点倒映在湖中，与天上的星星相辉映。诘汾与天女就在这样的环境中，演绎了一曲人仙相欢的故事。第二天早晨，仙女临走的时候，对诘汾说，明年这个时候，继续在这个地方等她，而后便乘华车带卫士升空离去。诘汾望着仙女融入了蔚蓝的天空，仿佛一场梦，但是萦绕在周围的香气，证实了刚刚发生过的一切。

365个日子，等啊等，诘汾终于等到了第二年的这一天。他又早早来到这里，也无心狩猎，怅然望着天空，数着朵朵白云，企望天女降临。果然那仙女又驾着华车而来，人如故车如故，卫士亦如故。所不同的是，这回仙女怀中多了一个小孩。她双手将小孩递与诘汾，这是一个十分可爱的小男孩。仙女告诉他，这是他们去年相见后，尽欢成孕所得，并且嘱咐诘汾要好好抚养孩子，将来他会成为草原上的英雄，雄霸一方。说完后，便飘然离去了。任凭诘汾喊破了喉咙，那仙女头也不回，华车如同草原上的一只巨鹰一样，瞬间消失在了云中。茫茫的草原芳草萋萋，清澈的湖水雁声阵阵，广袤的天宇间荡漾着孩子嘹亮的哭声。

诘汾将此孩抚养长大，取名为力微，后来传为佳话，编成两句"诘汾皇帝无妇家，力微皇帝无舅家"，一直流传后世。

据史载，这时候诘汾活动的地方应在参合陂一带，很有可能，这仙与人相会的地方，就是在今岱海湖畔，因为诘汾靠着神兽的帮助，走出了深山老林，凭着对文明的向往，在北方大草原游弋，他已经向西、向南推进了很远的距离。诘汾死后，力微继位，主要活动范围在并州塞外。而力微的活动区域，也正是诘汾南迁后的主要活动区域。

有观点说，诘汾与仙女相合的湖畔在达赉湖，也有说是呼伦贝尔湖，但也有学者说，此时诘汾活动的时间大体在东汉桓、灵时期，活动范围已经到了阴山一带，这湖应该是其后的盐池（即今之凉城的岱海湖）周边。因为当时的拓跋部人已经在上谷（今河北怀柔）以西，云中（今内蒙古托克托县）东部的广大地区游牧。

力微生于公元 173 年，于公元 220 年做酋长，当时部落还不强大，他投奔了没鹿回部窦宾。在一次战斗中，窦宾兵败失马，力微将自己所乘之马换予，救了他。窦宾感激，以女妻之，让他居于长川（今内蒙古兴和县一带）。窦宾死后，他便兼并了没鹿回部，势力大增。

力微在向南发展中，对曹魏和司马晋政权一贯采用和好的政策，"聘问交市，往来不绝"。公元 261 年，力微遣其子沙漠汗到魏都洛阳"且观风土"，实为质子。沙漠汗接受汉人文化，穿着汉服，掌握了弹丸等武艺。魏晋禅代，沙漠汗后质于晋。每次北归，晋均具礼护送。

力微死于公元 277 年，这样算来，他活了 104 岁。这个年岁，在现在也是很少见的长寿之人。

还有一点，力微时代，拓跋鲜卑人形成了对最高首领的通称——可汗。拓跋力微不但是鲜卑拓跋部的第一位可汗，也是整个北方民族历史上的第一位可汗。

在公元 260 年左右，力微率部到了盛乐，以盛乐为中心，开始了拓跋部的全盛时代。他派他的小儿子禄官到了代北，统辖该地，今之凉城，成为禄官的辖地。其后（公元 295 年），禄官继位为大酋长，将统领地区分为三部分，他自己居濡源（今河北东北部滦河上游）之西，东接宇文部，由沙漠汗的两个儿子猗卢统西部，居盛乐，猗㐌统中部，居参合陂。

《魏书》对猗㐌的评价是："帝英杰魁岸，马不能胜，常乘安车，骑大牛，牛角容一石。"

就是这个不能够骑马的人，却向西拓展势力，"诸降附者二十余国"。

现在对于参合陂在凉城境内，学术界大多认同。这个参合陂的范围应指岱海盆地。

猗㐌与凉城有不解之缘，"帝曾中蛊，呕吐之地乃生榆木，参合陂土无榆树。故世人异之，至今传记"（《魏书》）。

凉城县内有地叫榆树坡，位于岱海北岸，对于这里，有关资料记载是榆树成林漫坡遍野的地方。一直到 20 世纪 50 年代，这儿的榆树仍旧一眼望不到边。榆树林中最粗大、年最长的树，也多是祭祀的对象。直到民国年间，每年的六月初六，八月十六都要举行成规模的祭祀活动。树身上系了各色的彩帛，迎风舒展起舞，仿佛一个大酋长，背后的众榆树是其部落臣民。水草肥美的岱海滩，养育了鲜卑民族的先人，也成就了这庞大的榆树家族。鲜卑拓跋部族桓帝呕吐而生的参合陂榆树，从其一诞生，就具有极神秘的色彩，也难怪其成为树神，受到后人的顶礼膜拜了，就连小孩摘榆钱儿都要受到大人的限制。岱海滩畔的榆树，在拓跋部族人的心中，也是很有分量的。岱海榆木雕曾经饮誉周边，雕刻鱼鸟花卉以及护身符。据说当年岱海滩畔的鲜卑民族将士征伐，总要随身带块榆木护身符。

岱海滩的榆树，不但榆木雕有一定的知名度，而且以嫩榆枝编的箩、筐、篮等工艺，也很有名。数百年来，周边的群众一直把它作为主要的工具（也有工艺）。伫立在岱海滩畔，奇形怪状的榆树漫坡遍野，寒鸦鸟雀像钢铸一般钉在干枝上，风掠过树头，发出的响声与岱海的涛声相呼应，那气势是十分夺人的。因而在当年兵匪横行的年月，那些绿林好汉、拥兵大盗们也对之望而生畏。

我们从科学的角度看，拓跋猗㐌"中蛊呕吐"是可以理解的，他吐过的地方生长出了榆树，这是不可能的。但是这也说明，今之凉城一带是他活动的中心区域。1956年，凉城县东十号乡小坝滩村出土了一批文物，其中有两块金印：晋鲜卑归义侯金印和晋乌丸归义侯金印；一块银印：晋鲜卑率中郎将，印上錾有"猗㐌金"三字，可能就是猗㐌的印。

有资料这样记述：内蒙古呼和浩特东南的凉城县境，出土了拓跋鲜卑人的金饰。有兽纹的金饰牌、镶嵌宝石的兽形金饰、兽首金戒指、金耳坠等。一件四兽金饰的背面，刻有"猗㐌金"三字，猗㐌即是西晋中后期鲜卑首领拓跋猗㐌。这批金饰，代表了西晋北方少数民族金银器的工艺水平和艺术特色。

当时，匈奴刘渊背叛晋，自号汉王，攻打并州。并州刺史司马腾向猗㐌、猗卢求援。二人引兵帮助司马腾，在今山西上党一带大败刘渊，猗㐌与司马腾在汾河东结盟。猗㐌返回参合陂后，他吩咐手下段繁、卫雄等人"于参合陂西累石为亭，树碑以记行焉"，时年为公元304年。现在的凉城，当年是猗㐌弟兄的大本营。

不久，猗㐌弟猗卢又率部由云中进入雁门。晋帝任命刘琨为并州刺史，刘琨与猗卢关系十分密切，他将并州的楼烦、马邑、阴馆、繁峙、崞五县人民南移，将北方大片土地让与猗卢。这样，猗卢的势力发展到了雁门，所辖区域向南推进了很大范围。而刘琨也依靠猗卢，有了西北的屏障，再也不用担忧西北地区的游牧民族骚扰其境了。这时猗卢统领的地域，"东接代郡，西连黄河、朔方，方数百里"。他又从各地迁移十多万户到这一区域，拓跋部落在这里站稳了脚。

活动于盐池湖畔的猗㐌，是拓跋鲜卑部关键性的人物。"惠帝之七年，索头猗㐌西略诸夷三十余国，拓跋氏入主中国之始基也"，这是王夫之《读通鉴论》中对猗㐌的评述，他认为"猗㐌之裔，乃养其锐于西北，徐起而收之，奄有群胡之所有，而享国以长，必然之势也"。通过这些话，我们不难体会到猗㐌在鲜卑民族历史上的位置。

由于凉城特殊的地理位置，加之在阴山地区有较为优越的自然条件，这就为拓跋部早期建立代国奠定了基础。猗㐌、猗卢弟兄俩相继在参合陂建大本营，并将势力东扩西拓，这里成为他们的角逐场。猗㐌死后，猗卢继首领位。猗卢坐镇参合陂，令侄儿郁律、长子六修等为先锋，统率20余万人，大败白部鲜卑、铁佛匈奴刘聪等。他"以盛乐为北都，故都平城为南都"，又修建了新平城，让六修镇守，今山西北及内蒙古中西部的广大地区被猗卢统摄。

公元315年，晋愍帝加封猗卢为代王，允许置官属，以代、常山二郡为食邑，这也是为什么拓跋部人立国号为代的原因。受到晋帝正式加封后，猗卢势力大增。到郁律为代王时，"控弦上马将有百万"，进而有了"平南夏之意"。

公元338年，对拓跋部有十分重要影响的拓跋什翼犍即位当了代王，年号建国，"始置百官，分掌六职"，任用代郡汉人燕凤为长史，许谦为郎中令，其余官职及名号，多仿晋制；又制定法律，对于叛逆、杀人、偷盗、乱伦等都制定了严酷的刑罚，史称他"法令明白，百姓晏然"。自此，代国初具了国家的规模。公元340年，代国正式定都于盛乐，代政权有了固定的政治中心，农业也逐渐发展起来。代国的疆域空前扩大，占有了东到濊貊（朝鲜半岛北部），西至破落那（今费尔干纳盆地），南临代郡，北及大漠的广大地区。

代政权的建立、发展、壮大，是鲜卑拓跋民族由传统的游牧向新兴的农耕的过渡过程，虽然相比于慕容鲜卑的燕还只不过是北方地区的一个小割据者，对于南边的鲜卑人，代政权的号召力远没有燕的影响大，他只是夹在鲜卑慕容部的前燕与氏族人的前秦两强中的一个偷生的小政权。但就是这样的一个小政权，却慢慢崛起。

代政权的崛起与发展过程中，早期的重心一直在中部。凉城是这个政权的核心民族鲜卑拓跋部的角逐场，也是代政权的大本营，更是孕育魏政权的摇篮。（作者苏西恒，凉城档案局局长）

凉城是北魏王国的摇篮

北魏王国是从今凉城境内走出来的，说这话，是有充分的事实依据的。

首先，凉城是北魏开国皇帝道武帝拓跋珪的诞生地。

对于拓跋珪的出生，《魏书》《北史》《资治通鉴》都言之凿凿，说他生于参合陂北。尤其《魏书》与《北史》所记载的内容几乎是一致的。到目前，对于拓跋珪的出生地，众口一辞，都说在参合陂。有点争议的是，参合陂范围比较大，拓跋珪出生具体地点在哪里。

陂的读音有 bēi、pí、pō。读 bēi 时，主要有池塘、水边、山坡的意思；读 pí 时，主要指黄陂县（在湖北省）；读 pō 时，组成陂陀（pō tuó），为不平坦、倾斜的意思，或为台阶的意思。

参合陂中的陂，应读 bēi，有湖边、水畔、山坡的意思。《魏书》载，

拓跋珪母亲贺氏，在云泽一带游猎，在晚上梦见太阳，觉得肚中有了感应，于是生了拓跋珪。

在封建社会，一些人为本朝的皇帝或者名人立传，往往加入一些离奇的东西，以显示此人与众不同。拓跋珪母亲贺氏梦日感应而生珪也是这样。我们剥离掉这些荒诞不经的虚妄之说，分析有用的信息。贺氏曾"游于云泽"，云泽指现在的内蒙古自治区乌兰察布市辉腾锡勒南境，距岱海不足 50 公里。贺氏实际应称贺兰氏，是匈奴贺兰部的公主，嫁给了拓跋寔。贺兰部活动的范围在今河北、内蒙古、山西交界地区，这个区域距离岱海也在百公里左右。

郦道元在《水经注》中也说，"西北流注沃水，沃水又东径参合县南"。沃水即今凉城境内的弓坝河，是岱海流域的一条主要河流，从西南注入岱海，北魏曾于此设参合县，县址应在今凉城县西南双古城一带。《绥远通志稿》称"魏道武天兴元年，定为代都畿内田，隶司州。后置参合县"。这些都有力地证明了参合陂就是在岱海的东北。

对北魏与后燕著名的参合陂之战，《资治通鉴》记述说："魏军晨夜兼行，乙酉，暮，至参合陂西。燕军在陂东，营于蟠羊山南水上。

拓跋珪在凉城出生场景

魏王珪夜部分诸将，掩覆燕军，士卒衔枚束马口潜进。丙戌，日出，魏军登山，下临燕营。燕军将东引，顾见之，士卒大惊扰乱。珪纵兵击之，燕兵走赴水，人马相腾，蹑压溺死者以万数。略阳公遵以兵邀其前，燕兵四五万人，一时放仗敛手就禽，其遗迸去者不过数千人，太子宝等皆单骑仅免。"

这段话说出了参合陂大战的具体环境。一些专家就此曾到岱海周围作实地考证，将历史的记述与具体的实景作比较，得出了参合陂大战就发生在今凉城县岱海北岸的结论。

公元371年8月4日（农历七月初七），北魏的开国皇帝拓跋珪在凉城的岱海湖畔出生了。出生时，他的父亲拓跋寔已死，母亲贺氏续嫁了公公什翼犍。当时什翼犍的大本营在云中，并不在参合陂。因为贺氏怀念已故丈夫拓跋寔，便在参合陂准备分娩。参合陂一带，是凉城郡治的所在地，当初拓跋寔奉父什翼犍之命镇守该地，贺氏与丈夫在此度过了美好的新婚时光。这儿是她与拓跋寔的甜蜜之地，也是她最理想的让腹中生命出生的地方。

拓跋珪出生了，他的衣胞被埋在了参合陂。

拓跋珪埋衣胞的土丘，后来长出了榆树，渐而成林，长满了山坡，于是这里慢慢地被叫作榆树坡，现在凉城县三苏木仍有该村。村中有一个古老的传说：当地曾出过一个贵人，村中的衣胞坟，是贵人出生时埋衣胞的地方。这个贵人已经有2000年了，他是神仙下凡，出生的时候，天上一片红光，照耀着大地，将整个岱海滩映红，岱海的水也是红色的，湖面上涌起了红色的浪，像风在掀动一幅巨大的红绸。鱼儿都跃出了水面，密密麻麻地布满了湖面，而且都是清一色的红鲤鱼。滩畔的榆树、柳树、杨树在夜幕中都变成了红色，放着光。榆树坡后面的洞金山，发出了响声，如同有千军万马在出征。接着便是那个贵人出生时发出的啼哭声，哭声十分响亮，与后面山上发出的响声相应和，在岱海滩畔久久回荡……

史载，拓跋珪母亲生拓跋珪时，梦见太阳从家中升起，醒来看到一缕红光破窗而出，于是生下了拓跋珪。现在我们很难说清楚这个贵人出生时是否真如同传说的那样，但是民间传说的这个贵人出生时的情景与有关资料上记载的拓跋珪出生的情景是很相似的，是后代的人看到了拓跋珪出生的有关记载演绎出的这个传说，还是这个传说是有关记载拓跋珪出生的依据，这就很难知晓了。

不知道什么时候，这儿又盖起了一个庙，有人说过去其规模很大，以后逐渐坍塌，规模变小了，在20世纪50年代被捣毁了。现在人们记忆中的庙，坐北朝南，青瓦蓝砖，中间有一泥塑的神像，面红色，黄布幔帐围其下身。神像前置一泥墩，放香炉。过去庙内还有一木牌，木牌上画一人，是该地树神的画像。中华人民共和国成立前有很多地方的蒙古人在规定的时间内来此祭树。当地汉人也在除夕夜或正月初二入庙供奉，以求来年有好的收成。南来北往的人，有了难断之事，也常入庙求卜。到此焚香的人，常抛掷几枚铜钱或供奉米面瓜果。

当地人称此庙曰：贵人庙。

在贵人庙烧香祈祷，据说可以达成三个方面的愿望：一是能够保佑所生的孩子聪明健康，将来也能成贵人。这一方面或许就是兴建贵人庙的主要原因吧。善男信女们，也希望自己的孩子如同那位"贵人"，大福大贵，无病无灾。二是能够保佑一方百姓安居乐业。遇上灾年，人们在庙前供奉祭祀，祈福上苍风调雨顺，恳请贵人显灵庇护一方生灵。三是预测吉凶。官吏上任，孩童入学，商人经商，卜上一课，求上一卦。为官的平步青云，求学的满腹经纶，经商的富甲天下。因而，自从有贵人庙后，香火一直很旺盛。

美丽的岱海湖畔，诞生了北魏

开国皇帝拓跋珪。拓跋珪衣胞坟的故事一直流传千余年。其实，拓跋珪出生后，他的母亲贺氏，虽然续嫁了公公什翼犍，可是她很少回盛乐。尽管在之后的5年间，她又与什翼犍生了3个儿子，但是她一直在参合陂。拓跋珪的童年，是在参合陂度过的。蟠羊山下的榆树林，岱海滩畔茵茵的绿草，湖中鲜美的鱼蟹，使他的童年充满了乐趣。他的足迹遍布了这块土地，这块土地也以真挚的情爱，成就着他的事业。

其次，凉城是拓跋珪的复国地。

公元376年冬，前秦苻坚出兵大举进攻什翼犍的代国，什翼犍被打败，逃入阴山深处，结果又被庶长子寔君杀死，代国灭亡。拓跋珪开始了近10年的流亡生活，数次差点丢掉性命。在逃亡的同时，拓跋珪也像滚雪球般地聚集着自己的势力。胸怀大志的少年拓跋珪，心中一直图谋着复国的计划。公元383年，对拓跋珪来说，终于露出了希望的曙光。

这一年，决定着中国南北两方命运的淝水之战爆发了，前秦天王苻坚调北方各族近百万大军南下江淮，意图一统天下。但是谁也没有想到，战争的结果竟然是百万之师被8万晋军所破。氐人苻坚的前秦，本来民族矛盾复杂尖锐，这一下，

他统治下的丁零人、鲜卑人、羌人以及汉人纷纷起事，强大的氐秦土崩瓦解。鲜卑慕容垂于公元384年称燕王，史称后燕，占据今河北；羌人姚苌称秦王，史称后秦，独霸关中；鲜卑慕容美男慕容冲称燕王，史称西燕，占据今山西大部地区。吕光与食人魔苻登决战西部大漠，征服西域36国，将西域划入了华夏民族的版图。河西走廊先后成立同名的凉国4个。各路英雄豪杰纷纷登上历史舞台，北中华苍茫的大地为他们尽显风流，提供了广阔的空间。

此时，拓跋珪流浪在贺兰部，他的舅舅贺讷是贺兰部的大酋长，是拓跋珪母亲的亲哥哥。拓跋珪的外公贺野干，是一个风流倜傥的人，他的儿女连他也不知道有多少，但是对贺讷兄妹却情有独钟，将首领位传给了贺讷，将贺氏嫁给了拓跋寔。拓跋珪逃难到贺兰部，贺讷见他虽然只有五六岁，但是少年老成，谈吐不凡，便将复国的希望寄托在了他的身上。

拓跋珪所依靠的还有独孤部，独孤部首领刘库仁是什翼犍的南部大人，并且娶了什翼犍的女儿。刘库仁对拓跋珪关怀备至，经常对他的儿子们说："这个孩子有高天之志，一定能够恢复祖业，你们应当很好

地礼遇他。"同样拓跋珪依赖刘库仁、刘亢泥和刘库仁弟弟刘眷等人的庇护，才一次又一次地躲过了刘显（刘库仁之子）的暗害。

公元385年正月，贺讷出资出物，让拓跋珪举起了复代的大旗。史载，"登国元年春正月戊申（初六），帝即代王位，郊天元，大会于牛川"。

牛川，现在学术界一致称在呼和浩特东南。可是这东南到了哪儿，具体指哪里，一直争论不休。有人说在西拉木伦河，有人说在黄旗海附近，有人说在芒干水（大黑河）上游。近年来随着对北魏历史研究的深入，现在多数人认为牛川就在现在大黑河的上游，也就是凉城县左卫夭子盆地一带。

持这种观点的人认为：第一，从地理上看，芒干水有两条支流：一是从卓资山的三道营子沿京包线进入呼和浩特市周围的平原；二是发源于蛮汉山北麓，沿左卫夭子与另一支流会合。左卫夭子的地理位置比较重要，它西可通盛乐，西南与古参合陉（今凉城永兴石匣子沟）相接，东北有道可通现在的牛角川盆地再进入丰镇以北的平原，所以左卫夭子既是交通要道也是军事要冲。战国时代赵武灵王曾在此筑城，以便向西掠地，古城遗址现在仍清晰可辨。

第二，从政治地位上看。拓跋珪落难时，是在贺讷及刘库仁等帮助下度过的。刘库仁的势力范围在阴山前后，而贺讷部统领着善无（右玉）广大地区，左卫夭子盆地正好是这两部的接合处。拓跋珪是被其旧臣拥戴而登上王位的，他的旧臣也多数是在这两个部族中栖身，所以选择登基之地也不可能离开这两部而到很远的第三处。

第三，从登基以后的重大行军路线，可以佐证牛川之位置。拓跋珪正月登基，二月迁都到盛乐，八月份他的叔父窟咄在刘显和慕容永的支持下来夺王位。拓跋珪率部越过阴山到了贺兰部，守住阴山诸口御敌，同时向慕容垂请援。慕容垂派其子慕容麟率兵支援。拓跋珪向慕容麟靠近，他的行军路线是："帝自弩山（阴山）幸牛川，屯于延水，南出代谷，会贺麟于高柳。"这就是：他从阴山的山口之一弩山向南到了牛川（左卫夭子），在延水（大黑河上游）屯兵，再南出代谷（今凉城永兴至双古城沟谷），到高柳（山西阳高），与慕容麟会师。这条路线是由北往南走，牛川在阴山之南，代谷在凉城南山区，牛川是在这两处行进路线的中继之处。说牛川就是凉城左卫夭子盆地，这种判断很符合实际。

若此，如今凉城县蛮汉镇的左卫天子盆地，当年会出现这样的一幕：

大雪彻地连天，将山川粉饰，搭起的高台上彩旗飘飘。白桦树垒起了五个巨大的火堆，腾起了丈余高的火焰，将临近的雪烤化。一群人以黑毡蒙头，将三牲血涂在脸上，对着飘洒着雪的苍天起誓：

我拓跋部……

我达奚部……

我丘穆陵部……

我贺兰部……

我独孤部……

我勿忸于部……

我莫洛回部……

我……

誓死追随代王拓跋涉珪，完成祖愿，一统天下。

而后一个少年登上高台，宣布了对于功臣的班赐：

张衮为左长史

许谦为右司马

长孙嵩为南部大人

叔孙普洛为北部大人

奚牧为治民长

王建、和跋、叔孙建、庾岳为外朝大人……

"代复国了！代王万岁！"三军将士及周边的臣民齐声高呼着。

此外，凉城是决定北魏帝国生死存亡的战争地。

拓跋珪复国后，王权并不巩固，形势也很不乐观。新生的代政权仍然承袭着过去的部大人议事制，强部并非彻底地依附他，就是贺兰部也并非唯拓跋珪马首是瞻。贺兰部的另一个贵族贺染干公然率部与拓跋珪为敌，侵占拓跋珪本来很有限的草场。匈奴铁佛部是拓跋部的世仇，首领刘卫辰于376年亲自为先锋率前秦军灭代，铁佛部在拓跋珪的西面如狼一样盯着新生的代政权。独孤部本是拓跋部的属部，但是首领刘显屡次想置拓跋珪于死地，也成了拓跋珪的仇敌。东面是强大的慕容燕。拓跋珪控制的区域有限，力量弱小，形势十分危险。

偏这时，因为争王位，又出现了内乱。

什翼犍有一个儿子叫拓跋窟咄，按父亲什翼犍这方面，拓跋珪应叫他叔叔。他以代王什翼犍儿子的名义，招揽拓跋旧部，在西燕慕容永、独孤首领刘显的支持下，在新兴举起了复代的旗帜，兵出高柳（山西阳高），称拓跋珪是伪代王，号召拓跋旧部推翻拓跋珪。

在窟咄的号召下，许多投到拓跋珪联盟的部族转投了窟咄，北部大人叔孙普洛竟然也投敌了。护佛部、乙佛部脱离联盟，独自游牧去了。

而勿忸于部首领于桓竟然联络了许多人，阴谋想扣押拓跋珪，迎接窟咄。

在镇压了于桓等人的叛乱后，拓跋珪采用了敌进我退的办法，率部避敌转移，同时，向后燕求援。

后燕主慕容垂，是前燕皇帝慕容皝的第五子。当初慕容皝将妹子兴平公主嫁与什翼犍，被什翼犍立为王后，但是不久，兴平公主死了，慕容皝为了巩固双方关系，又将女儿嫁给了什翼犍，拓跋寔就是这个女人所生。也就是说，拓跋寔应叫慕容垂五舅。这样，拓跋珪应呼慕容垂为舅爷了。

有这层关系，再加上支持拓跋窟咄的慕容永与慕容垂有血海深仇，于是慕容垂便派儿子慕容麟率军帮助拓跋珪。拓跋珪在后燕军的帮助下，"大破窟咄，悉收其众"。

对于破窟咄的地方，有人说在今山西阳高北，但是也有人说破窟咄处就在代谷，也就是说在今凉城永兴石匣子沟至双古城一线的沟谷中，还有观点说在凉城与丰镇交界的东马头区域。

代立国后事关生死的第一战，拓跋珪就在凉城境内运兵，数出牛川与代谷、参合陂，足见当时该区域的重要。

事关北魏生死存亡的另一次战役——参合陂大战，毫无悬念地就是在凉城进行的，具体的地点就是今岱海东北部，麦胡图索岱沟以西到中水塘一带。

参合陂之战，在军事家来说，是以少胜多、以弱胜强的经典战役；在史学家来说，此一战基本上奠定了鲜卑拓跋部一统北方的基础，南北对峙的局面由此形成。

公元 394 年 8 月，后燕慕容垂消灭了西燕慕容永，占有了今山西南部、中部的广大地区，而这时的拓跋珪经过近 10 年的兼并战，并吞了独孤部，打败了铁佛部，征服了贺兰部，其他一些弱小的部落，如高车、乞突邻、库莫奚等部纷纷归顺，北魏成为塞外强邦。北魏东部边境与后燕接壤。拓跋珪趁西燕灭亡，大肆收纳西燕流亡民众，兼并土地，掠夺人畜。年过七旬的慕容垂想建不世之功，一统北方，现在他深刻感到了北魏存在对他的威胁，他想在有生之年，奋其英武，使北魏臣服，为他不败的人生履历再续美好一笔。于是，他挟带着灭西燕的胜利之威，于公元 395 年春命太子慕容宝为主帅，统慕容德、慕容农、慕容麟、慕容倭奴等名将，率 98000 人伐魏。慕容宝在中山誓师后，浩浩荡荡经上谷、广宁，取道平城北，过长城，毫不费力地占领了魏都盛乐，然后又边游猎边追击，一直到五原，隔着黄河与拓跋珪对峙了数月，直到初冬。

拓跋珪采用了敌退我进的办法，引燕军西进、消耗敌军士气与给养，并且精心谋划，在慕容宝撤军时，以2万精骑直追燕军，结果在参合陂大胜慕容宝。燕军生还中山的不足3000人，有近5万人被俘。拓跋珪本想将被俘的燕军将士放还，以收买人心，为将来进军中原获得民心道义上的支持。但是，以中部大人王建为首的一些鲜卑贵族，却联合阻止拓跋珪，力谏拓跋珪杀俘。由于当时拓跋部还是部大人议事制，众多的部落首领，尤其是联盟中的一些势力大的部落往往可以左右大局，拓跋珪无奈，只好下令杀俘。

我们应该知道，在岱海北岸，洞金山南麓的某一块地方，1700多年前曾坑杀了四五万人，或许某一天，这累累的白骨会十分令人震惊地展现在人们的眼前。因为在中国古代有文字记载的杀俘人数中，这是名列第四位的。战国时秦赵长平之战，秦将白起一次坑杀赵卒40万，列第一；项羽与秦章邯战，一次坑杀秦降卒20万，列第二；唐朝薛仁贵西征铁勒军队，一次坑杀13万降兵，列第三。

发生在凉城的参合陂大战，奠定了北魏统一北方的基础。从此之后，拓跋珪的军事实力一跃而上，成为北方最强者。次年的7月，拓跋珪便改元皇始，接着率40万大军取晋阳兵进后燕，拉开了统一北方的序幕。

打败拓跋窟咄，拓跋珪的王位得到了巩固；打赢参合陂之战，拓跋珪的霸主地位得以确立。这是事关拓跋珪及北魏生死存亡的两次关键之战，具有非凡的意义。（作者苏西恒，凉城档案局局长）

凉城是北魏皇家的梦萦地

或许，因为凉城是鲜卑拓跋部从大兴安岭出来后，与农耕文明接触的桥头，就在这儿，他们首先与中原文明碰撞出了火花；或许，因为凉城是他们的开国皇帝诞生地，因而从拓跋珪始，北魏的数朝帝王，对凉城的这块土地一直情有独钟，他们频频光临这儿"巡幸"，史官们对他们的巡幸不厌其烦予以圈点记录；或许，因为是盐池、牛川、参合陂、苍鹤陉、犲山宫……这些地方确实是灵山秀水，使他们魂牵梦萦，总想到这儿来。

公元386年，拓跋珪"大会于牛川"，即代王位，冬十月便"幸牛川，屯于延水，出代谷"。从这一年开始到拓跋珪死，《魏书》记载他到牛川、盐池、参合陂有几十次。

公元392年，是拓跋珪称王的

第7个年头。这年正月，拓跋珪"幸木根山，遂次黑盐池，飨宴群臣，觐见诸国贡使，北之美水。三月甲子，宴群臣于水滨，还幸河南宫"（《魏书》）。

从中我们可以看到，《魏书》的作者魏收，对岱海也是极其有深情的，称她是"北之美水"。正月，新年刚过，拓跋珪从盛乐率着王公大臣及嫔妃侍女们出发了，他们先到了木根山。木根山在今靠近长城边的马头山一带，大体的范围在凉城与丰镇交界处。

有的学者说，木根山在鄂尔多斯。其实，在有关资料中，有"木根山"与"东木根山"的说法。公元365年春天，前秦苻坚的大将邓羌在河套中的一个叫木根山的地方擒获了刘卫辰（这个刘卫辰就是与拓跋珪为敌的铁佛部首领），刘卫辰在表示臣服苻坚，接受苻坚夏阳公的封赐后，被苻坚释放。

但其后刘卫辰被拓跋珪消灭时，也涉及"木根山"。这个木根山，在《中国历史地图集》中，注记为今鄂尔多斯，并只作了一个方位性的注记。近年来，学术界倾向"木根山"有两个，有东西之分。很明显，拓跋珪想到黑盐池（即盐池，岱海），不可能大老远到鄂尔多斯，而且这个木根山距今岱海不太远。

拓跋珪在他出生的地方，一住数月，一直到了阳春三月。他先在这儿两次大规模地宴请群臣。拓跋珪一直很节俭的，他这样的破费招待群臣，是因为他刚大胜铁佛刘卫辰部，"收卫辰子弟宗党无少长五千余人，尽杀之"。消灭匈奴铁佛部，几代人的宿仇得以雪报。他获得了大量的珍宝畜产，"名马三十余万匹，牛羊四百余万头"，归附的部落达3000余家。扬眉吐气的拓跋珪在阳春三月的"北之美水"岱海边与群臣宴饮。鲜美的岱海鱼蟹、参合陂边的珍禽野兽，让他们吃得尽兴；参合陂漫坡的榆林，让他们玩得尽兴。从什翼犍开始，拓跋人便在此"讲武骑射"。参合陂、岱海湖畔，是他们纵马的地方，也是他们练兵的地方。如今，拓跋珪用得胜获得的大量财物，在湖畔的茵茵草地上大宴群臣。金黄的蒲公英花将湖畔的草甸变成了黄色的地毯，举着酒碗的鲜卑壮士在尽显自己的剽悍。

我们还不应该忘记，拓跋珪在这儿，接见了各国派来的使者，接受贡物，并也派出了使者回敬各国，与他们建立友好的关系。

到5月，拓跋珪的大将长孙嵩大破泣黎部，又俘获大量的人畜财物，拓跋珪将战利品再次赏赐群臣。

就在这年，他的长子拓跋嗣出

生了。

公元 398 年 7 月，拓跋珪迁都平城，12 月，正式称帝。第二年正月，为了扬显国威，拓跋珪亲率大军北征高车。当诸路大军北伐后，拓跋珪驻军在牛川，专待各路军队的凯旋。胜利之后，他在牛川为得胜的各路军队接风，犒赏有功将士，在牛川"刻石记功"。

公元 403 年秋，拓跋珪"车驾北巡，筑离宫于豺山，纵士校猎，东北逾嬲岭，出参合、代谷"。从此以后，豺山宫成为拓跋珪每年必去的地方。最为重要的当数公元 406 年，他于春正月、四月、八月 3 次到豺山宫。尤其是八月，他"行幸豺山宫，遂至青牛山，丙辰，西登武要北原，观九十九泉，造石亭。遂之石漠，九月甲戌朔，幸漠南盐池"。

拓跋珪这次巡幸所经过的地方，是拓跋珪从平城出发北巡的主要线路，这也为他以后的北魏皇帝出巡，规划了一条最主要的线路。从文字记载中，我们可以知道，他于八月初，行幸豺山宫，遂至青牛山。八月十三日，西登武要北原，观九十九泉，造石亭，遂至石漠。九月初，幸漠南盐池，至漠中，观天盐池；度漠，北至吐盐池。九月二十日，南还长川。九月二十三日，临观长坡。

从八月初至十月初，拓跋珪北巡的时间长达 71 天。其间，拓跋珪及其随从人员在九十九泉休憩，除观看九十九泉外，还修筑了石亭，为以后的巡幸做准备。这是修造九十九泉皇家御苑的正史中最早的记录。其后又修筑了瞭望台、亭及御苑的围墙。据考古证实，九十九泉御苑的围墙从东、北、西三面包围了今辉腾锡勒地区南部所有的小湖泊，墙体分土墙和石砌两种。东南起点在乌兰察布市卓资县哈达图苏木脑包沟村西北约 1000 米的陡壁上，墙在卓资县境内全长约 15 千米。墙体在乌兰察布市察右中旗境内向西南延伸至双脑包南面的小缓坡上终止，在察右中旗境内全长约 25 千米。在御苑内侧，为了守卫御苑，设有瞭望台 38 处，亭 3 座，瞭望台和亭的遗迹十分清晰。瞭望台为覆斗形，边长 5 到 15 米，残高 1.5 到 6 米，多为土夯筑，少数为石砌。瞭望台旁侧发现石砌房址 3 处，应是戍卒居址。这条御苑围墙总长为 40 千米。至于九十九泉的命名，因在北方民族文化中"九"为天数，如《魏书》载："至成皇帝讳毛立。聪明武略，远近所推，统国三十六，大姓九十九，威震北方，莫不率服。"这里的"三十六""九十九"，一是表示多，九十九为极数；二是表现了美好的祝愿，九十九泉的命名亦然。

九十九泉者，今辉腾锡勒也，那么这犲山是现在的哪儿呢？

犲山宫是拓跋珪于犲山建的一个离宫，《魏书》中多次提到拓跋珪到犲山宫。关于犲山宫的地理位置，据《丰镇县志》卷二记载："犲山宫，北魏离宫也。天兴六年筑于犲山，遂名。《魏书》天赐三年正月，北巡犲山宫校猎，四月复幸犲山宫，遂登定襄角史山，又幸马城。五年行幸犲山宫，遂如参合陂。按定襄、马邑、参合俱在今府北。说详沿革，是犲山必近代都，今厅境所称狼头山者，疑近古犲山，然无可证实。"据《山西通志》载："《魏书·帝纪序》所经历的地方考查犲山应在宁远厅南。"又云："宁远厅南近边墙处有山，或者就是古代犲山。"公元402年，柔然可汗社仑趁拓跋珪征姚兴之际，侵入北魏参合陂，南至犲山及善无北泽。善无县在今山西省右玉县南，由今凉城县南境在北魏时属善无县之北境看，犲山宫应筑于今乌兰察布市凉城县境内之马头山。马头山即北魏时的犲山，犲山宫建于马头山区东段。

公元408年是拓跋珪遇害的前一年，这年正月，他又到犲山宫，到参合陂，然后过今卓资县、察右

中旗境内"观渔于延水"，这延水是指今兴和县境内的后河。就在这一年，拓跋珪的孙子拓跋焘出生了。

拓跋珪对于他的出生地，是相当有感情的。碧波荡漾的草原仙湖岱海给了他生命，岱海湖边他的衣胞坟，那时肯定还在，拓跋珪每次来一定会祭祀的。

拓跋珪被害后，拓跋嗣诛杀谋逆之人，称帝，史称明元帝。对于王国摇篮的凉城，拓跋嗣仍倾注关爱，多次巡幸参合陂、牛川、犲山、盐池等地。我们将《魏书》记载拓跋嗣到凉城境内的活动简择如下：

永兴二年（公元410年，拓跋嗣于公元409年称帝后的年号为永兴）壬申，帝北伐，蠕蠕闻而遁走，车驾还幸参合陂。

秋，七月，立马射台于陂西，仍讲武教战。

永兴五年（公元413年）丁丑，巡幸犲山宫。

神瑞元年（公元414年）庚戌，幸犲山宫，戊申，幸犲山宫。

神瑞二年（公元415年），五月，次于参合，东幸大宁，六月，幸去畿陂，观渔……十有一月幸犲山宫。

泰常元年（公元416年）春正月甲申，行幸犲山宫。七月，帝自白鹿陂西行，大狝于牛川。登釜山，临殷繁水而南，观于九十九泉，冬

十月壬戌，幸豺山宫。

泰常六年（公元 421 年）六月，北巡，至蟠羊山。

泰常八年（公元 423 年）二月，筑长城于长川之南，起自赤城，西至五原，延袤二千余里。六月，北巡至于参合陂，游于蟠羊山。

就在公元 423 年的十一月，拓跋嗣死于平城的西宫，年仅 31 岁。

其后，拓跋珪的孙子拓跋焘继位，他对于凉城这块地方，仍旧充满依恋，多次到凉城。始光三年（拓跋焘年号始光，公元 426 年）七月，他巡幸长川，并且筑马射台于长川。他还多次巡幸阴山。至拓跋濬（文成帝）、拓跋弘（献文帝）、拓跋宏（孝文帝），也必到凉城。在这段时期，史料中又出现一个叫"旋鸿池"的地方。

据《魏书·地理志》载："凉城郡，天平二年置，领参合、旋鸿二县。"据郦道元《水经注》记载："沃水又东，经参合县南，魏因参合陉即名也，北俗谓之苍鹤陉，道出其中亦谓之参合口。"又说："池北七（十）里，即凉城郡治。池西有旧城，俗谓之凉城也，即取名焉。"北魏的凉城郡址到底是现在的哪儿，目前没有可靠的遗址来佐证，但是依有关资料记述来推断，应在今岱海北七里。旋鸿县属凉城郡管辖，

因为邻近旋鸿池而得名。《水经注》卷十三《漯水》载：如浑水"水出凉城旋鸿县西南五十余里，东流径故城南，北俗谓之独谷孤城，水亦即名焉。东合旋鸿池水，水出旋鸿县东山下，水积成池，北引鱼水，水出鱼溪，南流注池。池水吐纳川流，以成巨沼，东西二里，南北四里，北对凉城之南池，池方五十里，俗名乞伏袁池。虽隔越山阜，鸟道不远，云霞之间常有。"从上述记载可见，旋鸿池是"鸟道不远，云霞之间常有"，是有山有水，环境优美的地方。"乞伏袁池"即今乌兰察布市察右前旗境内的黄旗海。

旋鸿池按史料有关的记载，推测其地方大致在今凉城与丰镇交界地带，可是目前没有发现有力的证据证明它的具体位置。在北魏平城时期，这个地方具有很重要的意义，我们从文成帝拓跋濬与孝文帝拓跋宏的几件重要事情可见一斑。

文成帝在公元 462 年二月猎于崞山，观渔于旋鸿池，6 月巡幸阴山，7 月巡幸河西，10 月下诏书说："朕承洪绪，统御万国，垂拱南面，委政群司，欲缉熙治道，以致宁一。夫三代之隆，莫不崇尚年齿。今选举之官，多不以次，令班白处后，晚进居先，岂所谓彝伦攸叙者也！诸曹选补，宜各先尽劳旧才能。"

他的这道诏书，主要是说明用干部的。他指出过去选官，都是按照年岁的大小来决定，可是现在却不一样了，许多功劳大、年龄长的人没得到提拔任用，而辈分晚、岁数小的人却重用了。这种用人的办法是不对的，今后选官，应该对那些任劳任怨、有贡献且年龄大的优先任用。

孝文帝在公元484年二月巡幸旋鸿池、崞山，历时8天，6月颁布诏书说："置官班禄，行之尚矣。《周礼》有食禄之典，二汉著受俸之秩。逮于魏晋，莫不聿稽往宪，以经纶治道。自中原丧乱，兹制中绝，先朝因循，未遑厘改。朕永鉴四方，求民之瘼，夙兴昧旦，至于忧勤。故宪章旧典，始班俸禄。罢诸商人，以简民事。户增调三匹、谷二斛九斗，以为官司之禄。均预调为二匹之赋，即兼商用。虽有一时之烦，终克永逸之益。禄行之后，赃满一匹者死。变法改度，宜为更始，其大赦天下，与之惟新。"

孝文帝的这个诏书，是北魏历史上极其著名的。这道诏书提出了实行班禄制，要给大小官吏发放俸禄，而且明确了俸禄的具体来向及对百姓收取的赋税数量。这道诏书下发后，北魏结束了以前官员没有俸禄，收入主要靠皇帝赏赐、掠夺乃至于贪污的历史。班禄制是孝文帝改革的一项重要内容。这个诏书明确了实行班禄制后，对于官员的廉政要求，贪污一匹绢者处死，这个力度是相当大的。其后，一些贵族领了俸禄后，仍旧贪污，孝文帝进一步加强处罚力度，出现了"羊酒之罚"，即贪污一只羊、一坛酒的要被处死。许多官员因此被诛杀，一次最多达千人。

公元494年，孝文帝首先于正月开始南巡，七月开始北巡。这次孝文帝的南北巡视，是为迁都洛阳、改革鲜卑旧制做准备，以安定人心而出巡的。北巡首先到盛乐金陵祭祖，然后巡幸朔州，八月巡幸北边六镇后，来到旋鸿池，历时3天后，谒永固陵，返回平城。九月，孝文帝下诏书说："三载考绩，自古通经；三考黜陟，以彰能否。今若待三考然后黜陟，可黜者不足为迟，可进者大成赊缓。是以朕今三载一考，考即黜陟，欲令愚滞无妨于贤者，才能不壅于下位。各令当曹考其优劣，为三等。六品以下，尚书重问；五品以上，朕将亲与公卿论其善恶。上上者迁之，下下者黜之，中中者守其本任。"

这次巡视后，孝文帝下诏书的主要内容是对于官吏的考核。他决定加快对官吏的考核，三年一次考核，考核后马上决定官吏的提拔与罢免，让没有才能的人不妨碍贤能的人，有才能的人不至于停在下位，并且将考核分为上、中、下三等。考核为上上的提拔升迁，下下的罢免，中等的留任。六品以下的官由吏部决定，五品以上的官由他与大臣们论其优劣决定。

以上三道诏书都是在北巡旋鸿池之后颁布的，说明当时的旋鸿池不仅是北魏皇帝游览观光的地方，而且也是酝酿决策国家大事的地方。旋鸿池虽今已湮没，但它在北魏历史上留下了浓重而辉煌的一笔，是有迹可考的。

大量的史料证明，北魏时的凉城郡统辖的面积要比现在凉城县的面积大得多。也就是说，北魏皇室在凉城郡内的活动，远要比我们现在掌握的多。（作者苏西恒，凉城档案局局长）

凉城是北魏王国的生命维系地

在鲜卑人建立的国家中，我们应该承认，拓跋鲜卑的立国还是比较早的。《魏书》将拓跋鲜卑的历史上溯到三四千年以前，到拓跋毛的时候"统国三十六，大姓九十九，威震北方"。其实对于一个没有文字记载的民族，要从始均记到毛，共67代，而且凭口耳相传或刻木结绳记述，这实在是很难做

到的。就从力微开始北居长川（今兴和县境内），"控弦士马二十余万"算起，在这位少数民族的第一位可汗的统治下，其实已经有了国家的规模。即使是以公元315年猗卢称代王为始，也是比较早的。

公元311年（西晋永嘉五年），匈奴人刘聪率部攻破洛阳，对西晋王都大肆掳掠，史称"永嘉之乱"。西晋王朝风雨飘摇，苟延到316年终于灭亡。逃到江南的部分士族在建康（今南京）扶植司马睿登基，东晋开始。

习惯上，人们把从公元304年氐人李雄建成汉国开始，称为"五胡乱华"的开端。即使从304年到315年，期间也只有李雄的成汉、鲜卑慕容廆自称大单于、刘渊的汉赵等不多几个政权。慕容皝于公元337年称燕王（史称前燕）后的第二年，拓跋什翼犍便称代王。当氐人符健称帝建前秦时，代已立国近40年了。

那么是什么原因，使立国早的拓跋部一直没成大的气候呢？

这主要是由于代王位的继承原则造成的。

从力微称可汗后，凡是拓跋部出现的优秀人物，几乎都要遭到内部人的杀害。力微的儿子沙漠汗，是已经被确立的太子。他居中原六七年，非常熟悉中原文化，胸有

大略。但是他的弟弟们阴谋想篡夺太子的位子，联合许多人，先在力微那儿进谗言，继而在半途杀害了他。现在多数学者认为沙漠汗之死反映出了拓跋部内部汉化与反汉化、先进与保守的斗争，是拓跋部内部争夺王位的结果，很多人为沙漠汗的死感到惋惜与痛心。史书对沙漠汗的评价相当高。在曹魏做人质时，为"魏宾之冠"。由于他的影响，双方关系友好，曹魏送给沙漠汗的金帛缯絮岁以万计。他在晋做人质，"朝士英俊多与亲善，雅为人物归仰"。晋朝一些人怕他今后回归拓跋部落后，对晋构成威胁，阴谋想扣留甚至暗害他。就这样的一个优秀的人物，还未等继可汗位，便被旧贵族害死了。

力微有4个儿子，沙漠汗是长子，以下依次为悉鹿、禄官、绰。力微死后，由悉鹿继位，其后，绰、禄官也当过汗王，汗位基本上是兄弟相传。但其间沙漠汗的儿子弗在位仅一年就去世。禄官以后，代国由猗卢统领，猗卢与猗㐌都是沙漠汗的儿子。

猗卢继位时，在王位的传承上，发生了不愉快，结果被长子六修所杀，猗㐌子普根杀六修后成为最高首领，但仅一个月后便不明不白地死去了。人们拥立刚出生不久的普

根之子拓跋始生继汗位，但就在这年冬天，拓跋始生也莫名其妙地死去，最终是拓跋弗之子郁律夺取了政权。郁律可以说是一个有作为的首领，史载他"资质雄壮，甚有威略"，而且有"平南夏志"，即说他有率军进中原，平南的志向。在他统治期间，"控弦上马将百万"。但是，他也死在了内部的王位争夺中，而且有几十个大臣随着他死于这场宫廷政变。拓跋氏对领导权的争夺这以后愈演愈烈，控制下的其他属部也参与了进来。

由于连年内讧，鲜卑拓跋的力量一度衰落。到公元338年，拓跋什翼犍为代王时，才又得以壮大，但到了公元377年冬，他又被自己的儿子、侄儿联手杀死，代国灭亡。

拓跋鲜卑人在曲折中前进，他们自进入蒙古高原后，凉城一直是他们活动的大本营，立国北魏后，也是王朝的生命维系地。

凉城县蛮汉镇小坝滩出土的"晋鲜卑归义侯"金印和"晋鲜卑率善中郎将"银印及镶有"猗㐌金"三字的四兽金饰，有力地佐证了凉城当时在拓跋猗㐌时候是拓跋部的重要区域。猗㐌、猗卢是拓跋部的重要首领，均在凉城建治所。什翼犍继位的第二年，他"朝诸大人于参合陂"，商议定都城的事，因为他

的母亲王太后反对建都，故没有成事。其后，参合陂、盐池成为什翼犍练兵的地方。《北史》对什翼犍在继位第五年的夏秋之际，诸部云集现在的岱海滩，"讲武驰射"，作了详细的记述，并且说从此以后，"因以为常"。确实从什翼犍以后，这儿成为拓跋人练兵的场地。拓跋珪时，经常在这儿举行军事演习。凉城因有山有水有草场，也就成了北魏帝国操练水陆步骑的基地。参合陂大战前，拓跋珪就率部在现在的岱海滩练兵。

拓跋珪建都平城后，在凉城一直驻守着强大的军队，以佐卫京都。公元398年，拓跋珪划定京邑，"东至代郡（大同东至河北西北部），西及善无，南极阴馆（今代县北），北尽参合"，将凉城作为了他的畿内田，从山东、河北等地迁了大批的民众到今丰镇、凉城、和林等地，"计口援田"。

由于拓跋部起自于草原，他们对阴山有着无法挥去的依恋，所以建都平城后，仍旧北望阴山，开辟了从平城到阴山地区的几条通道：一是自平城西北过长城经旋鸿县，转西经参合陂，过苍鹤陉到盛乐，转云中至五原；二是从平城到大漠南沿的线路，过长城经青牛山（今集宁区境内）至武要北（今辉腾锡勒）

到了大漠南（今锡林郭勒盟苏尼特右旗北境）；三是从平城到盛乐，然后到牛川，中经意辛山（今四子王旗境内）进入大漠至弱洛水（今蒙古国土拉河）；四是从盛乐向西经白道城（今呼和浩特市坝口子古城）北入白道（今呼和浩特市坝底村）至岭，逆白道中溪水（今呼和浩特市乌素图沟）北行，经意辛山过大漠至鹿浑海。其余至牛川、豺山宫、长川（今兴和县境）等的路线也很多。

在北魏立国前期，凉城一直是北魏皇家的梦萦地、生命维系地，无论是帝王的巡幸，还是道路的拓展、经济的开发，无一不放在他们的心上。

孝文帝南迁都城后，北魏的政治、经济重心南移，从孝文帝以后的北魏帝王们，没有一人再到凉城境内巡幸。大同以北的地区，连同故都盛乐，也被抛弃了。曾经的帝国摇篮，失去了往昔的宠爱。终于随着六镇起义的呐喊，凉城变成了义军纵横之地，北魏帝国也走到了尽头。（作者苏西恒，凉城档案局局长）

情系凉城

一方水土养一方人。凉城的青山秀水养育了无数文学爱好者，他们以抒情的方式表达了对家乡的热爱，其作品通过凉城人写凉城、家乡人讲身边事，反映凉城儿女在建设"享誉全国的文化旅游强县"的进程中，积极向上、发奋图强、昂扬奋进的精神风貌和热爱家乡、赞美家乡的美好情感。

明月岱海

月亮升起了，在雾气腾腾的岱海东岸。初升的月亮很大，酷似盛宴上一张圆圆的餐桌，染有惹眼的铁锈红色，那铁锈红随着月亮的升高，渐渐消失，代之形成了白玉雕成的盘，晶莹剔透，朗朗地照耀着我身边的岱海，广阔的海面上洒下了一层融融的水银，将整个岱海幻化成银的海、玉的海。海面悠悠地荡漾着明晶、光亮的清漪、微波，分外令人爽目、舒心、陶醉！我感到自己置身于一个美妙的童话世界里了……噢，我顿悟：原来明月之下的岱海竟是一个如此令人神往的童话世界！

我举目四望，岱海宽广、辽阔，月光无边无际，在广袤无垠的苍穹之下，尽是一面偌大的明镜，平展展地摆在我的面前，把我整个身躯都照映得明亮明亮的，我的心中便有一种难以言喻的欢欣舒畅！湖南端那条沿湖横卧着的起起伏伏的、蒙着厚厚一层银灰色的塬梁，又使我生发出无限的神秘感。它的神秘，仿佛让我坠入云雾似的。我情不自禁地注目凝望，凝望着……突然，从我心底跃出这么一个名字来——海市蜃楼！啊，是海市蜃楼！我兴奋得不得了，竟像个孩子似的几乎跳了起来！于是，在我眼前恍惚地幻化出一座座美丽的亭台楼阁，舞榭歌台；耳畔隐约地回响这悦耳的歌声，委婉的琴音……我于是感到自己又置身于一个如梦如幻的人间仙境里了。噢，怪不得全国人大常委会原副委员长布赫同志兴致勃勃地游过岱海之后，欣然命笔，留下了"草原仙湖"的墨宝呢！

在我身后湖岸上那近年来兴起的旅游建筑群不正是海市蜃楼的真实写照吗？那虚幻的海市蜃楼与这真实的旅游建筑群，南北对峙，隔湖相望，竞相媲美，昭示这岱海文化旅游前所未有的巨大变化，演绎着岱海文化旅游日新月异的发展。

皓月当空，尽如白昼。好一个亮丽、明晰的天地啊！那洒下的月光，清纯得很，端庄得很，也宁静得很，将我身边的砂石、草坪、鲜花、绿树以及停泊在海畔的大小游船、画舫、汽艇和海岸上的各种各类旅游建筑设施，都注满了温馨，充溢着光亮，勃发着生机。

万籁俱寂，好像这世界上只有我一个人存在。我完全沉静在这明媚的岱海月夜之中了，没有喧嚣，

311

没有纷扰，任我自由自在地徜徉。突然有清风徐来，继而又有"哗哗哗"的击水声传入我的耳鼓。噢，这是广阔、浩渺的岱海水在欢快地唱歌呢！在如此美妙、皎洁的月夜，在如此令人神往的"仙湖"，听如此悦耳动听的歌声，是多么令人欢欣鼓舞、心旷神怡啊！

此时此刻，被明月岱海陶醉的我，心情又怎么能平静呢？岱海，你这美丽的"草原仙湖"，你有许多神奇的传说、动人的故事，你在自治区三大内陆湖中极享盛名，你沉淀着几千年北国悠久的历史和底蕴深厚的民族文化。闻名遐迩的汇祥寺遗址、洞金山卧佛、马刨神泉和湖畔草原的宝地胜景，特别是正在崛起的岱海电厂，皆如众星捧月似的，依偎在你的身边，使你更加璀璨夺目、异彩纷呈。尤其是随着岱海电厂区域环境保护和综合项目的深入实施，随着岱海宾馆、旅游中心码头、文化主题公园和温泉浴疗城的陆续建成，你那更加诱人的旅游前景，不知更会令多少人憧憬、向往啊！你的水产资源也是非常丰富的，湖水中的鱼鳖虾蟹，应有尽有；湖岸上的芦苇，葳蕤茂盛，它们的财富价值令人难以估量。

此刻，曾任最高人民法院院长的郑天翔老人为岱海旅游点门楼上题写的"岱海风涛，天池览胜"八个苍劲有力的镀金大字，又一次在我的眼前闪耀着。这富有诗意的题词，不正是对岱海出神入化的真实写意吗？

如果说，艳阳蓝天下的岱海之美，是欢腾的美、阳刚的美、激情奔放的美，那么，朗朗明月下的岱海之美，便是温柔的美、娴静的美、幽雅高洁的美、诗情画意的美。而且，这美必将伴随着奔腾不息的时代节拍而美轮美奂、美不胜收……

啊！岱海，你这草原上的"仙湖"，我家乡璀璨的明珠，我怎么能不永远歌唱你、赞美你！（作者戚效忠，生前系凉城教育局干部）

岱海

如果没有黄河的那一次改道，就不会出现《山海经》里"天池"、《汉书》里"盐泽"、《魏书》里"盐池"的记载，也不会有汉代的诸闻泽、北魏的葫芦海、宋元的鸳鸯泊、清朝的岱嘎淖尔。对于"天苍苍，野茫茫"的塞外，人们难免会有直透心底的荒凉感。但造物主显然要给这一片蛮荒几多生机，于是这塞外天池就被赋予了别样的灵动。

驱车行驶在土默川平原，经过盘山公路、穿越崇山峻岭、绕过密林草坡、路过乡野人家，当最初的新鲜感在心内消退，无聊乏味会悄

岱海风光

然漫上心头。车外烈日肆无忌惮吐着火舌，车内空调已无法冷却焦躁烦闷的心情，骤然一片碧波粼粼的湖出现在前方，简直让人难以置信！这个清凉的去处，就是"草原仙湖"——岱海。她特有的风韵，毫无征兆地闯入你心里。

带着久行沙漠的人看到绿洲的渴望，远眺群山环抱、碧水之畔的蓝白色欧式建筑，禁不住要停下车投入这蔚蓝色的怀抱。优雅的喷泉花池、古典的海神雕塑、修饰整洁的草坪、芬芳馥郁的花海、郁郁葱葱的密林、茂密无垠的芦苇……这些美丽景致的前奏，似乎只是为引出一片水晶般的湖。

或许，会有一丝不屑掠过心头，觉得这"海"远不及曾经的沧海。可是，即使曾去过无数江海，也未必感受过这镶嵌在茫茫草原上的璀璨明珠带来的宁静之美。这美，是深闺碧玉的温婉，是人与自然的和谐——这美，独特而稀有！

其实，浩瀚沧海，泛滥水波，又有什么稀奇？茫茫草原，漫漫荒野，在人感到焦渴绝望时，看到一滴水已是无限的感恩，何况是一片让人心旷神怡的碧海。碧水填满远山与近陆之间的凹处，便有了这一片平静神奇的"海"！它没有河流来汇聚，没有渠道来连通。它是塞外草原上独存的死水——正因为它是死水，所以没有浪涛汹涌、波涛喧嚣，而显出一种和谐与宁静；正因为它是死水，所以才有无风的丽日下，一面平滑晶莹的镜，才让人在静中感受到一种心旷神怡的温馨。

清晨，几重白雾把湖与山、天与地裹成一个浮白的团。湖在厚的被子里做着无人知晓的梦。轻风带着薄薄的湿气涌向人的面颊、身体，送来沁人心脾花草的清香和湖的浅唱，送来芦苇丛中毛茸茸的雏鸭吖吖的鸣叫，送来自由飞翔的海鸥悦耳的啁啾……沿着木栈桥，偶尔会看到惊起的飞掠而过的翠鸟，也能窥见在水洼里钻出的鹌鹑，或者无畏地迎着行人一个旋身飞去的海燕。一种怡然自得的韵味，在心中升腾。

"看，东方！"有人发出惊叹。

放眼，只见一抹淡淡的红，映在东方的白壳上。金乌从壳中孵化，红嫩如剥开的蛋黄，媚惑如女儿唇上的胭脂。它怯怯地张望，慢慢舒展翼翅，似乎害怕羿的神箭而不敢骤然跃出湖面。它逐渐强壮，羽毛变得亮丽光鲜，终于破壳而出，飞出湖面。壳的碎片被光焰烤化，如织般缕缕飘散。于是雾成了薄纱，成了蝉翼。而跃出海面的通红的球，犹如挥舞着乾坤圈的哪吒，在海上泼下万道金光。漫天的嫩云羞红了脸。远山将崔嵬的身影埋进湖中。

湖被染红，任烈火在胸中燃烧，但它依然平静，把这一切包容。

金乌已然展翅高飞，湖水幽蓝里容着橙黄。悠然租下一叶扁舟，挥桨徐徐划向苍黛山麓。船的倒影在水波里揉碎，荡得很远很远。有风，有水藻味的湿气。风轻轻抚着浪涛，浪悠悠推着船舷。那份闲逸，让人舒适惬意。近岸，飞鸟在水面漂浮的芦苇叶上小憩，游鱼在水草下探出头吐几个泡泡。蝴蝶蹁跹在野玫瑰花丛里飞舞，蜜蜂嗡嗡在芍药花堆里采蜜。一切都是那么柔美静谧。

在附近的村庄，烹一条岱海鱼、烫一壶鸿茅酒、煮一只农家鸡、沏一杯黄金茶，可享受久违的乡间野趣。在湖畔悠然漫步，欣赏斜阳余晖下镀金的湖面，远眺天边晚霞少女般羞怩绯红，可享受远离喧嚣的闲适惬意。在湖畔支开帐篷，坐于凉伞下甩一杆鱼线，钓几尾游鱼，燃着篝火烤着鲤鱼，听渔歌唱晚，观漫天繁星，可享受人与自然的怡然亲近。若这静已让人心生厌倦，则可以骑上曾随着成吉思汗征战世界的蒙古马，扬鞭纵马体验驰骋草原的畅快，或是信马由缰，任马蹄落处溅起四散飞蝗。或者，可以登上汇祥寺，在虔诚的诵经声中，远眺苍山间休憩的卧佛山，鸟瞰绿荫中醉人的岱海滩。

316

甚至，可以和淳朴善良的渔家人闲聊，或者与坐在地头抽旱烟的老农唠嗑。你会发现，这些饱经沧桑的长者，满肚子都是关于岱海的故事。龙山文化的一脉曾发源于此，北魏开国皇帝拓跋珪曾诞生于此，耶律楚材曾荡舟于此，五世达赖曾册封于此……这些如数家珍的故事，印证了岱海的博大与深邃。这恰如后母戊鼎与金银错，编钟与陶埙，其间的美已然超出大与小这般庸俗的概念，而是其特有的内涵在丰富观者的审美。苏东坡欲把西湖比西子，而我则把岱海比王嫱。因为只有王昭君出塞的美才配得上"大漠孤烟直"的一派苍茫。

山有山的情怀，水有水的味道。沧海有其惊涛骇浪的雄宏，岱海有其波澜不惊的雅致。人总有需要静心的时候，如诸葛武侯所言"非淡泊无以明志，非宁静无以致远"。那么当你走进草原，走进岱嘎淖尔，你会体味这苍凉而宁静的美。她会使你卸下一路风尘，忘却城市的纸醉金迷、尔虞我诈；她会使你满载欣喜，收获岱海的包容豁达、知足常乐。因为她不仅以美的形式存在，更为苍茫的草原带来生机，为贫瘠的土地孕育生命。她是草原仙女的化身，也是艰难中屹立的草原精神。

（作者刘志华，凉城县委办公室秘书）

记忆中的岱海

一

题记：岱海滩的人们祖祖辈辈直接或间接地享受着岱海的恩泽，"傍山吃山、傍水吃水"的同时也深感她的神圣和神秘，却从来没有产生过感激和回报之情，不过当时也没有能力对她过分的索取和伤害……

偶尔走出去很远，只要说起内蒙古的凉城，人们大都知道凉城有个岱海，还会问起岱海的水深、环境、特产等等，还会问现在什么样，以前什么样。但是，我们往往回答不好，有时干脆答不上来。

是的，几乎所有的名胜古迹都是名声在外，而当地人则不以为然，如呼和浩特市的昭君墓、大召、小召、五塔寺，当地人都不如外地导游讲得好。而岱海边生、岱海边长的人，多数不会系统地介绍岱海的风光和变迁，有的是不知道，有的是不以为然，有的则是认为大家都知道，不值得一提。神奇是因为不常见，常见的就不神奇，游人的兴趣就是这样产生的。

岱海变了，岱海的环境变了，岱海边的人也变了，似乎气候也在变。究竟为什么变，变好了还是变坏了，暂且不说，只是我们意识到她和我们记忆中的岱海的确不一样

岱海捕鱼

了，起码不完全一样。

如今圣洁的岱海岸边，电厂巍然雄踞，景点星罗棋布，建筑鳞次栉比，道路四通八达，车水马龙，游人如织，摩肩接踵，花团锦簇，商贾云集，人声鼎沸。面对如此盛景，让人油然回忆起儿时记忆中的岱海……

20世纪60年代初，社会上正在搞"四清"（社会主义教育）运动，县城家属还乡的潮流涌动，我家从县城迁到老家居住。老家在岱海东北方向七八公里的一个小村庄里。我们一群八九岁的小伙伴谋划着去看岱海，一直在等待时机。那时候交通并不方便，全村只有两三辆自行车，一般出门都是步行。麦胡图公社所在地就在湖边，大人们倒是经常去办事买东西，但对我们来说，

去一趟是一件不容易的事，需要具备几个条件：一是要等公社唱戏（每年春播结束后夏锄开始前，或者夏锄结束后秋收开始前，公社一准要请县晋剧团来唱戏，生产队放假，社员去公社看戏）；二是学校放假，要么换星期（老师将星期日调整为上课，看戏的日子放假）；三是要家长同意，带上干粮。当时是计划经济，如果能有半斤粮票、两角钱，就可以在公社的国营食堂喝上一大碗荞面饸饹，就不用带干粮了，但要托一位大人带着去。

去了麦胡图，我们根本无心看戏，那些古装戏只有奶奶能看得懂，或者是和奶奶一样老的爷爷们才能边看边说，很是热闹。我们没有兴趣，就偷偷溜出去看岱海。

岱海在麦胡图西南方向不远的

地方，一眼望去，碧蓝碧蓝的一片，远处好像和天连在一起，仔细看地平线上影影绰绰有淡青色的山，拉成一条锯齿状的线。出了镇子，我们向湖边走去，一开始路过的是庄稼地，有莜麦、土豆、谷子、玉米、胡麻、向日葵……走不了多远就过了庄稼地，走进了前面的草滩。草滩很大，长着各样的草，但是和我们村边的草已经明显的不一样了，这里没有头疼花（狼毒）和地椒椒（百里香），没有蒿子和沙蓬，羊草和针茅也很少，却有河蓖梳（委陵菜）、三棱子草、车串串（车前子），还有一丛一丛的灌木，记得住的是红柳，土名叫"红鞭杆"。再往前走是沼泽地，这里就不能穿鞋子了，要赤脚踩住一个个一尺大小的草圪堆。草圪堆又叫草跎子，不小心踏进草跎子之间的黑泥里，能将一条腿都陷了进去，拔上来一次很费力气。当地放牛的小朋友说，这里能旱死牛哩，他们的牛、马、驴、骡不让进去，只能在外头的干草滩上。继续往里走，沼泽变成了有底的泥草塘，泥塘里的芦苇地蒲草长得很稀疏，也不整齐，再往前就是湿漉漉、平溜溜的细沙滩，赤脚走上去很舒服，走起来也轻松得多了。沙滩的沙子很干净，能把我们的泥脚擦得干干净净。沙滩平平的，坡度很小，渐渐伸入湖边的水中。水暖暖的，很浅，向前走上半里地，能没过膝盖……

湖边没有麻雀、喜鹊、乌鸦等村里常见的鸟，多数是长着长嘴巴和长腿的鸟。尽管它们大小不一样，毛色不一样，就连叫声也不一样，但是它们的长腿都能站在湖边的浅水里，静静地等着捕食，衔到食物后又飞向湖边远处的沼泽和草地里，那里大概有它们的家和孩子……湖里还有游泳的鸟，白的、黑的、花的，我们叫不来它们的名字。它们似乎并不在乎我们的到来，慢条斯理地游，但当我们想走近它们的时候，它们就往远处游去了。我们根本不敢往里追，它们却要回头望望我们。

冬天，我们几个"勇敢"的人又去过一次岱海。起因是讲"自然"课的老师说冬天北方的海会冻成冰，而讲"地理"的老师说："除了北极和南极，大海是不会结冰的。"我们认为岱海是"大海"，所以想去看个究竟。

估摸着原来的路线走，一路上见滩里的庄稼地已被耕过，一垄垄黑油油的土地整整齐齐地躺着，垄尖上有一点淡淡的盐。夏天的绿草滩，冬天已经变成了黄草滩，踩上去软绵绵的。羊没有夏天那么多了，一小群、一小群的。大牲畜却比夏天多了起来，最起眼的是牛，还有少量的马、驴、骡。吃饱了的牛卧在草滩上晒着太阳"倒嚼"，放牛的老爷爷坐在牛的下风头抽着烟。

后来我们慢慢才知道，羊变少的原因是冬天羊群里只留下了生产母羊，老百姓叫作"坐冬羊"。除了种公羊外，其他的羊都已经被宰杀或卖掉，为人们做贡献了，叫作"出栏"。小羊羔都在妈妈肚子里，大多数会在明年春天才出世。大畜多则是因为它们冬天不干活了，就来海边的大草滩上"休假"来了。方圆几十里的大畜，冬天会安排在这里放牧，老百姓叫这种异地放牧为"下场"。夏天下场的是闲散的母畜和幼畜，冬天下场的多为耕役畜。

岱海真的结冰了，白茫茫一片。沼泽地的草砣子在平悠悠的冰面上变成了散乱的黑块和黑点，越往里越稀疏。靠草滩的沼泽和草滩连在了一起，分不出界限来，走上去很轻松。沙滩大部分不见了，似乎是结冰后的岱海长大了，就将它们盖了起来。继续往前，眼前我们脚下的冰面渐渐由白色变成蓝绿色，像一大块厚厚的玻璃板，里面镶着不规则的漂亮的白色冰花，用力一跺，发出"嘭嘭"沉闷的声音，却纹丝不动，我们每个人都摔倒好几次，才学会了在冰上走。

夏天看岱海，在远处能看见壮观的湖面，走近了由于高个子的庄稼和高大的红柳灌丛挡着视线，就看不到岱海的全貌了。但走近了以后，觉得眼前一亮，偌大的一个岱海看得清清楚楚，而身后的村庄、公路又被挡住看不见了。冬天的湖边，高个子的庄稼不在了，高个子的草和灌木丛也让人们割了不少，湖边显得特别空旷，能望见远处的村落，每个村落都有几个放粮食的土圆仓和几个大秸草垛，这就是一个生产队了。偶尔还能看见公路上慢悠悠的汽车，只有远处的山和夏天差不多，近点的深蓝色，远的浅灰色，最远的是天湖之间一条淡淡的线。

湖里冻着两条船，远远望去并不大，好像也不太远，当地老乡说是岱海渔场捕鱼的机帆船，近处的一只距湖边只有二三里地。我们走过去的时候，感觉用了很长时间，走近一看，机帆船竟然有四五间房子那么长，冰面距船舷的栏杆近两米，一架木梯搭在船帮上，我们便好奇地爬了上去。船的尾部是很大的甲板，上面还放着一只小木船，大船后头有一个很大的绞盘，上面缠满了钢丝绳，还有一个起吊的人字架。这条小木船就是湖将要结冰时被人字架从湖里吊上来的，平时是他们上岸的交通工具。桅杆的下面有住人的房子，一半在甲板以下，窗户在甲板上面。比房子高一半的是驾驶舱，我们第一次摸到了在电影里才有的舵轮。船的最下一层是机舱，里面有一个很大的柴油机。船上有一位60来岁的老爷爷和一位二三十岁的叔叔，都操外地口音。他们是岱海渔场从河北白洋淀请来的渔工，机船捕鱼就由他们来当老师傅。这两条船也是岱海渔场从他们那儿调来的，冬天他们在船上看守船，就住在船上。听说我们从近二十来里的村里来看海和机帆船，爷俩很高兴，对我们十分热情，将我们请进他们温暖的"家"。房子里一半放着两张床，另一半是厨房和库房，还堆放着粮食和杂七杂八的生活用品。房子中间生一个小火炉，下面垫几块砖头和一张大铁皮，煤块儿放在一个铁桶里，用一把大剪刀一样的夹子给火炉添煤，炉子上面还能做饭烧水。我们确实冻坏了，进来一会儿就觉得脸上、手上和脚像针扎一样的疼，一个个脸蛋像两个熟透的西红柿，发际和眉毛一进门就结了霜，尔后又化成水流了下来，脸上一道一道的。老爷爷把三大碗开水放在床边的小桌子上，冒着热气。水很烫，我们轮流着上前吸溜一小口，想喝凉水，老

爷爷不让喝。他帮我们把随身带来的干粮摆在小火炉下面的铁皮上，很有兴趣地问我们这些形态各异的干粮叫什么名儿，什么面做的。我们就认真地告诉他：玉米面做的锅巴子，玉米面加谷子面做的窝窝头，这是马铃薯和莜面合起来做的熟山药丸丸。有一个同学带着发面烙饼，这个老爷爷认得出，不用我们讲。

他们两人有一盆做好的饭，是小米加少量的白米，叔叔从外边端回来时是冻成一块的。他们做鱼很奢侈，将洗好的鱼平放到案板上，把头、尾和背、腹两边的鳍都剁掉了，留下一个近乎长方形的鱼身子，放在锅里煮。佐料十分简单，只放了一点盐和少许备好的调料粉。我问："您剁下去的……不要了吗？"年轻的叔叔神秘地说："放回到'海'里，它明年就又变成鱼了……"老爷爷劝我们吃鱼，大概怕我们多心，还特意尝了尝我们的干粮，说很好吃。我们大多是平生第一次吃到鱼，感觉新鲜，但并没有多吃。鱼背上的肉很厚，有小刺，鱼腹部的肉没有小刺，但又很薄。他们说这鱼是他们在湖面上凿开冰窟窿捞上来的，还说，过几天场里的捕鱼队要在这里进行冰上凿孔捕捞，你们来看看吧。可惜我们一直没有机会去看。

半后晌的时候，爷爷催我们回

家，这时候我们才恍然大悟，还有十几里回家的路要走呢。善良的爷爷将我们送下船，又往前送了好远，至今仍记得老人家叮嘱的话："冬天进'海'一定要等冰冻结实了才能上去走。冰上走要看着沿水（从冰下涌出，在冰上流着的水，一会儿也冻成了冰），一有沿水，附近肯定有冰窟，要不就是裂缝，掉下去是很危险的……"

在送我们下船的时候，渔民叔叔将剁下来的鱼头、鱼尾、鱼碎屑和人们吃剩下的鱼骨、饭粒拾掇到饭盆里端了出来。这时，天上立刻飞来十几只鸟盘旋在他的头顶，"啊一啊一啊啊——"地叫。叔叔也"啊一啊"地叫了几声，将盆里的东西抛出去，让鸟们抢食。这使我们忽然意识到：冬天海边的鸟，种类和数量确实比夏天少了很多很多。大概和我们家房檐下的燕子一样，冬天向南飞走，夏天再飞回来，叔叔喂的是冬天应该南飞而没飞走的鸟。

回来的路上仍然是又冷又累，但大家心里很满足，一路上有说有笑。突然一个同学尖叫一声："嘿嘿！我们袖子里一股机帆船的味！"大家不约而同地重复一个给鼻子取暖的动作：将拳头缩在棉袄袖子口里，把嘴巴和鼻子捂上去。果然，袖子里有一种特殊的味儿——柴油味、

鱼腥味、火炉子的煤烟味，再加上老爷爷抽旱烟的烟草味儿，混合起来，就是机帆船的味……

这就是最初留在我们童年记忆中的岱海，时间大概是1964年或1965年。

二

题记：二十世纪六七十年代，尽管社会上一切都是乱哄哄的，岱海却静静地展示着母亲湖的宽容和大度，以特有的平静承载着狂热的人们。人们的行为已经在不知不觉地影响着岱海，但粗心的孩子还未感受到母亲已日渐衰竭和苍老……

凉城县城在岱海的东北方向，二十世纪六七十年代，县城到岱海很近，只有五六里远，我家就住在县城的家属院里。在我们这一代人的记忆里，那时候好像一切都是乱哄哄的，小镇子里锣鼓声起伏无常，大喇叭一整天都在广播，大街小巷到处是红底黄字的语录牌和白底黑字的大标语、大字报。好多人的名字在大标语和大字报里被画上了大红叉，有的头朝下写着。动不动大街上会涌出一股游行的人，口号杂乱无章，传单铺天盖地……中学生们大部分都在参加"运动"，停了课。小学还能勉强上课，学制由六年变为五年，课程也有不少"革命"性的改变，学校的文化课很容易就

完成了，而政治课的"运动"还没有波及我们小学生。无所事事，岱海边就是我们放学后和假期里活动的天堂。

那个时候，大部分家庭都有四五个孩子，家长不娇惯孩子，我们也不娇气。不论贫富贵贱，都有参加劳动的习惯，夏天拔草喂兔子，冬天搂柴拾茬子，供家里烧火做饭。如捡粪卖给农场做肥料，还能挣几个钱做下学期的学费和书费，有时还有点余头。我们这些活动大都在岱海边上进行。其中最有趣的还是晚上三五成群，结伴同行，每人打个手电筒，带一个旧笼圈或一截没有底的箩筐去岱海边的浅水里捞鱼。

春末夏初小麦苗3—4寸的时候，岱海边的浅水里有很多"摆籽"的鲫鱼。浅水区域很大，向里走上一里地也只能没过踝骨，捞鱼的最佳地段是水深刚没脚脖子的水域。手电光从下一照，就能搜寻见水中灰褐色的鱼脊背，小的二三寸，大的有四五寸，在那里一动不动。用笼圈扣下去，受惊的鱼儿只能在笼圈里乱窜而逃不走，这就是我们的战利品了。我们每个人的裤腰带上都别一根细绳子，一头拴着一个两三寸长用铁丝双折回来做成的大引针，将鱼抓到后，用引针从鱼鳃穿过去，从鱼嘴里抽出来，鱼就顺着小绳子一直滑到绳子的另一端。绳子的另一端拴着一截小树枝棍，鱼儿被小棍卡住后，就不会掉下去，第二条、第三条……一直能捉上长长的一串。上岸边后，抽出小绳子，把鱼放在各自带来的筐子或小篓子里，有时用的是书包或袋子。再去第二次……一夜能够捞到十多斤，有时是二十来斤鲫鱼。第二天，妈妈和奶奶会帮我们拾掇干净，满满地煮上一锅。当天吃不完，就晒成鱼干，冬天拿出来做干粮吃。每年的这个季节，岱海边的老乡都要来城外卖这样的鱼。家家户户都去买，一斤只卖几分钱，贵的时候也就是一角钱左右。当时市镇供应的粮食不太充足，又多是粗粮，这些鱼是我们重要的营养补充来源。

那时的岱海距县城比现在近许多，近处只有五六里。湖周围的基本地貌是一马平川的大草滩，一些似连又不连的水泡子不规则地分布在湖边。如果秋天下雨，湖里注入山水（洪水）后，这些水泡子就和湖连在一起了，水泡子成了湖的一部分，但外头又会形成许多大小不等的水泡子。天旱了以后，又恢复了原样。冬天岱海结冰后，水泡子又和湖连在一起冻上。

夏天我们去湖边玩，当地放牛、放羊的小朋友告诉我们："爷爷们说岱海已经变小不少啦！岱海水如果往高涨半尺的话，能淹出十几里地呢。"湖边的泥滩里长着一大片不规则的芦苇和蒲草。夏天这里有很多漂亮的小鸟和长腿长嘴巴的大鸟。当我们带走它们窝里的鸟蛋或者小鸟时，它们只能在远处可怜地叫。几年过去了，倒也不觉得它们的丁口减少。海边穿袍子放羊的老爷爷吓唬我们："鸟是长生天派来吃害虫的。掏鸟蛋、抓小鸟不好，长大会娶不了媳妇、嫁不了婆家……"

冬天湖水结冰后，冰面上有凿冰打鱼的大人们，但是他们不让小孩子靠近，小朋友们在这里滑冰车。

大人们从冰面上将芦苇和蒲草齐冰面铲倒收了回来。听说有的卖到造纸厂，有的编了蒲草包装袋，有的喂了牛羊，还有的做了烧柴。后来县里成立了芦苇公司，蒲草少了，但人工种了不少芦苇，芦苇被统一管起来了，再往后成立了滩涂开发办，海边的草场也管起来了，又开了不少荒。

湖边还有一座座的土堆，有的竟像小山那么大，当地人叫它"盐泥圪旦"，是熬制土盐后的盐土堆成的。夏季天旱的时候，湖边距水面不远处，由于水分蒸发形成了一大片白色的盐碱滩。白色的地表由于盐碱太多，会形成黑褐色的，酷

似干土豆皮一样的一层硅土渣子，老乡叫"盐土"，里面有大量的盐、硝和碱。老乡将硅土刮起来，堆成小山，稍作苫蔽，不让雨淋，这就是熬盐、坐硝的原料。农闲时，将硅土用水化开滤出盐水，放在很大很大的铁锅里烧火加温，水蒸发后，锅里就析出很多结晶盐，将盐捞出，水凉了以后再取出硝和碱。工艺十分简单，都是经验性操作。剩下的水叫"盐根"，也能卖钱，多数被岱海周围的老百姓买去做豆腐用了。滤过盐水剩下的泥渣叫"盐泥"，盐泥多了堆起来，就形成座座小山丘。这好像是一个产业，养活着一部分以熬土盐为生的人。多少年来，当地群众吃的就是这个盐，洗衣服用这个碱，加工皮件用这个硝。后来这个产业被政府取缔了，湖边便留下这些用盐泥堆起的让年轻人看不懂的人造景观。

回忆起当年的岱海滩，似乎十分平静，没有喧嚣，没有花花绿绿的建筑，甚至连一条像样的公路都没有，但是她是一块儿典型的自然湿地。从县城出来向东南方走，一开始是农民的庄稼地，五谷杂粮一应俱全：莜麦、土豆、黍子、糜子、谷子、蚕豆、黄豆、高粱、小麦都有，再往里走，胡麻、向日葵明显地多了起来。走不了多远，大路渐

渐变成小路，路面越来越潮湿，细沙子渐渐多了起来，路面平悠悠的，很干净，像被人扫过一样，路边是地毯一样的草皮。从路边的草皮往前延伸，一片绿茵茵的地毯一般的大草滩展现在眼前，庄稼地消失在身后，空气立马变得清新湿润。雪白的羊群、油亮油亮的马儿、慢吞吞的牛，零零星星地散落在草地上。

县城往南不远，沿岱海东边是一片很大的草滩，一望无际，大约十里开外有一条河，由西向东流入岱海，天旱的时候，大人可以涉水过去，河南岸也是大草滩。河两岸有几座不规则分布的村落，房子大部分是白泥抹的，在绿色的草原上十分醒目。村庄的周围有面积不大的庄稼地，镶嵌在草滩里。再远处的村落，耕地就越来越多了。这是岱海周围最后的牧场，经营它的是六苏木、四块地、小河沿等几个村落的蒙古族同胞。放牧的老爷爷说他没有种过地，这些草滩是中华人民共和国成立后，政府专门留给他们的牧场，所以没有开垦。岱海南岸和北岸还有三苏木、五苏木、八苏木等，也是牧场。这些草滩都编着号：六号滩、四号滩、九号滩、八号滩……我们看它根本没有次序，但这些老人们都分得很清楚。这里的老人们多数讲蒙古语，中年人讲汉语也讲蒙古语，而和我们一样大小的小朋友只讲汉语，不过他们能听懂大人们的蒙古语。

夏天到岱海边玩儿是件很惬意的事儿，三五结伴，各自都有一个筐子，拔野菜回家喂兔子，或者交给大人们喂猪，这是我们最初给家庭的贡献。大多数小朋友都在家属院的排子房门前做一个半地穴的兔窝。兔子繁殖很快，说不定啥时候就引出一窝小兔子来。我们并不懂兔子品种，它们的名字一律按颜色叫作"大白兔""黑油坛""青紫兰"，也有的小朋友养着白色的长毛兔。我们拔回来的草也就那么几种："甜苣"和"苦苣"（苦荬菜）、"咕咕英"（蒲公英），还有"燕儿衣"（不知学名）、"车串串"（车前子），这些草体内大都有白色的"奶子"，据说是最有营养的，还有"打碗碗"（牵牛花）、"扁珠珠"（扁蓿）、"河篦梳"（委陵菜）等等。这些草在草滩里、田埂上、小河边，到处都有，一筐草不用多大工夫就装满了。剩下的时间就去学游泳，我们叫"耍水"。大人们在流入岱海的小河上筑了不少小塘坝，蓄水浇地，坝里的水由浅到深，能满足不同水平的人下水，从"狗刨"到"爬爬水"（蛙泳），再到"翻身"（侧游），再到"死人水"（仰游）。海边的小朋友大多数会游泳，也都是无师自通，学会了就敢去岱海里游了，但几乎每年都有玩水被淹死的。所以，学校老师和家长们不允许我们"耍水"，但是被管住得很少，渐渐地都学会了游泳。大人们有一种检查办法：从你的上身部位用手指甲长长地挠一把，耍水的就留下一道道清清楚楚的白痕来，没下水的则没有白痕显现。后来为了逃避惩罚，我们想出了对付办法：回家路上走到有井水的地方用井水洗一下，就不出白道道（白痕）了，背上则相互帮忙，互相擦一把，小腿和脚不用处理，大人们从不检查。

那时候凉城城关镇的地下水很浅，吃水井也就是一两丈深的样子，人们下班后担水，用的都是手拔水斗（一个小桶）、一根粗绳子。供应市民蔬菜的两个菜队（专种菜，吃供应粮的城郊农业社）的菜园子用的是畜力水车，拉水车的牲畜（多是驴和骡子，少有用马的）被蒙上眼睛，绕着大口井上架着的水车不停地走，横着转动的齿盘带着竖着转动的绞盘，把粗铁链子和固定在链子上的一个个镶着胶皮片儿的活塞片，连同井水一齐从一根火炉筒般粗细的铁皮筒里拉上来，水从水槽流出，通过牲畜走的磨道下的小涵洞流到垅道（小水渠）里，再流到菜地里。菜农们将沤制过的人畜粪便用一个带把的大铁勺掺和在将要进地的水里……各种应时的蔬菜长得特别好，路过菜园能闻到菜的香味，却闻不到肥料的臭味。

记不清哪一年，凉城有了变电站，高压电取代了县城用柴油发电机发电供城镇照明的发电厂。机电井取代了浇地水车和旱井。自来水来了，原来的吃水井不用了，担水的担杖（扁担）、水桶、拔水斗一起退出了历史舞台。地下水越来越深，开始，原来的吃水井干了，后来30米以下深度的机电井也没有水了。

时光荏苒，岱海距县城越来越远了，期间的耕地增加了，草滩减少了，菜农原来的菜地变成了建筑，菜地迁往较远的地方，城镇四周的小村庄进了城镇的版图。草滩变成了耕地，沼泽变成了草滩，后来也变成了耕地。岱海边原来依次向外排列分明的湖水——沙滩——沼泽——草滩——耕地五层景观，逐步变为湖水直接连着不规则交错分布的泥滩、草滩、荒滩，再往外就是耕地。有的地段连草滩也没有了，湖水连着漫泥滩，泥滩外就是耕地。大草滩由原来包围岱海的一大圈儿变成了不规整的几大片儿，并且越来越小。湖水往后退了，沼泽消失了，草滩变小了，耕地就继续往前推进……

这时候大约是20世纪60年代中期至70年代初。

三

题记：人类社会的文明史是一部开发利用自然资源的历史，然而从盲目开发利用到理性开发利用，经过了漫长的发展过程，人们无休止的索取是因为大自然母亲般的宽厚，人们敬畏大自然是因为受到了大自然的惩罚。可持续开发利用是人类总结历史经验后产生的理性思维。人们祖祖辈辈一直在尝试……思索，再尝试……再思索……

岱海四周平缓的海岸，数北岸最陡，所以中华人民共和国成立初期的岱海渔场码头，现在的几个旅游点码头都建在北岸。由于码头是人们与岱海亲密接触的平台，连接着外界通往岱海的交通，所以横贯岱海滩东西的公路交通线也很早就修在了岱海的北侧。大概是受传统文化中"依山面水"习俗的影响，许多古迹和文化遗存也多在水的北部。后来，围绕岱海文化的旅游业也率先从北岸发展起来了。

如今岱海北岸有两处奇特的景观：一处是位于新旅游点（也叫中心旅游点）东北角，属地是三苏木乡所在地义和村的大扬水站；二是位于旧旅游点西北角，属地是五苏木村的小扬水站。大扬水站的主体工程

是一座巨大的挂了浆砌石面的夯土坝。大坝的一头在岱海北岸的湖水边，有二十多米高，大坝由南向北延伸近千米后，顶端逐渐和地面持平。坝脊上的浆砌石输水渠由南向北稍有些降，能使水由南向北流入岱海北岸的农田。大坝南头的坝首十分壮观，当地老乡叫它"龙头"。它的基部东西有三四十米宽，到顶端收缩成三四米，中间筑有一条一米多宽的砌石水渠，两边是能走人的渠背。大坝主体东、南、西三面都呈陡坡状。从两侧远处看，这个楔形的庞然大物，南头高大雄伟，往北越来越小，活像一条爬在湖边喝水的大龙。从南面湖上看这个"龙头"，是岱海北岸一座高耸的梯形孤山，从"龙尾"处的平地往南去，又好像"龙头"伸进了湖的中央。当年，"龙尾"处和横贯东西的呼阳（呼和浩特—阳高）公路相交。公路北侧大部分是耕地，路南边只在近处开了为数不多的小片耕地。从路边一直到岱海边，几乎全部是绿色的草滩和深绿色的沼泽，村庄和建筑物很少，树木也不多，岱海滩一望无际，湖面天水一色，大坝更显得十分壮观。

叫作"龙头"的坝首下面有一个二十多米见方、四五米深的机坑。当初这个机坑的大部分浸在湖水里，

是打围堰排水筑成的。坑北边紧靠"龙头"下建有机房,抽水机从这里抽水,送到"龙头"上。由于岱海北岸地面的坡度向北约一公里后就变得很缓了,公路北边延绵几千亩耕地近乎平地,所以当时这个扬水站的灌溉面积很大。大马力抽水机从"龙头"下的机坑里抽取岱海水,由大坝上的水渠输送到岱海北岸灌溉大片农田,因此粮食产量大大提高。不曾想几年后,湖水渐渐退了下去。于是,又从湖边与机坑之间挖出一条引水渠道,机坑前面又往下挖了一个更低的机坑,挖出的土堆积起一座小山。以后,湖水再往下退,引水渠和机坑全部被吊了起来,扬水站就此结束了历史使命。

如今,这个残缺不全的机坑距岱海岸边有五六百米远了,比水平面高出好多,高高地放在湖岸的北坡上。机房已无踪迹,上方依然立着那座高耸的"龙头"。它们便成了三四十年前岱海水位的标记。

这一人造景观是20世纪70年代农业学大寨"战天斗地,艰苦创业"的业绩,是当地农民群众物化劳动的积累。当时根本没有工程机械可言,工程完全靠锹挖、肩挑、大筐抬。小排子车推土算是最先进的,是"青年突击队"的专利装备。生产队的畜力车是工程上主要的大型运输工具,偶尔有几辆拖拉机,这些还同时是远处民工的交通工具。困难和劳动强度可想而知,修筑这座小长城似的扬水站还有许多惊天动地、可歌可泣的感人故事。

现在,这个扬水站遗迹被圈在旅游点的铁丝网外边,一般不会引起人们的注意,特别是年轻人。外来旅游的小朋友干脆就不认识它,他们不解地问:"这是啥东西,是不是古时候修的,干什么用?"但是在我们这一代人心目中,它是珍贵的文物,是岱海滩劳动人民物化劳动的积累,因为它是20世纪农业学大寨运动创造的历史遗迹,经历过这段历史的人们对它依然情有独钟,对它的由来记忆犹新。

泱泱岱海滩上,自中华人民共和国成立以来,要说感天动地的大事,除了听老人们说起的、中华人民共和国成立初期的土地改革、"人民公社化"运动,还有我们经历过的、发生在20世纪80年代的农村改革,即落实以土地双层经营承包责任制为核心的农村改革政策之外,最让人刻骨铭心的就是20世纪60年代兴起的轰轰烈烈的"农业学大寨"运动了。这段"战天斗地"的历程足以使一代人倾注了半生的青春年华乃至毕生的心血和精力。这一伟大的运动使广袤的农村大地发生了天翻地覆的变化，使人们的思维和意识统一于一面旗帜之下，是当时为改变落后生产条件，开发以水利为中心的土地资源，解决日益增长的粮食需求问题的伟大实践。普遍的称谓是："以改土治水为中心的农田基本建设。""改土治水，兴修水利"就是为多打粮，粮食产量越来越高，追求目标也日益拔高：亩产量四百斤叫作"上纲要"，五百斤称为"过黄河"，八百斤就是"跨长江"啦。粮食总产量达到两个亿，实现"突破两亿关，争取两亿三"的奋斗目标，足足使二十三万凉城人民奋斗了三十年。

素有"七山一水二分滩"之称的凉城县，境内南面马头山上古长城横亘于山西和内蒙古之间，北部蛮汉山和大青山相连，与呼和浩特毗邻，中怀富饶美丽的岱海滩。全境分属永定河流域、黄河流域、岱海流域三大水系。两山一湖构成其基本地貌特征。境内地肥水美，风光秀丽，堪称塞外江南。尤其是水资源相对丰富的岱海滩，一直是自治区南部的重点粮食产区之一。

岱海流域区总面积184.7万亩，占全县土地面积518.2万亩的36%；有耕地56.3万亩，占全县耕地面积112.6万亩的50%。其中水浇地18.6万亩，占全县水浇地面积

75%。年际平均降水量420毫米。据凉城水务局专家粗略统计：岱海流域内平均每年土表径淹永资源为2亿立方米，地下承（扫蓉清承基流）0.9亿立方米，总资源2.9亿立方米。岱海区域水资源占乌兰察布地区水资源总量13.3亿立方米的15%，占内蒙古地区400.3亿立方米的0.5%。人均占有地表水量为860立方米，是乌兰察布地区人均351立方米的2.45倍。所以从中华人民共和国成立初期，凉城县就开始修筑大量的水利工程，学大寨时期进入了高潮。整个岱海流域流入岱海湖的首花沟、泉子沟、索岱沟、保岱沟、水草沟、园子沟、韭菜沟、松树沟、元山子沟、付家村东沟、五苏木泉子沟、圪臭沟、杏树贝沟、石窑沟、步量河、弓坝河、五号河、天成河等十几条河流，不论常年河还是时令河，上游大都修筑了截流取水的水库、塘坝、引洪渠、截伏流等工程。其中属县级管理的水库就有双古城水库、石门子水库、石窑沟水库、弓坝河水库、边丰水库五座，还有前几年水毁的五号河水库。除此之外，还有土城子、前窑子、后窑子、厂圪洞等几座塘坝，群众叫它们小水库。规模较大的截伏流工程有：保岱沟、索岱沟、园子沟、三苏木西营子四处。规模较大的引

洪工程有八九处。据水务局专家介绍，岱海盆地前后共打了一千多眼机电井，现在有872眼仍然在使用。这些水利工程自中华人民共和国成立以来为发展农业生产，提高粮食产量发挥了重要作用，做出了重大贡献。特别是那些大大小小的水库、塘坝，在蓄水防洪、保护人民生命财产和国家重要设施方面立下了汗马功劳。然而，岱海水资源的补给主要来自天然降水，依赖于全流域十几条河流的补给，人们截取的水就是自然状态下流入岱海的水。同时大气候也在暖变，人们渐渐地开始为岱海湿地的萎缩而揪心，希望有一天能够使它维持一个稳定的水平。

记得当年南部的马头山区规整壮观的大寨式梯田延绵起伏，所有沟壑都有闸沟垫地，缩河造地工程。拦河蓄水的塘坝和小水库修了不少，大口井、截伏流、滚水坝、引洪渠到处都有。而且有水就有提水工程，提水工程中有不少就是各式各样的扬水站。这些扬水站工程，虽然没有岱海的扬水站壮观，但作用和原理都一样。20世纪70年代，我在"人民公社"工作时，曾经见过这样的大标语："天大旱，人大干，清洪水不下岱海滩。"一同下乡的县水利局的一位水保站长看到后说这个提法不行，太霸道。后来村支部书记派人将"洪"字去掉了，看来，洪水只能截住一部分，清水还是要全部截住的。记得20世纪70年代末，南山上的刘家窑公社四道嘴大队修了不少水平梯田，该大队土城子水库（实际是个浆砌石塘坝）的水曾经上了三级扬水站，后来由于提水成本太高而放弃了。

那个年代，虽然水利工程星罗棋布，遍地开花，但级别分明。县一级工程可以征调全县的建勤民工和车辆，公社级可以在全公社征调，大队则可以征调各生产队劳力资源，生产队的小工程则由自己组织。县级工程建勤民工可以吃到国库返销的补助粮，以下各级就得分级解决自己的工程补助粮了。不过有一点，不管哪一级工程，只要是水利部门统一设计和安排的，国家都给无偿投资建设材料，如水泥、钢材、柴油、炸药、铅丝等等。农民不论在哪一级工程劳动，都挣队里的工分，合起来就是生产队年终统计中投入农田水利建设的总投工。从这个方面还可以反映出各级干部的政绩。那个时候，工地上干部和群众"同吃、同住、同劳动"确实落实得比较扎实，当年有个玩笑话："上级领导来工地检查，手上没茧子的干部是不敢上前和领导握手的。"下乡干部在老乡家里派饭吃，一轮就是一大圈儿。群众对党的感情深、觉悟高、干劲大，有时候在半饥饿状态下拼命干活……

目睹着这一处处血汗遗迹，回忆往事，不由得心里五味俱全：是眷恋？是感慨？还是揪心？耳边似乎响起一首当年唱得很火很熟的歌：

"一辆辆的那个胶轮大车呀，
上呀么上山坡，
一袋袋的那个圆溜溜的麦子呀，
装呀么装满了车。
毛主席号召咱们学大寨，
社社队队粮满仓。
赶车的人儿多快活，
一路车马一路歌。
一条条的（那个）清泉水呀，
绕呀么绕山流，
一层层的（那个）大寨梯田绿油油，
望呀么望不到头，
穷山窝变成了花果山，
金满山来银满沟，
贫下中农多快活，
年年唱丰收……"

这歌声充满了信心、充满了期望、充满了激情，也充满了追求，鼓舞着艰苦奋斗的人们。几十年人们不懈地找水、挖水、用水，多数没有或者是没来得及去关心水资源的总量消涨，因为粮食需求的增长

和地区经济发展的双重压力，一直在困扰着进退两难的人们。直到近几年岱海出现加速度萎缩趋势时，人们才开始意识到这块湿地的珍贵，并开始分析研究萎缩的原因，寻找拯救她的办法。历届决策者们也越来越注意到岱海湿地的保护和水资源的可持续利用，并正在为之不懈努力。上至凉城籍的国家领导人，资深专家学者，远至海外游子，近至普通农民也都在关注岱海的前途命运。

醒来的虽然晚了点儿，但毕竟是醒了，我们应该为自己的觉醒而高兴！

母亲为养育我们，积劳成疾，过早地衰竭下去了，儿女们理应全力去拯救她！

四

题记：旅游，人的天性。四十年前山村里的孩子去看海，如今人们为旅游走遍大江南北。古代旅行家和探险家齐名，如今旅游成为一种产业。其亘古不变的原因是，它能够满足人们对外面世界的渴望和追求。必须有一个叫作景点或景观的载体，它来自大自然的造化或人类的创造，它能使人们感到神奇和愉悦，这类景观有地理的、人文的、历史的、自然的等等。岱海就是这样一个美丽、神奇、渊博、浑厚、

充满吸引力的地方。人们到岱海旅游的行为也就在平静的生活中自然产生了。

20世纪80年代，开始有了来岱海游玩的人。最早来岱海旅游的是山西大同市和左云、右玉两县矿区率先富起来的小矿主们和当地县、乡、村的官员们。

20世纪80年代，全国大办乡镇企业，这些山西人依托丰厚的煤炭资源，成为中国北方首先富起来的人们。"衣食足，知旅游"，于是他们就举家出动，成群结伴到岱海边上"逛达、逛达（晋北地区方言）"。多数是在夏天，这些山西的观光客开着他们大大小小、形态各异的汽车来岱海边玩一个中午，下午返回山西。也有的在岱海边游玩以后又上几十公里外的蛮汉山森林里看看树木葱茏、花草茂密、泉水叮咚、百鸟欢歌的秀丽景色。

山西人率先来岱海，除他们在经济上先富起来这个原因之外，一个主要基础就是两地之间源远流长的人口流动和经济来往，以及两地相通的民俗民风，还有由此带来的快捷的信息传递。

历史上，我们这里被称为"胡地"。万里长城一墙之隔，阻断了两地的民间交往。清朝时期，政府实施"移民戍边"政策，鼓励移民垦荒，大量的山西移民首选水草肥美、距家乡只有一墙之隔的岱海流域，使岱海周围距岱海几十公里乃至上百公里之内平缓肥美的草原很快变成长城北侧最早的垦殖区，创造了这里农业文明的一度辉煌。精明勤快的晋商迅速地沟通了两地的经济往来，以山西雁北农耕制度和手工业为主要内容的口里文化来到了口外。相当长的一段时间内，移民们多数都和家乡保持着密切的联系，有的几代人都还是"出口外赚钱，回老家建房"。所以，这里很多民俗文化和山西相近。民国以来，战乱频繁，经济萎缩，人口流动和经济往来日益减少。口里、口外又开始变得疏远和神秘起来。中华人民共和国成立后，这里的人民终于有了一个和平安宁、民族和谐的生活环境，但是由于长期人口管理严格，跨省区的人口流动极其少见。在经济困难时期，两地之间曾一度产生过盲流，但规模并不大，多数是口外的青壮年劳动力"倒流"回山西矿区打工，这时候则是"进口里赚钱，回口外养家"。计划经济时期，地区间的经济交往更少，非官方的自由贸易被俗称为"跑黑市"。山西人来内蒙古用粗粮换莜面，城里人到村里用粗粮换肉类和鸡蛋，口外的山里人用自产的胡油、豆类、肉类到山西矿区换粗粮或卖得几个现钱。后来有的干脆给煤矿下井挖了煤,当地称作"下窑"。包产到户以后,有的内蒙古打工者去山西给人家当长工种地、做家务,替东家开矿、办厂、搞营销。有的还成了儿女亲家,两地人气又日益旺盛起来。

"牛"起来的山西人从这些流动人口的口中得知塞外凉城这样一个有山有水、风光秀丽的地方,向往之情油然而生,于是就以富人的心态和架势来"逛达、逛达"。岱海渔场的码头有一条公路连着外头的交通干线,所以初来岱海的山西人驻足之地就在码头边的岱海滩上。人们如郊游一样,还没有"旅游"这个口头语出现。当地人叫"耍",山西人叫"逛达"。人们在沙滩上逍遥,也会去浅水里嬉戏,个别会水的还去深处游一圈,但他们的水平远不如当地老乡的孩子。岱海渔场的工人热情、善良,也很负责任,义务关照着客人的安全。打鱼的机船闲暇的时候,还让客人上船观光。有时候还能教客人们划一划木筏子,拉客人们在湖里转一圈。游客高兴的时候,往往会给他们一点酬劳,但他们不敢要,要不就抽上客人一支香烟,胆子大的热心人会拿出自己的干鱼和客人一起喝客人带来的酒,叫"打拼伙"。后来渔场的领导开了一个话口:机船载客人下海可以收点钱,但要全部交回场部,算作场内的多种经营收入,场部将收入的一部分拿出来给工人发补助。这一招很受欢迎,以后就顺理成章了。接着,呼和浩特、集宁以及周边旗县的人们也开始光顾岱海,游客日益增多。开始只是星期六、日有游客来,后来则是经常有人来,还真有点络绎不绝的情景,只不过是节假日人更多一点。

旅游的人多了,围绕游人的服务业应运而生,渔场工人的家属们把小鱼炸了卖给游客,周围村里的老乡将自产的老玉米、毛豆角、瓜子儿、瓜果摆到路边,城里精明的小商贩瞅人多的时候总会将烟、酒、糖、茶、冰棍、雪糕、矿泉水这些小副食品倒腾过来摆小摊儿。接着出现了卖小吃的流动灶……这种格局维持了几年。这几年中,板房小饭馆来了,露天饭桌出现了,出租泳装、救生圈的也来了,有人开始招来摩托艇载游客赚钱了……渔场原来的生产码头开始拥挤不堪。花花绿绿的游客、铺天盖地的太阳伞、星罗棋布的摊点,还有五颜六色的车辆、撒落在蓝天白云下的绿草地、白色的沙滩和湛蓝色的湖面,的确美不胜收。然而,秩序维持、安保救护、垃圾处理等一连串的问题也就跟着来了。岱海渔场作为岱海的旅游管理者，为此遭了不少罪，做了不少工作，尝试了好多解决办法，真是功不可没。

岱海旅游的开始虽然具有自然性和自发性的特点，但发展很快，政府部门的管理、组织、服务已是势在必行。与此同时，基层干部们也有了出门考察的机会，看到了外面精彩的世界，于是，依托资源优势兴办旅游业的意识萌生了……

1992 年 8 月 10 日至 20 日，凉城县举办了首届岱海旅游节。自治区、乌兰察布盟（今乌兰察布市）党政有关领导和各族各界的一些知名人士参加了开幕式。北京、大同、左云、右玉、呼和浩特及乌兰察布地区的各旗县均派人组团前来致贺。部分在外地工作的凉城籍人士，从抗日战争开始，就曾在凉城工作的部分老干部、知名学者、知识青年也纷纷回来参会或出资赞助。

首届旅游节开幕式的组织形式有点像草原上的"那达慕"大会。开幕式的会场设在岱海北岸平坦空旷、绿草如茵的草滩上，是在渔场码头北边，距岱海边不远处的草滩上划出的一个一公顷大小的矩形场地。场地北边正中建起一个约 20 米宽的主席台，一米半高的台基上，钢结构框架上用苫布搭顶，背面砌

一面砖墙，墙面挂一块蓝色底幕，中间挂着会徽。台口横挂蒙汉双语会标，上面插着 23 面彩旗。主席台两侧隔开，4 米宽的过道，各建一座长约 40 米，高 1 米的观礼台，上面依次有十几层台阶，坐着尊贵的客人，场地中间用白灰撒出一个 400 米跑道。跑道外 20 米外是参加大会人员的位置，按单位分区划定。

开幕式的议程别具特色，隆重的入场仪式上，巨大的会标模型开道，后面依次是会旗、吉祥物模型，鼓乐队的后边是花束队、彩旗队、腰鼓队，后面是 40 多个各行各业的方队，绕场一周后在会场中央依次站定。开幕式由县长主持，升会旗、奏会歌，庄严规范，县委书记致辞，来宾讲话，热情洋溢。主席台、观礼台上的领导和来宾与会场的群众呼应互动，欢天喜地。简陋庄重的会场秩序井然。解放军方队的队列和格斗表演、农民方队的秧歌、学生方队的体操、工人方队的产品模型及统一着装的行业方队……各展风采。热烈的迎宾曲、雄壮的进行曲、欢快的伴奏曲跌宕起伏……所有的人都沉浸在激动和幸福之中，所有的人都陶醉了……

开幕式当天，会场总人数高达 6 万，凉城县出现了历史上第一次公路堵车。开幕式以后，从外地请来

的文艺团体分别在县城和旅游点演出。办节的十来天内，景点区游人如织，方圆几十里的村庄万人空巷，所有的餐饮业都门庭若市，所有的接待场所全部爆满，旅游点周围的村里，家家户户高朋满座，可上市的土特产品销售一空，令人始料不及。我们的接待能力第一次经受了严峻的考验。

需要提及的一个重要情节是：作为涼城县历史上第一次自办旅游节，第一次产生了旅游节的会徽、会旗、会歌及吉祥物，后来很长一段时间内，成了涼城县约定俗成的标志。

会徽。会徽的主图案是一艘乘风破浪的帆船和一只展翅飞翔的海鸥，背景是一轮初升的红日和一泓湛蓝的湖水，整体结构为一幅圆形图案。

帆船、海鸥是由"旅游节"汉语拼音的三个字头"L、Y、J"组成，加上帆船的锚孔，可以清楚地看出"涼城岱海旅游节"的汉语拼音字头"L、C、D、H、L、Y、J"组成的图案。

一轮红日象征着涼城在党的光辉照耀下，像初升的太阳一样前程似锦，无限美好。帆船象征着涼城人民在新的历史条件下抓住机遇，负重奋发，勇往直前的态势。飞翔

的海鸥象征着涼城人民在风雨中拼搏进取，不畏艰险的精神。湛蓝的湖水上三条白色的水纹，象征着涼城境内的三大水系，即岱海流域、黄河流域和永定河流域。

会旗。岱海旅游节的会旗选用翠绿色的绸料制成，旗的中央镶嵌着占旗面宽1/3大小的会徽。旗面的绿色象征涼城是一个以大农业为主，林业发展成绩显著的县。圆形的会徽图案象征着各族人民团结一致。在开幕式上升起的第一面会旗长3458厘米，象征涼城的地域面积3458平方公里；会旗宽2305厘米，象征涼城境内最高山峰的海拔2305米。旗面长宽比为3：2，端庄大方。绿色的旗面、鲜红的太阳、蓝色的湖水、白色的水浪、帆船和海鸥相映成辉。明快柔和的色彩给人们以绚丽、灿烂、热烈、奔放的感受。

会歌。这次会歌选定了1988年由云剑、金桦作词，阿拉腾奥勒同志谱曲的《马头山，奔驰的骏马》。歌词是：

"奋鬃扬蹄昂首长嘶／马头山，英雄的山／你是一匹骏马／奔驰在塞外的大地／背驮着五千年的文明，绵延的血脉／抗日的烽烟，　解放的旗帜／日日夜夜永不停息／向着高升的太阳奔去／奋鬃扬蹄昂首长嘶／马头山，英雄的山／你是一匹

骏马／奔驰在塞外的大地／背驮着沉重的生活，岁月的风雨／世代的梦幻，久远的希冀／日日夜夜永不停息／向着光明的未来飞去……"

吉祥物。吉祥物是一尾鲜活的红鲤鱼。这条跃出水面的红鲤鱼，金色的胸鳍，人格化的两手捧着一条哈达，准备奉献给远方的宾客。鱼的尾部溅起一堆晶莹剔透的浪花，白蓝相间、动感强烈，寓示岱海波澜壮阔，人民热情奔放，党的政策开放。

会徽、会旗、会歌、吉祥物的产生过程：会前的一个多月，组委会提出在全县范围内征集会徽、会旗、会歌及吉祥物的设计图案。之后在不到20天的时间内，收到作品20多件。组委会专门召开征集审定会议，先由作者分别介绍设计图案的创意和主题，经过认真、严肃的讨论，几经修改，最后，赵喜同志设计的会徽图案被选中，朱广同志的吉祥物图案被选中。会徽模型、第一面会旗、吉祥物模型均由县工艺美术厂蔚兰和师傅制作。赵兵同志设计的版画图案、张瑞云同志的剪纸图案，分别被选作节日纪念品的装饰图案。会歌为音乐风光片《蛮汉山恋歌》中的《马头山，奔驰的骏马》。

首届岱海旅游节标志着岱海旅游业的开始，自此，凉城一年一度以岱海旅游区为主的旅游观光形成了气候。来凉城投资建设、联引开发、考古研究、洽谈生意的国内外宾客络绎不绝，不仅加快了凉城地方经济建设的发展，也提高了凉城岱海享誉海内外的知名度。

五

题记：旅游，在不知不觉中给人们带来了荣耀和财富。人们开始意识到，以开办旅游业的方式利用资源，可以既不伤母亲湖的元气，又能产生经济效益，还能提高地方的知名度，带动其他产业发展。政府开始关注这个朝阳产业，并为其投资……从人们的自发行为到政府的关注，竟然是一个漫长的过程……

凉城县1992年8月10日举办的首届岱海旅游节标志着岱海旅游事业的开始，但是当时并未形成"旅游产业"这个概念。当时的主旨是通过兴办旅游，增强地方的知名度，吸引海内外有识之士来凉城开发资源，兴办产业（这也就是后来所提出的"招商引资"），同时给景点周围，交通干线两侧的老百姓提供一个农副产品销售环境，带动第三产业的发展，还有招徕游客，引来文明，开化民风的目的，并没有思谋着旅游业会给财政做出多大贡献。没有"旅游业"这个较完整的概念，对旅游业的兴起相随而来的一系列问题也没有意识到。但是，自此以后，旅游的破竹之势业已形成，使人不得不关注它。

1996年6月，凉城县又举办了一届规模较大的旅游节。这时候，凉城旅游的态势和规模已经发生了很大的变化。

岱海的景点建设已经有了一定的规模。首届旅游节时的主会场已经全部硬化，景点划分为几个不同的功能区，广场、停车场、休闲游乐区、餐饮和商业购物区，错落有致。码头区内，渔场的生产和旅游服务功能已经分开。码头区内为旅游服务的大船、小船、小游艇等都有了自己指定的位置，游泳区设立了安全警戒标志，环境卫生已有专人管理。公厕虽然档次还不高，但游人如厕难的问题已经基本解决。

旅游区进行了大规模的绿化，环海林带已经建成，景区内增加了不少人工植被。岱海广场建起了美丽的花坛和喷泉，营造了成片的杨柳、灌木，草滩也划区保护了起来。短短几年，景区内就变得鸟语花香、绿树成荫，给人一股宜人的气息。

和呼阳公路相接到旅游区的双向四车道旅游大道修通了，入口处还建起了一座有特色的两门三柱牌楼。牌楼楣额是最高人民法院原院长郑天翔同志亲笔题词："天池览胜，碧海风涛"。路两侧栽植了整齐的杨柳树绿化带。

呼阳公路通往县城的东门口处，竖起一座钢结构的门楼，门楼两侧是凉城文人冯日新同志编的对联："翠涌群峰塞外两山秀，帆扬岱海边陲一湖清"。因其已经成为凉城风情的写照而自今引人入胜。

和岱海渔场开发岱海旅游一样，蛮汉山林场开发了蛮汉山二龙什台森林公园，修筑了进山公路和简单的服务设施，采取了一些必要的森林保护措施。虽然有点仓促，但山门初开，原始的自然景观更使游人流连忘返。

岱海北岸呼阳公路北侧四五公里处的洞金山下，有两处古庙遗址废墟：一处是古"汇祥寺"，在一个叫作大庙村的背后；一处是古"永祥寺"，在一个叫作中水塘的村庄里。中水塘村的庙址旁有一处天然温泉，明清时期曾经是僧人和王公贵族坐浴的地方。虽然如今庙宇已荡然无存，但温泉和水塘子还在。1991年，凉城县人民政府在专家的指导下，在这里重新打了一眼温泉深井，开发温泉疗养。自治区副主席千奋勇亲自为政府建起的第一座八角凉亭奠基。之后不久，就有财政、民政等部门和邮电、电业、包钢工会等几家实力单位来这里投资建起了温泉浴疗中心，发展比预想的快了很多。

岱海流域北部的三苏木乡园子沟古人类遗址的发掘和保护，内蒙古考古专家田广金先生在凉城永兴乡老虎山新石器时代古人类遗址发掘研究成果完成，王墓山古人类遗址发掘保护，又有一大批珍贵文物面世，给凉城的旅游观光增加了新的内容和色彩。

1945年，贺龙元帅率部三进凉城。1985年6月在井沟子村天主教堂内的贺龙革命活动旧址内又发现了重要文物，随即文物部门进行了及时保护，并于1985年5月1日开始修复，同时正式挂牌命名为"贺龙革命活动旧址"。还有厂汉营乡烧夭贝村原绥南专署遗址、厢黄地乡鞍子山烈士陵园、永兴乡永兴镇抗日战争时期"田家镇惨案"遗址、厂汉营战役遗址、天成战役遗址等一大批红色旅游资源也正在逐步开发和保护。

在中水塘温泉北边不远处的洞金山下，有座始建于清朝康熙年间，毁于1939年战火的"汇祥寺"大庙遗址，当年号称"绥东第一刹"。遗址西南的山脊酷似一座惟妙惟肖的"卧佛"，于1993年5月被中国佛教协会高级气功师发现并认定。

当地的一些佛教徒和居士们在大庙遗址处筹建了一个名为"龙华三会寺"的新庙宇。

短短的几年内，凉城这个神奇的地方，以她特有的蒙古族游牧文化、山西农耕文化、晋商移民文化融合为基本底蕴，吸收先人依山傍水的渔猎文化，加之现代文明影响下而形成的独特的风土人情，越来越受到外界的关注，并很快激发起人们浓厚的兴趣。

这一届旅游节做了相对充分的舆论宣传准备。

一是邀请专家拍摄了《岱海风情》电视风光片，并出资在上级和周边地区的电视台播出。二是制作了《凉城风情》画折，免费发放到大半个中国。三是《凉城报》举办了"96岱海我爱家乡美"征文活动。四是热情邀请四方宾客光顾。

配合旅游节的举办，《凉城报》于1996年6月8日和凉城县委宣传部、《中国西部发展报》内蒙古记者站、内蒙古妇女旅行社合办了一期"旅游专号"。这是一张对开四版的套红大报，一版头条是县委书记和县长的署名文章《敞开四门迎宾客，一览凉城好山河》。报纸的全部版面集中宣传凉城的旅游资源、开放政策、风土人情、土特产品、历史文化、知名企业和名牌产品。

不少人至今仍然收藏着这张报纸。

这次旅游节期间还举办了一系列有意义的活动。

同上次一样，这次旅游节照例发函邀请了涼城籍人士和在涼城工作战斗过的领导和同志。与上次不同的是，好多有投资意向的人士慕名而来，主动接触这片神奇的热土。节日期间，邀请了知名文艺团体分别在岱海景点和县城进行演出，增加了节日气氛。这时候，周边老百姓来涼城串亲访友已成习俗。旅游节期间，家家户户高朋满座，大道阡陌车水马龙。

类似南方人赶集的物资交流会，这里每年都有一两次。自从开办旅游节后，便自然而然地将旅游节和交流会融合在了一起。每年夏天，人们都盼望着这个节日。老百姓说："旅游节就是'赶交流'。"这是因为最早得利的是景点周边的老百姓，他们把农副产品变成了钱。其次是以餐饮服务业为主的第三产业，他们的业务量增加了不少。然后是为游人提供服务的小业主，如：游艇、小船主，泳衣、救生圈、救生衣出租商，骑马、照相等服务项目的业主。

开始的这几年，政府不仅没有多少财政收入，而且还花了不少的钱。当时涼城的财政收入只有三四千万，做到这一点很不容易。

记得当时回乡参加旅游节的人士对我们这种政府贴钱，给老百姓增加收入的做法予以很高的评价。也就在这个时候，涼城成立了旅游局，提出了大力发展旅游业的构想，并做了旅游发展规划。

此后，我们第一次接待的一支"正规军"是内蒙古妇女旅行社组织的青少年爱国主义教育基地"二日游"。1996年初，内蒙古妇女旅行社在涼城县委的支持和配合下，在岱海旅游区建立了爱国主义教育基地，"六一"以后，来了第一批小朋友。游程安排是：呼和浩特——蛮汉山森林公园——贺龙革命活动旧址——岱海——洞金山卧佛——园子沟古人类文物遗址——鞍子山革命烈士陵园——鸿茅集团工厂生产线。这项活动当时在呼和浩特影响很大，维持了很长一段时间，还带动了不少呼和浩特市游客来涼城旅游。

旅游节后我们逐渐感觉到，办节只不过是一个必要的开端和过渡，办节期间因游客人数急剧增长而应接不暇的情况在日渐趋缓，平时的节假日来旅游的人在日益增多。1995年8月，当年已经81岁高龄的郑天翔同志偕夫人宋汀同志回到阔别50年的故乡，回眸这片生活战斗过的热土。1997年7月，毛泽东女儿李讷偕丈夫王景清慕名访问凉城。同时，朱德儿媳赵力平也回凉城老区看望她战争年代曾生活战斗过并结婚成家的地方，缅怀他们的主婚人贺龙元帅。几年来，知名专家、知名艺术家、体育明星等人士造访凉城的频率也明显提高。

随着旅游项目的增多和条件的改善，游人光顾逗留的时间也渐渐地由一日变成了两日、三日。后来，人们在凉城游玩后就又驱车去了后山的辉腾锡勒草原、葛根塔拉旅游点。山西的客人还要去呼和浩特市逛逛那里的几个著名景点。

一年一度的旅游节是约定俗成的。它是凉城的"节'，也是凉城的"集"，还是凉城的"交流会"。只不过是以后每次都赋予一个有意义的主题，如"花卉节""风情节""消夏避暑节""金秋文化节"等等。

旅游的商机总是最先被精明的商人把握。没多久，境内的永兴水库被当地人开发成永兴湖旅游点。蛮汉山深处的圪令沟电台旧址被呼和浩特市人开发成了"索力德避暑山庄"绿色山村风情旅游景点。清澈的永兴湖水、幽静的山林风光吸引着周末度假的城里人。

旅游资源在日益被关注。文化人关注文化的传承和文物的保护。生态建设者关注生态环境的变化。商人则关注利用潜在的生态价值赚钱。庄户人关注它带来了文明和开化，是一条新的致富门路……而政府关注的是如何做大旅游产业以及它的开发带动作用，如何实现经济社会的科学发展。

但是大家共同关注的热点永远是资源的有效保护和永续利用。这一点似乎亘古不变。

六

题记：岱海水面海拔低于蛮汉山主峰1300多米，却高出土默川平原边缘地平面5米，属于典型的高山陷落盆地高原内陆湖。北魏地理学家郦道元在《水经注》中写岱海："池水澄渟，渊而不流。"它集全流域水脉于一渊，亘古不变。有水就有鱼，有鱼就有渔。凉城的渔文化源远流长，经济发展史自然也少不得渔业。

岱海产的岱海鱼在市场上一直叫得很响，同类品种和规格的鲜鱼，价格要比其他产地高出好多。最近几年常有周边地区的鱼在市场上"冒名顶替"岱海鱼，也有外地的鱼被运来二次放养，然后再以"岱海鱼"出售，老百姓戏称"挂职鱼"。在乌兰察布市，用岱海鱼招待的客人一定是尊贵的客人。尊贵的客人到凉城，如果开了"岱海全鱼宴"，那就是顶级标准。

岱海的渔业开发历史并不太长。据说清朝初期，岱海边的游牧民族还不兴捕鱼吃。捕鱼是伴随着"放垦"而来的。相传清代移民垦殖，口里人来了以后，他们吃鱼，还带来了捕鱼的工具。为此，当时当地的牧民很看不起他们。后来，这个地方移民越来越多，传统的游牧文化、狩猎文化和北方农耕文化以及南来的渔文化交织在了一起。傍山吃山，傍水吃水。岱海边开始有了渔业的口传记载，不过十分简单，诸如："海里有鱼……""口里来的人们捞鱼吃……""当局不过问捞鱼的事，也从不课税……""日本人侵华时候往海里放过鱼……"等等。

1991 年出版的《内蒙古大辞典》的"渔业"词条中这样表述："据历史记载，内蒙古的湖泊河流等水域中天然水生动植物资源丰富，但直到近代，才有一些捕捞天然鱼类的生产。1920 年沙俄在呼伦贝尔盟（今呼伦贝尔市）的达赉湖西岸建立了渔场。……1930 年以后巴彦淖尔盟（今巴彦淖尔市）乌梁素海、赤峰市的达里淖尔等湖泊、河湾里逐渐有农民从事天然鱼类的捕捞。""岱海渔场，自治区四大渔场之一。……1956 年成立的全民所有制国营渔场。全场现有职工 162 人，管理人员 16 人，技术人员 15 人。

固定资产 54 万元，流动资金 31 万元。……岱海为闭塞的盆地湖，水面总面积 17 万余亩，盛产鲤鱼、鲫鱼以及人工放养的草、鲢、鳙鱼。是一个靠人工放养发展起来的渔业湖泊。……年产 205 吨左右。"

岱海渔场是岱海唯一的国有渔业企业。渔场的组建成立标志着政府对国有的岱海资源实质性的负责和具体管理的开始，全面承担起了整个岱海水面渔业资源培育和经营管理的任务。起初是 1956 年建立的岱海养殖场，1959 年转为国有企业，并更名为国营凉城岱海渔场，归内蒙古农业厅领导管理。1960 年管理权下放到凉城县，1962 年又收归内蒙古农业厅直管，不久又下放到地方。1979 年，岱海渔场被确定为内蒙古自治区渔业生产基地。中华人民共和国成立后，县委、县政府越来越重视岱海渔业生产。民众的建设热情空前高涨。小时候常听老人们讲"种鱼"的故事。当时国家和地方政府经济都十分困难，从上百公里外的黄旗海调鱼苗，连一个水箱或帆布鱼包都没有，更不敢想象有个汽车或拖拉机了。每人一根扁担两只桶，队伍一拉几十号人，大部分用的是义务勤工。一般情况下，从凉城出发到察右前旗的黄旗海要走两天，担着鱼苗往回走需要三天，路经凉城、丰镇、察右前旗三个旗县，一路上打尖住店都在沿途的老乡家里。淳朴善良的房东不仅不收钱，有的房东还要给带点路上的干粮。至今，接待过种鱼队的老人们回忆起当时的情景，依然十分动情：种鱼队辛苦哇！脚上打泡，嘴唇开裂。每人一副垫肩，一顶草帽，扁担下挂着个干粮袋，脖子上搭一块白毛巾，带队的有个喝水的搪瓷缸……担鱼苗的铁水桶倒是挺让人眼馋，当时老百姓很少有铁水桶。桶里的水面都漂着一层切成小段儿的高粱杆，是防止水向外泼溅和鱼苗蹦出桶外的巧法儿。人们怀念当年的群众对国家建设的热情和高尚无私的阶级感情，也说明当年在岱海里"种鱼"的确是一件朝野关注、轰动全县、波及四方的大事。正是这一宏大的工程为丰富岱海的水产资源和渔业发展奠定了基础。

记得当年凉城县一位老干部为20世纪50年代初出生的女儿取名为"种鱼"，老二老三依次叫"相鱼""海鱼"。其原委就是这位老同志当初在县委农牧部工作，并亲自负责从察右前旗的黄旗海往岱海调运鱼苗。这里说一个有趣的事情：中华人民共和国成立初期人们给孩子取名时，用一个有纪念意义的名词是很时尚的，特别是党政军干部和有文化的

人们，如"建国""援朝""宪生""跃进"等等。一直到"文化大革命"时期，有一大批小朋友名字叫"文革""红卫""文卫"……

1992年出版的《凉城文物志》记载："1953年，中央农林部派来渔业技术人员考察岱海，并引进鱼种试养成功。1959年进入捕捞期，当年获鲜鱼20吨……"1993年出版的《凉城县志》记载："1953年，县政府抽组专人由黄旗海移殖鲫鱼到岱海。……农业部派人从包头移殖黄河鲤鱼到岱海。……1954年春季，县政府又两次派人到黄旗海移殖体重150克左右的鲫鱼。同年，农业部又派人由河北白洋淀两次运来草鱼、鲢鱼，成活5000尾……二年里共从黄河、黄旗海移殖成活大小鲤鱼苗2508尾，鲫鱼16200尾，其他各类鱼种24158尾。……1955年春，县政府又一次组织30多人由黄旗海移入岱海成年鲫鱼28504尾，从黄河运入鲤鱼31813尾。……1963—1968年，又连续放养了江南的四大家鱼（青鱼、草鱼、鲢鱼、鳙鱼）和察右后旗产的耐盐碱的瓦氏雅罗鱼。"

虽然1978年岱海周围开始建立起的鱼种生产基地到1980年已经达到自给，但是从南方及其他地区调入新鱼种的工作一直在继续。资料

显示：从1953—1988年先后放养鲤鱼、鲫鱼、瓦氏雅罗鱼和四大家鱼等鱼类20多种。后来，由江苏太湖引种的大银鱼在岱海自然繁殖成功。引来的河蟹、鳖、黑鱼等特殊鱼种都能成活成长，因为不能自然繁殖，便将这些鱼苗和扣蟹放入专门的鱼池和网箱中生产，经济效益很高。养蟹的鱼池很特别，周围立着一圈玻璃板，防止螃蟹逃跑。

岱海鱼经历了几代人几十年不懈的投放，已经形成一个复杂的群落组合，并不断发展、不断丰富。据统计，1953年的第一次调查只采到一种鱼，1963年中科院动物研究所第二次调查时能采到13种，1974—1975年第三次调查时已经有21种，同时还从附近水域采到6种，1985年的调查已经有27种，隶3目6科。

岱海水中的生物群落十分丰富，日益增加。据1988年调查，岱海中浮游生物藻类已有76属，而1960年调查时只有36属。岱海中已发现的底栖动物有19种，水生维管束植物有9种。由于全流域十几条河流每年带大量有机物入岱海，使其营养来源十分充足，形成别具特色的营养结构。同时，岱海特殊的封闭环境和自然气候条件共同决定了岱海具有产生特色品种的条件。大概

是有远缘杂交变异的因素影响，几年后同类型、同品种的鱼类在岱海表现的别具一格，特色明显。黄旗海的"官村子鲫鱼"深黑色脊背在这里变异成浅黑色，成了"岱海鲫鱼"。岱海鲤鱼也比黄河鲤鱼苗条了许多，颜色变浅变亮，有的还长上了浅红、浅黄色的胸鳍和尾鳍。"四大家鱼"中的"青鱼"自然成了岱海中的鱼王，它能长到一百多斤。

岱海正式进行捕捞生产是从1959年"大跃进"年代开始的。起初以人工捕捞为主，以后机械化水平日益提高。1965年以前，全场只有20余条木帆船使用挂网作业，产量不高。每条木帆船平均使用寿命大约5年。1983年实行承包责任制后，船网工具作价归个人所有，船具完好率提高，使用寿命延长了，产量有所提高。1984—1985年先后引进河北白洋淀渔船数批，并允许外地渔工自带渔具承包捕捞任务。由于引来了先进技术，改造了落后渔具，较大地提高了产量，当年捕捞了350吨。1987年从河北聘请捕鱼能手124名，船只46条，同渔场108名工人共100条船只联合生产，使用转网、罩网、围网、长网、扎包多种网具，生产能力大大提高。据统计资料显示，1998年岱海渔场总共有生产木船90条，其中一吨位

船只就有 30 条，冰下大控网两台，挂网 1000 余条。这是岱海渔业产量最高的时候。

岱海里最大的船是两艘机帆船。在我们的记忆中，几十年来一直有两条大机帆船合拉一条大网在水深处捕鱼。而事实上，它们已经更换了好几代。1956 年岱海渔场建造的两艘木质机帆船只用了 10 年，1975 年从黄旗海调回的两艘 80 马力机帆船十几年后也被淘汰，现在我们看到的一对很旧的钢壳机帆船是 1988 年在大连造船厂订造的。这对船很厉害，深水区拖网围渔曾创下了单网产量超万斤的记录。

在我们的记忆中，岱海历史上最大的一网鱼是 1992 年冬天破冰捕到的。时任工长的白平虎同志回忆起这一大网鱼至今还兴奋不已：产量高达 70 吨，光起网、拉运、入库就用了三四天的时间。令人注目的是，这网鱼几乎是清一色的鲢鱼、草鱼，个头均匀，大部分在 10—20 斤之间，只混有少量的鲫鱼和其他鱼种。这网鱼当时在社会上反响十分强烈，起网时慕名来看热闹的人不少。这是内蒙古四大淡水湖泊中单网产量的"吉尼斯"，为此他们捕捞队受到了表彰。好几年以后，人们还常谈论起这一网鱼。冰期破冰捕捞作业也是一个由小到大，逐

步发展的过程。20 世纪 60 年代，破冰、下网、起网全部是人工作业。20 世纪 70 年代，作业规模扩大，起网时套骒马往上拖，运输工具是畜力车。冰上作业，牲畜们的蹄子上都钉上了防滑掌。20 世纪 80 年代引来了冰下大控网，作业时拖拉机运送网具，拖拉机牵引起网。起网处的长方形冰槽有几十米大，产量自然提高了好多。据统计，1958—1988 年，岱海渔场总共向社会提供鲜鱼 700 多万公斤，平均每年 23.16 万公斤。捕捞初期，产量并不高，高产的 1959 年年产量也只有两万斤，以后逐年增多，高峰期是 20 世纪 80 年代到 90 年代初期，据说这几年产量上了百吨以上。

在我们的记忆中，所见到的最大个头的鱼大约是在 20 世纪的 60 年代末或 70 年代初。那时候，县里每年要开一个三级干部会议，简称"三干会"，如四级干部来参加会议，就简称"四干会"，后来都叫"农业学大寨会议"。这样的会议，吃、住都在县党校，参会人员住大通铺，吃大份饭。岱海渔场每年都要给会议代表犒劳几顿岱海产的鱼。党校坐落于新堂镇旧城墙东北角内，墙外就是国营苗圃和国营农场，紧挨着社队的庄稼地，再往远就是小山坡了。党校大院是我们课余常去

光顾的地方，会议期间也是这个小镇子最热闹的地方。一天，渔场用一辆驴拉排子车给送来三条大鱼，一条最大的前后占满了小车底板，尾巴还耷拉在外边，两条比较小点的尾巴相搭摆起来和大鱼等长，三条鱼正好平放了一车。我们和不少的大人们围观了大师傅拾掇鱼的整个过程，还讨来了鱼鳔玩。鱼鳔的大头圆圆的，有西瓜大小，半个纺锤形的小头比大头还要长一点。用一根绳子拴住中间，一个同学拉着前头跑，后边跟着一大群哇啦哇啦地叫……鱼鳔不能像气球一样飘起来很高，但也不拖地，很有意思。

《凉城县志》也有记载："岱海曾捕到体长2米，体重60—70公斤的鲢鱼。"

在我们的记忆中，岱海中最值钱的鱼是大银鱼，一吨能卖四五万元。1987—1988年从江苏引来太湖大银鱼卵80万粒放入岱海，1995年开始形成100吨的产量，1997年依然是100吨，而到2000年冬天，聘请白洋淀渔工捕捞，产量大增，上了300多吨。这一年也是岱海渔业为地方财政做出最大贡献的一年。

岱海渔业的发展凝聚着历任渔场场长的心血，人们永远怀念他们。但给人们记忆最深的当数科班出身的任彩景同志。任彩景同志是河北遵化县人，1943年出生，1968年毕业于大连水产专科学校，1970年3月调凉城县岱海渔场工作，先后任岱海渔场技术员、副场长、场长。终身从事养殖科研和生产管理，取得了丰硕的成果。成功地为岱海引进了河蟹、鳖、大银鱼等新品种，为把岱海的渔业做大做强，沤心沥血，无私奉献，并开创了岱海旅游业的先河。曾荣获内蒙古自治区农业丰收二等奖。凉城县人民敬重他，政府批准其享受县处级待遇。1998年9月被乌兰察布盟行政公署授予乌兰察布盟跨世纪中青年科技带头人、优秀科技工作者导师。至2006年12月因病去世，在63岁的生命年华中有37年和他热爱的岱海相伴。

如今，每当我们站在风光秀丽的岱海边上，就仿佛看到了他那伟岸敦实的身影、憨态可掬的笑容，听到他浓重的河北腔："看海，还是上码头？……那就去鱼塘吧……"

跟他熟悉的同志们大都记得起他那平静如水的故事："年三十晚上，我们坐在北上的火车上，服务员看着我们几个人提着的几把大暖壶，问要不要换开水？……哈哈！那里边装的是无锡太湖的大银鱼卵。……那个春节，场里很多人都没休息，等着银鱼卵……事儿真挺多的，要及时地稀释、缓冲、投放……"

老任也有风趣诙谐的故事："20世纪70年代的一个夏天，岱海的螃蟹逃到社队的庄稼地里，锄地的社员被吓得到处乱跑，说从来没见过这么大的'蠮蟆蛛蛛'（蜘蛛的方言叫法）。……后来才知道是岱海里爬上来的。贫宣队为此找上门，我说这是进口的'蠮蟆蛛蛛'……"

七

题记：史前，人类敬畏大自然。原始文明时代，人们合起伙来征服大自然，农业文明时代产生了对自然资源的争夺，主要是土地和疆域。进入工业文明时代，地域、水域和矿产资源多数已各有其主，人类对大自然的无度索取达到了登峰造极的地步，索取手段强大无比。只有生态文明时代，人类才学会和大自然和谐相处，因为至此人类赖以生存的自然禀赋已被自诩自然霸主地位的人类盘点得一清二楚。大自然对人类的报复使人类不得不重新敬畏她、尊重她。但是，政府主导的资源保护利用和群众的自由捕猎采集行为一直是一对难解的矛盾……

岱海的西南方向是凉城县的六苏木公社，紧靠岱海边的是六苏木大队和八苏木大队。20世纪70年代初，我们是这里的插队知青，和当地群众相依为命，共同劳作。我们深切地感受到这里的人们和岱海的关系是如此密切。他们的生活中有许多与岱海相关的内容：吃岱海边产的土盐、熟皮子，用岱海产的土硝，逢年过节做豆腐用的卤水是岱海盐民制盐产出的"盐羹"（熬盐的尾水）；夏天在岱海边的草滩里放牧，冬天到封冻的岱海边打草，打回来的草多半是生长在水中的芦苇和蒲草；发洪水时人们到流入岱海的河里捞鱼渣（从山上冲下来的植物枯枝落叶、牲畜粪便漂在洪水中，当地老百姓叫"鱼渣"，可作烧柴）；每年春天社队还要组织群众到岱海边担"海肥"（岱海边沉积的含有腐烂的有机物的黑土）上地。

岱海西岸地势十分平缓，湖水消涨十分明显，所以这里的土地面积伸缩性比较大，雨水多的年份地少，雨水少的年份地多。这里的耕作制度也有许多特别之处：冬天不耙磨土地，都留"立堎地"，从来没有"三九滚地"这一说。种土豆、种玉米都要起高垅，而种葵花、甜菜、胡麻等耐盐碱作物就比较随便一些。还有个特别的地方是滩地里方方正正的地埂外都有一条排水渠通往前面一条排水大渠，头一天用洪水灌满地块，第二天却又在地埂上挖一个口将没渗完的水排掉，老乡称作"压碱"。学大寨运动时，山区社队建设大寨式梯田，滩区社队就在岱海边搞了一部分"围海造田"。后来因盐碱的困扰而被迫放弃，故而岱海边原有的泥草滩新添了一道别致的人造景观：雨水多的年份看到的是一些方方正正的地框子放在水泡子里，有点像南方的稻田；雨水少的年份，地框子里是白茫茫的盐碱和稀疏的碱生荒草。

岱海的西边是一片很大的平川，平川的南部是马头山区，俗称南山，北部是蛮汉山区，俗称北山。往西的平川一望无际，当时只有在天气晴朗的时候才能看见远处影影绰绰的山。这片广袤的平川区里有全区农业学大寨先进典型、滩川区农田林网化，路、渠、林、田四配套建设试点单位——南坊子大队，后来，包括靠近一点的马莲滩大队，以至岱海以西的整个滩区十几个大队都连在了一起，十分壮观。据说这个沙盘至今还保存在内蒙古博物院内。平川里有两条河流入岱海，中华人民共和国成立后在它们的上游修起了水库，岱海西边的这片肥沃的平川几乎都是它的灌区。靠北边的一条是弓坝河，当地老乡叫它大河，从六苏木公社和县城城关镇的中间流过。南边的一条是五号河，当地老乡叫它小河，从南山北坡和大河的中间流过。这两条河和岱海正南面的步量河、天成河同发源于头山

区，原来都是常年河。20世纪中期，在它们的上游修了水库后，基本上变成了时令河。但是大河和小河十分顽强，是学大寨时期在它们的中游分别建起了第二座水库以后才变成了时令河的。河水不断流的时候，河边的浅水里也会有好多小鱼、泥鳅、蝌蚪等等。河沿边的水鸟很多，老乡养的鹅、鸭子常在这里觅食。这里的猫、狗都会在河边捕鱼。小朋友捞小鱼的工具是一个铁丝圈装个网袋子，安在长木柄上做成的"网络子"。他们的"渔货"主要饲喂自己养的小动物。

我们插队的知青点在六苏木大队的南营子村。我们村北边是滩地，离小河不远；村南边是平缓的山坡地，村子面山而居。在岱海南岸，这样格局的村庄有几十个，有一条东西向的简易公路将它们串联起来。这条路就在我们村后，往西和凉（凉城）—左（左云）公路相交，是六苏木公社所在地。对知青插队而言，当时我们村还算是各方面条件比较好的地方呢。

我们村蒙汉杂居，蒙古族人口略少于汉族，虽然都已经是农民，但民族特征还比较明显。老人们爱喝茶，但当时牛奶稀缺，喝不上奶茶，于是就在砖茶里放点岱海土盐，多熬一会儿也很好喝的。过节的时候，

老人们要穿上蒙古袍。年轻人在外头不说蒙古语，但多数叫蒙古名。大点的家族都有汉姓，有"鲍""黄"等几家。外村还有姓"付""云""戴"等几家。当时的大队支书就叫戴四毛，听起来就是个汉名。有一位老人叫付达赖扣，他的子孙们都姓付，这就是汉姓蒙名。这里民族关系融洽，蒙汉通婚不受歧视，联姻双方汉族方较为主动，所生子女一概登记为蒙古族。清朝时，这里属镶红旗辖地，至如今，弓坝河中游的双古城公社境内有个村名依然叫红旗马场，是当年镶红旗给朝廷养贡马的地方。我们村一位蒙汉皆通的蒙古老人告诉我们，这里汉人的主要来源为：一部分是清朝时察哈尔西迁时旗人中的汉族人，一部分是"移民放垦"时迁来的口里人，还有中华人民共和国成立初期政府安置来的河北移民，再有就是你们这些"知识青年"啦。老爷爷还会讲许多早年蒙汉交往的趣事，常常逗得我们捧腹大笑。

我们的知青点是1968届天津知青的老点，有国家投资盖起的四间土屋（全县所有的知青点房子都是一个标准、一个样式）。我们去的时候，十几个老知青大部分选调分配了工作，够条件的已经返城，只留下三个人，一位女同学已嫁给了当地的

一位男青年（后来双双去了凉城县集中安置知青夫妻的岱海青年农场），另两位是一对小夫妻，还住在知青房里，他们是从天津市塘沽区来的。男的姓胡，初中毕业，社会青年。女的姓周，下乡时还在校。尽管他们的一个小孩已送回天津塘沽区的老人那里，但生活依然十分艰辛。

当时政策规定，知青下乡第一年都吃市供（国家供应粮油），还发少量的生活补助，第二年就吃农供（农村社队口粮）了，就是说要自己养活自己。插队两年后就可以由基层党组织推荐，用人单位选拔安排非农工作或者经推荐选拔去上学深造了。当时我们插队下乡的主要动机是早一点就业，自己养活自己，摆脱城里"轰轰烈烈"的喧嚣和离开虽然已经"复课"但依然在"闹革命"的母校。至于"早日去接受贫下中农的再教育"，那是申请表里必须添上的内容。我们一同下去十二个人，也都是初中毕业，有三位女同学，最大的十七岁，小的只有十五岁。我们住满了知青点的其余三个屋，院子里重新有了生气。胡大哥夫妻乐不可支，但一会儿他们竟然搂着我们放声哭了起来……平静下来以后，胡大哥夫妻慢慢地给我们介绍了这里的基本情况，讲述他们的亲身经历，还教给我们一

些应付困难局面的经验。看来"知识青年到农村去，接受贫下中农的再教育"这一轰轰烈烈伟大的创举，并不是我们接受动员时听得那么简单和完美，最起码不是完全一样。人生中这段刻骨铭心的特殊经历，在给我们留下了荣耀的同时，也留下了一些终身的痛楚，给中国历史上留下了一道深深的印记，也锻炼了一批日后推进社会进步的中坚力量。无论后人怎样评价知青上山下乡插队落户这一历史现象的功过是非，这一点都无可置疑。

村里人管插队知青叫"侉子"（当地方言），北京来的是"北京侉子"，天津来的叫"天津侉子"，上海来的就是"上海侉子"……以此类推，虽然我们并不操外地口音，但还是把我们叫"本地侉子"。"侉子"一词本来泛指操不同口音的外地人，在这里却是"下乡知识青年"的代名词。不过绝大多数群众对我们没有歧视的意思，从我们的起居饮食到生产劳作，都给予了无微不至的关怀和手把手的传教。比起大城市来的老知青，我们进入角色要快得多，适应和生存能力好像也强一些，没多久就和村里的年轻人成了形影不离的朋友。这里除了我们是本地口音容易交流之外，还有一个重要的因素是村里的返乡知青中有一部分也是本县的干部子弟，只不过当时他们家还是农村户口，吃农供，住村里，离校回村叫作返乡。他们的身份介乎于"下乡知青"和"回乡青年"之间，自然成为一个重要的中介。

"侉子"是个特殊群体，遇事总是能网开一面。村里的小弟兄们就常约我们一起到岱海捕鱼。这里有一种传统的捕鱼方式是"叉鱼"，当地话叫"扎鱼"，村里多数年轻人有一把漂亮的鱼叉。鱼叉是一把三股齿的铁叉，它的结构和农具中用来挑个子（田里收割后捆好的庄稼捆）装车的二股铁禾叉、场面（打谷场）里挑翻作物秸草的四股铁叉十分相似。所不同的是，做农具的二股禾叉和四股铁叉从侧面看头部都有一个类似铁锹头那样的弯度，而鱼叉从侧面看，三股叉齿没有那个弯度，和叉柄成一条直线。从正面看，三股叉齿中间一股比边上两股长一寸多。鱼叉的做工很精细，铁褐色的叉头没有一点锈迹，齿尖锋利锃亮，通直的木柄被把玩得油亮光滑，且稍具弹性。有的还在铁叉头和木柄的结合部嵌入一圈红缨子或马鬃。嗬！这简直就是一个完美的冷兵器。年轻人带着它形影不离，特别是看场、护秋、走夜路的时候。鱼叉还是他们的体育器械，闲暇时在草滩里当标枪玩,不过他们主要是比谁投得准,并且能在一定的距离之外一下子将目标"扎"住。

扎鱼要选择风平浪静的好天气,水深在一米左右的湖面上。鱼叉手的裤腿挽得很高,有时只着短裤,上身精光或只着背心,手持鱼叉,叉头向上,叉柄倒背在身后,凝神静气在水里缓步前进,在有水草的地方认真搜索。随行的同伴不能往前走,也不许大声说话。突然,水草一动,水面上一串抛物线水纹向前快速延伸而去,鱼叉手一个箭步跃起,鱼叉同时飞了出去,锋利的鱼叉在水纹的前面入水,水面立马泛起了殷红的血。一条大鱼就成了战利品。叉到的鱼一般都在七八斤以上,有时会有十多斤。叉鱼手顺手将鱼挑起来扛在肩上往回走,远处的同伴不约而同地为他欢呼叫好……一直回到村里,鱼叉都不会从鱼身上拔出来,鱼尾巴一直滴着鲜红的血。这里好像有一个不成文的规矩,一位鱼叉手当天不会去再叉第二条鱼,方圆几百米区域内只能有一个人叉鱼。叉鱼的业绩是大家公认的荣誉,并一直在这把叉上累计。此外,对鱼叉手的业绩也要累计计算。任何一次凯旋都会得到老人们的褒奖,蒙古族老爷爷总会再重复一次他那小时候的故事:"那

时候岱海滩牧场很大……咱们族都是牧民……我们用这个叉捕猎祸害羊群的狼………一叉投出去,正中狼的前胸……"

这里的人也用渔网捕鱼,不过网具十分简单。细如发丝的尼龙线织成的网片只有一米多高,有十几米长,最长的也就二三十米。上下两根纲绳固定的网片上,分别串着一溜浮在水面上的浮子和沉到水底的坠子,在水中将网片张开。纲绳的两头绑在两根木桩上,木桩底部削尖,钉在水底。由于是偷渔,所以一般都是昼伏夜出,晚上下网,一大早收网,摘取网上挂住的鱼。这种网老百姓叫它"丝挂子",网眼大小有讲究。如网眼大,挂住了大鱼钻走了小鱼;如网眼小,则挂住了小鱼,挡跑了大鱼。不同的地点、不同的季节,要使用不同大小网眼的网片。

另一种网是"小拉网"。网线略粗,网眼较小,网的两边是两根木棍,由两个人掌住,网两头分别有四五个人用绳子拽着往前跑,中间有一个指挥员跟在网后。有鱼进网,一声令下,两边掌网的人同时动作,迅速将网兜起来,上下纲绳朝上一提一合,鱼就跑不了啦!这种方法用的人多,很费劲,但很热闹,多数在白天干,主要缺点是目标大,

很容易被发现。

我们知青组的胡大哥，家里是塘沽区的渔民，他不仅会补渔网，还能织渔网，吃鱼也是行家里手。他有两件宝贝，一件是一块能控制网眼大小的竹片，另一个是一把中间绕满了网线的梭子。他还有各种网线。他来了这几年，村里年轻人的捕鱼技术提高了不少。我们十来个"本地侉子"自然是胡大哥的"嫡系部队"！记得胡大哥一边补网一边给我们出个谜语："一头一个尖儿，一头两个尖儿，拿来细端详，尖儿里还有个尖儿。"谜底就是他手里的梭子。

除国营岱海渔场之外，任何人在岱海捕鱼都是"犯禁"的事。为此，渔场"护海大队"，县里和公社的干部经常光顾，组织反"偷渔"行动，经常动用民兵和积极分子搞夜间出击，没收渔具、渔货，还要将偷渔者送到"学习班"改造。当时的"下乡知识青年"以"铁面无私"著称，为怨记仇的事情总是首当其冲。大到在"学习班"（有的叫"大学校"）看管"走资派"、挖"新内人党"，小到看场护秋，进农户"割资本主义尾巴"（将农民超过五只的自留羊拉走），都由这些"侉子"当先锋。这事理所当然又是依靠的有生力量，带队的领导也经常会分出一点缴获的鱼给我们，有时候缴获不多则全部留给了我们。由于我们是两面人物，凡是有"动静"的晚上总不会抓到我们村的人。后来我们看出这里边的一些人也是在应付差事，有时不按"护海队"要求行动，一到岱海边就手电乱照，大喊大叫，所以只能缴获一点渔具渔货，根本就抓不到人。后来，这种护海行动渐渐地少了，敢于大打出手的"侉子"越来越少了……公社、大队办的"学习班"也解散了。再往后，岱海渔场组建了公安派出所，湖面上有了护湖的摩托艇，环岱海的公路上有了护湖的巡逻车。打击的重点也集中在规模较大，并将偷来的渔货拿出去卖掉的那些人，对他们进行罚款、没收他们的渔网渔具，有的处以行政拘留；同时还在出县境的路口设卡堵截偷运私鱼的车辆。这样，国家的渔业资源才真正得到了保护。县城里还开了官方的水产门市部，价格也不太高。但是好长一段时间内，那些小偷小摸、小捕自食的行为一直没有根除。

不过，有一种"炸鱼"的野蛮偷渔行为，在民间也一直是被人唾弃的。炸过鱼的人在人前抬不起头，况且常常会被举报，受到惩处。因为爆炸产生的冲击波将大量还不能吃的小鱼炸死了，违反了人们传统的渔猎道德。据传说，过去山里的老猎人从来不猎杀怀孕的猎物，还要教给年轻人识别的方法。套兔子如果套住了怀孕的雌兔，多数人是会放生的。至今，善良的牧羊人还会把混入羊群的小狍子和小青羊放走。

看来，人类对自然界的疯狂不全是因为无知和生态道德的泯灭，很大程度上是因人类对自然资源的残酷争夺所致。（作者樊宏，曾任凉城县委宣传部部长、乌兰察布市林业局副局长）

情系蛮汉山

我不止一次走进蛮汉山，这次又从它的北麓经过，我希望车速放慢，我多想透过车窗多看一眼它的容颜，它的巍峨又一次让我震撼！一缕崇敬的情感，激越、升腾、扩散，掀开我珍藏的记忆，我曾经走进它的怀抱，那是一个美轮美奂的世界。

远望歌吟，俯视舒心；东西百余里，横亘绵延；南连老虎山，远古家园；北眺大青山，凝紫罩岚；东望岱海滩，海碧天蓝。层峦耸翠，上出云霄；森林茂密，蔽日遮天；天然的白桦、山杨是森林的主体，中华人民共和国成立后培育的人工林——油松、落叶松、樟子松、黄菠萝等十多个品种，把蛮汉山进一步装点，蓊郁苍翠，绿涛滚滚，像

碧海荡漾着波澜；森林中的空地，山杏、山榆、山樱桃、山楂、沙棘等野生果树点缀其间，各显风采，叶茂花繁；沟壑深邃，泉鸣山涧；临峡谷，顿觉宇宙高远。山间空地，芳草萋萋，山花烂漫，馥郁馨香，争奇斗艳。沙棘花玲珑剔透，八瓣梅流彩飞霞，樱桃花灿若星辰，杜鹃花堂皇典雅，山丹花六瓣飞红，绣鞋菊宛如岚烟……无名花一样芬芳，一样斑斓。虹销雨霁，滴翠流丹。徜徉在花的海洋里，心醉目眩。

蛮汉山是40多种飞禽走兽的乐园。狍鹿栖息，狐兔撒欢，小鸟甜美的歌声，尽显才情与浪漫，雄鹰翱翔于蓝天……有270多种药材（其中贵重药材70多种），生长在蛮汉山。蛮汉山温和的气候、充沛的水源，为药材的生长提供了得天独厚的自然条件，尤以甘草、当归、黄芪、芍药、百合等药材资源最为丰富，吸引着不少人（其中大部分是"近水楼台先得月"的蛮汉山区的农民和林场的工人）做着致富梦，同时也怀着治病救人的情愫，背篓携镐，翻山越岭，采摘挖掘。据可靠资料提供的数字：蛮汉山每年要奉献约达10万斤药材，运往区内外。

北国初冬，草木凋零，枯黄遍地。可当你走进蛮汉山区，却是一派生机勃勃的景象。在山坡上、沟壑处，

蛮汉山风光

一丛又一丛银白色的小灌木，结满了黄澄澄、金灿灿的累累沙棘，迎风摆舞，婀娜多姿，呈现着独特的如画风韵，格外招人喜爱。据沙棘研究专家科学认定，沙棘浑身是宝，具有"四耐""五高"的特点。"四耐"即耐寒、耐旱、耐贫瘠、耐盐碱。"五高"即含有极高的维生素，100克鲜果含800—1500毫克维生素C，是猕猴桃的5—8倍、西红柿的80倍、山楂的20倍、葡萄的200倍；含蛋白质高，沙棘含有18种氨基酸，其中8种是人体必需的，几乎是合成生命蛋白质的全部；胡萝卜素含量高；沙棘油中所含的人体必需的维生素E达80％以上，用后在人体内转化为维生素A的含量高于鱼肝油；含黄酮及萜类化合物很高；含有各种微量元素和生物活性物质近200种。

凉城县鸿茅药酒厂于1985年开发生产了沙棘佳酿饮料。佳酿采用纯果汁发酵，不加任何色素和防腐剂，保留了天然沙棘的营养成分和自然风味，色泽金黄，酸甜可口，醇香清爽，不但是诸多饮料中的佼佼者，而且具有活血化瘀、软化血管、祛痰宽胸、健脾补肾、清热止泻等功能，用于治疗坏血病、高血压、肺结核、十二指肠溃疡以及防癌抗癌等方面的效果也相当显著，赢得了广大消费者一致好评与青睐，曾先后获得"内蒙古自治区优秀产品、优质产品、内蒙古技术开发成果三等奖、全国新产品开发奖等多种称号，并已通过国家专业部门关于高档次饮料标准的鉴定验收，为华夏民族增添了新型的高级保健食品"。该厂生产的沙棘冰酒，被《人民日报》称为"果酒中的极品"，在国内外畅销不衰。

蛮汉山是无声的诗、立体的画、唱不厌的歌。在日寇侵我中华，战火纷飞、硝烟弥漫的年代，蛮汉山成为著名的抗日根据地，天然"八阵图"（山大、沟深、林密）令敌人落魄丧胆、一筹莫展，为革命作出了不可磨灭的贡献。今日蛮汉山是闻名遐迩的旅游胜地，是休闲消遣的天堂，是曲径通幽，热恋的伊甸园。号称"北国动植物园"的蛮汉山，二龙什台（国家森林公园旅游区）、嵧鸹太两个大峡谷最能体现它的整体风貌，是集"山、水、石、林、草、虫、鸟、兽于一体的完美组合，处处闪烁着凉城特色的旅游文化的璀璨光华"。生物链、生物圈、乔灌草、山水田，环环紧扣、处处和谐，是造物主赐给凉城人民的一份弥足珍贵的自然遗产。当你走进蛮汉山，特别是走进这两个大峡谷，你一定会对什么是真正意义上的山文化、水文化、石文化、生态文化以及虫鸟文化有一种新的认识和新的感受！它会使你产生一种由衷的敬

畏：敬畏造物主赋予大自然的神奇造化，敬畏造物主所赐予人的力量的伟大——把它进一步美化！怪石林立，如禽，如兽，如人，如畜，如鱼，如物……更有那美丽的传说和神话……

康熙巡游蛮汉山，奇峰胜境喜龙颜。遣子监造"佛爷洞"，南请住持遂心愿。道光赐悬"南无匾"，六月六日做纪念。善男信女蜂拥至，求财祈福乐无边。

"万年冰窖"万年冰，经暑历夏终不化。据考已存十万年，王母（娘娘）取冰传神话。鳄脊山北"鸳鸯峰"，演绎爱情不渝人。玉帝八女偷下凡，遭遇猛虎出险情。侠士猛蛙勇相救，虎毙人活恩义重。相拥相泣结连理，玉帝点化立凡尘。"对佛山"，佛对谈。佛对谈，恨见晚。恨见晚，参禅悟道不知完，不知寒来暑往，不知星移斗转，九九八十一天，粒米未进，滴水未沾，最后坐化成石传美谈。

"千年龟"现蛮汉山，天兆凉城大吉祥。龟大如房重千吨，且呈向前滑行状，龟盖华美头外伸，龟石活脱真龟样。遭逢盛世百业兴，上下一心奔小康。

还有金鸡石、佛靠峰、情侣岩、秀女峰、骆驼岩、对嘴峰、田鸡石、双乳峰、牛魔王洞、鸽子堂、祖

孙石、鳄脊山……这一切都那么鬼斧神工，令人惊叹叫绝！有谁能把蛮汉山的神奇故事来讲完？蛮汉山啊，蛮汉山！魂牵梦萦的蛮汉山！凉城因你的存在而更加辉煌灿烂！（作者郭日红，凉城县退休教师）

凉城的山

凉城的山是灵性的山。

黄河故道的造山神话，隆起了两道巍峨的山脉，雄峙绵延，撑起了凉城儿女信念的脊梁。巍巍蛮汉，苍苍马头，宛如母亲的双臂，温情地环抱着岱海儿女，千年无悔。这双臂苍翠挺拔，神秘威严，连接着原始的启蒙，演绎着绿色的繁荣。

蛮汉山位于凉城西北，1993年被国家林业部批准成为国家级森林公园。该山峭壁连天，集"神、奇、怪、幽"于一体，奇峰神洞，花草织锦，白桦遍地，松柏如云，峰回路转，景色多变。春天，山花烂漫，姹紫嫣红，生机盎然，是花的海洋；夏天，绿树成荫，山泉清冽，气候凉爽，是避暑的胜地；秋天，橙红黄绿，层林尽染，媲美香山；冬天，白雪皑皑，松涛阵阵，雪原林海。北侧山峰下的佛爷洞、金水岭、万年冰窖等，景观更为奇特。

马头山位于凉城东南，因其"形似马首，双耳犹肖"而得名。该山

蛮汉山风光

联结晋蒙，碧波荡漾，荫盖四野，苍翠欲滴，其间长城横亘，烽燧相接，颇为壮观。相传当年修筑长城时，欲将该山围于长城内，而圈围它的城墙白天修筑，夜间就坍塌了，如此反复。在人们一筹莫展的时候，有人建议将马头山置于关外，自此，长城顺利修过。据传马头山其神为马，马本是不羁生灵，誓不入关，才致使长城轰塌。数百年的烟尘过去后，依然有绵延数百公里的秦汉长城连同后来修筑的明清新长城与悠悠岁月对视。

山有草木是为灵。凉城的山是树的海洋、动物的乐园，共有400多种野生动物、1000多种植物，有云杉、樟子松、油松、落叶松、黄菠萝、华山松等珍贵树种，蓊郁苍翠，荫盖四野。成片的白桦林、山杨树点缀在层层松林中。在原始森林的各个角落里还生长着山杏、山榆、山樱桃、山楂树、沙棘等野生果树，还有50多种灌木，层峦叠翠，花繁叶茂，错落有致。这里更是药的王国，甘草、地龙、黄芪、芍药、秦艽、黄连、远志、狼毒、百部、青风藤、追风草、金莲花等草药随处可见，山民还在山里采到过野山参。1739年，鸿茅始祖王吉天深感凉城山秀泉冽草异，遂取斯水斯草于斯地始创鸿茅药酒，由是传泽百年。

新时代，凉城的灵山在与秀水的交融中，更彰显出新的生机与活力，引得五湖四海的游人纷至沓来，络绎不绝，山的灵性在旅游业的蓬勃发展中奏响了绿色环保低碳的时代强音。（作者陈俊芳，凉城县委宣传部干部）

晴日游二龙什台

7月4日，凉城县二龙什台国家森林公园，天气晴好，但不炎热，正是登山的好时候。

一行六人，行走在蜿蜒曲折的石径上。小径仅容两人并排而行，身边是郁郁葱葱、遮天蔽日的天然林木，有茁壮的白桦、高大的松树，还有些不知名的树木，绿意盈目。树下铺满厚厚的松针，松针上面间或点缀着饱满的松果。空气异常清新，置身这座"天然氧吧"中，烦躁的心绪霎时沉静下来，与纷繁俗世恍若隔世，不由地感叹：世外桃源亦不过如此吧。有清风徐徐拂过，轻柔如斯。于是，驻足，仰首，轻轻地闭上双眼，以一种近似膜拜的心态聆听那徐缓起伏的声音，蓦然领略了"林海听涛"的意境。以前曾有好多次质疑这个词，林是林，海是海，林怎么能是海呢？今日真正置身如此静谧而连绵的林间，便豁然理解了这个词，原来林亦可以如海般广阔、绵延；原来清风拂过

二龙什台风光

林梢的声音亦如海涛轻轻拍打岸边般起伏、缠绵。

忽然想到来时的路上，看到路边傍山建有一座小庙，据同行的男同志介绍，庙里的老师傅是呼和浩特人，在都市的日子里，他总是不断地听到蛮汉山上有一个苍老的声音在对他发出召唤，日日夜夜，深切如入灵魂。于是他来了，选择回归这莽莽苍山，选择了这里晨钟暮鼓的淡然生活，选择在这里虔诚地寻求心灵的安宁。此刻，站在苍翠的山林间，我有些晕眩，我似乎也听到了那苍老而神秘的呼唤。那一瞬间，我觉得我是与这尘世互相离弃的，或许我更该属于这苍茫无语的大山、群林。

石径弯弯曲曲，绵延向上，渐行渐陡，似在考验每个攀登者的决心和耐力。这时大家已气喘吁吁，挥汗不至如雨，亦湿颊背，不时遇到下山者对我们致以鼓励。有一行五六人后来者居上，越过我们向前而去。有一人颈上坐着一小孩，有两名女子拄杖而行，可见是有备而来，誓登顶峰者。不久，前方传来阵阵歌声，粗犷、悠扬，男女声互相应和，率性、自然。斯境斯景，焉能不放歌？同行的男士也不由地引吭高歌。

林间不时传来清脆、悦耳的鸟鸣，使人乏意顿消。抬起头来，枝头有不知名的鸟儿轻灵跃过，似要惊醒这宁谧的山林。偶有鸟儿在林梢嬉戏、调情，甚为欢愉，亦不为我们这些陌生人惊扰。密林中有一只野鸡疾蹿而过，看到我们，没有惊逃，而是停下来，歪着脑袋，怔怔地观望。一只小松鼠蹦蹦跳跳地在厚厚的松针上行走，警惕地瞪我们一眼，便又继续悠闲地前行，蓬松的尾巴在身后摇曳，憨态可掬。

石径两旁，各种不知名的野花开得分外热闹、繁盛，好多种五彩斑斓的蝴蝶在我们身边翩跹飞舞，它们一点也不怕生。不时有彩蝶在我们身上驻足，转动它们美丽的眼眸，轻扇彩翼，那眼神是全然的信任。于是，感动溢满我的胸怀。每日在钢筋水泥的城市丛林中行走，见惯了虚伪、防备的眼神，这种清灵无伪的眼神是多么难能可贵，自是不言而喻的。

有阳光使劲拨开林梢密密的枝叶投射下来，于是小径斑驳、灿烂起来。一路上，每隔一段，便有一块小小的牌示，或为奥运口号，或是一则谜语，亦不时有特别景致征求冠名的告示，为攀登者于览景之余增添了许多趣味。

坐在路边的大石上小憩，蝶环鸟歌，花香袭人，若有云雾缭绕，神仙亦不过如此吧！

一路行来，时有细细的溪流自山顶淙淙而下，清澈优雅，缓缓地涤荡大大小小的石块，不喧闹、不争宠，自有其淡泊的从容，与世无争，自成方圆。

好不容易走过长长的石径，攀上近八百级石阶，双腿是无论如何也动不了了，大家毫无形象地瘫在山顶的草地上，大口大口地直喘气。我坐在石阶的顶端，俯视下方，只见众多行者肩踵相接，俯首弓背，奋力攀登，自豪之情油然而生，转身坐在柔软的草地上，嘴角叼着一株狗尾巴草，窃喜"偷得浮生半日闲"。谷中有雾升起，对面的山峰有些模糊。这时有人惊喜地叫起来："快看，卧佛！"大家忙望向对面，只见清岚中，一尊大佛安详地躺在山顶，合掌于胸，以一种洞悉世事的神态平视前方，似乎在庇佑着这苍莽的山林及其子民。

休息了一会儿，大家开始下山。上山容易下山难，今日终于体会到了。上山时只觉得累，下山时不仅累，且想停都停不下来，几乎是一路小跑而下。可苦了一双腿和脚，双腿酸软，不时打战，随时有跪趴下的危险。脚趾头不断地被迫亲吻鞋尖，直至起了水泡。正苦恼间，无意中发现走在石径以外的土地上感觉好多了，不必再跑个不停，可以慢慢地走。这一发现令我欣喜，我马上就喜欢上了这种感觉，柔软的鞋底踩在厚厚的松针上，有点滑，松针覆盖着的土地绵软而蓬松，脚下发出"沙沙"的声音，内心有无可言喻的欢愉掠过。

下到山脚时，发现路口的树上有标牌。趋前细看，是呼和浩特市赛罕区与凉城县蛮汉镇的小学生认领的城乡小学生结队共拥童话树。童话树！多么纯真而美好的名字！我莫名地感动着，这是孩子们童稚而纯洁的感情啊！

站在山脚，我呐喊，巍巍苍山遥遥回应。我知道，这是苍山翠林的宽容与包纳。那一刻，我泪流满面，心儿异常沉静，无欲无求，无牵无挂。

（作者一念）

度假休闲圣地——凉城岱海

在内蒙古中南部阴山南麓，有一个美丽的地方叫凉城。在这片美丽富饶的土地上，镶嵌着一块碧绿无瑕的宝石——岱海。

2006年6月下旬的一个周末。应朋友邀请，与几位同事到凉城岱海郊游，去放松心情。虽然那时候来凉城工作一年多了，我也只是听说过岱海，却没有去过，因此我欣然接受了这次邀请。中午吃完饭，

我们乘坐凉城县城到岱海的班车，大约25分钟便到达了岱海金隅度假村。热情好客的朋友已经等候在那里，相互问好后我们便走进了度假村，并脚不停息地直接奔向岱海南岸码头，开始准备登上游船，痛快地玩游一番。但是大家想一想，最后商量决定坐小渔船，我们一直认为坐上小渔船欣赏湖中之景会更有一番风味，于是找了一个打鱼的渔民，让他带我们到湖中。

小船顺着平静的水面缓缓向西南方向前行，南面是广袤无垠的碧波湖水，北边是一望无际郁郁葱葱的芦苇荡。鲜嫩的芦苇翠色欲流，偶尔苇丛中还不时出现野鸭群。它们有的憨态可掬，有的神情盎然，还有的在水中扑腾，一眨眼扎入水中不见了。就是它们的存在，才点缀出这芦苇丛的生机，展现着岱海湖畔最美丽的画面。

谈笑间，小船已经驶入了湖中，碧波无垠的水面霎时映入了我们的眼帘。正值风和日丽，蓝天白云倒映水中；碧波荡漾的湖面上，三五成群的水鸭在欢快地畅游，像绿草地上洁白的羊群，又像湛蓝的天空中漂浮的朵朵白云。突然一声鸟叫惊醒了我，几只水鸟在我们小船上空盘旋。它们一会儿划破水面冲向天空，一会儿又返回湖面，在平静

岱海风光

的水面上滑翔，仿佛是我们的向导，在指引着我们前行的方向。水中的鱼儿此时也不甘寂寞起来，它们时不时跃出水面翻个跟头，好像在向我们表演它们精心安排的节目，热情欢迎我们这些远道而来的客人。此时，渔民指着对面的建筑群，告诉我们，那就是岱海电厂，是凉城经济高速发展的见证，是京津电量充足使用的保障。我听到了这话时，自己好像一下子被带到了那机器轰鸣的工作场景，想象着在高新科技下工人为祖国发电的热情。

不知不觉中，太阳已经悄悄地落到了西边。那天边的云在夕阳和湖面的映衬下变化极其丰富，使我不禁想起了小学时候学的《火烧云》："一会儿红彤彤的，一会儿金灿灿的。一会儿半紫半黄，一会儿半灰半百合色，葡萄灰、梨黄、茄子紫，这些颜色天空都有，还有些说也说不出来、见也没见过的颜色。"此时，我恍然觉得自己走进了一幅美丽的画景，走进了一个让人陶醉的仙境。再看看身边的朋友、同事，他们个个显得那么痴迷、那么安逸、那么悠然自得。

在回来的路上，我回想了很久，置身美丽的岱海，我们会顿觉一身轻松，立刻会没有了烦恼，没有了忧愁，会不再去想工作中的棘手事，也不会去想生活中的烦心事；我们的心情是那样的平静，思想是那样的单纯，这神奇美妙的岱海湖让我心旷神怡流连忘返。人也许不会向命运屈服，但我游完岱海，可以确定，人一定会被大自然的神奇所折服。

朋友们，抽空到大自然中走一走，去岱海湖边看一看，去蛮汉山上瞧一瞧吧，你一定会不枉此行的！

（作者任志强，乌兰察布市住建委干部）

岱海滩断想

岱海滩，无边神秘，无边诱惑。狂奔的骏马踩不到她辽阔的边际，疾翔的鹰隼望不到她无穷的尽头。蛮汉山陡岩峭壁间曾埋葬过祖先的骸骨，岱海湖两岸的土地上仍回荡着星光的绿野，托着流火的杨柳以及古人与今人的追求，一切的一切，都已沉淀于人们的心头。如今，勤劳的岱海滩人民，仰望着北国晴朗的天空，正以全部热忱，把事业和历史运送到一个更加明媚的早晨。

岱海滩，祖国可爱的江山，她在终古长新的绵绵生命里，孕育出多少灿烂生辉的山水和平川，又蕴藏着多少动荡不息的泉流和岩浆。数不尽的世纪中，虽然这里也经受过风雪的浩劫、地震的摧残、雷电的袭击，但她依然健壮、豪迈。她有自己包藏着千里波涛的青春与活力，有自己的崎岖与壮阔，还有自

己向往的前方和美好的憧憬。世世代代生活在这里的劳动人民，以金色的汗滴和狂奔的热血，创造了丰富灿烂的文明。在这块充满灵性的土地上，一代革命英杰又跨过激浪滔滔的历史江河，在原始与现代之间，驾起了一座名垂千古的桥梁。

蛮汉山不会遗忘，岱海湖也是见证，鲜卑拓拔氏强弓射出的箭早已被岁月的沙尘掩埋，秦、汉、明三朝筑起的长城也被世代的风雨冲毁。北魏王朝古城的残墙饮下了多少忧喜，林胡和楼烦远征军的灵与肉早已随着历史的长河远流，《敕勒歌》所描述的壮美景色也成了昨日的回顾，历史在这里演出了多少兴衰，又画出了多少沧桑。

"今日不见古时月，今月曾经照古人"，"数风流人物还看今朝"，在中国共产党领导下，岱海滩一大批革命者（诸如郑天翔等），点燃起革命的火炬，舍生忘死，过黄河，越沙漠，奔赴革命圣地延安，寻求救国真理。八路军120师，在贺龙、李井泉领导下挥师北进，再不允许狂风污染岱海滩蔚蓝的天空。从那时起，岱海滩开始书写自己独具魅力的历史，希望和光明在此孕育，国魂与民魂从此凝聚，沉睡的光华终于从岱海滩大地上跃起，饥渴的田园开始编织绚丽的彩衣。感谢勤

岱海滩一景

奋的祖先和一切昨天与今天的耕耘者，他们用满腔的热血和带着苦味的汗滴，使岱海滩有了浪漫的向往。劲风过处，烟雨纷纷。当改革大潮首先让沿海人民富起来时，岱海滩人民也没有停止前进的步伐。他们要在这块闪耀着前辈建树的土地上，培养出澎湃的激越和勃勃生机——环岱海湖旅游区的打造，马头山、蛮汉山等生态环境的巨变，城镇居住条件的改善，乡村道路的建设，广场、公园的兴建，文化、教育、医疗的保障，十个全覆盖成就的"全国生态文化村"的荣膺……无不展示了岱海滩悠久的历史，光荣的传统，壮丽的山川，富饶的资源，灿烂的文化！

此刻，我驻足在这块厚实的土地上，深切地感到，这里充满了家园的温馨和心灵的乐音，不仅有智慧的光华与坚贞的爱情，还有含苞的理想和真挚的信念。在这块土地上繁衍生息的各族人民，心灵中都蕴藏着闪光的宝石和纯洁的珍珠。这表现在当代的实践中，也隐藏在历史的长河中。

我想起在我区成长起来的一位诗人的歌：

我要事业扬帆起航

我和宇宙一同呼吸

我不去牧放蜗牛

马背上更有广阔的天地

澎湃不息的马群

会在无垠的旷野涌起宣天的潮汐

我的歌逆风雪绵延

从一个晨曦唱到另一个晨曦

是的，虽然"昭君出塞"的年代已经远去，古人征战的场景也已淡然，但唯有诗人所展示的北国人民那粗犷和低沉的呐喊所汇成的永远燃烧的激情留了下来，唯有半个世纪前在这块土地上重铸历史的人们留了下来，唯有掠过历史飓风的明长城、岱海湖、马头山、蛮汉山、大庙、温泉等留了下来。新的一代人民，发挥着自己的聪明才智，正在创造着前所未有的业绩。

革命先烈们已经走进历史，而我们正走向未来。岱海滩又展开了自己绚丽的追寻，去寻找新的力量和新的方向。寻找中，将进一步找到美的归宿、爱的天堂。她还要把昨夜生动的梦和今晨美好的情意献给荡漾着春风的人们，梦里常见汉山影，醒来又听海涛声。当我叩响这历经磨难的岱海滩大地的时候，又一次分明听到了历史灿烂的回声，又一次清晰地看到了岱海滩人民崛起的身影。（作者王苏廷，凉城人）

诗画凉城

凉城是一个人杰地灵、风景迷人的地方，也是一方孕育诗词的沃土。古往今来，有无数诗人骚客来到凉城，并被这里秀丽的风景所陶醉。他们用诗抒发自己对凉城的山水以及凉城的一草一木的无限热爱，在这些辉煌的诗篇中徜徉，染其色、闻其香、尝其味，净化灵魂、开阔视野。

俄国著名学者、东方学学者和旅行家——波兹德涅耶夫

波兹德涅耶夫（1851—1920年），公元1892年6月至1893年10月，到我国蒙古地区考察，历时15个月，行程22000俄里（1俄里=1.06公里）。这次旅行考察，由他的妻子奥莉加·康斯坦丁诺夫娜伴随，并协助他搜集资料等。他们把这次考察搜集的资料整理成七卷，后来因为出版困难等原因，只出版了两卷日记，书名为《蒙古及蒙古人》。

在从张家口到归化城途中，波兹德涅耶夫写道：从丰镇到凉城，他看到"有两片相连的湖泊"叫岱海，岱海谷地被蒙古人叫作岱根塔拉，不久以前还是蒙古人的游牧区，七八年前开始被开垦成耕地。在经过麦胡图、三道沟、厂不浪、大榆树、代州窑子石人湾、添密梁等处以后，他们到达归化城。

其中，在路过岱海时，他被这里的美景所叹服，这样描写道：湖水呈淡绿色，是淡水。……我们见到大群的鸟：天鹅，各种雁，白鸭，野鸭，斑鸦，小水鸭，鹬，海番鸭，

岱海风光

以及无数的鸥，鹤和鸬鹚。湖里也有鱼。

著名政治家、旅行家、诗人
——耶律楚材

耶律楚材（1190—1244年），字晋卿，号湛然居士，又称玉泉老人，蒙古名为吾图撒合里，出身于契丹贵族家庭，是辽太祖耶律阿保机的九世孙，是著名的政治家、旅行家和诗人。公元1218年，耶律楚材应成吉思汗之召，由燕京（今北京）出发，赴漠北蒙古，途经岱海滩。他在《西游录》里多次提到岱海滩及当地的风土人情。比如："一鞭羸马渡天山，偶倒云川暂解鞍。"

注：天山指阴山，云川指岱海滩、土默川一带，形象地概括了岱海周边山高壁陡、起伏不定的险峻地形。

登长岭

元·前人

鸟道盘云上碧霄，
停骖俯视欲魂消。
苔花锁石堆云锦，
树叶经霜剪绛绡。
云物迷人游汗漫，
山灵策我上扶摇。
马头残日西风起，
万壑秋声送海潮。

和前韵

明·陈雍

马头山色翠于蓝，
明月随人照碧潭。
烽火无时传塞北，
莺花有梦到江南。
宦情于我将灰烬，
王事驱人不驻骖。
迟速在天姑勿论，
始终一节是奇男。

岱海放鸭（下水放生）

岱海风光

丘处机

两两三三好兄弟，
秋来羽翼未能成。
放归碧海深沉处，
浩荡波澜快野情。
养尔存心欲荐疱，
逢吾善念不为肴。
扁舟送在鲸波里，
会待三秋长六梢。

注：丘处机是金元之际全真道教的北宗领袖之一。公元1222年，受成吉思汗召见，被尊为"神仙"，成吉思汗命他掌管天下道教。从此，全真教风靡北方，在政治、经济上拥有很大势力。公元1223年，丘处机游历途经岱海，在湖畔修悟养生之道，作此诗。

祝厘远至它宗风

清·乾隆

祝厘远至它宗风，
三接欣于避暑宫。
敬一人而千万悦，
垂名册亦乃予同。

注：避暑宫，指凉城汇祥寺。

碧海风涛

清·范大元

轻寒猎猎逼西风，
万顷波涛涌碧空。
突起鳌山翻雪白，

岱海风光——碧海风涛

倒悬乌日射天红。
玻璃世界真仙境，
琼玉峰峦似化工。
仿佛灵胥回八月，
云垂海立阖门东。
果然海上有三山，
莫谓虚无缥缈间。
一阵黑风来朔漠，
千层白浪起峰峦。
云腾神马来飘忽，
壁峭灵鳌驾往还。
蓬岛漫言修不到，
而今蓬岛在尘寰。

北海腾蛟

清·王瑞庵

破浪翻涛大海中，
蛟龙吞吐气如虹。
昂首易撼波心月，
掉尾能生水面风。
更有山峦排左右，
尽多云雾绕西东。
知君不是寻常物，
直与鲲鱼变化同。

春寄凉城

郑天翔

代代愚公不撒手，
松涛拱卫塞上珠。
莫道黄沙能蔽日，
大漠处处有绿洲。
岱海滩上大电流，
照亮万家致富路。
一炮难消贫困堡，
还赖自力作深谋。
秸秆还田改沙邱，
兴科兴教是基础。
坚持马列来领导，
南山北山同致富。

忆旧

杨植霖

犹似群山岱海边，
敌人与我作纠缠。
今日天地全民有，
应记当年血汗难。

凉城县

布赫

蛮汉山高冲云天，
岱海水宽望无边。
党的政策顺民意，
农家生活比蜜甜。

为贺龙元帅革命活动旧址题

开创大业，菜刀一把。
坚信马列，正气一生。

美籍华人、世界著名生物学家
——牛满江

2000年8月，美籍华人、世界著名生物学家牛满江偕夫人来到凉城进行专题科学考察，对凉城的山水人文给予了高度评价，并挥毫写下了：

"碧海风涛，塞外天池。"

唱家乡

孟三

出门朝东看，
水车哗哗田间转，
清水灌良田，
庄稼长到白云间。
两边望见两座山，
层层架架似天关，
千人万马开铁矿，
铁水奔流滚下山。
东边望见岱海滩，
千斤鲤鱼海中玩，
摇摇摆摆万只船，
铺开索网把鱼捡。
北边还有蓄水关，
千条水渠川连川，
社员就是龙戏水，
浪潮汪洋滚上天。

歌咏凉城

贾学义

分明一座二京城，
自古纷争说大名。
玉默无言连碧海，
诗家有兴咏新声。

　注：二京城，传说指凉城；碧海，
指岱海。

咏凉城岱海

张首贤

河朔三城环浩渺，
一山蛮汉钓潮头。
波光远飑涤天阙，
云气层生构蜃楼。
风送荻芳鸿鹭戏，
春归海晏帝王游。
渔人亮调奋楫去，
烟水载歌一叶舟。

岱海秋景

刘佩欣

蛮汉山恋马头山，
群山环抱岱海滩。
杨柳丛林遍山野，
天赋岱海画一般。
风吹岱海千层浪，
村头社员忙打场。
扬尘随风腾空起，
五谷映阳闪金光。
风摆林梢叶作歌，
海中鱼跃来相合。

山间吹起跃进歌，
高奏今年丰收乐。
海育鱼肥山产粮，
海滩草茂牧牛羊。
逢人皆夸凉城好，
岱海堪称鱼米乡。

岱海吟

纵横

露宿蛮汉山，饮马岱海边。
风雪伴饥渴，艰苦忆当年。
昔为死水坑，今称聚宝盆。
岱海颜色变，感谢引路人。
江南四大鱼，远迁到塞北。
春秋曾几度，育得满身肥。
日出驾船去，暮归鱼满舱。
深夜补网具，渔人捕捞忙。
群山扰岱海，绿树戏轻风。
鱼满扬帆归，碧水映月红。

玉楼春·岱海抒怀

戈夫

晴波万顷银鳞闪，
水阔轻涌天际岸。
山远树绿野茫茫，
颇觉心畅身爽坦。
午宴宾馆陈盘案，
席饮多欣杯盏满。
主人盛情献歌舞，
汽艇电驱浪花远。

游凉城岱海感赋

张庆昌

初到仙湖兴意稠，
碧波万亩泛轻舟。
远山峰翠松林秀，
浩渺云烟翳榭楼。

浣溪沙·丙戌八月十四日
岱海湖畔早行

郑福田

天际云光潋滟开，
晨兴鸥鸟与徘徊。
轻烟薄雾逐人来，
远树新亭围五彩。
明宵好月抱盈怀，
人间处处唱和谐。

岱海抒怀

朱成德

浩渺烟波叠浪扬，
山环玉卵溢晴光。
彩舟影现云天里，
丽榭姿临滩草旁。
疑是瑶池移塞上，
恍然青鸟探瀛疆。
金驹出水轻蹄奋，
乘势挟风向太苍。

水调歌头·凉城赞歌

欣慕凉城美，底蕴厚而深。明
妃情系蛮汉，千载木兰心。犹记拓
跋勋赫，追念元戎伏虎，河汉耀星魂。

国脉通古今，青史永留痕。　风云幻，
沧桑变，画图新。雁行大写人字，
壮志动歌吟。铁臂高擎日月，敢叫
山河改貌，天道亦酬勤。出水金驹跃，
岱海展胸襟。

忆凉城

王鹤田

忆及三十五年前，
奔驰岱海马头山。
而今故地重游日，
面目全新识别难。

岱海泛舟

杨金亭

紫塞龙沙气象雄，
仙湖曳梦觅仙踪。
轻舟摇碎云天影，
惊起鸣鸥没远天。

夜宿凉城

蛮汉山高岱海清，
山庄消夏枕寒星。
温泉浴罢尘心爽，
悠然一梦醉凉城。

宿岱海电厂

谭博文

岱电相邻岱海滨，
云仙赵帅共昏晨。

舟摇可见鱼嬉浪，
劳作何妨月照人。
楼阁听涛声似玉，
温泉解乏暖如春。
凉城福禄三山享，
父老欣多精气神。

岱海吟

周笃文

马头蛮汉莽苍苍，
百里平湖玉镜光。
白鸟双双随画舸，
塞垣风物胜江乡。

游岱海

孙玉溱

岱海迎来七月天，
湖如明镜唤登船。
鸟飞鱼跃跃身后，
浪静风平平不颠。
商户水边营客栈，
农家村上起炊烟。
沉沉红日欲西落，
游兴未阑催我还。

蛮汉山一隅

滑国璋

恒常抱朴世无名，
蛮汉深藏岫外情。
散我愁丝风百缕，
添山沉寂雀三声。

环溪草毯铺诗卷，
夹径松涛列画屏。
独倚石边空技痒，
无人邀我续兰亭。

瞻仰凉城贺龙革命活动旧址

孙继善

元帅征程遍九州，
马头蛮汉足风流。
如今长得参天树，
长系神驹碧水秋。

登凉城蛮汉山

刘俊

蛮汉山上岭几重，
尽在翠柏白桦中。
峭壁崖畔半尺路，
云石岩洞百丈冰。
长城亘古千秋卧，
佛陀不老万年空。
临峰一览众山小，
半边铺绿半边红。

和滑国璋老师
《再游蛮汉山》原玉

石良先

千阶危蹬道根深，
林海云翻断石存。
巧舌鸣禽争喜好，
无言老树护甘纯。
枝头红豆因愁累，

369

山外黄金为利亲。
风雨物华司马泣，
落霞孤鹜盼君寻。

内蒙古诗词学会采风凉城行
赵文亮

故园今古尽风骚，
山有东坡水赶潮。
玉米吹箫知汉乐，
琼浆饱笔写鸿茅。
欣闻岱电依舟唱，
更见松林逐浪高。
丽曲清词千万首，
温凉世界五洲骄。

岱海抒情
黄润甲

站在山头望岱海，
万顷碧波一片白，
云一堆，林一排，
青山入水倒影歪。
波光闪金鳞，芦苇展绿带，
水天茫茫分不开。

昔日盐民受尽苦，
身在海滩土里栽，
一桶汗，一锅泪，
汗泪和土熬起来。
颗颗盐粒尽辛苦，
滔滔海水尽悲哀。
租税压肩比山重，

交纳不上皮鞭来。
一年到头空劳累，
面黄肌瘦泪满腮。

红旗一展乌云开，
一轮红日照岱海，
谁说海水尽盐硝？
谁说海水尽苦味？
问山，山不语，问柳，柳摇摆。
黄鳝草鳊波里游，
金鲤银鲢浪尖飞。
一抹斜阳歌声里，
千只渔船盖住海。

网网鱼成山，
船船满舱载，
日日喜丰收，
渔民乐满怀。

岱海一面镜，
照出两时代，
昔日苦和泪，
今日甜和美，
幸福哪里来？
全是党赐给。

映海卧佛
郭仁昭

我观赏过许多自然山貌形成的卧佛
最形肖境适深情逼真的都没超过
家乡凉城岱海北岸洞金山
的那尊女佛

她仰面朝天仪态端庄身材巍峨
（身长五公里，是世界上最大的天
然卧佛）
她头枕青山足濯岱海神情自若
她轮廓清晰出神入化显有性别
她体态优美楚楚动人姿容婀娜
她秀发舒崔丰乳突起曲线飘逸
她仰观天象情思岱海怀倾恩泽
　在晨海荡漾时似明
　镜梳妆后明媚灵秀
　在夕阳辉映下似身
　披金纱缦轻盈活泼
　也许她是一尊女神
　救济世人云游至此
似王母离瑶池幸临温泉浴后仰晒
似女娲补天后海水洗尘倦而躺卧
似观音送福祉慈航普度海边停歇
似祖玛巡海域扶危解难息浪宁波
也许她是美女乐山乐水岱海游兴
似西施浣纱后参合陉晾晒休憩洒脱
似昭君来广牧逐水草而居欣赏海涛
似貂蝉除奸后仰卧而问天凝神静魂
似玉环别汉宫欣赏桐过县山高海阔
也许她是一位女英雄慕圣湖仙山驰
　骋留步
似花木兰解甲沃阳淋浴修养体魂
似樊梨花出塞宣德围场习武骑射
似穆桂英巡边鏖战间隙歇马休戈
似梁红玉戍边击鼓金山奏凯吟歌
　也许她又是一位才女
　睿思敏想抒情寄志

似班昭续《汉书》
修史表志作《女诫》范课
似蔡琰作《胡笳》
吟《悲愤诗》文姬归汉复国
似蔡涛女校长元白杜牧酬唱应和
似易安《漱玉词》寻寻觅觅……
　怎一个愁字了得
　也许她只是一位普通的
　村姑渔民山娥
劳作后释下锄头网具柴刀的重荷
　在山梁歇卧
　朝看日出红似火
　晚观皓月繁星拱银河
　天作穹庐星作灯
　山作妆台湖作镜
　饰有芝荷露作香水
　霜敷粉云裁衣裳
　霞剪裙妖艳婆娑
呵卧佛你见证着史记的厚重
　历阅着沧桑变迁
　秦建参合陉
　赵武灵王筑城西略
　汉称沃阳
北魏拓跋珪成就帝王业
　这里是京畿盛乐
广牧桐过宣德唐宋元明
　历史烟从眼前流过
康熙狩猎温泉沐浴并有
　六皇子建中京的传说
五世达赖授封三接六世班禅都在汇
　祥寺受册……

凉城洞金山卧佛

呵卧佛你又是近代革命
当代建设的观察者
革命前驱岱海儿女的
浴血奋斗牺牲奉献
蛮汉马头的抗日烽火
庆祝解放的锣鼓秧歌
建设新中国的步伐改革
开放的富裕生活……
你都历历在目铭记在心
同心同德同忧乐
你和岱海人民患难与共志向未来
筹募建设小康生活

题凉城马头山

邓　嵘

一山横卧晋蒙间，
曲道蜿蜒四十旋。
西出黄沙寻古驿，
东昂马首入云天。
高墙易锁边关地，
烽火难达京阙轩。
胡汉今朝归大统，
群花烂漫隐岚烟。

秋归故乡

邓　嵘

重回故土赏金秋，
水碧山橙兴味悠。
拓跋公园成古道，
汇祥寺庙望新范。
风来岸苇难承燕，
月出湖波好弄周。
欲览街灯须待晚，
呼朋携酒再登楼。

凉城

武耀

北魏京畿地，滩川醉客迷。
鸡鸣闻五市，犬吠进山西。
展望皆优势，风光任品题。

岱海旅游区

苍茫岱海碧青纱，
鲤鲫银鲢涌浪花。
岸上行人传笑语，
波中画艇竞云霞。
游区泳域迷宾客，
苇荡幽林醉鸳鸯。
仲夏凉城湖色里，
祥光笼罩水仙家。

欢迎您到凉城来

HUASHUONEIMENGGUliangchengxian

欢迎您到凉城来

HUANYINGNINDAOLIANGCHENGLAI

天蓝地绿，人和风淳。水清草丰盈，塞外胜江南。这就是凉城县，欢迎您的到来。

岱海滩风光

巍巍蛮汉山，茵茵岱海滩。素有塞外江南之称的凉城，坐落于内蒙古高原中南部，这里风景秀丽，气候宜人，历史悠久，人文荟萃。早在6000多年前，古人类便在此繁衍生息，留下了华夏祖先傍海而居的足迹，以王墓山、老虎山、园子沟为代表的环岱海遗址群灿若星河，是中华史前文明的杰出代表。著名考古学家苏秉琦先生曾赞誉这里为中华民族五千年文明的曙光。

在这方钟灵毓秀的土地上，英贤辈出，俊采星驰。赵武灵王胡服骑射，良将李牧保国戍边，飞将李广拒敌阴山，鲜卑拓跋开北魏基业，木兰从军展巾帼英姿，康熙巡边始有马刨神泉，达赖受封积淀宗教文化，贺龙等共和国将帅曾在此横刀立马浴血奋战，留下了惊天地泣鬼神的铁血传奇。

近年来，在上级党委的正确领导下，凉城县委、县政府团结带领全县各族干部群众深入贯彻习近平总书记系列重要讲话精神，特别是视察内蒙古重要讲话精神，全面落实乌兰察布市"三篇文章""五城联创"战略部署，积极适应经济发

凉城威风锣鼓队

凉城的秧歌表演

展新常态，着力推动改革创新，协调推进科学发展，实现了县域经济平稳较快发展，各项事业全面进步和社会和谐稳定，物质文明硕果累累，精神文明领跑快进，谱写出了一部经济社会跨越发展、文明创建特色鲜明的辉煌乐章。

面对经济发展新常态，县委、县政府牢牢把握经济工作主动权，挖掘新潜力、把握新机遇、培育新优势，搭乘蒙晋冀、长城金三角和京津冀协同发展快车，大力发展设施农业和规模化养殖，农牧业龙头

企业的带动效应更加凸显；清洁能源、生物制药、农畜产品加工等产业不断发展壮大，鸿茅商标被评为中国驰名商标。着眼于建设文化旅游、创业宜业、魅力宜居、绿色生态、幸福和谐、文明法治新凉城，凉城县第十四次党代会吹响了建设享誉全国的文化旅游强县的集结号。

找突破，抓引爆，建设文化旅游新凉城。充分挖掘岱海、温泉、森林三大旅游资源，做活一湖一泉、一绿一文"四篇文章"，重点实施以3D魔幻灯光情景表演为代表的岱海湖北岸主题游乐植物（花）园，以沐浴、养生、休闲为主的马刨温泉水世界情景剧和以冰雪健身娱乐为主的卧佛山国际滑雪娱雪场。通

赵家村民俗文化园

过这三个引爆点，强力拉动三大景区建设，充分挖掘红色文化、历史文化、宗教文化、民俗文化等旅游资源，打造一批既体现超前思维又富含凉城特点、体现凉城传统、展示凉城魅力的特色旅游项目。

发展产业经济，建设创业宜业新凉城。大力实施岱海湖周边退耕还湿还林（草）工程。在岱海周边建设芍药、玫瑰、薰衣草、菊花、油菜花等游乐植物（花）园，建设采摘园。建设高标准现代农场、现代牧场和草原风情观光园，重点发展旅游观光工业、清洁工业、农畜产品加工业，加快推进鸿茅二期技改和岱海电厂环保节能景观改造，推动海高牧业、蒙帝乳业等企业发展，大力发展农畜产品精深加工产业，延伸产业链条，实现转化增值。

打造靓丽城乡，建设魅力宜居新凉城。加快建设具有综合服务功能的温泉小镇，实施高档酒店、医疗服务中心、高端养老机构等项目，完善镇内路网和基础设施，力争五年内初具规模。加大旧城区改造，推进市政道路、街巷硬化、地下管网等市政基础设施建设；实施东西茉莉河和城区主出口改造项目，推进河道景观、公园等建设，建成城在林中、道在绿中、房在园中、人在景中的宜旅宜居城镇。推进四出三环一飞交通建设，使全县道路交通建设有质的提升。加强新农村建设，并通过发展农家乐、渔家乐、

三苏木油菜花

牧家乐、家庭农场、农牧庄园等乡村旅游业，以及其他符合自身特点的产业，实现农村可持续发展。大力实施小村整合与异地移民搬迁，着力打造旅游服务型城镇、历史文化名镇、特色旅游名村名镇、少数民族特色村镇。

加强生态文明，建设绿色生态新凉城。坚持绿水青山就是金山银山理念，全面保护岱海母亲湖，全力实施"两节两补两恢复"六大工程，即大力推进环岱海湖周边退耕还湿还林（草）项目为重点的农业节水工程、以岱海电厂一期水冷变空冷技改项目为重点的工业节水工程，加快实施永兴湖向岱海湖补水工程、逐年推进岱海流域河道疏浚治理工程，实施岱海湖周边湿地恢复和水质恢复工程。立足争创国家级生态

示范区，全面实施景区绿化、交通干线绿化和农村、社区、校园、机关、企业、义务植树基地绿化，逐步实现城市园林化、道路林荫化、农田林网化、村镇林果化、种苗基地化。

凉城全民健身活动

大力发展民生，建设幸福和谐新凉城。坚持共享发展理念，更加注重保障和改善民生。通过产业脱贫、异地搬迁脱贫、兜底脱贫，确保到2017年底完成全县9559人的脱贫任务。建立健全更加完善公平

岱海风光

大力弘扬社会主义核心价值观

的社会保障制度和保障体系，不断完善社会救助和社会福利体系，全力推进农村危房和城市棚户区改造工程。不断深化教育三项改革，大力发展职业教育，均衡发展义务教育，发展全民健身事业，通过举办全民健身徒步行、环岱海自行车大赛、登山等赛事打造全民健身品牌活动。完善县乡村三级公共文化服务体系，加强文化遗产和非物质文化遗产保护。

树立文明形象，建设文明法治新凉城。坚持文明法治的发展理念，大力提升公民素质，为地区经济社会发展营造文明有序的发展环境。把"五城联创"作为精神文明建设的重要内容，持续推进、扎实开展文明单位德润天下福泽万家十星级文明户、道德模范、身边好人等评比，文明景区文明导游评比，

岱海风光

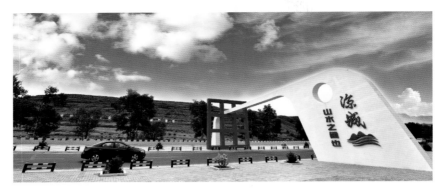

凉城县东出口

文明村、五好家庭、百佳农民评比等群众性精神文明创建活动，不断深化社会主义核心价值观中国梦主题宣传教育，使全县干部群众思想道德素质得到进一步提升。一心一意谋发展，聚精会神抓党建。凉城县始终坚持以党建为引领，努力在广大干部群众中凝聚赶超跨越、旅游先行的思想共识。深入开展系列学习教育活动，以党建为引领，认真落实从严治党制度，使基层党组织战斗力得到显著提升；完善两个责任工作机制和责任追究体系，在全县上下营造了风清气正的政治生态和发展环境。

风劲好扬帆，破浪再前行。随着"十三五"的精彩开局，乘借自治区成立70周年庆祝活动的东风，围绕第十四次党代会绘就的新蓝图，放飞建设享誉全国的文化旅游强县的梦想，勤劳智慧的凉城儿女再一次张开自信开放的羽翼，立足优势、转型发展、凝心聚力、大干快上，誓将改革的捷报频传，发展的凯歌连奏。

一个政治清明、经济发展、文化繁荣、社会和谐、生态文明的宜居宜旅宜业的新凉城正呈现在您的眼前。欢迎您到凉城来。

参 考 书 目

《凉城县志》　　　　　　《岱海文集》

《凉城县文物志》　　　　《印象凉城》

《凉城文化史》　　　　　《乌兰察布诗词》

《绥南革命斗争史》　　　《老区凉城》

《凉城史话》　　　　　　《纳西族的迁徙与融合》

《沧桑凉城》　　　　　　《丽江与丽江人》

后　记

　　丙申之初冬，内蒙古人民出版社的张钧先生一行来到凉城县，县委宣传部委派我们几个人与张先生见面接洽，于是我们拿到了《内蒙古人民出版社关于推进<话说内蒙古>编撰工作的函》。这份文件要求各旗县区编写《话说内蒙古》分册，也就是说一个旗县区要出一本这样的书。事后，我们根据张先生的指导安排初步组建了编写组，就算启动了凉城分册的编写工作。然而，时间过得真快，当编写工作还未步入正轨时，时间已经到了丁酉年早春二月。张钧先生多次电话催促，要求全力加快编写工作的进度。部领导也很着急，我们几个人加班加点，夜以继日地加快速度，推进编撰工作的进程，经过三个多月紧锣密鼓的工作，于六月上旬编撰工作终于收官，送审稿送交内蒙古人民出版社，等候付梓。

　　《话说内蒙古·凉城县》共分为十个部分：文明之花映凉城、非遗传承醉凉城、塞外山水好凉城、城乡建设亮凉城、生态建设绿凉城、产业调整活凉城、舌尖美味品凉城、诗情画意美凉城、群英荟萃颂凉城、欢迎您到凉城来。我们不是追求十全十美，只是试图从这十个方面编撰一本图文并茂的书籍，让世人了解认识凉城的历史、现状、未来，集历史资料、山水风光、风土人情于一体，融知识性、趣味性、可读性于一炉。其目的只有一个：向世人展示凉城的风采和魅力。然而，拙笔难写凉城6700多年的辉煌和灿烂，区区37万字、200多张插图，也道不完凉城这一方热土。这也是我们的一大缺憾。

　　我们只求让人感觉到凉城县是个好地方，我们就心满意足了。

　　《话说内蒙古·凉城县》在编撰过程中，一直受到内蒙古人民出版社张钧先生的关注和指导，在这里我们衷心感谢内蒙古人民出版社和张钧先生！另外，该书涉及的信息量较大，时间跨度较长，有些内容无法确定出自谁手或是谁整理留传下来的，故而无法具名，在此我们一并感谢！我们还要感谢凉城籍、四川省委党校教授杨伯涛老先生以及凉城本土两位文人苏西恒和武耀先生，他们对该书的编撰提供了许多宝贵的资料和意见。

　　总而言之，在县委和县政府的大力支持下，在县委宣传部领导高度重视下，在方方面面的帮助和指导下，我们终于完成了该书的编撰任务。但是，由于编撰的时间仓促，内容涵盖面广，加上我们的知识水平有限，纰漏和瑕疵一定存在，望广大读者谅解雅正。

编　者